Power BI
商业智能成长之道

段鹏举 刘钰 著

电子工业出版社
Publishing House of Electronics Industry
北京·BEIJING

内 容 简 介

本书主要介绍数据理论基础、对数据的思考、商业智能及其背后的设计、Power BI 及其使用方法、Power Query 的使用、数据模型、数据可视化及 Power BI Service 管理、Power BI 优化最佳实践，以及如何在 Excel 中使用 Cube 等内容。本书在保证技术专业性的前提下，使用幽默诙谐的语言剖析问题，深入浅出，让读者感受到学习的乐趣。

本书适合有一定的 Excel 基础，并且对 Power BI 有一定了解的用户阅读。本书对初级用户友好，需要进阶的用户也可以从书中获得宝贵的知识。

未经许可，不得以任何方式复制或抄袭本书之部分或全部内容。
版权所有，侵权必究。

图书在版编目（CIP）数据

Power BI 商业智能成长之道 / 段鹏举，刘钰著.
北京：电子工业出版社，2025.6. -- ISBN 978-7-121-50495-2
Ⅰ. F713.51-39
中国国家版本馆 CIP 数据核字第 2025RT1118 号

责任编辑：田志远
印　　刷：三河市鑫金马印装有限公司
装　　订：三河市鑫金马印装有限公司
出版发行：电子工业出版社
　　　　　北京市海淀区万寿路 173 信箱　　　邮编：100036
开　　本：720×1000　1/16　　印张：23　　字数：460 千字
版　　次：2025 年 6 月第 1 版
印　　次：2025 年 6 月第 1 次印刷
定　　价：100.00 元

凡所购买电子工业出版社图书有缺损问题，请向购买书店调换。若书店售缺，请与本社发行部联系，联系及邮购电话：(010) 88254888，88258888。
质量投诉请发邮件至 zlts@phei.com.cn，盗版侵权举报请发邮件至 dbqq@phei.com.cn。
本书咨询联系方式：faq@phei.com.cn。

推荐语

作者以亲身经历诠释数据力量，融入 Power BI 实战精髓，为数据从业者铺就一条从认知提升到技术精进的成长之路。本书不只是 PowerBI 工具书，更是数据认知升级手册，字里行间浸透着真诚分享与硬核知识，值得所有在数据江湖里闯荡的伙伴细细品读。

PowerBI 星球主理人　采悟

Power BI 诞生已经有十年了，与其他 BI 不同，其玩法的宽度和深度都很大。本书作者在这方面有长期积累，相信可以让读者更立体地理解如何发挥出它的更大魔力。

BI 佐罗数据分析

在 BI 工具迅猛发展的今天，Power BI 已成为越来越多企业与个人提升数据分析能力的首选工具。然而，对于初学者来说，面对纷繁复杂的功能和碎片化的学习资源，常常会感到无从下手。如果你也有这种困扰，《Power BI 商业智能成长之道》值得一看，它不仅是一部技术入门手册，更是一本融合作者亲身经历、实战经验与方法论的成长指南。

本书最大的亮点在于它的"全流程式"结构。作者从自身转行学习 Power BI 的心路历程切入，以真实可感的经历引导读者走出迷茫；接着，通过对数据基础理论的系统讲解，帮助初学者建立"数据思维"；随后，逐步引导读者掌握 Power BI 核心模块——从 Power Query 数据清洗与获取，到数据建模与 DAX 表达式编写，再到可视化呈现与 Power BI Service 管理，循序渐进、层层递进。不仅如此，本书还深入探讨了企业级 BI 项目的架构设计、项目推广策略、优化与性能调优等实战话题，打通了从个人技能到组织能力的认知鸿沟。同时，作者以"业务理解"与"沟通协作"为核心，强调 BI 工具的真正价值不在于技术堆叠，而在于解决业务问题、创造管理价值。

对于初学者而言，这本书不仅提供了可操作的学习路线和技巧，更带来了思维方式的转变；而对于已有一定基础的从业者，它则是一部可以不断翻阅、持续精进的知识地图。作者将 Power BI 视作一场关于认知、协作与成长的旅程，而这本书，正是那张写满经验与方法的导航图。

《DAX 权威指南》译者　高飞

我一直是"数据驱动（Data-Driven）"的粉丝，作为产品经理，不管是做产品决策、用户洞察还是商业分析，我的日常工作中大量使用各种数据和工具来辅助。PowerBI 是一款非常实用且聪明的工具，它可以让我用很小的代价，整合不同的数据源进行建模，它的查询语言虽然简单，但是强大无比，其可视化元素很现代，并且还可以扩展。本书的两位作者拥有丰富的理论和实践经验。本书内容翔实，深入浅出，相信大家一定会有所收获。

微软（亚洲）互联网工程院　首席产品经理　陈希章

人们常说：一本书不仅是内容的载体，也常常代表了作者的精、气、神。这本书尤为如此。本书开篇就极为精彩，以作者的亲身经历，向人们展现了一个孜孜以求的年轻人，立志于在数据领域有所成就的成长过程。大概也是由于作者丰富的实战经验，本书的内容通俗易懂，对数据技术的讲解简单明了。这是一本可以帮助读者快速拨开技术迷雾、高效探索数据应用之道的"实用之书"。

微软（中国）有限公司　首席技术官　韦青

前言

曾经有人问我，学习是快乐的还是痛苦的。我回答：学习是快乐的。对方告诉我：学习是痛苦的。如果学习是快乐的，那么所有人都去学习了，而不是还有人去打游戏、刷视频啊！

但是，我仍然希望读者是在快乐中阅读和学习的。在确定本书的编写风格时，我希望本书不是枯燥的技术文。基于我自己的学习经历，即便是技术文，我也希望不要那么枯燥，甚至刻意保持一些口语化。本书在保证技术专业性的前提下，使用幽默诙谐的语言剖析问题，深入浅出，让读者感受到学习的乐趣。

为什么要写这本书

分享本身就是一种快乐，不是吗？

我看到太多数据人走的弯路，看到各位表哥表姐挑灯夜战。我曾经也是其中的一员，所以我希望分享更多实用的知识和技能，帮助更多的人。还有一个更重要的原因，就是市面上现有的 Power BI 图书多数以介绍工具功能为主，少有分享与商业智能应用领域相关的个人理解的。Power BI 只是一个工具，我们真正需要的是商业智能分析。此外，还要了解其背后的故事。

当然，以上只是客套一下啦！而实际情况是，在 2022 年 8 月 22 日，我向刘钰老师表达了我想做点儿什么的想法，于是刘钰老师建议我写书，真是果断又干脆，这很符合刘钰老师的风格。刘钰老师还说可以给予我写作上的支持，并成为第二作者。话都说到这份儿上了，于是我抓紧时间拟定大纲并交由出版社审定。接下来，我就开始了这本书的编写。

在正式编写前，我已经压制不住内心的想法，思如泉涌，甚至不敢晚上写，因为担心失眠。我带着满腔热情在写，像是在雕琢一件艺术品。我希望和各位读者一起成长、一起进步。

在准备本书的过程中，我不仅整理了自己的专业知识，还通过各种渠道对众多Power BI用户进行了深入调研，收集了他们的需求和反馈。因此，本书的内容不仅仅包含我个人的理解和观点，更融入了广大用户的实际需求和期望。

我深知当前新入门的Power BI用户面临着学习成本较高和指导不足的问题。虽然本书无法解决所有初学者可能遇到的问题，但我相信它能为读者提供有效的学习策略和路径指导。对于那些希望进一步提升技能的读者，本书也将提供宝贵的参考信息。

尽管我已尽力确保本书内容的客观性和专业性，但由于其包含许多个人理解，所以可能会引发一些争议。在某种程度上，我只是"大道"的众多探索者之一，我所分享的只是其中的一部分，而非全部。如果你对我在书中提出的观点有不同的理解或看法，非常欢迎并期待与你进行更深入的交流和探讨。同时，希望我的观点能为读者提供新的思考角度。如果能做到这一点，对我来说将是最大的荣幸。

本书内容

全书共分10章，具体内容如下：

第1章主要介绍我的转行经历及心路历程。

第2章主要介绍数据理论基础，包括关系映射反演原则及应用、DIKW模型、数据遗传学定律等。

第3章主要介绍对数据的一些思考，让读者可以从更多的维度了解数据是什么。

第4章主要介绍商业智能的设计，以及与商业智能相关的技术问题和业务问题。

第5章主要介绍Power BI的学习方法，掌握这些方法可以更好地提高学习效率。

第6章主要介绍Power Query的基础操作，用以满足日常数据处理的需要。

第 7 章主要介绍数据模型相关内容，让读者学会如何创建和管理数据模型。

第 8 章主要介绍数据可视化及 Power BI Service 管理相关内容，了解数据可视化的基本操作。

第 9 章主要介绍 Power BI 优化的最佳实践，包括 Power Query 优化、数据模型优化、可视化优化、硬件优化等。

第 10 章主要介绍如何在 Excel 中使用 Cube，对什么是 Cube 及如何使用、Cube 函数及其优化技巧等进行了讲解。

术语解释

1. 关于"表"的称呼

由于需要引入 Excel 进行某些概念的讲解，因此为了区分表（在 Excel 中通常指"数据区域"）的描述和在 Excel 中创建的表，文中使用加了引号的"表"来指代在 Excel 中创建的"表"，以示区别。

2. 关于"Excel BI"

微软官方并没有"Excel BI"这样的称呼。为了更好地理解内容，本书使用了"Excel BI"的称呼来指代在 Excel 中使用 Power Query、Power Pivot、Power Map、Power View（在最新版本的 Microsoft Excel 中已无法使用）等组件。当使用"Excel Power Query"的称呼时，特指在 Excel 中使用 Power Query 组件。

3. 关于"字段"窗格和"数据"窗格

由于 Power BI Desktop 新版本的改动，很多称呼都有比较明显的变化。在 Power BI Desktop 2023 年 1 月及之后的版本中，其右侧显示的表和度量值的窗格名称从原来的"字段"改成了"数据"。因此，本书将统一使用官方名称"数据"窗格来进行讲解，对该窗格中的表列和度量值依然使用"字段"的称呼。"字段"这一称呼在微软官方文档中被反复使用，我们依然沿用该称呼。

4. 关于"数据集"和"语义模型"

在 2023 年 11 月的 Power BI Service 更新中，已经将"数据集"更名为"语义模型"。虽然这可能不一定好理解，但是本书仍然使用官方最新的称呼"语义模型"。为了照顾老用户，本书使用了"语义模型（数据集）"来进行描述，当提起"语义模型"的时候，你知道其实讲的是原来的"数据集"。对于读者来说，这是等价的概念。由于更改时间不长，部分与此相关的描述可能仍未修改。比如，在 Excel 中使用 Power BI 语义模型，而实际上在 Excel 中可能仍然是"Power BI 数据集"。本书会使用当前的名称进行讲解，读者在学习时请注意区分。

5. 关于 Power BI 中的名词

由于 Power BI Desktop 几乎每个月至少更新一个版本，并且 Power BI Service 也会不定期更新，因此在界面的显示和名称上会有比较明显的变化。虽然本书已尽可能按照最新版本的界面和名称进行讲解，但无法避免部分界面和名称会很快过时的可能，读者在学习的过程中需要去识别和适应这样的变化。我们在享受快速更新带来的新功能的同时，也要对微软"改名部门"的 KPI 有更多的包容。

6. 部分名词解释

主表和从表：在 A 表中，使用某种工具或函数，从 B 表中获取与 A 表有关的数据并显示在 A 表中。此时，A 表为"主表"，B 表为"从表"。

读者对象

本书适合有一定的 Excel 基础，并且对 Power BI 有一定了解的用户阅读。本书对初级用户友好，需要进阶的用户也可以从书中获得宝贵的知识。在个人技能方面，本书侧重于更多的内容。这不是一本完全讲技术的图书，而是希望可以引导读者进行更多的思考，帮助读者解决在工作中遇到的数据问题，甚至是非数据问题。

软件版本

本书内容主要是基于 Power BI Desktop 2023 年 8 月及之后的版本编写的与 Excel 相关的内容是基于 Microsoft 365 编写的。

读者服务

作者个人微信：v631227669

作者个人邮箱：dpj_dzfw@outlook.com

致谢

本书能顺利出版，离不开朋友和家人的支持。特别感谢刘必麟（小必）老师对本书编写规范和审稿的付出，感谢佐罗（宗萌）老师提供了参考资料，感谢回归线李栋老师对本书在 Cube 方面提供的帮助，感谢"PBI 本地部署沟通交流群"和广大网友提供了调研素材，最后特别感谢本书另一位作者刘钰老师的辛勤付出。没有你们的付出，就不会有本书出版上市的机会，再次感谢以上所有人。

由于作者水平有限，书中错漏之处在所难免，希望读者批评指正。

作　者

目录

第1章　转行经历及心路历程 1

    1.1　转行经历 2

    1.2　学习 Power BI 的心路历程 4

    1.3　数据时代的背景 5

    1.4　总结 7

    1.5　作业 7

第2章　数据理论基础 8

    2.1　关系映射反演原则及应用 9

    2.2　DIKW 模型 11

    2.3　数据遗传学定律 12

    2.4　总结 14

    2.5　作业 14

第3章　对数据的思考 15

    3.1　什么数据能分析 16

    3.2　什么是"表" 16

    3.3　什么是标准表 19

    3.4　数据是"变"出来的 23

    3.5　业务用户心目中的 IT 人员 24

    3.6　数据访问权限 26

- 3.7 数据的成本 29
- 3.8 数据是一个任人打扮的小姑娘 30
- 3.9 "养"数据 31
- 3.10 数据管理 32
- 3.11 总结 33
- 3.12 作业 33

第 4 章 商业智能及其背后的设计 34

- 4.1 什么是商业智能 35
- 4.2 商业智能工具应具备的能力 35
- 4.3 如何在企业内部推广 Power BI 38
- 4.4 数据分析师的新定位 39
- 4.5 关于商业智能架构的思考 41
  - 4.5.1 病因（问题） 41
  - 4.5.2 药方（方案） 44
  - 4.5.3 药性（执行） 46
- 4.6 以商业智能为中心设计数据仓库 53
- 4.7 以 IT 为主导的商业智能项目必将失败 56
- 4.8 商业智能的价值导向 57
- 4.9 不要"神话"Power BI 62
- 4.10 不在于技术，而在于管理和认知 63
- 4.11 商业分析中的算法 64
- 4.12 如何处理需求 65
  - 4.12.1 如何提需求 65
  - 4.12.2 如何接需求 66
  - 4.12.3 如何安排会议 67
- 4.13 如何汇报工作 71
- 4.14 从会吵架开始 71
- 4.15 总结 73
- 4.16 作业 73

第 5 章 了解 Power BI 并掌握使用方法 ... 74

5.1 什么是 Power BI ... 75
5.2 下载 Power BI Desktop ... 78
5.3 了解 Power BI 的结构 ... 80
5.4 Excel 商业智能或 Power BI Desktop ... 80
5.5 Power BI 的常见部署方式 ... 80
    5.5.1 个人使用 ... 80
    5.5.2 Power BI Service 部署 ... 81
    5.5.3 本地部署 ... 82
5.6 解决 Power BI 问题的 10 个方法 ... 82
    5.6.1 使用搜索引擎或 AI ... 83
    5.6.2 查阅官方文档 ... 83
    5.6.3 了解行业最新资讯 ... 84
    5.6.4 参加培训 ... 84
    5.6.5 使用 Power BI 官方论坛 ... 84
    5.6.6 加入学习小组或群 ... 84
    5.6.7 付费咨询 ... 85
    5.6.8 阅读专业书籍 ... 85
    5.6.9 掌握学习方法 ... 86
    5.6.10 不断地思考、实践和总结 ... 88
5.7 Power BI 的学习路线 ... 88
    5.7.1 是学习一点点，而不是精通 ... 88
    5.7.2 第一阶段 ... 89
    5.7.3 第二阶段 ... 89
    5.7.4 第三阶段 ... 90
5.8 是否需要学习 SQL 或 Python ... 90
5.9 Power BI 的通用化设计理念 ... 92
5.10 总结 ... 92
5.11 作业 ... 92

第 6 章 Power Query 的使用 93

6.1 什么是 Power Query 94
6.2 Power Query 和 Excel 操作数据的不同 98
6.3 使用 Power Query 获取数据 100
 6.3.1 从 Excel 文件中获取数据 100
 6.3.2 从 CSV/TXT 文件中获取数据 110
 6.3.3 从 PDF 文件中获取数据 112
 6.3.4 从文件夹中获取数据 114
 6.3.5 从 SQL Server 数据库中获取数据 125
 6.3.6 从 MySQL 数据库中获取数据 130
 6.3.7 输入数据 133
6.4 Power Query 常用基础操作 134
 6.4.1 数据类型 134
 6.4.2 将第一行用作标题 140
 6.4.3 自定义列 141
 6.4.4 追加查询 142
 6.4.5 合并查询 145
 6.4.6 逆透视列 153
 6.4.7 删除重复项 155
 6.4.8 填充 156
 6.4.9 合并列 157
 6.4.10 格式 158
 6.4.11 拆分列 159
 6.4.12 提取 160
 6.4.13 分组依据 160
 6.4.14 转置 162
 6.4.15 其他功能 162
6.5 Power Query 实战 162
6.6 Power Query 的其他功能 168
 6.6.1 查询依赖项 168
 6.6.2 管理参数 169

　　　　6.6.3　查询管理 169
　　　　6.6.4　数据源设置 170
　　6.7　Power Query 中的 M 函数 170
　　　　6.7.1　什么是 M 函数 170
　　　　6.7.2　高级编辑器 173
　　6.8　总结 173
　　6.9　作业 174

第 7 章　数据模型 175

　　7.1　什么是数据模型 176
　　7.2　单表模型 178
　　7.3　多表模型 180
　　7.4　维度表和事实表 181
　　7.5　维度建模的必要规则 184
　　7.6　维度建模的三种模型 186
　　7.7　数据模型的关系 190
　　　　7.7.1　表关系 192
　　　　7.7.2　交叉筛选器方向 196
　　　　7.7.3　管理关系 197
　　7.8　DAX 是什么 200
　　　　7.8.1　新建列 200
　　　　7.8.2　度量值 205
　　　　7.8.3　计算表 208
　　　　7.8.4　如何选择新建列、度量值、计算表 210
　　　　7.8.5　如何学习 DAX 212
　　　　7.8.6　DAX 常用函数 213
　　　　7.8.7　在 DAX 编辑器中使用快捷键 215
　　7.9　表和度量值的命名规则及度量值管理 217
　　　　7.9.1　表命名规则 217
　　　　7.9.2　度量值命名规则 218
　　　　7.9.3　度量值管理 220
　　7.10　数据模型管理规范 225

  7.10.1 调整字段汇总方式 225
  7.10.2 隐藏非必要字段 227
  7.10.3 关闭"自动日期/时间"功能 228
 7.11 在 DAX 表达式中使用变量 228
  7.11.1 变量的语法 229
  7.11.2 变量的特性 230
 7.12 DAX 表达式的格式化 232
 7.13 日期表 236
  7.13.1 如何正确使用日期表 236
  7.13.2 如何构建日期表 239
 7.14 按列排序 241
 7.15 循环依赖 243
 7.16 新建参数 245
 7.17 总结 251
 7.18 作业 251

第 8 章　数据可视化及 Power BI Service 管理 252

 8.1 可视化基本功能 254
  8.1.1 使用可视化视觉对象 254
  8.1.2 主题 258
  8.1.3 页面视图 259
  8.1.4 筛选器 261
  8.1.5 选择 262
  8.1.6 书签 263
  8.1.7 性能分析器 263
  8.1.8 页面导航器 264
 8.2 报告、仪表板和数据大屏的区别 265
 8.3 Power BI Service 管理 266
 8.4 总结 268
 8.5 作业 268

第 9 章　Power BI 优化最佳实践 269

9.1　Power Query 优化 270
9.1.1　使用合适的数据源 270
9.1.2　只加载所需的数据 271
9.1.3　优先使用 SQL 查询语句加载数据 271
9.1.4　使用参数 272
9.1.5　使用部分数据做预转换 272
9.1.6　尽量不在 Power Query 中进行复杂处理 272
9.1.7　尝试将数据源规范为标准表 273
9.1.8　使用 Table.Buffer 函数提高计算效率 273
9.1.9　使用合适的数据类型 273
9.1.10　设置并行加载表 273

9.2　数据模型优化 273
9.2.1　使用一对多关系 274
9.2.2　反结构化设计 274
9.2.3　减少维度表的行数 274
9.2.4　关闭部分设置选项 275
9.2.5　减少列基数 276
9.2.6　使用增量刷新功能 277
9.2.7　引用已有的度量值 277
9.2.8　DAX 优化 278
9.2.9　表和度量值的命名规则 280
9.2.10　度量值分层设计 280
9.2.11　使用合适的数据粒度 280
9.2.12　减少使用或不使用"新建列"功能 280
9.2.13　尽量不使用大宽表 281
9.2.14　数据模型中字母的大写和小写 281
9.2.15　为字段添加特殊前缀 281

9.3　可视化优化 281
9.3.1　减少视觉对象的数量 282
9.3.2　使用背景来管理布局 283

          9.3.3　尽量使用默认的视觉对象 283
          9.3.4　特殊的可视化呈现 283
          9.3.5　使用 SVG 辅助画图 283
          9.3.6　打开所有的预览功能 284
          9.3.7　报告细节优化 284
    9.4　硬件优化 287
          9.4.1　CPU 287
          9.4.2　内存 290
          9.4.3　硬盘 291
          9.4.4　显卡 291
          9.4.5　网卡/带宽 291
          9.4.6　屏幕 292
          9.4.7　小结 292
    9.5　其他优化 292
          9.5.1　使用较新版本的 Power BI Desktop 292
          9.5.2　Power BI Desktop 提示内存不足 293
          9.5.3　异常排查及排错技巧 294
          9.5.4　使用性能分析器巧妙排查异常 295
    9.6　总结 295
    9.7　作业 295

第 10 章　在 Excel 中使用 Cube 296

    10.1　什么是 Cube 297
    10.2　为什么要使用 Cube 300
    10.3　如何在 Excel 中连接 Cube 305
    10.4　数据透视表 311
    10.5　Cube 函数 312
          10.5.1　CUBEVALUE 312
          10.5.2　CUBEMEMBER 317
          10.5.3　CUBESET 317
          10.5.4　CUBESETCOUNT 322
          10.5.5　CUBERANKEDMEMBER 322

　　　　10.5.6　CUBEKPIMEMBER 324
　　　　10.5.7　CUBEMEMBERPROPERTY 325
　　　　10.5.8　Cube 函数与切片器搭配使用 327
　10.6　表查询 329
　10.7　Cube 函数优化 337
　　　　10.7.1　缩短公式的长度 337
　　　　10.7.2　提高函数计算效率 341
　　　　10.7.3　获取所有成员作为维度 342
　　　　10.7.4　实战应用建议 347
　10.8　个人商业智能 348
　10.9　总结 349
　10.10　作业 349

参考文献

（见随书在线资源）

第1章

转行经历及心路历程

本章不妨从一个故事开始。

1.1 转行经历

每个人的人生际遇都是不同的，我从小就对计算机有非常浓厚的兴趣，也愿意在上面花费更多的时间，但却没有在更早的时候找到适合自己的路。因为一些原因，我上了职业高中，学的是养殖专业，以为以后的路就是这样了，一直到 2016 年都没有什么大的改变。无非是上次做的是装修，这次换成了网站维护；上次在养鸡场，这次去了养猪场……换工作、换行业、换城市成了当时的主旋律，算下来也有一二十份工作。

我在养鸡场学会了电焊，你猜猜我到底经历了什么？而唯一不变的是，我一直在找机会做一些与计算机相关或者与数据相关的工作。虽然也做过一段时间的网站维护和网络推广，但是这并没有改变什么，离梦想还有太大的差距。未来的路在哪里？这是我一直在思考的问题。迷茫，还是迷茫！

我的师父告诉我，年轻人迷茫是正常的，不迷茫的年轻人才可怕呢！

其间，我有过两次半年没有工作的经历，所有我认为可能的安排都化为泡影。在此期间，我偶然看到了涂子沛先生写的《大数据》一书，这似乎让我找到了新的方向，"大数据"让我眼前一亮，养殖行业能不能和大数据擦出什么火花呢？

我真的找到了一个去养鸡场工作的机会，尝试一下，看我的想法是否可行。我认真地学习并养了两批鸡。虽然我烧锅炉比别人烧得旺，非常有自己的想法，也表达了很多自己的观点，但是现实仍然和想的不太一样。我甚至开始反复向周围的人求证，是坚持还是离开，坚持要如何坚持，离开要去哪里。

再后来，我去了温氏集团的两湖企业的养猪场，通过不断的努力也争取到了很多展示的机会。我跟着厂长一起去企业总部开会，与企业领导有了更多的接触，期望有一天能被哪个领导赏识，发现我这匹"千里马"，给我一个转岗的机会，让我从事与数据相关的工作。然而，一年过去了，现实无情地打脸。我原本计划在养殖行业中做与数据相关的工作，但看起来在养殖场的路并不顺利！企业并不缺一个只会养小动物、空有满腔热血、想要做数据工作的少年。

我开始重新思考，是时候做出决断了。我给自己制订了一个为期 5 年的数据分析

第 1 章
转行经历及心路历程

学习计划，买了相关图书，把以前喝酒侃大山的时间用来学习。于是，在越来越急迫的心情中，我离开了这个自己熟悉的行业，踏上新的征程。

离开了自己熟悉的养殖场，踏上了去往北京的火车，踌躇满志地要走我的数据分析之路。来到北京就是当头一棒，一个兽医在北京如何找到工作？虽然我在养殖场时看了很多书，但这仍然是一个问题！怎么办？一直找不到工作让我非常焦虑，一度陷入自我怀疑中。偶然间，妈妈提议让我学会计！做财务分析，谁说就不行呢？经过 3 个月的奋战，会计从业资格考试的成绩还不错。我也购买了初级会计的教材，准备继续奋战，同时继续找工作。

在学习期间有一个小插曲。我报了一个会计培训班，老师是一名注册会计师，他正准备转行做职业规划，不要问为何注册会计师还要转行，每个人都有自己的理想。在学习之余，他帮我做了一次免费的职业规划分析，我清楚地记得，当时分析结果图表中的第一象限有两个结果："数据"和"讲师"。现在看来，完全准确，之后的路也完全是按照这个方向走的。

后来我终于找到了工作，是一个与财务打交道的数据岗位。HR 招聘时写的是会计岗位，面试时变成了数据岗位，问我要不要考虑。这还用问吗？是不是会计岗位它真的重要吗？我就是喜欢现在这个数据岗位呀！至此，算是正式走上了与数据打交道的道路。

之后我依然坚持每天下班后学习 2 小时，从不间断。一遍一遍地尝试，一遍一遍地踩坑。节日？周末？那不都是学习的好机会吗？学习使我快乐！

再后来换过几份工作，得益于企业和领导提供的发展空间，再加上自己的努力，渐渐地，数据分析的职业发展越来越有起色了。当然，在努力的路上并不是一帆风顺的，也一样会有一万个想离职的念头，蜕变的过程总是痛彻心扉，但最终都坚持下来了。回望时，一切的路都没有白走。我在养鸡场烧锅炉都能比别人烧得旺，这路指定是没白走。

同时，也得益于这些年无论在什么环境下，我都没有放弃对数据的"企图"，不忘初心，方得始终。曾经有人问我：你的经历很丰富，也很励志，经历这么多是不是很累？我的回答是：并没有觉得累。我一直做的都是自己喜欢的事情，很开心，并不觉得坚持下来是很难的事情，而更多的是一种习惯，水到渠成。你觉得一个学习学到凌晨都不睡觉的人，是因为不能睡觉，还是不想睡觉？学习收获很大，太激动了睡不着而已。

这之后，通过不断的实践、不断的思考、不断的总结，我在数据的道路上有了更多的体会，也有了更深的感悟。我希望将这些内容分享给更多的人，帮助更多的人解决工作中遇到的问题。

1.2　学习 Power BI 的心路历程

学习 Power BI 起始于 2016 年，我在网上看到了一篇关于 Power BI 的介绍。当时我已经能比较熟练地使用 Excel，并掌握了处理数据的各种技巧，经常到处炫技——可以写多么复杂的 Excel 公式，也掌握了很多复杂公式的用法，甚至还学习了数组公式。直到有一天，一个 VLOOKUP 函数跑了 10 分钟，我开始重新思考如何可以计算得更快，因为除了跑 10 分钟别无选择，我觉得这并不完美，不太符合我的一贯作风。

这之后，我就一直在寻找更高效的数据处理方式，当时还萌生了要学习数据库、VBA 甚至 Python 的想法。虽然后来还是学习了这些，但是和这件事情的关系已经不大了。当时也看了一些介绍 Power BI 的文章，讲到一些可以突破 Excel 限制的方法，具体内容已经有些模糊，唯一记得的是在看完之后心跳加快、情绪高涨，当晚就失眠了。这些文章介绍的很多功能对我的启发非常大，我好像发现了一个不得了的"新世界"，虽然略显朦胧，但是犹豫再三，第二天还是买下了文章中介绍的课程。这套课程至今还在我的账号里，虽然现在已经不需要再去学习它了，但是它作为我的启蒙课程，对我的影响是非常大的。

在学习之初，与 Power BI 相关的资料很少，学习的途径也并不太多，在缺乏指点的情况下，我先行在 Excel 中学习了 Power Pivot，硬生生啃了半年，同时在工作之外帮助一些同事解决数据上的问题，以获得更多学习的机会。虽然我也做出了一些看起来很厉害的内容，但是仍然感觉不太通透。直到开始在 Excel 中学习 Power Query 的内容，令人叹为观止，这世间居然还有这样的工具，完全颠覆了我以前对 Excel 的认知，并且它完美地解决了我当时遇到的问题。我花费了一周的时间来学习这部分内容，再结合之前学习的 Power Pivot 部分，瞬间感觉打通了任督二脉，VLOOKUP 函数跑 10 分钟的情况之后再也没出现过，因为很少再用到 VLOOKUP 函数了。这足以让我将原来需要一周完成的工作压缩到半天时间完成，节省出大量的时间，可以帮助同事做更多提升数据效率的事情，也有了更多的学习时间。

这套课程足足让我消化了 3 年，3 年之后才敢说真的将其全部消化了，而且还可以做得更好。这期间我也在学习和使用 Power BI Desktop，因为在 Excel 中使用 Power Query 和 Power Pivot 遇到了性能瓶颈。实际上，更多的时候我仍然是在 Excel 中完成工作的，因为它真的足够灵活，可以快速解决我在工作中遇到的数据问题，这对于个人高效处理和分析数据非常友好。

由于各工具运行方式的不同，刚开始使用 Power BI 时也挺别扭的——基于单元格和基于列的操作方式有很大的差异。这其实是很多 Power BI 初学者需要做出改变的地方，之后我努力去适应，也渐渐习惯了以列来操作数据的方式。我一直秉承着使用一个工具就要主动去适应它的一切这个理念，而不是在使用的时候抱怨其某些功能没有其他工具好用。这种抱怨是没有意义的，反过来也一样。在学习一个新事物的时候，我们都会带着原有的认知，所以第一印象非常重要，这也是我们在学习同类工具时带有偏见的来源。

以前 IT 部门的一个同事说过的一句话让我印象深刻，他在听到业务用户说系统没有 Excel 灵活的时候抱怨道："Excel 才是那个怪胎，因为它不遵守数据该有的规则。"当你在 Excel 中使用 Power Query 和 Power Pivot 或者使用 Power BI Desktop 的时候，你立刻就会感受到这一点。如果想要学好 Power BI，就必须忘掉 Excel。这就像在《倚天屠龙记》中，张无忌学习太极拳一样，忘记具体的招式，领会其精髓和真正的本质，而不拘泥于招式，功到自然成。

这之后我阅读了更多相关图书，购买了更多相关课程，在学习上我从来不吝啬投资，因为回报真的非常高，能用钱解决的问题，都不是问题。磕磕绊绊做了很多尝试，也遇到过瓶颈，甚至卡了半年之久毫无进展，在这条路上并非一帆风顺。总之，认可了这个方向，就一直在这条路上坚持。从个人使用 Power BI 到部门应用，再到企业部署，每一次不同的经历都代表一次新的蜕变。

Power BI 所带给我们的是一种新的数据思考方式，用过 Power BI 和没用过的人，思考数据的方式完全不同，这一点在你尝试使用 Power BI 之后会立刻体会到。

1.3 数据时代的背景

此刻，我们已处于数据时代，时时刻刻都离不开数据，即使你不从事数据相关工作，也与数据密不可分，可以说数据就是我们生活的一部分。

随着信息技术的发展，在互联网的带动下，企业数据越来越多，多到已经超出了我们对数据量级的理解。我们能直观感受到的是，自己分析和使用的数据在不断增加，分析频次要求越来越高，常用的 Excel 技能已经越来越不能满足功能需求，Excel 孱弱的身体已经开始摇摇欲坠。纵然 IT 系统可以解决很多问题，然而在数据的"最后一公里"，这仍然是一个问题。它是否足够快、足够灵活，是我们需要考虑的问题。

尝试着去理解数据，就像去理解我们的生活一样。数据是现实世界的另一种表达形式，它有不一样的规则，我们要以全新的眼光来看待，这并不容易。工具的发展，可以降低其使用门槛，但是解决不了应用的问题。有一个大家耳熟能详的段子，说的是"无论多牛的系统，最后都逃不过如何导入 Excel 和如何导出 Excel"。国内软件行业在发展的过程中，往往以定制化的方式来支持企业的开发，这也带来了一个问题，一起成长起来的数据人很自然地认为这是一件不需要讨论的事情，比如在系统的报告中添加一个按钮或添加一条线不是很简单的事情吗？这样的情况并不利于行业的发展，这会造成大量的系统并不通用。学习、维护和理解的成本都会增加。如何使用通用化产品和通用化方案来解决我们在工作中遇到的问题，并且人才同样可以通用化，这是一个值得思考的问题。

量变会产生质变。如果仍以旧有的眼光看待当前时代的数据，乃至未来时代的数据，则无疑是给数据添加了枷锁，束缚了其手脚。"老眼光不看新社会"，也是在督促我们不断地主动学习并适应新时代的变革。举一个简单的例子，在分析中，我们常用的是单表模型，随着数据越来越多，业务越来越复杂，如果将数据全部放到一张表中，那么其实用性将大打折扣。因此，我们可以使用多维数据模型进行建模，在管理大量数据和复杂业务时，将会更加清晰和高效。如果有一天有了更好的方式，那么就学习更好的方式，而不是抱着多维数据模型永远对的想法走下去。

工具的发展虽然降低了其使用门槛，但却无法让我们在什么都不学习的情况下掌握它。无论工具如何发展，有限的工具都永远无法满足无限的需求。软件工具革新带来更多的是关于数据思维方式的转变，而非功能本身。现在遇到的真正问题是，软件工具遥遥领先于企业的应用水平。目前，我们还无法在直接使用自然语言提问的情况下解决所有的问题。最近火热的 ChatGPT 似乎给我们打开了一扇新的大门，但是我们非常清楚，无论怎么被吹捧，它仍然只是 AI 发展道路上的一个里程碑，只不过可能是一个比较有意义的里程碑而已。看好 AI 并不等于看好 ChatGPT，直到 AI 领域又有新的产品诞生，继续螺旋式上升，最终达到我们期待的目标。AI 确实可以放大你的能力，但前提是你得有足够的能力，AI 会在你的能力的基础上乘以 100。如果你的能力是 1，那么在 AI 的加持下你可以达到 100 的能力；如果你的能力是 100，那么在 AI

的加持下你可以达到 10000 的能力；如果你的能力是 0，那么即便有 AI 的加持，你的能力也依然是 0。

尝试接触并理解、学习一个新事物，是我们在当前数据智能时代需要具备的能力。尝试做一个两栖动物，当我们从海洋走向陆地时，还可以扑腾两下。

1.4 总结

如果你是 Power BI 的新用户，希望你可以从我的经历中获得启发。这世上大多数人并非天纵奇才，很多时候也会一样地迷茫，一样地遇到困难，只是付出了更多的努力，多了一份坚持。坚持做自己喜欢且擅长的事情，如果你决定走上这样一条路，希望不要轻言放弃；如果它真的适合你，必定会有所收获。

抱着一个开放的心态，多接触、多思考、多尝试，人的成长就是一个自我革命的过程，每一次痛苦的蜕变都将迎来更精彩的自己。

1.5 作业

尝试对自己的数据从业经历或者转行经历进行总结并与他人分享。

第 2 章

数据理论基础

第 2 章
数据理论基础

对数据理论的学习，有利于我们在数据的道路上走得更远。因为只有更深入地思考，才能厚积薄发，创造前所未有，最终证见自己的"道"。

2.1 关系映射反演原则及应用

关系映射反演原则，是我国数学家徐利治老先生在《关系映射反演原则及应用》一书中提出的。

关系（Relationship）映射（Mapping）反演（Inversion）方法简称为 RMI 方法，利用 RMI 方法解决问题的过程可用框图来表示，如图 2-1 所示。

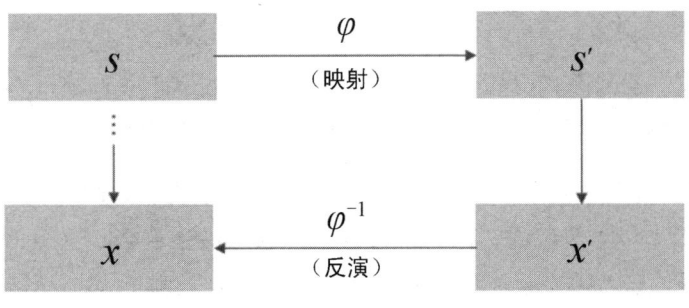

图 2-1

关于该原则在现实中的例子，最常见的就是刮胡子。我们需要刮脸上的胡子，自己看不到，因此引入了镜子，然后刮镜子中自己的胡子。当将镜子中自己的胡子刮掉的时候，在现实世界中，胡子也被刮掉了，问题得到了解决。那么，在数据领域中是如何应用该原则的呢？

现实世界是复杂的，在面对复杂问题时，以人类对事物的思考，无法快速得出结论，因此需要简化这个过程。基于关系映射反演原则，我们可以将现实世界中发生的事情，通过数据进行记录，从而将现实世界中的复杂问题转换为"数学题"。当"数学题"被解出来时，也就意味着现实世界中的问题得解，将"数学题"的计算结果带入现实世界中进行决策，从而影响现实世界的运作。其产生的新影响，在时间线上又会被数据所记录，通过时间变化来分析该决策对现实世界的影响，因此形成一个正向的解决问题的循环。我们需要的不是一次得解，而是循环得解，如图 2-2 所示。

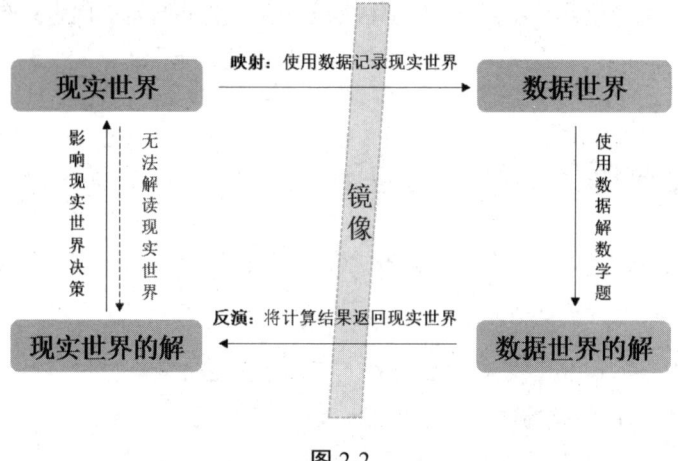

图 2-2

　　这，即是数据相关分析的基础理论依据。以数据为基础，在解决一个特定的现实世界问题时，一般来说，都在有意或无意地使用该理论。同时说明了，我们通过解"数学题"的方式来解决现实世界中的问题，是一种有理论依据的方法。

　　同样，我们需要明白另一件事情，使用数据来映射现实世界并试图描述现实世界，其所记录的现实世界信息是非常有限的，无法 100% 映射现实世界中的所有内容，能记录的可能连 1% 都不到。而我们能处理的，大部分信息都是结构化数据。后来有了数据湖，可以处理半结构化和非结构化的数据。虽然如此，但与现实世界中的信息相比，仍然是沧海一粟。这同样解释了我们认识世界的方式，同时我们了解到了数据的局限性。即，数据不是无所不能的，它只是我们认识自然的一种"道"，暂时无法解决现实世界中的所有问题。将其映射到我们的工作中，也是我们所遇到的困境。对于现实世界中的某些问题，我们无法准确地使用数据进行分析，只能使用统计学上的手段加以弥补，同时辅以本身对业务的理解。

　　这同样解释了我们所使用的数据不准确的原因，甚至有些数据结果违反业务常识。在绝大多数情况下，这并不意味着有了新发现，原因大多是与现实世界进行数据映射时产生了偏差，之后无论怎么分析都将得出错误的结论，直到该结论与业务常识发生冲突，才被发现并停止。产生偏差的原因可能来源于系统设计缺陷和管理，也可能来源于数据自身的错误。如果一开始就使用了一个错误数据，那么错误会"遗传"，该基因会一直保留到最终被发现。这些都是需要极力避免的事情。

　　在工作当中，我们遇到的"数学题"都比较复杂，这给我们增加了新的工作量。

因此，如何高效地解"数学题"成为我们面临并需要解决的问题。这又是另一个话题了。

2.2 DIKW 模型

DIKW 模型，即数据（Data）、信息（Information）、知识（Knowledge）和智慧（Wisdom）的模型，如图 2-3 所示。

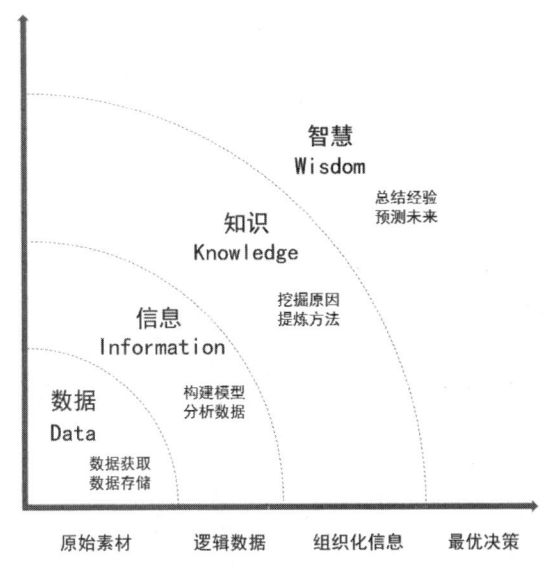

图 2-3

DIKW 模型最早可以追溯至托马斯·斯特尔那斯·艾略特在 1934 年所写的《岩石》(*The Rock*)。在首段，他写道："我们在哪里丢失了知识中的智慧？又在哪里丢失了信息中的知识？"(Where is the wisdom we have lost in knowledge? Where is the knowledge we have lost in information?)

DIKW 模型可以很好地帮助我们理解数据、信息、知识和智慧之间的关系，还向我们展现了如何将数据一步步转化为信息、知识乃至智慧。

- 数据。数据是最原始的资料，记录对现实世界的映射内容。例如，超市收银员用的二维码扫描枪所记录的商品数据和客户数据。这个阶段最重要的工作是对数据的获取和存储，包括对数据质量的把控。

- 信息。使用业务常识对数据进行分类和汇总，构建模型并对数据进行分析。例如，日常所做的报表都属于信息，可以用来回答一些业务上的特定问题。数据只有在特定的环境下才能被转化为信息。例如，做了一个分析报表，知道了经营状态的好坏。

- 知识。知识是对信息的提炼，是对某个主题确信的认识，并且这些认识拥有潜在的能力，为特定目的而使用，更像是一种定式。知识可以被操作和管理。例如，可以根据所掌握的知识为企业节约成本、提炼方法、提供产品运营建议等。

- 智慧。智慧是对知识的运用。例如，根据所掌握的知识进行资本运作，如企业上市、融资、并购、快速扩张等。你可以脑补电视剧《天道》中的丁元英，丁元英的高度是完全有可能通过后天努力达到的，虽然难度非常大，但是仍有迹可循。他对经济学、社会学以及基督教、道教、佛教等的教义和文化都有非常深入的研究，同时马克思主义哲学、逻辑学、西方哲学等也都是其关注和研究的领域。除了学习和研究，更多的是思考和运用知识。拥有智慧并不是不会犯错，而是拥有了智慧，可以让你对很多事物都有更本质的认识，减少犯错。

对于 DIKW 模型，需要思考如何从数据到智慧，这才是我们应该追求的方向。DIKW 模型遵循马太效应："凡是少的，就连他所有的，也要夺过来。凡是多的，还要给他，叫他多多益善。"从数据到智慧是一个升维的过程，是一个反人性的过程，是一件极其难的事情，所以要给予更多，而降维才是人性使然。

2.3 数据遗传学定律

我们经常会听到这样一句话："同样是计算这个业务数据，为什么你的结果和我的结果不一样？"你该如何回答？你只能说："我们一起看看数据源和处理逻辑是否一致。"而对方一直在强调这是同一个业务数据，结果就应该是一样的，你也只能无奈地叹息，继续对数据进行核对，最后发现是因为数据源不同或者逻辑上的某些差异，导致了结果的不同。相同的数据源加上相同的处理逻辑，其结果必然相同；如果不同，则要么是数据源不同，要么是处理逻辑的细节有区别，你总不能去怀疑现实世界的数学出了问题吧!

这个工作场景说明了数据的什么特性?说明**数据是遗传的,有血缘,并不是随便同一个业务的两个数据就肯定相同**。遗传往往伴随着随机突变,而突变就会产生新的个体,与原来的个体区分开来。一个数据产生后,它就不断地被使用和复制,在传递的过程中就不可避免地会对数据进行加工,数据也会有损耗。通常认为电子数据是不会损耗的,实则不然。当同一份数据被不同的人反复使用和有意无意地加工后,不同分支数据的血缘关系会变得越来越远,形成两个独立的数据。

这个场景在我们的工作中非常常见,尤其是使用多个人做出的数据进行汇总时。当数据变得复杂时,你将很难追溯源头,因为血缘关系太远了,并且还混入了其他基因。你甚至无法追溯这个数据到底是怎么被计算出来的,复现都成了一个难题。

那么,要保持数据的一致性该怎么办?当然是保持基因的纯度,相当于给数据编写了一个"族谱",说明数据到底是从哪里来的,都对其做了哪些加工。在有些企业中,IT 部门会做这样一个功能,叫作"数据地图",它清晰地记录了数据是如何产生、加工和传递的。除了 IT 部门,这个功能对业务部门同样适用,只不过它记录的信息更偏向于业务,而不是数据实现,逻辑依然是严谨的。

在分析领域中,我们同样需要这样一个过程;否则,当两个数据不一致时,将无法解释清楚,尤其是在紧急情况下,所以一定要保留数据的处理过程,甚至对于不同版本的数据都要做备份。数据一旦脱离了"族谱",就会变成一个高风险的数据。这也使我们在提供很多数据的时候,不会像需求方要求的那样,"差不多就行了",因为一旦你按照这句话去做了,未来再使用这些数据做计算时,就会发现逻辑不够严谨,数据的遗传伴随的突变导致与原来的"族谱"接不上了。

数据逻辑并不像思维逻辑那样灵活和具有跳跃性,数据逻辑的严谨性是严格遵守自然规律的,不仅仅有业务层面的严谨性,还有数学层面的严谨性。你不是数据魔法师,无法在逻辑不够严谨的情况下计算出一个数据,并且还能保证其经得起与其他数据的相互校验。

每一个数据都是一个模型,每一个模型的背后都有取值来源、计算逻辑和计算条件。因此,很多时候我们看到的并不是一个数据的全部,而是这个数据的冰山一角,支持并计算这个数据被隐藏的部分才是关键。

数据遗传学定律还可以被用来解释数据处理工作量、数据准确度以及个人数据的问题。如果在输入端输入的数据是错误的或者混乱的，那么该问题会一直存在，就像一个"数据肿瘤"，这无疑会增加数据处理工作量，同时也会带来数据准确度的问题。你甚至根本意识不到这个问题的存在，并将错误的数据应用到分析结论中，除非有人发现了"数据肿瘤"并对其进行摘除。如果一个人经常使用这个数据，就会发现这个"数据肿瘤"，这时他有两种选择：一种是向企业中管理该数据的人反馈，修正错误；另一种是自行进行"手术"，新的"健康体"就会形成"个人数据"。当前者的渠道不够通畅的时候，后者将会频繁发生。

回想一下，你的手里是不是有一份独属于自己的"个人数据"？最常见的一种数据可能就是某个业务分类的"对照关系表"，它来自企业的主数据表，而你对它进行了修正和维护。虽然你知道需要从数据源头来解决问题，但往往在现实情况下又很难做到这一点。对主数据的管理不仅仅是维护，还有应用。实际上，很多企业都意识到了这一点，却无法改变，于是使用各种版本主数据分析的结果诞生了，大家各显神通，都说自己的数据才是对的。

如果有一天你遇到了数据问题，则不妨想一想数据遗传学定律，应用它可以解释很多问题，尤其是在当前很多企业对数据管理并不重视的大环境下。很多数据问题之所以存在，可能并不是因为你的技术不够厉害，也不是因为你不够努力，而是这数据在你看不见的地方已经标好了"代价"。

2.4 总结

理论是指导实践最有力的武器。同样，理论也来源于实践的总结。

认知的升级，远比任何技术和业务都重要得多。

2.5 作业

1. 分析自己在工作中遇到的问题，是否可以使用本章中的理论来发现或者解决。

2. 请根据本章的内容，梳理出现实世界和数据世界的规则有哪些差异，如何在工作中更好地利用这些差异。

第 3 章

对数据的思考

对数据进行思考，可以让我们更深刻地了解数据为什么是这样的，知其然，并知其所以然，而不是循规蹈矩，不断复制。

3.1 什么数据能分析

在商业世界中，可以被分析的数据通常都是"结构化数据"。那什么是结构化数据呢？你可以把ERP（企业资源计划）系统中的数据理解为结构化数据，与之对应的就是"非结构化数据"。那什么是非结构化数据呢？Excel中的数据，就是最常见的非结构化数据。什么？你说Excel中的数据是非结构化数据？没错！在Excel中只有被创建为"表"的数据才被称为结构化数据。此外，还有图片、音频、视频、电子邮件、纸质文件等非结构化数据，它们通常是大数据和数据科学中涉及的内容，不在我们的讨论范围内。

3.2 什么是"表"

上面我们讲到ERP系统中的数据就是可被分析的结构化数据，那么在Excel中，什么是结构化数据，什么又是"表"[1]呢？在Excel中，我们日常使用的那些数据通常都是"数据区域"，而不是"表"，相信这个结论突破了很多人的认知。为了方便理解"表"的概念，请看图3-1，左侧数据和右侧数据哪一个是"表"？为什么？

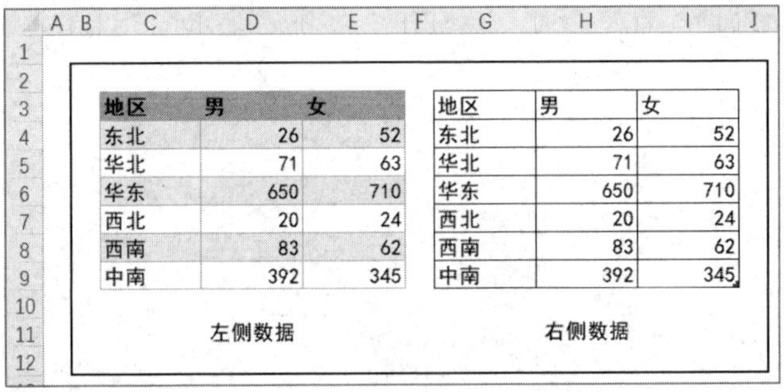

图 3-1

---

[1] 为了区分表的描述和在Excel中创建的表，文中使用加了引号的"表"来指代在Excel中创建的"表"，以示区别。

我们能想到的答案有 4 种可能：

- 左侧数据是"表"。
- 右侧数据是"表"。
- 它们都是"表"。
- 它们都不是"表"。

相信你已经有了自己的答案。正确答案是：右侧数据是"表"。

为什么？

下面介绍在 Excel 中如何识别"表"。

（1）在右侧数据区域的右下角会出现一个直角符号，如图 3-2 所示。

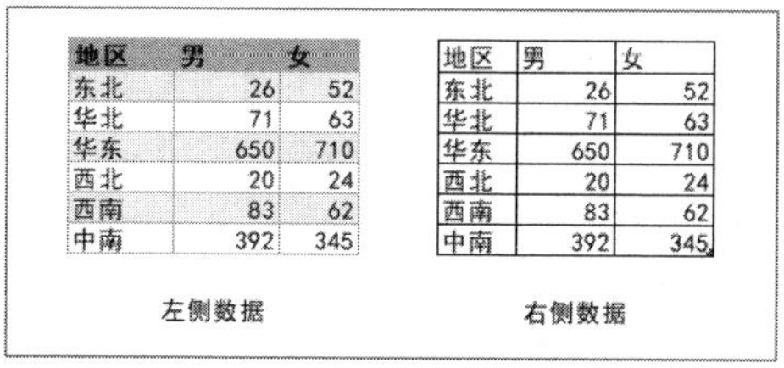

图 3-2

（2）激活"表"中的单元格，并向下滚动数据，标题会显示在列号上，如图 3-3 所示。

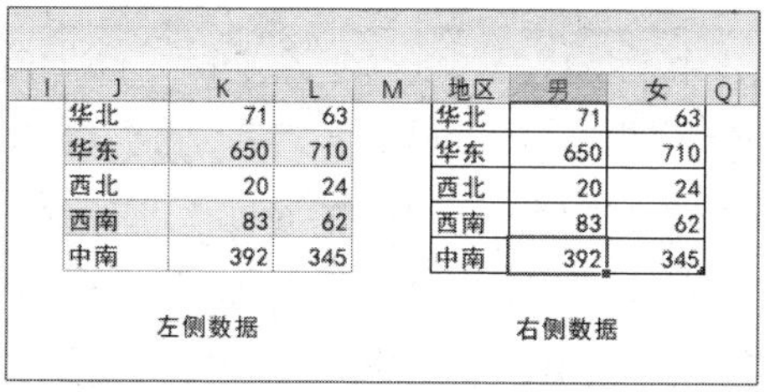

图 3-3

（3）激活"表"中的单元格，在功能区会多出一个"表设计"选项卡，如图 3-4 所示。而激活左侧数据中的单元格，在功能区不会显示"表设计"选项卡，如图 3-5 所示。

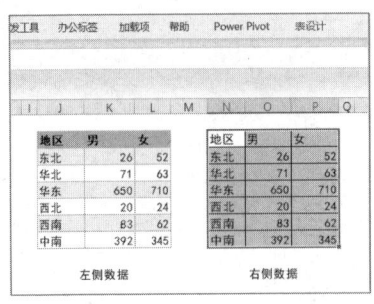
图 3-4

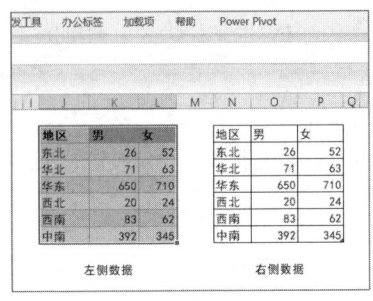
图 3-5

为了更好地理解，下面介绍在 Excel 中如何创建一个"表"。

选中数据所在区域的任意一个单元格，通过下列任意一种方式均可将数据区域创建为"表"。

- 使用快捷键："Ctrl+L"或"Ctrl+T"。
- 依次点击"开始"-"套用表格格式"，并选择任意表格样式。

执行以上任意一种操作之后，会弹出"创建表"对话框，勾选"表包含标题"复选框，点击"确定"按钮，如图 3-6 所示。

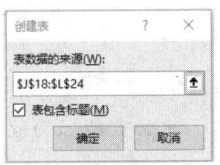
图 3-6

这样一来，在 Excel 中就将数据区域创建为"表"了。在创建了"表"之后和之前有什么区别呢？在创建了"表"的数据中，如果有合并的单元格，这些单元格会被自动强制拆分，且只显示合并区域左上角单元格的值，其他单元格为空。默认以第一行为该表的标题行，并且标题名称不重复。若有重复的标题名称，则会自动依次进行编号，使其变成新的标题名称。在"创建表"对话框中，若不勾选"表包含标题"复选框，则会自动创建一个新的标题行，以"列+序号"的形式显示。

那么，是不是将数据区域创建为"表"，就满足了我们对数据的分析要求呢？答案是否定的。如图 3-7 所示，该数据符合上面描述的"表"的特征，这样的数据可以用来分析吗？不可以。虽然这样的数据在 Excel 中非常常见，但它并不是我们真正需要的可分析的数据。"列 1"中的单元格有空值，该列的属性内容并不完整。另外，原来的两行标题则变成了数据的内容。

创建为“表”之前

		男	男	男	男	女	女	女	女
地区	一级分类	2019	2020	2021	2022	2019	2020	2021	2022
东北	厨卫	2		5	5	6	3	14	7
	家用电器	1		1			1	1	3
	消费电子	2		2				1	1
	智能家庭	1	3	4			1	6	8
华北	厨卫	6	5	9	14	3	9	6	11
	家用电器	1	3	2	2			2	
	消费电子	1		7	2	7	1	1	1
	智能家庭		10	9		9		11	2
华东	厨卫	57	68	68	118	73	92	73	112
	家用电器	13	8	3	13	7	10	16	10
	消费电子	17	29	36	43	19	35	32	36
	智能家庭	35	49	42	51	35	41	54	65

创建为“表”之后

列1	列2	男	男3	男4	男5	女	女6	女7	女8
地区	一级分类	2019	2020	2021	2022	2019	2020	2021	2022
东北	厨卫	2		5	5	6	3	14	7
	家用电器	1		1			1	1	3
	消费电子	2		2				1	1
	智能家庭	1	3	4			1	6	8
华北	厨卫	6	5	9	14	3	9	6	11
	家用电器	1	3	2	2			2	
	消费电子	1		7	2	7	1	1	1
	智能家庭		10	9		9		11	2
华东	厨卫	57	68	68	118	73	92	73	112
	家用电器	13	8	3	13	7	10	16	10
	消费电子	17	29	36	43	19	35	32	36
	智能家庭	35	49	42	51	35	41	54	65

图 3-7

可见，只是将数据区域转换为“表”，还达不到我们分析数据的要求。因此，还需要将“表”转换为“标准表”[1]，只有标准表才真正符合我们分析数据的要求。

3.3 什么是标准表

为什么有了“表”还不够，还要使用标准表？俗话说：没有规矩不成方圆。标准表是更加规范的“表”，更符合我们分析数据的要求，就像开车要遵守交通规则一样。虽然规矩限定了一部分能力的设定，但这是为了更好地在其他方面超长发挥，因为无序生长的数据最后只会变成“数据肿瘤”。通常，这个时候很多人会搬出数据的“三

1 标准表：这不是一个专业术语，目前没有一个通用的名称来解释这种数据标准的规范。关于标准表的定义和标准，可以参考文中笔者整理出的标准表的 4 个主要特征。

大范式"，而我们不去研究那么专业的问题。一种最简单的识别方式就是，在 Excel 中，是否可以很方便地对这张"表"进行数据透视表分析。如果不太方便，那么它大概率是不符合规范的。然而，这样的概念又过于模糊。于是，笔者整理出了标准表的 4 个主要特征，以方便我们在分析数据时应用。

1. 没有合并的单元格

合并单元格的习惯主要来源于纸质报表，在打印报表时，很自然地将格式带入 Excel 中——虽然看起来非常方便、简洁，但我们需要明白的是，它只适合最终的展示，并不适合对数据进行处理和分析。在数据规范方面，毫无疑问，Excel 的合并单元格功能获得了不规范数据的"第一把交椅"。合并单元格是 Excel 中一种特殊的展示格式，在合并单元格后，仅合并区域左上角的单元格中有数据。因此，标准表不应该有合并的单元格，并且在拆分被合并的单元格之后，要补全空单元格中的数据。在 Excel 中有一种识别数据本质的方式，就是看名称框中的单元格地址，其中显示了合并单元格后真正有数据的单元格地址。

2. 只有一行表头

为什么规定"表"只有一行表头？这就像每个人都有一个唯一的身份证号码，通过身份证号码，就能清晰地找到每一个人并且没有歧义，对于数据的标题也是一样的道理。如果"表"有多层表头，就需要将其拆分为单层表头，并重新定义标题名称。

3. 随着时间的变化，"表"纵向生长

万事万物都有生长的方向，数据也不例外。对于一个二维平面"表"，你可以选择让其横向生长，也可以选择让其纵向生长。那为什么规定"表"要纵向生长呢？

（1）在大多数软件中，行数的上限要远远大于列数的上限。比如在 Excel 2007 及之后版本的客户端中，行数的上限是 104 万行，列数的上限是 16 万列，使用纵向生长的"表"可以存储更多的数据。

（2）我们最常用的数据分析利器"数据透视表"，也规定了将列作为属性，将行作为列属性对应的内容来分析。如果"表"是横向生长的，将无法正常使用数据透视表。例如，将月份放到不同的列上，则无法正常按照月份进行数据透视分析。

（3）数据的存储和呈现是分开的，它们是两个概念。在 Excel 中也一样，但很

多人将两者混为一谈，因此会对源数据¹进行大肆破坏，然后组合成自己想要的展示样式，从而使"表"横向生长。而笔者要强调的是，数据是变出来的，而不是做出来的，因此使用纵向生长的"表"和如何展示数据并不冲突。

4. 列属性独立、数据连续且无空值、无汇总数据

如图 3-8 所示，这张"表"符合上面讲的 3 个主要特征，那么它是标准表吗？如果只看前 3 个主要特征，则可能会有一些争议，但看这里的第 4 个主要特征，这张"表"就漏洞百出了。

日期	地区	男	女	汇总
2022/1/1	东北	26	52	78
2022/1/2	华北	71	63	134
2022/1/3	华东	650	710	1,360
2022/1/4	西北	20	24	44
2022/1/5	西南	83	62	145
2022/1/6	中南	392	345	737
2022/1/7		26	52	78
2022/1/8		56	48	104
2022/1/9	华东	635		635
2022/1/10	西北	5	9	14
	西南	68	15	83
2022/1/12	中南	377	330	707
汇总		2,409	1,710	4,119

图 3-8

首先来看列属性独立。在设计"表"中的列时，我们要确保每个列的信息是独立的。一种简单的判断方法是检查表中是否有多个列代表了同一种属性。例如，假设有两列分别为"男"和"女"，如图 3-8 所示。"男"和"女"实际上是"性别"这一属性的两个值。在这种情况下，我们应该创建一个名为"性别"的列，然后将"男"和"女"作为这个列的值，而不是分为两个列。只要确保整理后的列依然能准确地反映原始数据的真实信息，这张"表"就满足了这个要求。

列属性独立、数据连续、无空白行或列、列属性完整、无汇总数据、无空值。前几个要求都很好理解，为什么此处要强调"无空值"呢？因为在不同的系统和工具中，对空值的识别方式是不同的，而这会造成不必要的麻烦，增加了额外的处理成本。因此，建议将所有的空值都处理成非空值，即补全数据。例如，可以将数字列的空值填充为"0"，将文本列的空值填充为"无"，将手机号码列的空值填充为"00000000000"，

---

1 源数据通常指的是实际存储在数据源中的原始数据，未经过任何加工或转换。它强调的是数据本身的原始状态，而不是数据所在的位置。请区分源数据与数据源。数据源指的是提供数据的原始位置或容器，如数据库、电子表格、Web 服务等。数据源是指数据的来源，即存储和提取数据的地方。

将日期列的空值填充为"1900-01-01"。虽然"0"和"空值"并不等价，但在 Excel 中计算一组数据的平均值时，"0"会参与计算，而"空值"不会。

关于数据补全还有很多方法，比如对于缺失的数据，可以使用整体或者某个分类的平均值补上。这虽然不够严谨，但是从分析的角度来说，可以让我们有更好的分析体验。对于财务数据，则不适合使用该方法，需要区别对待。

这样做的好处是，问题都是已知的。如果不想统计"0"，则增加一个筛选条件即可。对于"空值"来说，数据库中带有"NULL"的数据是"真空"，将其导出到 Excel 中就会变成文本"NULL"。而在 Excel 中又会有"真空"和"假空"的区别，这又涉及"真空"和"假空"的转换。看到这里，你可能已经有点儿晕了，但没关系，只要不使数据有空值，该问题就不会存在。

为什么在标准表中不能有汇总数据呢？因为汇总数据并不是数据本身的一部分，而是添加的加工后的数据。如果需要打印数据，这么做没问题；但如果需要分析数据，汇总数据就是多余的。因为我们可以通过分析工具的展示功能来呈现数据，而不会破坏数据本身，比如使用数据透视表来查看汇总数据。总之，对数据进行存储、处理和展示是不同的事情，对于同一份数据，在不同的环境中不要将它们混为一谈。

最规范的标准表示例如图 3-9 所示。

日期	地区	性别	值
2022/1/1	东北	男	26
2022/1/2	华北	男	71
2022/1/3	华东	男	650
2022/1/4	西北	男	20
2022/1/5	西南	男	83
2022/1/6	中南	男	392
2022/1/7	东北	男	26
2022/1/8	华北	男	56
2022/1/9	华东	男	635
2022/1/10	西北	男	5
2022/1/11	西南	男	68
2022/1/12	中南	男	377
2022/1/1	东北	女	52
2022/1/2	华北	女	63
2022/1/3	华东	女	710
2022/1/4	西北	女	24
2022/1/5	西南	女	62
2022/1/6	中南	女	345
2022/1/7	东北	女	52
2022/1/8	华北	女	48
2022/1/9	华东	女	625
2022/1/10	西北	女	9
2022/1/11	西南	女	15
2022/1/12	中南	女	330

图 3-9

3.4 数据是"变"出来的

我们一起来思考一个问题：数据分析报告到底是怎么做出来的？

通常，我们首先需要获取数据，数据可能是 IT 部门交付的，也可能是通过企业的报表系统下载的。然后需要对数据进行一些处理，比如删除某些不用的行和列、增加一些新的辅助列，并对数据进行适当的聚合，其中可能会用到函数，也可能会用到数据透视表等来辅助完成。在 Excel 中，这个过程需要手工进行操作，并且是直接在源数据表上进行操作的。这会带来一个问题：当某个步骤操作错误时，需要对这个步骤重新进行操作。如果处理的过程较为复杂，则可能会多次出现这样的问题。当好不容易处理完成时，领导又有了新的想法，就又需要重新进行数据处理。

作为数据分析师，将 80% 的时间用在了数据获取和数据转换上，用 10% 的时间看了一下数据，又花了 10% 的时间写了一份分析报告。没有更多的时间用在了解业务上，也无法对数据有更多的观察，渐渐地感觉自己成了一名高级数据专员，一台没有感情的取数机器。

那么，有没有这种可能：把整个数据处理和分析的过程做成一个管道，我们需要做的就是打开水龙头，让数据像水一样从源头流出来，而源数据表本身是不发生任何变化的，只是在"变"数据，并且可以随时修改"变"的过程，最终点击"刷新"按钮即可。

如果你对以上描述进行了思考，则会发现这里有一个非常重要的概念——应该将数据的存储、转换和展示分开，而不应该混为一谈。之所以很多数据处理工作让人感觉非常累，就是因为把它们视为一件事情，直接在源数据表上进行了操作，然后处理成自己想要的展示格式。这与工具无关，而是一种对数据处理方式的认知，在 Excel 中，我们同样可以使用管道的方式来自动完成这样的工作。

在 Excel 中，我们都使用过数据透视表。当分析的维度不够时，我们会通过增加辅助列来完成分析；当不需要查看某个维度的部分内容时，我们可以通过筛选器过滤来达到效果，而不需要修改源数据表本身。数据透视表的神奇之处就在于，我们没有破坏源数据，而是在"变"数据，就像变魔术一样，不断地转换各种分析视角，并且对大数据量的处理性能非常好。

在数据的使用上，标准表是我们最喜欢的数据源，因为可以对它进行很多规范的数据操作。例如，可以通过数据透视表对其进行快速分析，或者使其成为其他工具的数据源。如果对方提供给你的数据源是一张有着各种复杂展示的 Excel 报表，那么从中找到所需要的数据将变得非常棘手。Excel 表格满天飞，各种花哨的展示让你喘不过气来。当对方把展示的数据当作数据源提供给你的时候，这些非标准表的数据源只能被归类为"数据垃圾"——你要么在垃圾堆里面刨食，要么将它们转换为标准表，这些都意味着成本的增加。每种可视化展示的背后，都应该有一张或多张标准表，或者一个完整的数据模型来支持。当你需要提供给对方数据时，真正要提供的是标准表而非展示的数据，展示的数据将被作为最终数据且不再参与任何后续计算。

现实情况是，往往不同的人做不同的数据，他们将做好的 Excel 报告发给你，而这些 Excel 报告都是最终展示的数据。这将导致：一方面，做数据的人会很累，因为要考虑展示格式的取值问题；另一方面，用数据的人也会很累，因为不是标准表，他们只能在可视化上去做数据，一旦需求发生变化，就会有非常大的改动。对于这样的数据源，你将很难去"变"，只能被动地去"做"。

除了最终展示的数据，我们应该将所有的表都转换为标准表。

在一个标准的数据分析流程中，你应该将标准表作为数据源，然后在此基础上创建数据转换通道并构建数据模型，接下来在模型的基础上构建可视化展示，当数据源发生变更时，只需要点击"刷新"按钮即可。如果展示的数据仍然需要参与计算，则可以将其纳入该数据模型中，或者将标准表的结果提供给其他人。

至于使用什么样的数据工具来做这件事情，反而不重要，重要的是掌握这种"变"数据的思考方式。

3.5　业务用户心目中的 IT 人员

当 IT 部门让业务用户提数据需求时，一旦业务用户真的提了，就掉坑儿里了，一开口就错了。

因为业务用户真的讲不清楚自己有什么数据需求，只能讲清楚需要解决什么业务问题。业务用户勉强提出的需求可能并不是自己真的想要的，经过反复的数据提取，最后的结果就是 IT 部门的需求支持不再积极。

IT 部门经过长时间与业务用户的斗争，总结出一套自己的方法论："你提需求，我做需求"。这似乎没有问题！然而，问题很大，因为业务用户真的很难讲清楚想要什么数据，只能在 IT 部门做出来之后知道自己不想要什么，经过五六版或七八版的修改，才能真正接近自己想要的结果，而这是需要等 IT 部门排期的。不行的话，就继续排期迭代，你想清楚了我就做，IT 部门永远不会出现不做需求的情况。然而，很多时候业务用户是等不起的，除非真的没有更好的选择。

在实际的业务中，业务用户通常会有两种需求，其中一种是想得很清楚的，甚至对展示的细节都能描述得非常具体，这种需求实际上只占 20%；另一种是想要做一些尝试的，自己也不知道要尝试什么，大多数情况是这种需求——将这种需求提给 IT 部门会有人接吗？很显然没有人会接，业务用户将得到一个"没想清楚，回去再想想"的答复。仔细琢磨一下，好像 IT 部门的人说得也没错，但业务用户的问题却没有得到解决。问题出在哪里？

IT 部门所做的数据并不是给"人"看的。从严格意义上说，数据并不是给业务用户直接看的，只是业务用户实在没有更好的选择，所以使用了这些数据，然后按照自己的想法对数据进行加工。

业务用户真正喜欢使用的是数据分析师所做的数据，因为**数据分析师才是业务用户心目中的 IT 人员**。既懂业务又懂技术的数据分析师，作为最强"数据翻译器"，将那些不是给"人"看的数据翻译为让业务用户真正可以看得懂的数据。

这两者有什么不同？业务用户需要的是什么？

业务用户需要的是一种支持状态，能懂得他们的想法，并通过数据解决他们的问题，就这么简单。那么，为什么 IT 部门做不到这一点？因为 IT 部门的逻辑是：**你提需求，我做需求，你不说我怎么可能知道你是怎么想的，你不提需求我怎么做需求**。

而数据分析师一直在与 IT 部门和业务用户打交道，知道业务用户想要解决什么业务问题，也知道针对业务问题应该如何获取数据和转换数据。作为最强"数据翻译器"，这些还不是手到擒来。"业务用户提需求，我可以支持；不提需求，我也能把数据做到接近业务用户的需求，并且持续对数据进行优化。"这一方面解决了 IT 部门的数据中存在的错误、不规范、缺失等问题，另一方面可以深入地与业务用户进行主动沟通，持续挖掘更多的需求并继续完善现有的数据模型。

所以，看清楚这个事实了吗？数据分析师真的不是在做你想象中的从数据中挖掘业务机会，发现潜在价值，让业务有多少增长这件事情，因为这不符合这个岗位的职责，这是需要业务部门去做的事情。而其真正需要做的，是做好数据翻译器功能。这与岗位名称无关，无论是叫商业分析、业务分析、经营分析还是数据分析，或者岗位名称中不包含"分析"两个字，这些都不重要，重要的是正在做的工作内容。比如岗位名称是"经营分析"，而这个岗位上的人大部分时间是在做数据，比如用 80% 的时间做数据，用 10% 的时间看了一下数据，用 10% 的时间做了一份分析报告。这依然是数据翻译器的工作，只是可能受限于技术能力，翻译的效果没那么好而已。

本质上，这个数据翻译器就是一名高级数据专员，级别越高，其所掌握的工具就越厉害，翻译的效果也就越好，仅此而已。如果想对得起"分析"这两个字，还要深入了解业务，对业务有自己的思考，并进行实质性输出。

那么，问题来了，是否给"数据翻译器"提供了足够的数据原料？

3.6 数据访问权限

对于有技术功底的数据分析师，建议企业为其开放数据库访问权限，这样更有助于他们发挥自己的特长，同时防止私库（个人数据库）的产生，因为私库数据泄露的风险更大。对于偏向于技术的数据分析师，由于其有了技术能力和业务能力的双重叠加，因此在构建业务模型时，可以让模型兼具业务的可用性和技术的可维护性。即使再简单的工具，也依然需要让擅长它的人来使用，这样才能使其更好地发挥作用。

将数据分析师构建的数据模型共享给其他分析师或者业务用户使用，更进一步，他们甚至可以相互协作来维护和使用这个数据模型。由于数据分析师岗位本身的特性，决定了数据分析师必须主动思考和接受业务人员的持续反馈，在日常工作中不断地主动优化和调整这个数据模型，以使该数据模型可以持续地改进业务状态，而非 IT 部门的需求制。在没有数据需求的时候，数据分析师依然会主动优化数据模型，提高用户使用体验。

然而，现实情况是，在一些企业中，非 IT 部门无法获得数据库访问权限。即使你是 IT 部门的一名"菜鸟"，也依然可以拥有数据库访问权限；而即使你是业务部门的一位数据"大佬"，也无法拥有数据库访问权限。因为你是业务部门的，IT 部门规定不给非 IT 部门开放数据库访问权限。笔者通常认为这是来自 IT 部门的傲慢，天然对非 IT 部门的不信任，可以将其理解为对某些群体的技术鄙视和对自我技术的优越感，也可以将其理解为"懒政"。你不要动我的数据库，哪怕只是查询。

在一些企业中，目前仍以报表导出的方式来获取数据，甚至有从系统中复制、粘贴数据的情况。即便如此，也可能有各种限制，美其名曰"数据安全"。数据被下载到本地磁盘，就意味着脱离了企业的数据安全管控，除非企业建立了全域的数据安全管理体系，否则无法管理这部分数据。

以数据安全之名，行懒政之实，这才是事实。将数据从系统中导出后创建私库，就比直接连接数据库进行查询更安全吗？真正的问题是，由于没有人承担数据损失带来的责任，因此只能简单粗暴地"一刀切"。这其实是目前很多业务用户和数据分析师面临的困境——不是技术不够好，也不是没有安全意识，更不是不了解系统和数据库。有些问题不在于自身，而在于环境，本质上还是企业的数据管理问题。

基于以上提到的困境，很多数据分析师所面临的数据环境是非常差的，所以他们将大部分时间用在了找数据和转换数据上，工作重复又繁重。虽然有的企业开放了一些数据库查询工具，可以通过编写 SQL 查询语句导出数据，但笔者认为这不是更好的解决方案。使用 SQL 查询语句导出数据依然意味着私库的存在，和从页面导出数据没有本质的区别，只是将这部分工作从 IT 部门转移给了用户而已——减轻的是 IT 部门的工作，却将麻烦带给了用户。

通常用户会把导出的数据存储到本地数据库或者 Excel 文件中，这些数据脱离了 IT 部门的管理，泄露的风险更高。虽然创建私库的行为并不符合规范，但是部分企业的实际情况就是如此，数据分析师被迫想尽一切办法为分析提供支持，却无法以更低的成本得到数据原料。领导要求你必须尽快完成工作，而 IT 部门又无法提供切实的数据支持，所以这很自然地就会造成私库的存在——只能将收集到的数据存储到数据库中，构建一套属于本部门的数据分析模型，同时伴随的是大数据量级的数据库。

在实际操作中，IT 部门也会睁一只眼闭一只眼，因为确实无法管理，除非可以提供更高效的数据支持方案。对于数据用户而言，没有数据是寸步难行，紧接着就是狂风暴雨般的需求，这些都是 IT 部门不愿意面对的。在笔者的调研中，甚至出现了 IT 部门为了打压业务部门（喜欢数据分析师构建的数据模型），引入了新的商业智能工具来增加其话语权这种情况。所以，数据分析师所面临的数据环境之严峻形势，已经是一个不得不说的话题。他们需要完成那些业务部门不会做，IT 部门又不愿意做的工作，同时承受着数据资源不足的压力，可谓千难万难，负重前行，空有一身屠龙术却无用武之地。这同样是企业的损失，也是我们需要思考的问题。

解决这种问题有两个方向：一是让 IT 部门学习业务知识，使需求支持更加精准；二是让业务人员提升数据能力，使需求支持更加灵活。目前来看，选择后者的居多，而且业务人员和数据分析师与企业的商业行为核心更近，他们要想抓住瞬息万变的市场，就需要拥有高效的分析和决策能力。在这样的环境下，商业智能应运而生，也就是赋予业务人员和数据分析师部分 IT 的能力，减少其对 IT 部门的依赖，从而解决以往 IT 部门的数据支持慢、数据获取成本高的问题。这会让 IT 部门感到恐慌吗？当然会感到恐慌了！所以，你看到的大多数企业的商业智能数据模型都是 IT 部门主导的，而不是业务部门或数据分析师主导的——并不是其不具备构建的能力，而是得不到机会。

这会导致 IT 部门的核心能力发生变化吗？笔者认为不会，真正影响的是那些只会提数的岗位，这样做的结果就是业务部门的效率更高了。数据多了，还可以想办法学习怎么处理数据，而拿不到数据，则是"巧妇难为无米之炊"。IT 部门依然还有很多重要的工作可以去做。例如，将数据仓库的建设与业务做深度的结合，搭建更符合企业业务分析的数据仓库模型、数据地图，以及进行数据培训、数据架构优化、代码优化等。这包括笔者一直提倡的"人民战争"式管理，"敌人"越来越强大，需要让更多的人参与到与数据的"战斗"当中。在合理管控数据的情况下，让更多的人参与其中，而不是让数据成为某些部门的专属。

一个真正为企业发展着想的 IT 部门，会在兼顾数据安全的前提下，尽可能开放更多的数据给数据需求方。在数据安全制度下开放部分数据库访问权限，主动对数据需求方进行系统培训，主动告知用户都有哪些数据。很多企业的数据被存储在数据库中，如果无法将它们使用起来，则不仅不会产生价值，反而会产生额外的成本。如果 IT 部门不说，数据需求方就不会知道。这需要一个相互磨合的过程。虽然在便利性与安全性之间存在一些冲突，但这不是数据管理"一刀切"的理由。

关于具体的数据安全管理方案，我们需要进一步探讨，但这并不意味着可以降低数据安全标准。在当前数据安全的大背景下，如何找到数据使用的便捷性和安全性的平衡点，则是值得我们持续思考的问题。过度的安全管控和"一刀切"的数据管理方式，只会起到反作用，造成更多的对抗。"一刀切"的数据管理方式之所以普遍存在，是因为其最容易执行且能够看到执行动作，而且如果发生数据泄露，则可以把大部分责任撇开——你看！安全措施我都做了，只能怪大家不遵守规则。因为在实际的企业经营管理过程中，无人对数据安全兜底，而负责兜底的一定会将数据安全作为第一优先级，而不是你是否应该拥有权限，或者使用数据是否方便。这几乎是无解的，我们能做的就是找到平衡点，让工作有序进行。

同时，建议业务用户和数据分析师可以主动去争取更多的数据权利。在 IT 部门和业务部门之间，需要有这样一群人，他们帮助业务部门解决数据的技术问题，帮助 IT 部门解决数据的分析问题——这也是数据分析师真正的价值所在。对于 IT 部门，真心希望其可以多一些耐心，多做一些尝试，而不是认为有人在抢其饭碗。这是一种新的合作方式，可以让企业的数据管理更加高效。

总之，核心内容就一句话：实事求是！

3.7　数据的成本

通常来讲，数据是严谨的。然而，这取决于数据在最初的记录中是否足够准确，也取决于获取数据和计算数据的复杂程度，而这些都是有成本的。数据的成本包括获取成本、存储和使用成本、计算成本、真相成本等。

对于数据分析来说，通常不会过于追求精确。在很多场合中，你经常听到的是"给我一个大概的数据就可以了"。在满足业务决策参考的基础上，我们会做一个最优的选择，即保持"精确"和"成本"的平衡。

数据的成本往往具有隐秘性。对于一个对数据没有那么了解的人来说，他想到的数据成本和实际的数据成本是不一致的，这会导致很多数据需求看起来很简单，但是在真正实现时却很复杂。对于有些人来说，他们对数据的认知仅仅停留在 Excel 电子表格上，对于数据成本仅仅以在 Excel 中进行操作来衡量，这是一个普遍存在的问题。尤其是业务部门和 IT 部门对接时，双方对各自工作量的误判是其冲突的根源。从这个角度来说，让业务人员了解数据和让 IT 部门了解业务同样重要，而在大多数情况下，我们往往忽略了前者。

1. 数据的获取成本

在数据的获取成本上，主要集中在三个方面。①是否有足够的权限；②数据质量是否足够好；③想要的数据是否已经在系统中。其核心点就在于你无法在短时间内获取到自己想要的数据，数据的获取成本往往与企业的数据管理和企业文化有着密切的关联。

2. 数据的存储和使用成本

当使用标准表进行数据的存储和管理时，数据的管理成本最低，而且将大量的标准表合并在一起进行分析也会很方便。而如果把数据的展示和存储混为一谈，则会导致数据的使用成本高昂。例如，在很多分析场景中，在同事提供的报告中，数据展示做得非常专业，但是你却无法高效地使用这些数据，因为不是标准表的数据，需要对它们进行复杂的处理才能使用，这也就意味着成本的增加。

3. 数据的计算成本

数据的计算成本主要与业务的复杂度有关。由于在业务上存在对客观与公平的过度追求，或者增加了大量特殊条件，所以会带来计算成本的增加。我们需要考虑的是，这种将数据复杂化的计算是真的有必要，还是为了使数据更符合心理预期而进行的有目的的数据处理，而这将会带来额外的计算成本。

4. 数据的真相成本

当业务场景足够复杂时，数据的真相就会被逐步掩盖，这种掩盖可能是有意的，也可能是无意的，还可能是本身的错误累积造成的。在当前状态下获取数据的真相时，往往需要付出高昂的成本。这个成本包括漫长的数据检查过程和多方的数据求证，还存在有意和无意的阻挠，而这需要大量时间和精力的投入。在某些情况下，探寻数据真相的成本甚至高出数据本身，尤其是数据的偏差在可接受范围内时。

3.8 数据是一个任人打扮的小姑娘

数据是现实世界的映射，现实世界是复杂的，所以数据世界同样复杂，只是我们通过关系映射反演的方式，将现实世界中的问题转换成了"数学题"。因此，现实世界中的一些"花样"，是可以被带到数据世界的。我们要知道这些"花样"，以便在遇到的时候做出选择。

趋利避害是人的本性，所以我们会在有意或无意的情况下，选择更有利于自己的数据，而且多少会带上主观因素，很难保证绝对的客观。在数据伦理上，我们是极力避免发生这样的事情的。然而，该问题在数据世界中普遍存在，很多选择是你在没有意识到的情况下做出的。数据世界的复杂程度和现实世界是一样的，现实世界对同一件事情有各种解读，你会发现它们都有"道理"，把这些"道理"套用到数据上，同样适用。基于这些"道理"，把数据做成自己所期望的样子，以达到某种目的。而某些想要追求"真相"的人，也会因为需要付出巨大的成本而望而却步。

在企业中，存在一些"逻辑鬼才"，他们在业务上无法说服其他人，因此在数据中找证据，通过数据来证明自己的想法是正确的。在绝大多数人的意识中，数据是客观的，是不可辩驳的，具备某种意义上的"法律效力"。因此，当对方摆出更有利于他们的数据时，你非常不认可，却又无法辩驳。或者，你找到了一套更有利于自己的数据和说法，然后针锋相对。至于事情本来的样子，已经没有人在意了。

当然，也可以在不伪造数据的情况下通过展示方式来达到某种目的。如图 3-10 所示，乍一看，离职率下降了，但仔细一看，问题很大。虽然它没有直接去改变事实，但却利用了人的心理来耍小手段。

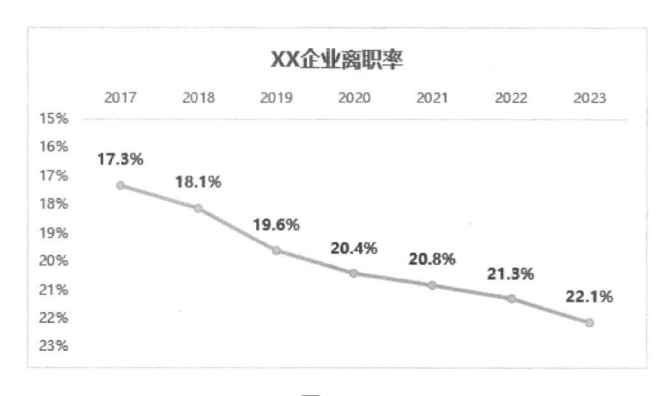

XX企业离职率

年份	2017	2018	2019	2020	2021	2022	2023
离职率	17.3%	18.1%	19.6%	20.4%	20.8%	21.3%	22.1%

图 3-10

3.9 "养"数据

我们玩过养成游戏，也养过小动物，那什么是"养"数据呢？对于这个概念，笔者在多年前就有过相关思考。当时感觉自己就是一个数据的"救火队员"，每天都在做着扑灭各种"大火"和"小火"的事情，每天都在疲于奔命，到底是哪里出了问题？我们计划用 80% 的时间来做重要但不紧急的事情，可是为什么一切并没有发生本质的改变？后来，笔者终于想明白了这件事情。如果商场就是战场，那么数据就是我们的"武器"。做数据分析，如果弹药不足或者装备不精良，则会有什么后果？当然是被"敌人"牵着鼻子走。在战场上，敌人不会等我们一切都准备好了再开战，而是随时都会开战，我们很可能还会打一场大仗。因此，我们需要在非战时进行"养兵"，要预判敌人的预判，在开战之前就做好相关的布局，一旦战事来袭，即可轻松应对。

一般而言，无论是 IT 部门还是分析部门，都不太会考虑在没有需求的时候做相关的数据和分析。然而，笔者的观点是应该在不那么忙的时候就来做这些工作。即，对自己的工作范围进行梳理，然后将与此相关的工作场景对应的数据不断地完善到自己的数据模型当中。建议可以按照业务线来进行梳理。一名有经验的数据分析师，在拿到相关数据之后，甚至可以在不了解业务的情况下就把业务数据模型构建起来（这并不是太难的事情），然后基于此，通过与业务方的沟通进一步对细节进行调整。这就相当于把可能会用到的分析数据放到一个区域，供随时调取。

这样做的好处在于，一些常规需求或者临时需求可以得到快速支持，而不需要对数据进行大范围的处理，或者只做简单的处理即可得到预期结果。这就相当于预制菜，已经提前加工了一大半，等客人来了稍微处理一下就能上桌。很多时候，对于一些需要临时分析的内容，并没有严格的格式要求，只是需要一个数字而已，这就体现出了这种方式的高效性。同时，对于日常分析而言，完善模型也就意味着分析灵活性的提升，这可以让我们在面临复杂的分析需求时能够做出快速响应。

对于这些数据，即使日常不用，也要持续更新，而不是在需要的时候才更新。在可控的范围内，保持这些数据是最新的，将极大地提高工作效率。

3.10　数据管理

很多企业已经认识到，数据是一项至关重要的资产。企业通过数据和信息能够洞察顾客、产品和服务，实现创新并达成战略目标。尽管如此，还是很少有企业能够将数据作为一项资产来进行积极管理，并从中获取持续的价值。数据的价值不可能凭空产生或依赖偶然，而是需要有目标、有规划、有协作和有保障，也需要管理和领导力。**企业要从数据资产中获取更大的价值，这是做数据管理的主要驱动力。**

结合当前企业的数据环境，我们也会发现很多问题，比如数据获取成本高、数据质量差、数据管理混乱等较为突出，这无疑增加了数据资产的使用成本。可见，数据管理已经迫在眉睫。应该将数据管理作为一个常规事项，与企业文化深度结合，并在企业中逐步推广，而不应该将其作为一种解决问题的方案，否则数据管理将不够彻底。

数据管理是一个持续的过程，短期需要一两年，长期需要 5~10 年，才能达到一个稳定的状态，并需要继续维持，防止过早地宣布胜利而导致失败。不建议大张旗鼓地去搞数据管理，应该多做而少说，将数据管理融入工作的方方面面，潜移默化地施加影响，低调而坚定地推行，这样才更容易成功。同时，通过新的管理成果来团结更多的人，使原有的数据管理计划得以正常推进。

重大的变革，往往伴随着重大的变故，在合适的时机起到推动作用。关于数据管理，需要做好一切准备工作，待时机合适时，再对重要节点进行推进。

当前的数据管理问题相较于其实现的技术而言，对数据认知的改变是当前面临的主要困难，这同时在数据管理推动过程中也会带来阻碍。无论企业规模大小，尽早掌握数据管理知识，在还较为容易管理的阶段就着手进行，会更有利于企业使用数据资产服务于企业增值的目标。

3.11 总结

限定某些功能是为了让其他功能发挥得更好，无序生长的数据最后只会变成"数据肿瘤"。数据不仅仅是我们看到的样子，它还有很多面孔，我们除了要勤于工具的修炼，还应该了解更多关于数据的真相。

3.12 作业

1. 尝试将自己工作中的源数据变为标准表。
2. 尝试获得公司数据库的使用权限。
3. 将本章提到的内容应用在工作中，提高自己的数据管理意识。

第 4 章

商业智能及其背后的设计

第 4 章
商业智能及其背后的设计

在工作中,我们经常需要使用商业智能工具,而且需要了解和掌握其背后更多的知识。本章将介绍商业智能及其背后的设计。

4.1 什么是商业智能

对于商业智能(Business Intelligence,BI),不同的人有不同的理解。笔者认为商业智能就是"**从数据中发现生意**"。其目标是通过数据实现资本的增值,商业与钱挂钩,钱与资本挂钩,无论怎么解释都出不了这个圈。但是能不能做好商业智能,要看你的脑海中有没有"生意"二字。

围绕这个目标而展开的所有活动都是商业智能的一部分。

人类不止,欲望不止;欲望不止,商业不止;商业不止,数据不止。

在数据的使用上,商业智能要解决的一个核心问题就是:**让用户以越来越低的成本使用数据**。这包括:**使用高质量的数据**、**更快速地获取数据**、**找到想要的数据**、**对终端用户保持足够的数据使用灵活度**。在此基础上,提高企业的运营效率,降低成本,增加收入,并通过数据驱动的决策来提高竞争力,并最终实现资本增值的目标。

4.2 商业智能工具应具备的能力

在介绍商业智能工具应具备的能力之前,我们需要了解企业的数据到底是怎么来的。

一家企业在注册时就已经产生了数据,只是此时数据还比较少,我们通过 Excel 表格就可以完成工作任务。随着业务的不断扩张,尤其是涉及跨区域的实时交互数据时,企业需要引入专业的系统来更好地管理数据,比如客户关系管理(CRM)系统、企业资源计划(ERP)系统、办公自动化(OA)系统、仓库管理系统(WMS)、配送管理系统(TMS)等。这些系统有一个统一的名称,叫作"业务系统"。当我们需要对业务状态的变化进行分析时,需要按照固定的时间对业务系统中的数据进行"拍照",也就是对特定时间、特定状态的数据进行复制,然后将这些数据粘贴到一个专门的系统中,这个专门的系统被称为"数据仓库"。

以库存数据为例,仓库管理系统只存储实时的最新库存结果,而不记录历史状态的数据。假如每天零点都将当前状态的库存数据存储到数据仓库中并以日期进行编号，那么就可以分析不同商品在不同时间的库存状态变化。这对于业务分析显然是有意义的，而且有助于对不同业务系统的不同业务进行联合分析。比如在配送商品时出现了质量问题，可以追溯到供应商，而配送系统和供应商管理系统可能是相互独立的两个系统，数据仓库就解决了"数据孤岛"的问题。

由于数据仓库中存储了大量历史数据，当我们想要从中获取有价值的数据时，需要 IT 人员从数据库中提取数据，然后交给我们。这似乎是比较常见的场景。然而，很多时候我们并不知道自己要分析什么数据，当数据量很大时，我们无法一次性准确地获取自己想要的数据，只能通过理解不断地进行尝试，而如果频繁地向 IT 部门提交数据提取请求，则请求可能会被拒绝，IT 部门会认为我们没有想清楚需求是什么。那么，用户如何使用商业智能工具高效地从数据仓库中获取有价值的数据，成为一个必须要解决的问题。

实际上，商业智能的概念没有变化，但商业智能的实现方式在发生改变，在不同的时代对商业智能工具的要求略有不同。最初，电子表格是最简单的商业智能工具，它们易于使用，并且使用它们能够快速进行数据的组织和分析。随着数据量的增长和复杂性的提高，出现了数据仓库和 OLAP（在线分析处理）技术，使企业能够更高效地存储、管理和分析大量数据。

在进一步的发展中，自助式商业智能工具的出现极大地降低了数据分析的门槛，使非技术用户也能够通过拖放等直观的操作来探索数据和生成报告。这些工具通常提供了强大的数据建模能力、丰富的数据可视化选项和灵活的分析能力，也是当前我们需要重点关注的部分。至于目前火热的基于 AI 的商业智能工具，可能仍然需要不短的时间才能在真正意义上实现我们想要的效果。

在自助式商业智能工具方面，Microsoft Excel 的出现具有划时代意义。在数据量级不是很大的时代，Microsoft Excel 可以被称为商业智能工具，它能够存储 6 万行数据并且可以使用数据透视表进行快速分析。

随着时间的推移，6 万行已经不够了，需要更大的表格，于是 Microsoft Excel 2007 被推出了，它能够存储 104 万行数据，同时增加了更多的函数，帮助我们更高效地解决数据问题。虽然如此，但是在面对复杂的数据需求时，我们仍然需要手工进行数据处理。

Microsoft Excel 2013 内置了 Power Pivot[1]对多表进行管理并搭建数据模型，配合数据透视表，其威力无穷。此时的数据透视表可以处理超过 104 万行的数据，数据处理的上限几乎接近计算机硬件的上限，我们可以通过编写度量值来支持复杂的业务逻辑。这个时候，数据转换依然是一个问题，当数据源不够规范时，我们仍然需要配合其他手段进行处理。

Microsoft Excel 2016 内置了 Power Query 进行数据的加载和转换，与 Power Pivot 搭配使用，业务用户已经可以做很多以前想都不敢想的事情了。它的缺点是性能还不够好且无法实现协作和共享。

微软公司重新评估了这种数据处理方式的潜力，于是在 2015 年，Power BI 横空出世，它包含了 Power BI Desktop、Power BI Service、Power BI Mobile 等产品。它可以加载 100 多种数据源、对复杂数据进行转换、创建多表模型并处理复杂的业务逻辑、定制化分析报告、发布报告并进行协作和共享等。

在这样的背景下，国内外诞生了更多的新型商业智能工具，它们可以连接数据仓库或其他明确的数据源并从中获取数据，让普通数据用户具备高效洞察数据的能力，而非完全依赖 IT 部门，实现了人人可用的自助式分析数据的能力。

为了获取这种人人可用的自助式分析数据的能力，这些新型商业智能工具需要具备以下能力：

- 可以从更多的数据源中获取并转换数据。
- 可以存储几乎无限数据量级的数据并完成计算。
- 可以处理任意复杂的表关系。
- 可以编写任意复杂的业务逻辑。
- 可以做专业的可视化呈现。
- 可以高效地协作和共享。

如果一个商业智能工具具备这些能力，那么它就是我们潜在选择的对象。合理使用商业智能工具可以减少对 IT 部门的依赖，实现自助式分析。现在变为由 IT 部门来

---

[1] Power Pivot 和 Power Query 最早可以追溯到 Microsoft Excel 2010 时代，当时它们以插件的形式存在。

提供数据源，业务用户根据业务需求进行数据的构建和分析，即使面对海量的数据和复杂的业务逻辑，也可以轻松应对。

很明显，Power BI 是具备以上能力的，并且在 Gartner 分析和商业智能平台魔力象限中，连续 17 年处于领导者地位。我们选择一个全世界都认可的最牛的商业智能工具，即便有一些水分，也不会差到哪里去。如果有一天出现了更厉害的商业智能工具，毫无疑问，我们会去选择它。其实我们选择的并不是 Power BI，而是能真正满足需要的商业智能工具，明白这一点非常重要。

4.3 如何在企业内部推广 Power BI

我们不需要刻意地向企业领导证明 Power BI 有多厉害，只需要时刻做好准备，在恰当的时机提出自己的解决方案，使用 Power BI 是顺其自然的事情。

在对 Power BI 的理解上，每个人都或多或少有些偏差，很难真正准确地描述。因此，在准备阶段，我们可以花一些时间对 Power BI 的本质进行理解并搜集一些资料，以便在需要的时候可以随时提供支持。

当然，我们不能因为企业选择了其他商业智能工具而消极怠工。每款商业智能产品都有其独特的优势，只是不同的企业有不同的考虑，选择了对企业当前状态更合适的商业智能工具而已。但这并不会掩盖一个事实：对于用户而言，它可能不是最好的商业智能工具。这两种情况会同时出现，看似冲突，实则普遍存在，无法避免。

如果我们有机会在企业中推广 Power BI，则可以尝试先从部门开始，将单次学习人数控制在 10 人以下，以便得到更好的学习效果。他们可以直接使用 Power BI 解决工作中的问题，我们从旁提供学习支持和技术指导，而不是大包大揽地替他们解决所有的问题。同时要清楚并不是所有的人都适合直接使用 Power BI，部分业务用户可能更适合使用做好的报告，那么我们就可以为他们提供使用方面的培训。通过多个部门不断地学习和碰撞，就可以形成企业整体的商业智能使用生态。在整个过程中，不需要强调 Power BI 有多厉害，我们真正需要做的是帮助他们解决问题，将 Power BI 技能和数据上的理念传递给他们。

在企业级的使用中，如果希望 Power BI 发挥更好的效果，请一定不要脱离数据仓库的支持，并且要对数据仓库的业务模型层进行专业且有深度的构建。这同时包括对数据管理的重视，具体来说，包括：统一和清晰的数据口径、明确的指标定义、完整的数据模型、用户的数据认知提升等。

切记，不要轻易在企业层面大力度地强推 Power BI，因为往往会适得其反。我们真正要做的是帮助那些需要帮助的人，让他们认可，而不是我们认可。真正地解决业务用户的问题，是最为有效的方法，会产生潜移默化的影响。如果要在企业层面大力推广，则建议寻求更加专业的 Power BI 培训团队介入，将其视为一个项目来推动，这样更容易成功。

4.4 数据分析师的新定位

我们经常听到这样一句话："你根本不了解企业的业务，你要多熟悉企业的业务。"

没错！无论是什么岗位都需要对企业的业务有一定的了解，这样才能更有利于企业的整体发展。社会分工越来越细，岗位职责的边界越来越清晰，除了要完成本职工作，确实还要学习一些非本岗位的企业知识。对于 IT 部门而言，需要对业务进行了解；对于业务部门而言，需要对数据和系统进行了解。

不同岗位之间的差异之大，有时候超出我们的想象，因此需要双方各往前走一步，而不是一直让对方跟着自己走，这样更有利于企业内部进行需求沟通。业务部门在了解数据时要有数据常识，而 IT 部门在了解业务时要有业务常识。如果 IT 部门不了解业务常识，则会导致所做的内容和实际需求偏差过大，影响业务的推动；如果业务部门不了解数据常识，则难以讲清楚数据需求，或者让需求无限扩大，毫无边界。这些都不是正常的状态。

对于数据分析师来说，这两者都须兼顾。数据分析师应该是"通才"，通业务，通技术，然后将它们糅合到一起，其花费更多的时间用于沟通双方，让数据顺畅地运行起来。由于社会分工越来越细，其带来的好处是分工协作，坏处也很明显，就是统筹能力太差。比如你能造世界一流的发动机、世界一流的轮胎，具备世界一流的工艺，却无法造一台受用户欢迎的汽车，那如何让汽车更受欢迎呢？这是一个统筹问题，是一门技术，也是一门艺术。如果没有这个能力，那么就只能卖零件了。

这里需要特别注意的是，数据分析师往往非常容易成为一个给业务部门出报表的人。出报表虽然是其职责的一部分，但不能变成其主要工作内容，不能因为数据分析师擅长使用工具，给同事帮忙就帮成了自己的工作。在企业中，数据分析师是一群什么数据都要做的人，比如需要做业务部门不会做的数据，也需要做 IT 部门不愿意做的数据。IT 部门有自己的技术规范，如果数据不规范或者无法实现自动化，那么 IT 部门是可以明确拒绝数据开发的。数据分析师有拒绝接业务部门的数据需求的胆量吗？例如，业务部门的某些数据需求，IT 部门不愿意接，而业务部门又要推动相关业务并且需要使用这些数据进行计算，怎么办呢？一般都会由数据分析师来兜底并完成这些数据工作，其中包括解决数据质量低、数据获取难、计算过程复杂等问题。这个过程其实就是在偿还企业的技术债务。

基于这样的背景，数据分析师的工作大多是半自动化的，不可能纯手动操作，因为会点儿技术；也不可能是完全自动化的，因为总有一些现实问题需要手动处理，尤其是源数据被"掺了沙子"时，就更不可能实现完全自动化了。半自动化同时解决了效率和灵活性的问题，当这个数据"稻草人"被扎得差不多时，就可以提交给 IT 部门正式进行数据开发了。

数据分析师应该重新思考自己的定位，因为对于现存的问题，虽然知道该如何解决，但在自己的位置却永远看不到解决的希望。他们可以尝试向前迈一步，从更高的维度来解决已知问题，而不是忙于天天出报表。

目前有一类称呼叫作"商业智能架构师"，或称为"数字化转型架构师"，抑或称为"数智化转译员"。商业智能架构师解决的是商业智能分析领域的架构设计问题，让商业智能在使用的过程中更为平常；数字化转型架构师解决的是企业的数字化转型问题，以数字化为载体让企业更好地实现增值目标；数智化转译员聚焦的是如何将数据翻译为业务，又如何将业务翻译为数据。

其中，"商业智能架构师"和"数字化转型架构师"偏向于岗位，而"数智化转译员"则偏向于职责，并且是一个更大的范围。它们都不是一个 IT 岗位，而是一个介于业务和 IT 之间的岗位。其实这才是数据分析师的新定位——将个人能力和工具能力转化为组织能力，让组织中更多的人从数据中受益。

从 IT 视角做的技术架构设计，其中很多设计对业务用户使用数据并不友好，它们解决的是有和无的问题，而在商业智能领域需要兼顾业务和技术，最终构建一个完整的商业智能架构，让用户更好地使用数据。"更好"这个词比较宽泛，而用户的感受不会骗人，在呈现形式上，就是**用最低的成本获取想要的数据**。

在某种意义上，当前社会所认可的数据分析师，在业务用户眼中才是企业真正的

IT 人员，而不是主流价值观所认可的"从数据中发现商业价值"的数据分析师。数据分析应该由业务用户来执掌，这是业务部门的本职工作，并最终落实到业务动作上，因为这件事情的核心并不是分析数据，而是分析数据背后的业务。而主流价值观所认可的数据分析师，本不应该存在。这也是为什么很多人做了多年数据分析工作，但却明确表示自己并不会分析，自嘲只是一个高级数据专员而已。这不是谦虚，是真的不知道要分析什么。如果数据分析师能做好业务部门的"手"，帮助业务部门做好数据的整理和计算，则已经是很不错的了。而如果还能有自己的业务见解并且指导或影响业务的策略，则是凤毛麟角。这是数据分析师可以为之努力的另一个方向。

4.5 关于商业智能架构的思考

我们所面临的挑战并非缺少商业智能架构的设计理念，而是如何获得践行这些理念的机会，或者在资源有限的情况下使想法落地。在这个过程中，技术不是唯一的关键因素——尽管问题的表象是技术性的。商业智能架构的设计总是与管理紧密相连，这一点从未阻碍我们对商业智能架构进行深入探索的步伐。

4.5.1 病因（问题）

在数据的使用上，商业智能要解决的一个核心问题就是：让用户以越来越低的成本使用数据。这包括：使用高质量的数据、更快速地获取数据、找到想要的数据、对终端用户保持足够的数据使用灵活度。

在企业中是如何实现这些的呢？提需求、做需求、交付需求。这看起来毫无问题，在更早的时候，确实如此，但现在问题很大。

数据是什么？数据是企业的无形资产，对此没有人提出异议。由于与数据相关的各种硬件和软件都有一定的门槛，因此很自然地将数据交给 IT 部门来管理。

那么，问题来了，数据的最终消费者是谁？他们是企业的业务用户，或者说是离业务比较近的一些企业员工。

这就产生了一个非常有意思的现象：拥有数据的人不消费数据，而消费数据的人不拥有数据。这就需要双方去通力合作。

企业面临的难题是，虽然那些消费数据的业务用户对他们的业务领域了如指掌，但并非所有人都能清晰地表达自己对数据的需求。这不仅是因为他们可能缺乏将商业需求转换为数据查询的技能，还因为他们需要投入时间和精力去学习相关的数据知识和系统操作。此外，由于岗位分工的固有限制，即便是积极学习也不能完全解决这一问题。

在生产型的企业中，合理的岗位分工可以让企业的运作更有效率。而在知识密集型的企业中，过细的岗位分工会让企业的运作因为缺乏统筹能力而变得低效。因此，在知识密集型的企业中更需要 X 型人才和 T 型人才，其中 X 型人才具备两个或多个领域专家的能力，而 T 型人才在自身领域成为专家的同时也了解其他领域。某些业务用户确实拥有良好的理解能力和学习能力，对数据和业务都有一定的了解，能讲清楚自己的数据需求，而这并不是一个普遍现象。

业务用户的数据需求有什么特点？IT 部门开发数据有什么要求？我们需要思考这两个问题。

业务用户的数据需求：**灵活多变**、**快速验证**、**天马行空**。

IT 部门开发数据要求：**需求明确**、**逻辑严谨**、**持续稳定**。

这天生就是相互矛盾的。

业务用户的数据需求（或者叫作数据分析需求）其实有两种：**想清楚的数据需求**和**没想清楚的数据需求**。想清楚的数据需求多还是没想清楚的数据需求多呢？肯定是没想清楚的数据需求多。

对于想清楚的数据需求，怎么处理？提需求给 IT 部门，做成稳定的数据通道。

对于没想清楚的数据需求，IT 部门可能会回复："没想清楚需求，回去再想想。"你认真地咂摸一下，对方说的也很有道理，这符合逻辑——你没想清楚需求，所以 IT 部门不做需求。你可能一开始想到了一些需求，也找到了一些数据，但这些数据与你想的有些差异，你需要反复提需求进行验证或分析，最后依然会得到一个"没想清楚需求，回去再想想"的回复。

那么，笔者告诉你一个结论：

没想清楚的数据需求，是非常正常的需求，也是需要被重视和支持的需求，甚至比那些想清楚的数据需求更重要。

第 4 章
商业智能及其背后的设计

你可能经常听到这样一句话:"我想看看数据。"如果你问对方具体想看什么数据,对方可能会犹豫,因为他不知道该怎么和你说。这个场景实在是太常见了,那对方想表达的意思是什么?你思考过这个问题吗?对方真正的想法是:**你最好把所有的数据都给我,让我来选择我想要的数据,具体我想要什么数据,在看到数据之前我也不知道,在看到数据之后,我知道我不想要什么数据。**"这话听起来匪夷所思,不着边际,然而,这就是业务用户最真实的想法。

该怎么办?

你能想到的可能只有回绝,而笔者想告诉你的是,这才是开始。

有没有一种可能:我们可以提供一个"数据市场",就像到菜市场买菜一样,虽然你不知道自己想要什么样的数据,但是来到了数据市场,你可以随意组合,得到自己想要的数据。这样问题不就解决了吗?

这时有人会问:"我们企业有 1000 张报表,涵盖了企业几乎所有的场景,这算是'数据市场'吗?"

这事儿,需要反问一句:用户觉得够吗?

在灵活多变的需求中,报表的思路就是用更多的报表来覆盖需求,但是开发报表的速度永远追不上提需求的速度,这才是目前企业的真实情况。

起初,笔者认为报表无法满足数据使用需求是因为 IT 部门获取数据的人不够厉害,后来笔者做了同样的工作,发现自己也做不到为其他人提供更好的数据支持。笔者又认为可能是自己的数据仓库权限不够大,后来笔者有了足够大的数据仓库权限,但与目标的距离依然很大。

于是,笔者想明白了一件事情:当身体某个部位不舒服时,可能并不是这个部位的问题,而是整个生命体出现了严重的问题,我们需要做的是整体治疗,而不是头痛医头,脚痛医脚。

IT 部门远离企业战场,听不到一线的炮声,同时又有生存压力,因此很容易被绩效所左右,进而闭门造绩效——面向绩效编程和面向简历编程,就是不面向业务编程。在极端情况下,业务部门会选择自己招人做数据需求,成为业务用户心目中的 IT 人员。这些人是企业中数据岗位的顶梁柱,也就是所谓的数据分析师,业务用户的数据需求依赖他们来完成,这涉及从多个渠道获取低质量的数据并完成复杂的计算。因为他们不仅理解业务用户的难处，了解业务用户最需要什么，并且非常有意愿去解决问题。在技术方面，他们还会使用数据库，构建数据模型，甚至编写爬虫以及 RPA 软件，以半自动化的方式支持具体的数据需求。可以说，他们撑起了企业所有数据分析的天。如果企业没有将他们的个人能力转化为组织能力，那么这种人才一旦流失，将是企业的巨大损失。然而，很多企业并没有意识到这种人才的真正价值所在，这是一个需要我们去深度思考的问题。

4.5.2 药方（方案）

经过探索，笔者推荐以下药方。

- 意识上：数据管理（君）。
- 数据上：权利转移（臣）。
- 设计上：模型驱动（佐）。
- 形式上：人人自助（使）。

总结起来，就是要解除四大"封印"。

如果将企业的数据问题视为一场战争，那么我们需要排兵布阵，正视自己，了解敌人，打赢这场战争。

1. 数据管理

万事万物都是需要管理的，无论是有形有质的，还是无形无质的。我们需要对自己所用到的一切东西进行管理。

无规矩不成方圆，数据同样需要管理。数据管理并不缺乏技术实现，而是需要重视对数据的认知。当然，这里的管理不仅仅是数据管理，还有广义上的人的管理。

作为"君"药，数据管理是一切的基础。如果没有数据管理，那么即便后面的部分做得再好，也只是镜花水月，表面文章，无法药到病除。

2. 权利转移

业务部门和 IT 部门的数据之争，争的是什么？核心是权利之争。数据是企业的无形资产，也是权利的一种表现形式。在政治权利上拿不到的，在数据权利上同样拿不到。剩下的，则需要去努力争取。

第 4 章
商业智能及其背后的设计

这就意味着，如果想要更有效率地使用数据，就需要打破现在的状态，重新分配。以往数据是一个专业的领域，需要专业的人去做，现在数据越来越多，需求也越来越多，这就要求我们重新思考这个问题。

我们不妨借鉴工业生产的思路来思考数据使用的效率问题。在工业生产中，工人高效工作的关键在于：原料充足、工具顺手、流程顺畅。这种简单的模式是否也适用于数据世界呢？

如果将数据比作原料，那么我们需要反思：业务部门是否拥有足够的数据访问权限？数据的所有权是否已经从 IT 部门适度转移到了业务部门？如果是打仗的话，我们是否给了前线士兵（业务部门）足够的"弹药"（数据）和"武器"（分析工具）？

工具是否顺手则取决于两个方面：一方面，IT 部门提供的工具是否顺手，需要做工具的人去努力思考；另一方面，用户使用的工具是否顺手，需要用户自己去体会并选择使用商业智能工具。

这味"臣"药加上"君"药，就可以解决企业中的大部分数据问题。然而，如果想要有更好的数据体验，则需要有另外两味药的加持。

3. 模型驱动

模型驱动不仅是一种技术方式，更是一种对数据的思考方式和认知方式。数据足够复杂，真正可以帮助我们更好地驱动数据的方式是"模型驱动"，而不是"报表驱动"，也不是"可视化驱动"。但这并不意味着其他数据驱动方式没有优势，而是从整体考虑模型驱动的效率更高。实际上，报表驱动和可视化驱动都是模型驱动的延伸。数据模型有质而无形，就像一大片星云——如果星云是宇宙的全集，那么当你查看时，它就会塌缩成你看到的那个局部小宇宙，而不是时时刻刻都处于宇宙全集的状态，这可以让宇宙占有足够小的空间，同时拥有足够多的可能性。

模型驱动可以让数据的使用效率更高，而且数据是被梳理过的，包含了逻辑、关系等，已经不是零散的数据了。此外，数据模型还可以记录我们加工数据的过程。数据模型应该支持可以根据业务用户的需要随时进行调整，而不需要复杂的排期工作。在这个过程中，绝大部分工作在非 IT 环节就可以完成。关于数据模型的更多内容，请查看"第 7 章 数据模型"。

4. 人人自助

如何释放一场战争的潜力？人人自助，全民皆兵。农时是农民，战时是战士，农田放 AK（步枪），随时切换角色。两者并不冲突，都是为了生存需要掌握的能力。依靠强大的体系建设，个人将拥有战神级别的能力，但这并不是说个人有多强，而是整个体系建设的最终体现。例如，个人可以通过企业提供的工具和数据体系的支持，拥有在数据市场中选择数据的能力，甚至在数据市场无法满足数据需求时，仍然可以通过一些方式来解决问题。尽可能减少对其他人的依赖，最好是在不需要学习太多专业技术的前提下，就能够操作企业中上亿甚至百亿级别的数据为己所用。取代那些以前必须依赖 IT 部门才能完成的工作，现在我们每个人都可以自己帮助自己，实现人人可用的自助式商业智能分析。

4.5.3 药性（执行）

药方有了，那么如何正确利用药性以发挥功效呢？

1. 建立数字化委员会

企业应该建立自己的数字化委员会，以建设数字化标准，推动其落地事项。数字化委员会成员由 IT 专家、业务专家、数据专家等组成，并定期举行沟通会议，让非 IT 部门人员也能参与到企业的数字化建设中，且担任重要角色。

数字化委员会成员对相关用户所面临的问题进行收集和反馈，从企业的角度思考和提交自己的提议。由于各方参与者都是专家，因此在一些顶层设计上容易达成一致，进而推动具体事项的执行，而不是陷入细节中无法自拔。同时，这些成员还能作为具体政策执行时的关键人物，用于推动变革。

例如，是否需要为主数据库添加新的字段，是否需要设计合适的编码规则以提高用户使用的便捷性；在制定 IT 的开发和设计规范时，应该充分考虑用户使用和分析数据的需要……这些内容都应该由数字化委员会决定，并设计一套规则推动其实施。将业务诉求、数据分析诉求、IT 设计诉求整合为一体，建立一种可以满足多方需要的数据架构。

需要注意的是，数字化委员会应该作为实体部门出现，并且指派企业高管作为其负责人，推动相关事项的执行，而不是流于形式。在适当的情况下可以辅以津贴，以回报他们对企业发展做出的贡献。关于数字化委员会的制度和设计细节，其中有很多学问，需要进行仔细的思考。在实际执行具体的事项时，还可能涉及组织架构的调整和变革——这并不是随便组织几个人就能做到的事情，而是应该从企业的战略层面进行布局和安排。

数字化委员会的职责应该包括：

- 建立统一的企业数据标准。
- 解决商业智能架构的设计问题。
- 关注数据使用的最终效果。
- 建立通畅的数据反馈渠道。

2. 数据管理、数据治理与组织架构变革

有些企业被时代所裹挟，稀里糊涂地开始进行数字化转型。口号震天响，但是对所谓的数字化转型却没有正确的认识，这就导致大张旗鼓进行的数字化转型运动，雷声大雨点小，实现的效果不尽如人意，最终用户沦为数据的奴隶，数据问题成为企业发展的新瓶颈。这几乎就是这些企业的真实写照，与企业规模的大小无关。

而商业智能的实现，离不开数据管理的有效支持。如果数据管理没有做好，那么通常会进行数据治理，对之前走偏的数据路线进行纠正。数据管理的目的是确保组织可以从数据中获得价值，而数据治理聚焦的是对数据行使权力和进行管控，是为了让数据更符合数据管理的目标而进行的一系列活动。这往往是一种事后行为。

需要强调的是，即使企业聘请外部的数据治理团队参与数据治理，企业也依然是第一责任人，并为最终的结果负责。

在实际的企业数据治理工作中，鲜有数据治理较为成功的案例。企业实施数据治理，更多的是采用"数据仓库+指标体系+商业智能工具展示"的方案，这种方案对真正用户的帮助非常有限，因为没有从根本上解决用户使用数据的问题，往往容易沦为面子工程。如果想通过这种方案来证明数据治理的效果，则完全是一个错误的数据价值观引导。更有甚者，将好看的大屏展示作为数据治理的目标，这明显是抓小放大，不知道数据治理的重点到底是什么。

现有的数据治理方案往往采用命令的方式要求某些人达到某些标准，虽然标准没有问题，但却难以推动数据治理的实施。即便是企业一把手亲自带队，也会面临各种艰难险阻。虽然用户被迫屈服于政治权利，但无法从内心认可的角度去做，最后的结果就是效果不如预期，企业一把手看不到想要的收益，最终不了了之。

之所以出现这种情况，其中一个原因是：**脱离用户，不解决具体问题**。

数据管理应该是一个双向的过程，需要从上到下的支持和从下到上的反馈，而不是从上到下的命令。脱离真正的业务用户而不自知，这才是真正的问题所在。而解决这个问题非常简单，那就是要走到用户当中。用户在哪里？在企业的业务部门。

这部分内容仅仅是数据管理工作中的一个片段，当然也是整个管理工作中比较关键的部分之一。这部分内容的架构如图 4-1 所示。

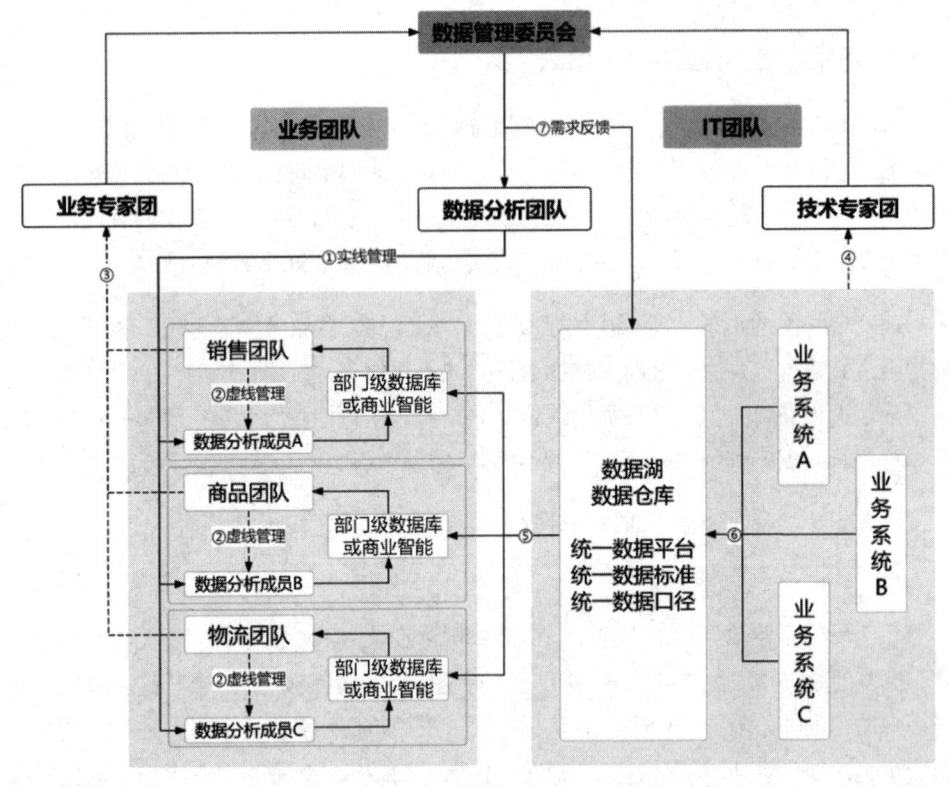

图 4-1

（1）数据分析团队实线管理。

在该架构中，考虑到数据分析团队成员大都分散在业务部门，因此建议该团队采用实线管理，以加强其自身的控制力。数据分析团队将作为数据管理委员会的具体执行部门，推行数据管理委员会制定的规范和制度。

数据分析团队成员需要：

- 拥有正确的数据观，不断进行个人培训和总结。
- 快速熟悉所在业务部门的业务，具有较强的数据处理能力。
- 熟悉商业智能、数据仓库、业务系统等相关内容的建设和IT部门的相关工作。

（2）业务部门虚线管理。

业务部门应该将更多的时间用在自己擅长的业务运营上，而非自己不擅长的数据处理上。根据业务部门的大小，可以配置1~3名数据分析团队成员。其主要职责如下：

- 辅助业务用户解决其在使用数据时所面临的业务难题。
- 潜移默化地向业务用户传递数据管理理念和数据使用规范，提升他们对数据管理的了解和使用技能。根据实际情况可以不定期安排培训活动，以提高业务用户解决数据问题的能力。
- 辅助业务用户完成数据工作，而非替代他们。收集实践经验并反馈给数据分析团队，从而形成新的管理建议，以便优化数据管理设计。

这种设计可以让数据管理工作运转起来，并且可以在前期给予更多的支持，而后根据效果逐步减少支持，使其转变为运维状态。其他时间，则继续完成数据分析团队自身的工作和数据管理的相关内容。

（3）组建业务专家团。

业务专家不是随便指定的业务用户，他们需要精通业务，同时对数据有一定的认知。业务专家团将参与到数据管理委员会的管理当中，以此施加影响。

（4）组建技术专家团。

在数据管理委员会中，技术专家不可或缺，他们既了解业务又精通技术。有了技术专家的参与，数据管理委员会能够更好地发挥作用。

（5）建立部门级数据库或商业智能。

这不是一个必选项，企业可以根据自身的需要进行选择。然而，大量的实践经验表明，部门级数据库或商业智能可以很好地支持业务部门使用数据的需求。部门级数据库或商业智能将由数据分析团队进行管理，并半独立于 IT 部门之外。

对于业务用户来说，数据的可用性是第一位的，甚至会牺牲数据的规范性和准确性来换取数据的可用性。尽管从 IT 部门的角度来看，这种做法显得有些不规范，但只要能解决实际的业务问题，那就是好方法。等需求稳定下来，再转化为更规范的数据处理方案也不迟。

在设计时，不同的部门级数据库或商业智能的基础数据依然来源于 IT 部门的数据仓库，并由 IT 部门进行规范管理。由于有数据分析团队实线管理的约束，并与数据仓库保持密切的联系，数据一致性将在可控范围内。当 IT 部门在支持业务用户的数据需求上成为瓶颈时，这是一种不错的组织结构。

（6）创建数据仓库。

企业应该创建属于自己的数据仓库，但通常不建议从业务系统中直接获取数据，因为这可能会带来生产上的风险。

（7）规范数据仓库设计。

数据分析团队根据其数据管理实践经验，通过数据管理委员会的共同决议施加影响力，以规范数据仓库的设计。数据仓库应该为部门级数据库或商业智能提供强大的支持能力。

当然，各部门使用的数据源可以是企业级的商业智能底座或者统一数据口径的数据仓库中的表。这种方式更为可控，还能兼顾数据使用的灵活性。

（8）参与业务系统和数据仓库的建设。

根据业务部门的实际数据使用需求，数据管理委员会应积极参与业务系统和数据仓库的建设，以形成一个有效的反馈循环。建议这一过程至少持续 3 年，并且需要定期维护相关的组织结构，以确保这一状态的持续性。这样可以有效防止因过早宣布成功而导致组织退化。

3. 业务专家与数据分析师共建业务系统和数据仓库

请注意，这里说的是业务专家，而不是普通的业务用户，并且需要持续的参与状态。当然，某些企业会有专门的规划部门负责业务系统与数据仓库的建设工作，但是笔者认为业务专家和数据分析师应该深度参与其中，特别是在数据落地部分，因为他们是数据的最终消费者，需要前置考虑很多问题。

最适合实现商业智能的数据源是数据仓库的"业务模型层"，所以业务专家和数据分析师的工作重点应该落在数据仓库的"业务模型层"的建设上。但这并不意味着其他部分不重要，而是要分清主次，其他部分可以由 IT 部门通过技术主导。

4. 业务全景图+数据字典+指标体系+分析体系

首先绘制出企业业务全景图。注意，业务全景图不是业务流程图，业务流程图是业务全景图中具体节点的子集。业务全景图中应该包含企业的所有业务，虽然对于某些业务，目前还无法获取其相关数据。

IT 部门基于企业业务全景图来构建数据，并通过所有的数据和业务全景图之间的映射关系来构建数据字典。我们可以从技术和业务两个方面来进行体系建设，这需要设计两套数据字典，且两者之间需要有清晰的映射关系。技术部分有技术数据字典，业务部分有业务数据字典。技术数据字典关注的是与技术开发相关的内容，对数据技术进行知识沉淀，保证技术的连续性。而业务数据字典关注的则是业务相关数据，让业务用户了解企业的数据资产，便于沟通数据需求。业务数据字典可以被认为是技术数据字典的简化版，再加上一些具有更强业务指导性的内容。对于业务用户来说，最好只让其看到自己需要的那一部分，而无须向其开放更多的技术细节，否则会增加数据的使用难度。对于技术用户和数据分析师来说，则建议向其开放所有的技术细节，这样更有利于工作的推进。

指标体系和分析体系的建设则依赖以上工作的完成——在完成业务全景图的绘制后，数据的指标体系和分析体系的建设就是顺理成章的事情。我们可以构建一个详尽的指标库，并对指标进行分类和等级划分，这样一套指标体系就诞生了。在此基础上，构建分析场景，当出现问题时，能够通过对指标的追溯快速定位问题。值得指出的是，最好的指标是率值。比如销售金额、销售数量等都是统计指标，统计指标是构成指标体系的基础，作为率值的指标更容易进行横向对比和判断指标结果的好坏。此外，还要给指标设置"好"或"坏"的标准，当一个指标可以用"好"或"坏"来衡量时，它就具备了管理属性。

5. 建立企业知识库

目前，企业中的员工大多是知识从业者，因此知识的生产、管理和应用对企业至关重要。如何认识到知识管理的重要性并有效建立企业知识库管理平台，是当前最为急迫的问题。有效的知识管理活动，应该80%是管理和组织，20%是技术。应该在权限范围内，最大程度地对内开放最基础的知识，让知识流动起来，将知识投入新的应用中并产生新的知识，以此形成一个循环。

6. 建立报表平台

虽然商业智能工具在快速地发展，使用报告可以解决很多业务问题，但是报表仍有其应用场景。这也应该是设计中的一环，用以补充和辅助现有的使用场景。

7. 建立商业智能自助分析平台

建立商业智能自助分析平台是提升企业数据决策能力的关键环节，涵盖企业级平台和个人平台的构建。通过建立一个通用的企业级业务模型，用户可以基于此模型开发部门级或个人的自助分析模型。然而，在实际应用中，这往往会面临性能瓶颈问题，尤其在处理大量数据和复杂业务逻辑时，短期内难以突破。

为此，推动部门级数据仓库建设变得尤为重要。一方面，可以基于现有的企业级模型和部门级数据库生成新的数据模型；另一方面，各部门可独立计算但相互协调，确保基础业务逻辑的一致性，减少因口径差异带来的资源浪费。这样一来，不仅能缩短数据需求的排期，还可通过半自动化的方式及时支持需求，同时规范数据库和模型。此外，数据分析师在此过程中扮演着协调者的角色，确保数据的整合与一致。

最终，在模型搭建和可视化呈现上，业务用户被划分为两类：一类是非技术用户，适合通过看板呈现需求；另一类是技术用户，可使用工具进行深度探索，关注业务结论的获取，而非模型的完美规范。随着总结和创新的不断推进，我们可以在客观环境的支持下，持续完善这一自助分析平台。

8. 培训

- **技能培训**：虽然企业进行了体系化建设，但并不意味着企业员工就不用学习新知识了——无论是其技能还是认知，都需要通过培训来提升。
- **数据文化建设**：数据文化建设至关重要，最好将其与企业战略进行绑定，潜移默化地形成企业数据文化。
- **人才培养**：人是最好的知识载体。很多知识是无法通过文档记录就能实现很好的传递的，比如对一些事物的感觉、具体的操作手法、对整体知识的灵活运用等。人会在学习和使用知识的过程中不断进行总结并推陈出新，时刻保持最佳状态，而文档需要人来理解并运用。

如何将这些内容有机地组合到一起，并正常运转，其中需要很多智慧。总的来说，这只是一种设想，不一定是最好的方案，也不是唯一的方案，希望可以为你提供一些新的思考方向。

4.6 以商业智能为中心设计数据仓库

数据仓库不仅是企业数据的储藏室，更是商业智能活动的基石。一个成功的数据仓库能够提供必要的数据支持，使用商业智能工具可以有效地提取、分析和可视化关键业务指标，商业智能支持一直是建设数据仓库的主要动力。因此，笔者认为数据仓库设计必须以商业智能的使用要求为基础。这可以确保数据仓库的结构和功能能够充分满足组织的信息需求。

没有数据仓库的商业智能，很难实现持续的数据运营，而没有商业智能的数据仓库，则无法直接体现数据价值。

1. 用户驱动设计原则

用户驱动设计原则使最终用户的需求成为指导数据仓库建设的核心，而商业智能将成为重要的桥梁并反向指导数据仓库设计。BI设计者[1]需要明确应该解决哪些业务问题，以及最终用户的访问流程、形式、频次、复杂度和数据分析方式，以此为基础评估商业智能设计。以用户需求为中心进行商业智能设计，并不意味着要100%满足用户的所有需求，其同样适用于数据仓库对商业智能的支持。因为需求本身的合理性需要考察，这就要求BI设计者对业务和数据仓库都比较熟悉才能构建出比较合理的商业智能。同时，BI设计者要保持学习能力，不断更新自身的认知，主动承担并成为商业智能设计的关键节点。

---

[1] 虽然本节使用了"BI设计者"这个称呼，但实际上它包含了所有与商业智能打交道的人，如商业智能架构师、数据仓库和商业智能的顾问、商业智能解决方案专家、商业智能分析师、商业智能工程师、商业智能建模师等。整体而言，"BI设计者"是一个介于业务和IT之间的定位。

2. 了解数据仓库

在基于用户需求构建商业智能时，需要数据仓库的支持——至少需要 BI 设计者对数据仓库有一定的了解，甚至需要他们比 IT 人员更熟悉数据仓库应该如何设计以满足业务需求，而非在技术细节上超过 IT 人员。企业不应该以 IT 部门为主导进行数据仓库的设计而让 BI 设计者或用户去被动适应，因为许多企业的数据仓库设计真的一言难尽，并且数据仓库的设计者往往离最终用户很远，难以把握用户的真实需求。在数据仓库的使用上，用户往往是被迫使用的，而不是喜欢去使用——两者的效果有天壤之别。

为了解决数据仓库的设计问题，可以参考 Ralph Kimball 博士的维度建模理论，他在其著作中详细地阐述了具体执行的标准和路径。在实际操作中，将维度建模理论与企业的业务需求进行结合，设计并完成更为合理的数据仓库的构建，这一做法对企业用户高效使用数据有非常重要的价值。无论是对于 IT 部门的数据仓库的构建者，还是对于 BI 设计者，维度建模理论都是非常重要的一个概念。

3. 数据仓库和商业智能工具的配合

BI 设计者需要考虑性能优化。虽然这听起来不够"业务"，但这是设计中必要的一环。虽然可以在商业智能中进行设计的优化，但同样离不开数据仓库的支持，有些数据在数据仓库中进行计算性能更好，且不影响业务的真实表达。性能优化要从数据仓库的设计开始，例如，使用合适的硬件资源、选择合适的数据库管理系统，以及采用适当的索引策略（比如事实表可能按照日期进行分区，以加快在时间范围内查询的速度，或者在用户最常查询的字段上创建索引）。

数据仓库应尽可能支持商业智能工具在数据建模过程中所进行的数据转换工作。在理想情况下，商业智能工具应直接利用通过数据仓库处理后的符合建模使用的数据，以便高效地进行数据建模。这是一个最佳实践，因为在数据仓库中进行数据转换比在商业智能工具中更为高效。当将数据加载到商业智能工具中后，我们应专注于模型的构建、业务度量的编写和可视化呈现等，而不应在商业智能工具中进行复杂的数据处理，以免使过程变得复杂，最终难以维护。在没有数据仓库支持的情况下，使用商业智能工具进行数据的 ELT（提取、加载、转换）过程，可以作为备选方案，比较适合个人用户。

同时，BI 设计者要避免甚至拒绝使用数据仓库中按照特定的维度聚合的业务指标数据，虽然其看起来有更好的性能表现。这种情况往往发生在乙方的实施项目当中——

为了更快地完成指标的计算，乙方会选择在数据库中按照特定的维度汇总指标，然后使用商业智能工具加载相关结果，并进行可视化呈现。乙方虽然拿到了数据指标的结果，却失去了灵活性，与传统开发无异。当需要修改或者调整数据指标时，代价高昂。而最终用户往往看不到这一点，他们只满足于所看到的可视化报告。BI 设计者要警惕这种现象。而我们真正需要做的，是将数据仓库中的表优化到更适合业务表达和更适合数据建模，而不是提前聚合。**我们应该保持事实表中可用的原子数据粒度，让数据保持最真实的业务表达**，同时对维度表进行单独维护，使分析具有更大的灵活性。对应到数据仓库中，我们应该使用 DWD 层或 DWS 层，并且将 DWD 层和 DWS 层做成业务模型层，而不是所谓的在传统数据仓库中按照特定的维度汇总指标的数据集市，更不是 App 层。

这对商业智能工具的能力提出了更高的要求。在评估商业智能工具时，需要区分出那些仅具备数据报表能力而非数据模型能力的工具。除非经过专业学习，否则一般数据用户可能难以区分这两者的差异。参考 Ralph Kimball 博士的维度建模理论是一种有效的方法，或者，可以采用一种简单但直观的方法来区分：**考虑是否需要将多个表格中的数据按照计算和分析的需求进行聚合，以形成单一的表格来完成指标的计算**。如果必须这样做，那么通常意味着使用的是报表驱动型的商业智能工具。相反，如果不需要聚合多个表格就能完成指标的创建和分析，并且通过表之间的关系来完成这个过程，那么使用的可能就是模型驱动型的商业智能工具。以数据模型驱动的商业智能工具，具备更强大的自助分析能力。虽然这种区分方式并不严谨，但却可以让大部分数据用户直观地进行初步判断，并且可以在之后的接触和学习中不断地完善对两者的认识。

4. 灵活性和可扩展性

业务需求和市场环境是不断变化的，静态的数据仓库设计很快就会过时。灵活性和可扩展性意味着数据仓库的设计需要容易地适应变化，这可能涉及在不中断服务的情况下加入新的数据源，或者在数据模型中引入新的度量和维度。在做技术选型时，考虑到未来可能的数据增长和新技术的集成，也是确保数据仓库具有灵活性和可扩展性的一个重要方面。

5. 由专业人员参与数据仓库设计

如果企业数据仓库的设计者对维度建模不甚了解，那么这将是一场灾难。此时讨论的问题应该是人员的更换，由专业人员来做，而不是讨论应该如何设计数据仓库。

同时，需要业务专家和数据分析师等参与到数据仓库的建设工作中。

6. 数据质量的一致性

数据质量的一致性是在进行数据仓库设计时需要考虑的另一个关键点。在数据仓库中存储的数据必须是可信的，这要求在数据的提取和加载等环节实施严格的数据质量控制。此外，维护数据质量的一致性可以确保来自不同数据源的数据在整个组织中是可比较和可分析的。对数据质量的保证不仅依赖技术处理，还依赖组织内部关于数据定义和处理的标准化协议。

这需要数据仓库的管理者与最终用户保持密切的沟通，从帮助用户解决问题的角度持续优化数据质量的一致性，而非完全遵从技术一致性。工作中的一个例子就是门店搬迁，在数据仓库中会将搬迁前后的门店视为两个门店并创建新的门店 ID。在技术规范上，这完全没问题。而业务用户希望将搬迁前后的门店视为同一个门店进行分析，这有其业务的合理性，并且这可能只是一个短暂持续的状态。此时，在企业级数据一致性的基础上，可以在数据仓库中新增一个字段，将这两个门店使用同一个 ID 或相同的名称对应起来，以方便用户使用。否则，这就是一个用户自己维护私人数据的开始，创建一份独属于自己且满足需求的门店主数据。这也是很多企业所面临的问题。要求保持企业级数据的一致性和部门级数据的一致性，并且以企业级数据的一致性为主要口径，同时满足部门级数据的一些临时性或个性化的需求，这是非常有必要的。

4.7 以 IT 为主导的商业智能项目必将失败

商业智能已成为许多企业追求提高效率、增强灵活性和促进创新的关键战略。然而，在商业智能的浪潮中，有一个观点日益得到业内人士的认可：**技术不应当独自引领变革**。实践经验证明，那些以 IT 为主导的商业智能项目往往因缺乏业务部门的深度参与而走向失败。其问题通常不在于技术的不足，而是在于缺乏对业务需求的深刻理解和从业务视角出发的转型策略。

在许多场景中，所谓的"商业智能"往往是以项目制的方式推动，并以创建"数据中台+指标体系+数据大屏"的方式实现。笔者认为这是一个完全错误的价值引导，让推动商业智能变得更加困难，商业智能项目也变得和传统项目无异。

商业智能的核心不是技术自身，而是如何通过技术解决业务问题，并以此引爆技术。业务团队与问题打交道已久，其能够辨别哪些是症状，哪些是病根。因此，商业智能的实施者必须深入业务流程，分析各个环节，通过与业务部门的紧密合作，将表层的技术需求转化为解决根本业务问题的方案。

在商业智能项目中，普遍存在的一个问题是：在没有数据的情况下进行业务设计。通常，企业希望通过一个项目来完成数据的汇集和业务需求的梳理，在接入数据的同时进行业务设计。这通常会变成一个"政治任务"，而非真正解决问题的方式，因为业务用户会在被"绑架"的状态下一次性做出决策，在缺乏数据的情况下，没有时间来思考业务本身。商业智能不是一锤子买卖，无法通过一个项目来实现所有效果。如果把商业智能看作一个一次性的"工具型项目"，那么商业智能项目必将失败。商业智能真正需要的是**持续的数据运营**，通过螺旋上升的方式逐步迭代更新，逐步推进商业智能建设。

一个以业务为主导的商业智能项目更具备落地的可行性并产生实际影响。例如，将主数据、数据中台、商业智能工具等作为业务的单元进行管理，而非作为一种技术工具提供给业务部门使用——**这不是一个技术问题，而是一种对商业智能的认知**。以业务价值而非技术驱动数据管理，一种简单的尝试就是将主数据和商业智能工具交由业务部门进行管理，或者由业务部门管理，而由 IT 部门执掌，再逐步延伸到数据中台。

在以 IT 为主导的商业智能项目中，这种能力天然缺失。由于决策者的立场决定了他们的思维方式，项目往往会以技术为主要推动方向进行实施，同时要求业务部门的配合，而非以业务需求为主导。在这种模式下，项目的失败几乎是不可避免的。这会变成一个没有生命力的一次性项目，因为技术思维会倾向于使用一种很牛的技术来完成复杂的任务，并且最好不要改动，而这与业务本身的诉求是完全背道而驰的。

4.8 商业智能的价值导向

你会发现，虽然企业使用了商业智能工具，但是其好像并没有传说中的那么厉害，问题出在哪里？这涉及商业智能的价值导向，不妨让我们看看都有哪些。

1. 企业级商业智能工具的使用有管理门槛

并不是所有的企业都具备使用商业智能工具的能力，这与企业大小无关，也与是否已经使用了商业智能工具无关，对商业智能工具的使用意味着企业在数据管理能力上已经达到一定的水平。有些企业在数据方面已经慢性中毒，这需要时间进行调理，甚至断肢求生，而不是指望使用商业智能工具这个灵丹妙药起死回生——真正重要的不是商业智能工具，而是企业本身所具备的对核心业务的理解、数据管理、数据认知等能力。我们可以将这个范围扩大到"数字化转型并不是企业的灵丹妙药"——并不是企业开始重视数字化转型并投入重金就可以解决所有问题，也有可能是加速企业死亡的开始，而其核心依然在业务上。如果核心业务问题得不到解决，那么商业智能工具也只能是一个"裱糊匠"——虽然短期看起来还行，但其实是回光返照。在战术上使用商业智能工具的勤奋，无法消除在战略上数据管理偷懒的遗毒。

部分商业智能工具在部门、个人中有较高的使用频率和较多的使用场景，比如在 Excel 中使用 Power Query 和 Power Pivot，或者使用 Power BI Desktop。数据在企业中反而无法正常高效地使用，这是因为部门、个人中的使用者对数据的掌控能力较强，而在企业数据环境中，最终的数据用户对企业数据的干预能力变弱，无法按照自己的想法来构建数据模型。企业需要有与商业智能工具搭配的数据管理能力，才能利用商业智能工具真正带来的价值。因此，企业级的商业智能工具在使用上有管理门槛。

2. 按照传统方式开发

商业智能本身的定位就是让业务用户或数据分析师可以减少对 IT 部门的依赖，实现自助分析数据，解决很多以前必须依赖 IT 部门才能解决的数据问题。现在依然有不少企业通过传统的开发方式来使用商业智能工具，典型的就是仍然采用需求制的形式，即需求方提需求，IT 部门开发可视化报表来完成需求，或者提供自助分析的功能，但功能非常弱，用户使用起来并不顺畅，并没有将更多的选择权交给用户。

这在本质上与传统的开发方式没有区别，无非就是使用了所谓"高大上"的商业智能工具，而用户并没有真正感受到好在哪里，所谓的人人自助分析并没有明显地体现出来。这种与 IT 部门合作的方式，缺乏需求方的深度参与，同时缺乏持续的运营和改进，对于需求方而言，其积极性往往会因为开发流程的烦琐而逐步被消磨光。这个问题往往发生在以 IT 部门为主导的企业级商业智能项目中。如果以有预算的业务部门为主导，则相对而言，更容易持续改进并达到业务用户最终的目标。如果一家企业的商业智能建设是由 IT 部门主导的，那么几乎可以认定是企业的失败。

这里举一个很简单的例子。假如我们要计算销售利润率，其公式为：销售利润率=利润额/销售额。如果由 IT 部门进行开发，此时一定会问我们一个问题：按照什么维度进行计算，是时间、产品还是门店？因为率值的特殊性导致必须有特定的维度才能进行计算，这其实就是在穷举所有的可能性。而对于真正的商业智能工具，我们只需要关注逻辑，而不用着重考虑维度，因为维度本身就是在构建数据模型时需要考虑的事情。在构建数据模型时，会通过表关系将维度连接到一起形成数据星云，维度只是在分析的时候才具象出来，在呈现之前都是叠加态的。销售利润率的逻辑不会变，变的只是不同的观察视角，也就是不同的维度，这在传统的数据仓库开发中是完全做不到的，其中包括市面上某些号称商业智能工具的产品。这可以被类比为在 Excel 中使用数据透视表，只不过普通用户并不知道如何使用数据透视表来计算率值。然而，如果可以做到这一点，那么是不是就好理解多了。

因为当前企业的数据量足够大，需求足够复杂和灵活多变，依靠向 IT 部门提需求和 IT 部门实现需求，已经远远不能满足企业使用数据的需要。企业需要的是将 IT 自身的瓶颈释放出来，让数据用户也能参与到数据的使用当中。这就不能再依靠凌晨时分的数据仓库定时任务，因为这些任务给出来的数据问题都是已知的，而业务上的数据需求很多都是未知的，用户需要根据不同的数据指标和不同的维度反复探索，传统方式并不能满足业务用户灵活使用数据的需求。这并不是否认数据仓库的价值，而是有些数据工作不适合在数据仓库中做，数据仓库是商业智能设计中必需的一环，并且需要做好对商业智能工具的支持。

造成这个问题的原因是，在商业智能领域，先进的思想和技术与传统方式之间已经出现了明显的代差，这种差异超越了认知，以原有的数据认知难以理解新型的商业智能工具并最终接受和使用，原有的认知和习惯难以在短时间内改变。

3. 缺乏自助分析架构设计

可视化报表只适合展示那些已经想清楚的分析内容，以及管理层想要了解的信息。然而，对于业务用户和数据分析师而言，可视化报表不是必需的，他们真正需要的是数据，也就是表。

这也就是 IT 部门让需求方提需求，而需求方在提完需求后又发生改变的原因。用户真正需要的是一种更加高效的数据支持方案，可以让他们在减少对 IT 部门依赖的情况下，最大程度地实现人人可用的自助分析架构。IT 部门是否提供了足够支撑人人可用的自助分析架构的设计，这是一个值得思考的问题。在这种情况下，IT 部门将成为企业使用数据的瓶颈。企业在设计商业智能架构时，应当将用户作为一个重要的部分考虑进来并让其参与其中，为其提供更多的支持，充分提高企业数据的使用率，而非使数据的使用成为 IT 部门的专利。

4. 缺少协作工具

以 Power BI 为例，Power BI 真正的杀手锏并不是 BI 有多厉害，而是 Power BI 是微软全家桶中的一员，背靠大树好乘凉，使用 Power BI 搞不定的，还可以让它的"兄弟们"来帮忙。要想在 Power BI 的使用上有一个好的办公体验，那是不是应该学点儿 Teams、OneDrive、SharePoint 一起协作办公，再学点儿 ToDo；如果精力允许，是不是还应该学点儿 Power Apps 和 Power Automate，使用这些低代码工具可以完成以前只有 IT 部门才能完成的工作。如果一个企业中这样的人多了，那么是不是工作效率会很高呢？

5. 对数据的认知不够

如果依然利用以往对数据的认知来使用商业智能工具，比如源数据横向生长，那么就会发现，它没有使用 Excel 方便——使用 Excel 只需要在表格的右侧新增一列即可，而商业智能工具连单元格都没有，一点儿都不好用。很多人在学习了商业智能工具之后，第一时间想到的是如何实现以往所做的表格，而不是输出想要表达的信息。这个时候，就已经不是工具的问题了，因为无论使用什么工具，如果不改变对数据的认知，问题就依然得不到解决。在个人层面缺乏认知，会影响自己的工作效率；在企业层面缺乏认知，企业的所有人就会被数据所驱使，成为数据的奴隶。

业务用户在提需求时，有一个最大的问题，就是他们往往通过自己所熟悉的工具，比如 Excel，来思考数据和提交需求。在 Excel 中，他们按照自己的构想做了一些展示，于是希望可以通过商业智能工具完美复刻，把他们每天都要做的那个表复刻出来。由于工具本身的限制，复刻并不是每次都那么完美，有些业务用户往往会在展示格式的细节上较真，而不是关注如何通过商业智能工具输出有价值的业务信息。这个例子并非杜撰，而是真真切切发生在我们身边的事情。所有无理取闹的需求，最后都将由企业承担一切成本。

而真正聪明的业务用户会选择充分相信他们的需求实现方，并着重抓住业务价值的结果诉求，而非具体的实现过程。

实际上，这种例子比比皆是。我们要正视这个问题，既然不了解数据，那么就去做一些功课来弥补这部分的差异，尤其是那些经常提交数据需求的业务用户，而不是抱着业务方永远对，其他人都是干活的，都必须无条件服从的态度。业务需求绝对是企业中最重要的诉求，但诉求本身需要尊重自然规律。并且，在当前的智能时代，数据变得和业务一样重要，两条腿走路，才能走得更稳。

这种情况并不仅仅发生在业务用户中，IT 部门也是重灾区。比如，使用大宽表或者将计算好的指标数据加载到商业智能工具中做报告展示，这确实可以解决不少需求问题。这种方式没有对错之分，因为在某些特殊情况下，这反而是实现成本最低的方式，并且可以快速满足使用的需要。在不需要进行更多的迭代和更新的情况下，这是合适的。但问题在于，在大多数情况下，我们希望商业智能工具可以不断地迭代和更新，并且持续运营。工具已经拥有了战神般的能力，你却用它们来绣花，并且说这个花绣得不精致，这就是完全用错了方向。请多了解一些数据建模的知识，多看一些 Ralph Kimball 博士的著作，而不是永恒不变地以 SQL 思维来使用商业智能工具。

工具是智能了，但如果人的观念和认知不改变，就像用马拉汽车一样搞笑。不会有人承认自己就是那个愚蠢的人，但实际上，这种情况却普遍存在。

6. 培训能力不足

培训能力不足，这是一个容易被企业忽略的问题。那么，如何培训员工，让他们在商业智能分析领域具备真正的实力呢？企业既可以做内训，也可以请专业的培训团队。培训的目的是让员工重视某件事情，有尝试的想法、有行动的动力、有明确的方向。培训不仅仅是传授技能（虽然表面上看是技能的缺乏），更重要的是提升认知能力。因为认知能力的提升会带来持续的动力，真正的学习是自学，而不是老师的督促。培训就是要在员工的心里埋上一颗种子，让这颗种子生根发芽，未来可以长成参天大树。这是一个持续的过程，需要精心地呵护，否则种子很容易就会发生退化，甚至死掉。

7. 缺乏技能与经验

如何学好商业智能工具？三天入门、五天进阶、七天高阶？君不见 9.9 元的 Python 课程误导了多少人。对商业智能工具的学习并不是一蹴而就的，也不仅仅是技能上的学习。其包括对数据的认知、对数据的思考、多年总结下来的经验和眼界，这些都需要时间。如果你认为快速学习某些教程，就可以立刻全面掌控某个厉害的工具，那么很显然，这是不现实的。虽然这样可以让你做一些事情，但却无法原地成为专家，这也是很多人在学习了不少有关商业智能工具的知识后仍无法熟练掌控它的原因。然而，你并不需要时时刻刻都在学习某个具体的工具，在此期间你也可以做很多其他事情，那这算是学习的时间吗？当然算，因为你在持续地思考，并且可能因为做了某些事情而触类旁通，有了更深的理解，这本身就是在学习。

8. 沟通成本居高不下

沟通成本往往是整个需求实现过程中最大的成本，以下几种情况通常会导致沟通成本居高不下。

- 需求方的需求不明确，即使反复沟通也讲不清楚自己想要的内容，并且每次讲的都不一样。
- 需求方对企业的数据环境没有一个客观的评估，需求过于夸大和离谱，需求的实现超出了实施能力。
- 实施方对业务不了解，需要多次反复开发和沟通。
- 缺少整体了解业务相关需求的关键人。
- 需要连接的人或系统过于复杂、不够规范，无人维护。

9. 以可视化为导向，而不是以数据模型为导向

企业为什么要使用商业智能工具？如果企业是被商业智能工具炫酷的可视化所吸引并且将可视化作为自己的目标，那么这将会带来一场灾难。可视化是数字化转型的副产物，而不是必然产物。企业真正应该做的是创建统一的数据平台、统一的数据口径、统一的数据标准，就如同"车同轨，书同文，行同伦"。其首先要解决的是用户使用数据的难题——用户在看到数据之后，会针对数据背后的业务而进行讨论甚至发生争执，而不是讨论如何获取数据和数据是否准确。实际上，我们看到的更多的可能是一个漂亮的看板和其背后杂乱的数据，在这个人人都讲不能以貌取人的时代，很多人却都在以貌取人，而不去看看美丽的背后到底需要付出什么样的代价。

对商业智能工具的使用应该以数据模型为导向，并将业务分析融合到数据模型当中。数据模型是商业智能工具的核心，因为数据模型是基于业务逻辑构建的，而且还基于业务逻辑创建了对应的度量，支持完成业务分析。基于此完成可视化展示才更为合理。使用商业智能工具进行分析，除了漂亮的可视化展示，其实更多的是基于数据模型的数据透视分析，这才是商业智能工具真正的主要使用场景。

4.9 不要"神话"Power BI

一个工具是否好用，取决于使用工具的人和使用工具的场景。纵然 Power BI 有很多颠覆性的创新打破了我们的认知，也不意味着 Power BI 就完美无缺。比如，在一些

边缘领域尝试使用 Power BI，虽然可能会有一些收获，但却增加了使用成本，提高了使用门槛。对于大多数的 Power BI 用户而言，首先要着眼于其核心功能，在真正掌握其核心功能之前，无须在边缘领域花费过多的精力，你可以参考行业内专家的方案。如果你真的遇到了一些非常棘手的问题，并且在努力尝试之后仍无法解决，那么建议你采用非技术手段，比如向上管理或者协调其他资源等。技术是我们实现目标的手段，其自身存在缺陷——如果超出了其擅长的范围，使用成本就会急剧增加。现有的技术手段永远无法堵上所有人的脑洞。

同时，我们需要明白，即使工具再强大，工作终究也是要人来做的，其效率依然是有上限的。在面对不合理的需求时，Power BI 能做的是在原有能力的基础上提高效率——你终究只是一个数据分析师，而不是数据魔法师，没有办法在短时间内实现大量的需求。比如下班之后开个会，明天早上就出结果，这是违背自然规律的，这已经不是能力的问题，而是管理的问题，不合理的预期，与工具无关。

你无须刻意强调 Power BI 有多厉害，除非你在向客户进行宣传。在大多数情况下，请认真、务实地使用 Power BI 并帮助对方解决具体问题，而非刻意强调工具本身。工具本身的优势确实会带来一些提升，但更重要的是通过解决问题获取对方的信任，进而推动更多的好想法落地。如果无法和对方建立信任关系，那么所有的技术都将成为累赘。

4.10 不在于技术，而在于管理和认知

"伪装成技术问题的业务问题，是无法用技术很好解决的。"

并非所有的技术问题都是技术本身的问题，了解这一点非常重要，因为我们往往会因技术不足而焦虑。那么，有没有一种可能，有些业务需求本身是有问题的呢？

比如，你需要使用 Excel 处理一些复杂的数据，但由于 Excel 的不足，可能导致数据的处理时间过长或者无法很好地处理数据。这看起来似乎是技术不足的问题，可以通过更厉害的技术来解决。那么，有没有一种可能，这个问题本可以不发生呢？

除了技术本身带来的问题，我们更应该思考一下，数据的源头是不是被污染了？如果数据的源头被污染了，那么就需要后续更强的治理能力。表面上看，这是一个技术问题，实际上可能是一个管理问题，甚至是某些人的问题。

事实上，企业中真正的技术问题只占20%，80%看起来是技术问题的问题，都可以通过数据管理来轻松地解决。而在真实的企业数据使用环境中，80%的技术问题通常是为了解决那些奇奇怪怪的业务需求。

有些事实不会发生改变，除非有人做出改变。

4.11　商业分析中的算法

有没有人告诉你，作为数据分析师，你需要掌握统计学的知识，如描述性统计、概率理论、方差分析、抽样与抽样分布、回归分析、切比雪夫定理、贝叶斯统计等。这听起来非常"高大上"的字眼，能立刻把你的专业度提升一个档次。然而，实际情况是，在大多数的商业分析中，加减乘除才是王道，因为你的受众可能并不具备那么专业的知识，你首先需要考虑的是如何给对方讲解并让对方接受。如果对方无法理解你的计算过程，那么其大概率是不敢用你的分析结果的，哪怕你的分析结果在客观上更合理。

尤其是在跟老板汇报工作时，你需要做的是让老板尽可能理解你的分析思路，你不需要赘述数据处理过程；否则，会让一件事情变得复杂，最终因为你讲不清楚自己做了什么，而遭到老板的质疑。

越复杂的计算就越难以理解，在传递和沟通信息时成本就越高。所以，在商业分析中，我们应该适当简化自己的计算规则，让算法变得简单可行。

在工作中，复杂的算法还有一个非常常见的场景——当某些数据的计算结果无法达到预期时，我们可能会尝试变换各种复杂的计算方法来调整数据结果。这主要有两个原因，其中一个原因是，当数据不足以支撑分析的结论时，我们可能会引入各种复杂的算法来达到预期。比如，在某些与预测相关的分析中，会受限于已有的数据，我们真正做的预测其实是先有了主观目标，或者大部分人认同的目标，然后反向从数据上寻找证据。这会增加算法的复杂性。另一个原因是，虽然数据都是完备且准确的，但却与自己想要的结果不一致，此时也会引入复杂的算法以改变计算结果。比如，我们会考虑去掉某些维度的部分分类，或者将看似有关而实际无关的数据拼凑在一起。

在主观上，这确实让很多人无法认同。一些事情很难用正确或者错误来判断，普遍存在也就证明了其价值。在某些情况下，这确实也是一种解题思路。

4.12 如何处理需求

商业智能既是学习工具又是业务分析工具,如何使用商业智能工具推动工作以保证目标达成是非常重要的,是我们应该具备的职场能力。在实际的工作中,软实力往往有着举足轻重的作用。

4.12.1 如何提需求

你会提需求吗?你可能提过很多需求,不妨来看看笔者的总结,这会让你少走很多弯路。如何提出一个合理且清晰的需求,其实是需要学习的。

1. 态度诚恳

用诚恳的态度提需求,你永远不会犯错。即使你并不喜欢这个接需求的人,也要保持诚恳的态度。傲慢和偏见永远是阻碍你的需求实现的最大敌人。在遇到一些明显的阻碍时,你应该具备升级需求的能力,而不是一味地妥协。如果你要升级需求,一定让你的领导去和对方的领导进行沟通。如果你自己直接去找对方,或者去找对方的领导沟通,甚至与对方发生冲突,则往往会让事情变得复杂。

2. 明确背景、目标和要求

请不要在没有思考的情况下向别人提需求,否则很可能会导致你无法说清楚自己想要的是什么。在提需求之前,你要认真思考这件事情的背景是什么,也就是为什么要做这件事情,基于此你想要达到什么样的目标,做这件事情你需要什么样的支持。请至少认真思考三次,并自问自答模拟对话,这有助于你更加清晰地描述自己的需求。

3. 对复杂的需求做好示例

对于复杂的需求,尤其是逻辑非常复杂的部分,可以使用 Excel 做一个简单的示例,或者手绘自己的想法。这一方面可以帮助你将需求梳理得更加清晰并进行查漏补缺,另一方面可以让接需求的人更加清楚你想要的是什么。在大多数情况下,人与人之间的差异是非常大的,尤其是在理解问题方面。所以,我们可以把对方假定为一个"傻瓜"来准备自己的内容,这样可以兼容不同的人群。你连需求都没讲完就知道你需要的是什么,甚至比你还清楚你的需求的人,是真的有,但是太少了,我们不能指望对方是这样的人。所以,在给对方讲需求的时候,如果对方没有听懂,那么请你多一些耐心,或者换一种更好理解的方式进行沟通。

4. 主动与对方确定预计完成时间

在对方了解了你的需求之后，你需要与对方确定预计完成时间。虽然这个时间并非 100% 准确，但却可以据此判断能否在预期内完成需求，从而更容易把控需求完成的节奏。在需求完成时间到期之前的一周或者几天，需要再次与对方确认，以保证可以按时完成需求。如果遇到了可能影响需求完成的事件，那么就需要你主动去跟进并解决。

4.12.2 如何接需求

如何提需求和如何接需求相辅相成，既然你有提需求的机会，那么也就会有接需求的机会。同时，你要掌握如何接需求，这更有助于你提高提需求的水平。

1. 按照自己的理解复述对方的需求

假如一个人完整的想法是 100%，通常能够清晰表达的真实想法或许只有 80%，而接收者实际领会的可能只有 60%，最终的交付结果往往只剩下 40%。为了保证你的理解是正确的，你在理解了对方的需求之后，用自己的语言重新描述一遍，也可以从不同的角度进行多次描述，并得到对方的确认。

2. 对需求进行客观评估

如果你在了解了对方的需求后无法确认某些细节，那么你可以与了解这部分内容的同事进行沟通，在问题过于复杂的情况下，还可以进行会议邀约，和需求方一起搞清楚这些细节。基于此，你需要给对方一个需求预计完成时间——如果无法确定这个时间，则可以在报预计完成时间时适当多留出一些时间。

3. 拒绝不合理的需求

受限于需求方对业务和系统的了解，并不是所有的需求都合理。如果需求明显过于奇思妙想或天马行空，则可以合理地拒绝相关需求，并给出理由。当某些需求有可能朝着失控的方向发展时，你也可以主动提出自己成熟的想法，将需求引导到正确的方向。如果需求方对需求没有概念，则往往会无意义地扩大需求的范围，以保证其需求的完整。这些问题都是在接需求的时候需要进行甄别的。

4. 及时排除需求完成过程中的疑问

在完成需求的过程中，如果你发现了一些之前没有沟通清楚的地方，那么应该及时地与需求方进行确认。尤其是在乙方的项目中，接需求的人往往顾及面子或者害怕甲方客户对自己的专业度质疑，而按照自己猜测的方式来做，这在最终交付的时候往往会造成严重的事故。

5. 在交付之前检查自己的结果

在将最终结果交付给需求方之前，请检查自己做得是否正确。这一点非常重要。这里有一些简单的技巧，比如可以根据自己的业务常识进行判断，或者与之前做过的数据进行对比，或者再次检查整个处理过程。高质量交付，给对方留下一个好印象，更有利于未来的合作。

4.12.3 如何安排会议

如何安排一次成功的会议是要学习的，并且这是商业智能分析中重要的一环。如果你不会安排一次成功的会议，那么在这条路上将举步维艰。如果你是会议的发起者，或者是会议的组织者，那么非常有必要掌握一些会议知识。

1. 会前准备

（1）确定会议的主题、时间、地点和参会人员。

- 关于主题：要明确会议的主题，因为只有明确了这次会议要解决的问题，才能更好地组织会议。

- 关于时间：建议一次会议的时长不超过 2 小时，最好在 1 小时内甚至半小时内结束。在有条件的情况下，尽量选择在上午开会，因为上午人的精神会更加集中。要明确开会的具体时间，比如某天上午 10 点，而非某天上午"10 点多"这么笼统的时间。一定要有会议的时长，以方便相关人员判断是否可以参会。

- 关于地点：要考虑到备选会议室的情况。如果遇到一些特殊情况，导致原来订好的会议室现在无法使用，那么是更换会议室，还是取消会议。这要提前考虑好，否则会非常被动，尤其是重要的会议。

- 关于参会人员：需要提前想好哪些人员适合参会，哪些人员不适合参会。如果邀请了不合适的人，则可能会影响整个会议的效果；如果忘记了邀请应该参会的人，则会让整个工作变得被动。如果你不太确定需要邀请谁参会，则可以向资历深的同事或者领导进行询问。

（2）提前10分钟再次通知参会人员。

由于每个人的工作节奏不同，为了保证会议的正常进行，尤其是参会人员较多的时候，建议提前10分钟再次给参会人员发一次通知。如果你使用的是企业软件，那么软件会提前通知，你可以提前10分钟同步一次，以保证参会人员能全部到会。

（3）会前明确会议目标。

在会前，要明确会议目标，这一点非常重要。在整个会议的会前、会中、会后，你要对会议目标进行管理，以达到会议的最终目标。你需要提前想好，如果目标不能达成，那么是接受不同的目标，还是暂时搁置议题，抑或是提前结束会议。对于这几种不同的情况，你需要提前做好预案。如果你无法想清楚这几个方面，则不适合进行会议邀约。建议你先进行调研或私下沟通。

（4）准备会议议题。

在会议开始之前，你需要逐项地列出本次会议要讨论的问题和预期结果。这会让你在会议中更加从容，更容易把控会议的节奏，而不会遗忘问题，让会议上的讨论更加完整。

2. 会中控制

（1）再次明确会议的主题。

在会议正式开始后，要再次强调本次会议的主题内容，明确本次会议讨论的范围，让一些还没有进入状态的参会人员开始思考与会议内容相关的问题。

（2）录音、录像。

如果会议比较重要，则可以考虑进行录音或者录像。你也可以根据自己的常识进行判断，如果本次会议讨论的问题可能会成为未来争议的焦点，则可以考虑进行录音或者录像。前提是，录音或者录像要让所有的参会人员知晓，不可私下偷偷进行。相关文件也需要妥善保管，不能用于与会议内容无关的事项，而且在达到使用期限后要主动将其销毁。

（3）跟进上次会议的待办事项。

如果这次会议与上次会议相关，并且在上次会议中有一些待办事项，那么在本次会议开始之前或者之后，需要进行确认。一般建议在会议开始之前进行确认，并解决相关问题。如果仍无法解决问题，则将其作为本次会议的会后待办事项继续跟进。

（4）做好会议记录。

请一定要做好会议记录，而不是使用大脑来记忆。人的大脑缓存是很小的，"好记性，不如烂笔头"。清晰地记录会议要点是必需的。会议纪要一定要有几个关键内容：事项名称、事项描述、对接人、优先级、预计完成时间或再次跟进时间等。请一定要给每个事项确定一个对接人和相关时间节点，这非常重要，如果没有这些，会后将很难跟进。

（5）对于不明白的问题要现场提问。

如果你无法理解对方所讲的内容，请一定要在会议上提出来，而不要等会后自己猜测。如果因为没有理解清楚问题，而造成最终结果的错误，则可能会带来很严重的后果。

（6）控制会议的节奏。

请主动控制会议的节奏。比如对某个问题的讨论出现了较大的方向性偏差，甚至出现了与会议主题无关的讨论，或者对某个问题的讨论时间过长，可能影响会议的结束时间，那么要立即打断他们，将他们重新拉回到当前的会议主题中。如果有些问题无法当场解决，则可以记为待办事项，待下次会议解决。你要保证在固定的时间内可以讨论完所有在会前准备的问题。

（7）再三确认。

对于一些新的内容，或者超出常识的内容，请和对方进行多次确认。你可以说："我对您描述的内容是这样理解的，您看对不对……"如果对方确认没问题，那么你可以将其写到会议纪要中。如果对方是口误，那么就避免了不必要的麻烦。

（8）处理会议上的冲突。

在会议上发生言语冲突是比较常见的，你需要据理力争，还是心平气和地沟通，取决于所讨论的事项。你真正需要做的是，在潜意识中，给自己的大脑建立一种触发机制。如果在会议上你的大脑已经过载，心跳已经加快，或者对方出现了类似的情况，此刻就要启动该触发机制——你已经不适合继续说话了，避免冲突是你立刻要做的事情。这个时候，争论内容的本身和对错都已经不重要了。

（9）总结会议。

在会议的最后，一定要对会议进行总结。在会议上讨论的内容一定要有结论，哪怕没有统一意见。如果需要再次邀约会议，则应现场确定下次会议的时间、地点、参会人员。如果会议结束后没有明确的结论，那么说明这次会议是失败的。在会议的最后，需要再次明确会议纪要中记录的事项和相关结论、时间、对接人等。如果其中有错误或者存在异议，则可以对相关内容进行标记并确定是当场修改还是作为待办事项。

3. 会后跟进

（1）尽快发送会议纪要。

请在会议结束后尽快发送会议纪要给参会人员，建议在会后1小时内完成，或者使用模板，在会议中进行填写，会后通过邮件发送给参会人员，并要求参会人员在邮件中回复并确认会议纪要内容。邮件具有法律效力，可以作为凭证。如果在之后的会后工作跟进中产生了分歧，则最终以邮件内容为准。

（2）跟进待办事项。

对于会议中产生的待办事项要及时跟进，而且要在规定的时间节点之前的一定时间内进行跟进；否则，对于因为一些意外而导致结果无法交付这种情况，将会非常被动。如果在跟进的过程中发现问题，则要主动就备选方案进行沟通，与相关人员一起修改最终的结论，要通知所有相关人员并阐述修改原因，确定新的时间节点。

（3）对于超期任务要反复跟进。

对于在会议中确定的待办事项已经超期的部分，可以增加跟进的次数，以保证整个结果的可控性，避免造成更大的不良影响。如果超期任务仍然无法完成，则需要重新进行沟通并确定新的完成时间。

（4）主动同步跟进事项的进展。

请主动向相关人员同步跟进事项的进展，这样更有助于协同工作。如果有领导关心的事项，则应该主动汇报进度。

关于如何安排会议，我们还可以把握一个原则：对于着急和重要的事情，开小会；对于不着急和不重要的事情，开大会。如果搞反了，则往往会起到反作用，让工作更加被动，达不到期望的效果。

4.13 如何汇报工作

会汇报工作是非常重要的，但却容易被我们所忽略。合理的汇报可以让我们的工作更容易开展，整体节奏也相对更容易把握。下面介绍的一些汇报技巧和方法，可能并不适合所有的工作场景，仅供参考。

汇报有一个比较重要的核心，就是：让你的领导时刻知道你在做什么。这样更容易让你的领导有掌控感，减少对你的工作的干扰。

汇报的形式有两种：定期汇报和不定期汇报。

1. 定期汇报

比如，每周定期向领导汇报你的工作情况，这种汇报比较详细，也比较全面，尤其是对于一些重要的工作，这非常有必要。定期汇报除了可以进行当面汇报，还可以写成周报或者月报等进行汇报。当工作不是那么紧急的时候，书面汇报用得比较多，而对于重要的工作，则推荐当面汇报或者直接打电话汇报。

2. 不定期汇报

不定期汇报的形式较为随意。比如，在餐厅碰面的时候、坐电梯的时候，甚至在下班的路上，都可以汇报一下。这种汇报无须预约时间，可能短到只有一句话，可以让领导快速了解到当前你的工作进度，便于在有需要的时候向你传达新的指令。

在汇报的内容中，主要包括：当前你在做哪些工作、工作进度如何、你遇到了哪些困难、预期完成工作的时间、未来要做的事情和计划。如果工作无法如期完成，则需要提出自己的解决方案；如果需要领导协助，则要明确表达，切不可明知无法完成而强行为之，否则在最后交付结果时会出现意外。

如果有必要，则可以定期与领导进行座谈。这种形式让人比较放松，可以聊工作，也可以聊生活或者其他内容。此时只有两个人，更容易消除以前的一些误会，或者将工作中没有被接受的意见重新讲出来，双方更容易坦诚相待。在大多数情况下，这样更容易解决问题，同时还能保持自己与领导之间良好的互动关系。

4.14 从会吵架开始

你不会吵架？在职场上，那你真的是落伍了。

看到本节的标题，你有什么感受？这与商业智能有什么关系？这关系可大了！我们真正面临的问题并不是工具不会用，也不是不知道解决问题的方法，而是无法解决人的问题。那么，如何有效率地吵架，成为我们实现目标的一种重要手段。

我们不提倡随意争吵，更不鼓励大家斗气。其实吵架不是目的，而是一种手段，甚至可以将吵架描述为"有策略的辩论"。这是在职场上实现自我保护的一项必备技能，轻易不用，却必须得会。学会这项技能，甚至可以让你把吵架的对象变成要好的朋友。

- **在心理上不要畏惧**。在心理上不要畏惧可能产生的冲突和争吵，"打得一拳开，免得百拳来"，妥协的结果往往意味着一而再、再而三地让步，并且对方并不会感恩于你的妥协，反而会变本加厉。如果对方真的有良好的素养，事情将不会发展到这一步。如果你真的有理有据，就要据理力争。不要畏惧！

- **不要真的生气**。吵架却不要真的生气，这是一项重要的能力，也就是我们通常所讲的"不过心"，有一个技巧就是在吵架之前先给自己做一个预期的心理暗示。吵架是为了表达一种强烈的态度，通过强势介入的方式，将关键的问题讲清楚，或者将平时隐藏的部分讲出来，以达到沟通的效果。但是不要超过吵架的范畴。如果你觉得头脑开始发热，或者浑身开始颤抖，甚至有打人的冲动，则表明已经超过了吵架的范畴，可能会演变成更强烈的冲突。这些情况最好都不要出现。

- **不要随意扩大吵架对象的范围**。绝对不要随意扩大吵架对象的范围，吵架的目标尽量是单人或者一小部分人，这样更容易解决问题。

- **明确吵架的诉求**。吵架的目的是解决问题，而不是为了吵架而吵架。对于需要通过吵架来解决的问题要有先后顺序，抓紧时间实现优先级最高的诉求，不能实现的或者不容易实现的往后放。解决问题是一个持续的过程，而不是一个时间点事件。

- **不要试图说服对方**。吵架的目的并不是通过严谨的逻辑说服对方，人很难被说服，你的表演只是为了争取第三方和旁观者的支持。

- **不要轻易威胁对方**。不要轻易威胁对方，除非你真的可以威胁到对方，否则不要轻易讲出来。而你讲出来的话，最好能做到。

- **学会适时中止**。如果发生激烈的争吵，甚至预期会发生肢体冲突，那么请立刻闭嘴。现在问题是什么已经不重要了，你首先要做的就是避免冲突进一步恶化。待事后双方都冷静后，再由第三方协调与对方沟通，此时问题往往容易解决。

- **不需要刻意缓和关系**。我们通常会在发生冲突之后试图缓和与对方的关系，以期得到对方的谅解。而实际上，人和人之间的冲突是客观存在的，不会因为所谓的弥补而消失。如果你实在过意不去，则可以适当做一些事情以求自己心理得到安慰，而不需要刻意为之。如果通过这件事情，双方对对方都有了新的认识，甚至想成为更好的朋友，这当然是最好的结果。

再次强调，吵架是一种解决问题的手段，是在职场上需要具备的技能。但是你要控制自己的情绪，不要产生过激行为，更不要做人身攻击等违法的事情。

4.15 总结

商业智能并不是一个炒作的概念，而是一种认知世界的方式。在技术领域，它有自己的规则，需要我们尊重自然规律。在应用领域，它有自己的目标，需要我们有商业常识。

如何做好商业智能的设计，本质上就是：**实事求是**。无须拘泥具体的技术方案或者理念，因为没有金科玉律，一切以实际情况为准，也就是持实事求是的态度，不断推陈出新，使用数据高效地解决商业世界中的问题。所有那些看起来合理或者不合理的"术"，其实都是在实现"道"所要达到的目的。本章所提到的内容并非绝对的真理，并且可能存在一些有争议的话题，但如果能因此而引起思考和讨论，那么就是其最大的价值。

4.16 作业

1. 找到工作中的一个问题，其表面上是技术问题，而实际上是业务管理问题，尝试从数据源头来解决问题。

2. 安排一次成功的会议并对整个会议过程进行总结。

3. 使用从本章中学到的知识，解决现有的数据问题。

第 5 章

了解 Power BI 并掌握使用方法

第 5 章
了解 Power BI 并掌握使用方法

Power BI 是什么？它是做可视化展示的工具吗？本章就从更直观的角度来介绍 Power BI，以及分享如何学习 Power BI，为我们之后的继续学习奠定扎实的基础。

5.1 什么是 Power BI

什么是 Power BI？微软官方给出了解释，如图 5-1 所示。

> Microsoft Power BI Desktop 专为分析师设计。它结合了一流的交互式可视化效果和业界领先的内置数据查询和建模功能。创建并将报告发布到 Power BI 中。Power BI Desktop 可以帮助您向他人提供能够随时随地及时使用的关键数据解析。

图 5-1

这个解释没什么问题，说得也很清楚。然而，对于初步接触 Power BI 的人来说，则往往很难想象它到底是什么。笔者曾试图向一些人解释什么是 Power BI，但是感觉不够清楚。于是，笔者尝试从 Excel 开始对他们进行启发，发现效果很好，在他们的脑海中能够形成一些概念。下面就将这些方法分享出来。

现在，请跟着笔者的思路一起来看几组问答。

问：目前使用人数最多的分析工具是什么？

答：Excel（毫无争议）。

问：Excel 中的哪个功能是数据分析利器？

答：数据透视表（不同的人可能会有不同的答案。使用数据透视表分析数据非常快，并且足够方便，门槛足够低）。

问：数据透视表有什么缺点？

答：它有如下缺点。

- 数据透视表无法分析超过 104 万行的工作表数据。
- 数据透视表无法进行多表联合透视。
- 数据透视表无法支持复杂的分析指标，比如计算率值。
- 数据透视表的数据源无法自动获取并更新。

问：有没有什么办法可以弥补数据透视表的这些缺点？

答：有。如图 5-2 所示，在 Excel 中也可以做到添加 100 亿行的数据。

图 5-2

我们可以从不同的表获取数据来进行数据透视分析，也可以使用数据透视表正常地分析率值，如图 5-3 所示。

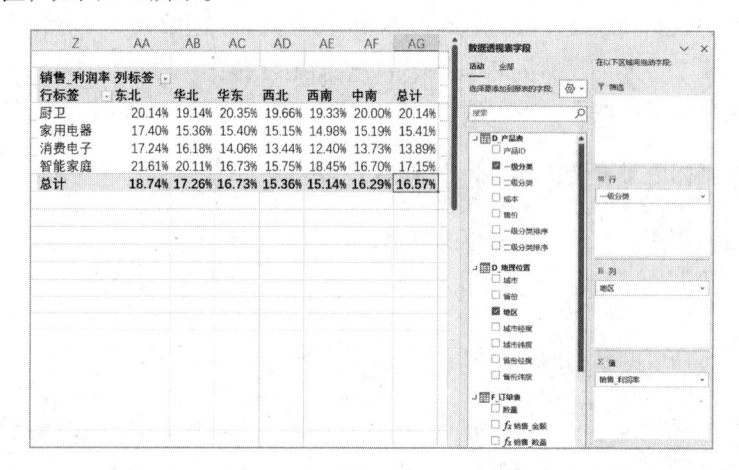

图 5-3

另外，还有一个在展示上看起来不太明显的功能——点击"全部刷新"按钮，就可以对连接的数据源进行更新。这完美地弥补了数据透视表本身的缺点。

问：上面提到的这些居然在 Excel 中就可以实现了，那这是什么功能？

答：从某种意义上说，这就是 Power BI。是的，你没看错，就是"Power BI"[1]。

---

[1] 从更严谨的概念上说，在 Excel 中使用 Power Query 和 Power Pivot 并不直接等价于使用 Power BI。然而，对于用户而言，在某种程度上它们是等价的，这样可以降低理解的难度，因为它们的关键"内核"是一样的，在深入学习后你会了解这一点。

只要你使用的是 Microsoft Excel 2010 及以上版本的客户端，就可以使用 Power BI，并且是免费的。Microsoft Excel 2016 及以上版本的客户端和 Microsoft 365 应用版已经将其内置到 Excel 中；如果是更早的版本，则需要以插件的形式来安装它。

问：那怎么感觉 Excel 中的这个所谓的"Power BI"和市面上大家讲的 Power BI 不太一样呢？

答：在早期，Power BI 等商业智能组件被内置到 Excel 中，虽然它们足够强大，但却受限于 Excel 的形式和性能，无法发挥其全部威力。于是，2015 年微软正式发布了 Power BI Desktop、Power BI Service、Power BI Mobile 等产品。拿最常用的 Power BI Desktop 来说，它是一款独立的桌面软件，使用它，我们可以获取数据、管理数据、呈现报告，也可以将做好的报告发布到 Power BI Service 中、添加权限控制、配置自动刷新、将报告分享给老板或同事，还可以实现在无人值守的情况下，让不同的人看到不同的报告。另外，还能将其与 Excel、PowerPoint、Teams、SharePoint、OneDrive、Power Apps、Power Automate、Outlook 等微软产品组合使用，与老板和同事协作办公。

关于 Power BI Desktop 中的数据获取、数据转换、数据模型创建和可视化展示等核心功能，与在 Excel 中使用的相关功能非常相似，因为它们其实就是同一事物的不同变体，只是 Excel 缺少了协作和共享、权限管理等相关内容。对于个人用户来说，在 Excel 中使用的 Power Query 和 Power Pivot 等工具依然足够强大。

问：Power BI 不是一个可视化工具吗？为什么没有说 Power BI 的可视化功能呢？

答：虽然很多人都把 Power BI 当成一个炫酷的可视化工具来用，但这只是 Power BI 的一项能力，而且是一项和其他商业智能工具拉不开差距的能力，可视化并不是 Power BI 的核心能力。使用 Power BI 可以从 100 多种数据源获取数据，支持构建复杂的多表模型、编写各种复杂的业务逻辑指标。Power BI 真正强大的地方是它的数据引擎，以及它与微软其他产品的组合使用。你以为自己使用的只是 Power BI，实际上其背后有整个微软产品家族的支持。

问：没有技术背景的业务人员可以使用 Power BI 吗？

答：可以。Power BI 的定位就是**人人可用的自助式商业智能分析工具**，从而减少对 IT 部门的依赖，解决 Excel 所不能解决的问题。一个人，一台电脑，一天时间，一亿数据，实现人人可用的自助式商业智能分析。

5.2 下载 Power BI Desktop

Power BI 中包含 Power BI Desktop、Power BI Service 和 Power BI Mobile 等。在日常工作中，我们主要使用的是 Power BI Desktop，它几乎包含了 Power BI 的绝大部分核心功能，并且完全是免费的。将使用 Power BI Desktop 制作的报告发布到 Power BI Service 中，可以实现共享、协作和权限控制，这部分功能是收费的，需要专业版账号 Power BI Pro 的许可证，免费账号有 60 天的专业版试用期。你可以从 Power BI 官网下载 Power BI Desktop，如图 5-4 所示。

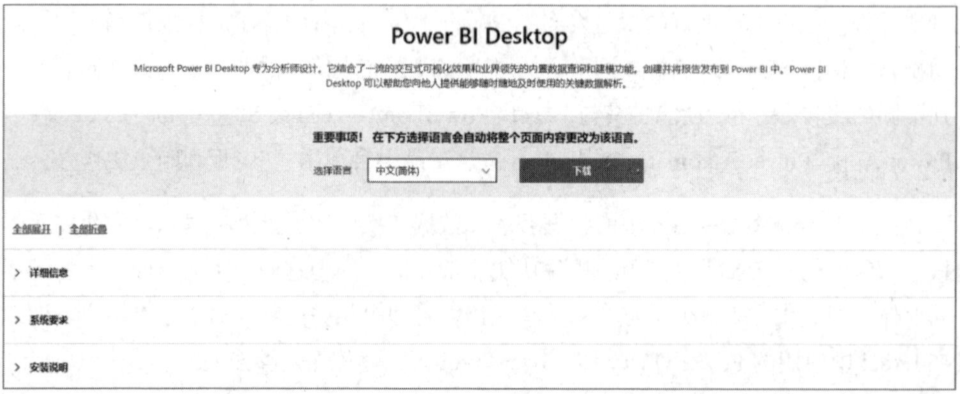

图 5-4

根据计算机中的操作系统来选择 32 位或者 64 位的 Power BI Desktop 安装包，目前绝大部分计算机都支持 64 位的安装包。如果你不知道怎么选择，则可以尝试使用 64 位的安装包。当然，你也可以查看操作系统的类型。比如操作系统是 Windows 10，在桌面上选择"此电脑"并右击，点击"属性"，就可以看到操作系统的类型。

需要注意的是，最新版本的 Power BI Desktop 已不支持 Windows 7 操作系统。最后一个支持 Windows 7 操作系统的 Power BI Desktop 版本是 2020 年 10 月版。

这里我们选择 64 位的安装包进行下载，如图 5-5 所示。

下载 Power BI Desktop 之后进行安装，安装比较简单，这里不再演示。Power BI Desktop 安装成功后，显示如图 5-6 所示。

图 5-5

图 5-6

虽然在开始界面中会提示登录账号，但在没有账号的情况下依然可以在本地使用，此时可以点击"空白报告"选项，创建一个新的报告。

比较遗憾的是，我们在 Power BI 官网注册的账号均为国际版账号，当需要联网使用某些功能时，在体验上其速度可能相对较慢。而注册一个国内版免费的 Power BI 账号，则是有门槛的。2023 年是一个重要的时间节点，之后可能不会再针对个人开放免费账号的注册了。对于个人用户而言，可以推动企业购买国内版的 Power BI Pro 账号来使用。Power BI 在国内的唯一代理商是**世纪互联**。当然，你也可以通过微软合作伙伴进行购买。

5.3 了解 Power BI 的结构

我们可以将数据分析过程理解为三个部分：数据准备（相当于洗菜）、数据建模（相当于烹饪）和数据呈现（相当于就餐）。在 Excel 中，数据准备对应的是 Power Query，数据建模对应的是 Power Pivot，数据呈现对应的是 Power View 和 Power Map。在 Power BI Desktop 中，Power Query 依然独立存在，而 Excel 中的 Power Pivot 对应于 Power BI Desktop 中的"表格视图"和"模型视图"，Power View 和 Power Map 则对应于其"报表视图"中的画布和可视化对象。形式有所改变，本质并无变化。在最新的 Microsoft Excel 版本中，目前已经不支持 Power View。

5.4 Excel 商业智能或 Power BI Desktop

在 Excel 中是使用 Power Query、Power Pivot、Power Map 等还是使用 Power BI Desktop，如何选择呢？它们在核心功能上并没有本质的差异，其主要差异在于形式的不同。

如果你日常使用 Excel 比较多，主要是个人使用，且数据量不大，需要快速构建，那么推荐你在 Excel 中使用 Power Query、Power Pivot、Power Map 等。如果数据逻辑相对比较复杂，数据量也大，并且你需要与其他同事协作和共享，那么推荐你使用 Power BI Desktop 并购买专业版账号。

总的来说，在 Excel 中使用 Power Query、Power Pivot、Power Map 等更容易快速构建，做一些轻量级的设计，而当数据量过大或度量值过多时，受限于 Excel 本身，其性能会明显地变差，就需要考虑使用 Power BI Desktop 了。

5.5 Power BI 的常见部署方式

了解 Power BI 的常见部署方式，可以让我们对 Power BI 有一个更客观的认识。

5.5.1 个人使用

1. 在 Excel 中使用 Power Query、Power Pivot、Power Map 等

在 Excel 中使用 Power Query、Power Pivot、Power Map 等是免费的，主要针对用

户个人使用，处理和分析个人数据，无法与其他用户协作和共享。

2. 使用 Power BI Desktop

Power BI Desktop 拥有更好的性能。当数据逻辑更为复杂或数据量更大时，使用 Power BI Desktop 将有更好的表现。你可以将制作的报告发布到 Power BI Service 中，免费版账号也支持发布。但其主要用户为个人，无法实现协作和共享。

5.5.2 Power BI Service 部署

1. Power BI Pro

你可以将使用 Power BI Desktop 制作的报告发布到 Power BI Service 中实现协作和共享，但需要购买 Power BI Pro 许可证。Power BI Pro 支持每天 8 次定时刷新功能，支持将报告分享给其他拥有 Power BI Pro 许可证的用户，但不能分享给没有 Power BI Pro 许可证的用户。Power BI Pro 拥有 10GB 的空间，不能发布单个超过 1GB 的语义模型（数据集）。Power BI Pro 是目前中小型企业使用的主要部署方式。

2. Power BI Premium Per User

在 Power BI Pro 许可证的基础上，Power BI Premium Per User 拥有更多的功能，可以创建高级工作区，实现一些 Power BI Pro 所不能实现的功能。使用 Power BI Premium Per User，可以发布单个超过 1GB 的语义模型（数据集），支持每天 48 次定时刷新功能。一般建议在购买 Power BI Premium 之前，使用该类型的许可证体验企业级的功能。不推荐大规模使用 Power BI Premium Per User，因为成本较高。

3. Power BI Premium

Power BI Premium 几乎拥有 Power BI 的全部功能，按容量进行收费，开发者依然需要购买 Power BI Pro 许可证，但可以不受限制地开通免费查看者账号，并且可以查看开发者制作的报告。Power BI Premium 拥有更强的计算性能，支持每天 48 次定时刷新功能。该部署方式是大中型企业的主要选择。

4. Power BI Mobile

在购买了 Power BI 服务后，可以使用账号登录 Power BI Mobile。默认的移动版部署方式使用的是 Power BI Desktop 在制作报告时创建的可视化对象，也可以专门针对移动版页面自定义报告设计。

5. Power BI Embedded

使用 Power BI Embedded，你可以以嵌入式制作自己的门户。其提供了丰富的集成体验，包括完整的 API 支持、自动身份验证，并且可以将报表托管在应用和网页中。通过嵌入式分析，你可以自动监视、管理和部署分析，同时完全控制 Power BI 的功能和智能分析。你需要有一定的开发能力才能实现上述功能。

6. Fabric

2023 年微软 Build 开发者大会发布了 Fabric，它将成为微软未来的战略新定位。Fabric 并不是一个单独的产品，其除了包含 Power BI，还包含数据工厂（Data Factory）、数据激活器（Data Activator）、实时智能（Real-Time Intelligence）、数据工程（Data Engineering）、数据科学（Data Science）、数据仓库（Data Warehouse）等产品。目前，Fabric 国内版本尚无法购买。

5.5.3 本地部署

1. Power BI Report Server

在拥有 SQL Server 或 Power BI Premium 许可证的情况下，你可以使用 Power BI Report Server 部署方式。你可以通过域账号进行用户管理，但无法进行用户账号之间的协作和共享。Power BI Report Server 所使用的 Power BI Desktop 版本为专用版，其文件名比正常使用的 Power BI Desktop 多了"RS"后缀，其下载地址与正常使用的 Power BI Desktop 也不同，平均每年会更新 3 个版本，且部分功能没有正常使用的 Power BI Desktop 完善。使用它，需要用户有一定的开发能力才会有更好的体验。

2. SQL Server Analysis Services

Analysis Services 是微软企业级 BI 的过渡产品，是 SQL Server 产品中的一个组件，全称为 SQL Server Analysis Services（SSAS），它是一款经典的数据库工具。Analysis Services 又分为本地版和 Azure 版。使用它，需要用户具备较强的开发能力。

5.6 解决 Power BI 问题的 10 个方法

我们需要高效地掌握关键知识，同时掌握非关键知识的学习途径和学习方法。聚焦当下，才能更高效。

5.6.1 使用搜索引擎或 AI

使用搜索引擎很简单吗？当然，相信你每天都在使用，一般会直接使用关键词进行检索。然而，你真的会使用搜索引擎吗？使用关键词检索固然简单，但与找到想要的答案还有一定的距离。下面就来分享几个高效的搜索引擎使用技巧。

- 不断变换核心关键词进行检索。

- 基于已有的范围进行检索。比如检索与电影相关的内容就去豆瓣，问答类的可以使用知乎。很多 Power BI 的博主都会选择在知乎、B 站、小红书、简书等上面创建自己的主页。

- 很多 Power BI 的博主都尝试搭建自己的个人网站或微信公众号，你可以收藏几个好用的 Power BI 个人网站或者微信公众号。

- 多尝试几种不同的搜索引擎。

2023 年，AI（人工智能）火了，国内外相关产品都非常多，使用 AI 可以非常方便地解答疑问，与现有的搜索引擎结合，可以快速地解决很多问题。由于目前 AI 的水平还有待进一步提高，因此在使用 AI 返回的结果时，仍然需要进行适当的辨别。善用 AI，将是最大的助力。但需要注意的是，学会使用 AI，并不意味着不需要深入学习 Power BI，我们仍然需要掌握 Power BI 关键知识。在 0~60 分区间，AI 可能比我们做得更好，而超过 60 分的部分，目前仍需要依赖人的作用。

5.6.2 查阅官方文档

Power BI 官方文档提供了快速解决问题的方案，然而，对于业务用户来说，他们一般会缺乏查阅文档的能力。曾经听过一个段子："在遇到问题时，IT 用户会选择查阅文档，而业务用户会跑到各种群去问大佬。"

无论什么用户，在遇到问题时，笔者都推荐先来查阅官方文档。虽然有时候文字的描述不够清晰，存在一些理解上的问题，但它仍是一个不错的选择。对于有志于在 Power BI 上深入学习的用户，推荐每年至少完整地看一遍 Power BI 官方文档（全部），不要求把所有的知识点都记下来，但是在遇到问题时，能回想起来文档中的相关内容。这样可以极大地拓宽我们的 Power BI 知识的边界，而且在遇到问题时，解决起来也会更加简单。

5.6.3 了解行业最新资讯

推荐关注微软 Power BI 的官方博客。虽然只有英文版，但是可以使用网页插件进行翻译，这并不影响我们对关键部分的了解，新的功能往往意味着更多的可能性。官方博客中会发布一些还没上线的新功能，而这对于我们设计新的方案会有很大的帮助。

5.6.4 参加培训

参加培训是一个不错的选择，企业可以邀请行业内知名的 Power BI 讲师来给员工讲解 Power BI 知识。培训一般成本稍高，需要企业发起。在培训时，建议企业选择与自身相关的业务数据进行演示，使参加培训的人更容易理解。个人也可以付费学习一些相关内容，以使自己快速地学习并掌握讲师所讲的知识。在参加培训之后，你还需要有更多的思考，而不仅仅是学习讲师所讲的那些内容。

5.6.5 使用 Power BI 官方论坛

Power BI 官方论坛是一个不错的地方，笔者遇到的很多疑难问题都是通过在论坛发帖求助或搜索答案来解决的。对于国内的用户来说，可能不习惯去论坛发帖，但是对于一些经常遇到的重复性问题，或者非常奇怪的疑难问题，使用论坛往往是一个不错的选择。一旦你习惯了使用论坛，就会非常喜欢这种方式。但比较遗憾的是，目前 Power BI 官方论坛只有英文板块，这对于大部分国内的用户来说可能并不友好。

5.6.6 加入学习小组或群

学习小组或群应该是你解决 Power BI 问题的主要阵地了，遇到不会的就在群里问大佬。而唯一的问题是，你是否会提问？你发在群里面的问题为什么没有人回答，你思考过这个事情吗？

- 提问核心纲领、上传精简数据、写好业务逻辑、保留出错内容、模拟需要结果。

- 提问时态度要诚恳，不要傲慢，没有人喜欢和傲慢的人打交道。

- 不要问有没有人在、有没有大佬、可以问问题吗、能不能帮忙解决一个问题等。你这样问了，原本想回答的人也没兴趣回答了。你有问题的话，清晰地描述你的问题，直接提问。

- 不要在什么背景都没讲的情况下就问这个公式怎么写，这个问题怎么解决。你需要先把问题讲清楚，描述你的解题思路和做过的尝试，而不是什么思考和尝试都没做，遇到问题就直接提问。讲清楚问题也是一种能力，是交流中不可或缺的一部分。不要对某个热心的网友使劲催促，这是非常不礼貌的行为。

- 网友帮你解决问题是情分，不帮你是本分。即便最后问题没有得到解决，也不要对帮助你的人恶语相向。

- 上传与你提出的问题相关的文件、截图（尽量不要使用手机拍照）、视频、公式、代码等，这样有助于各位网友进行判断。对截图中敏感的部分进行马赛克处理，对敏感数据进行脱敏并复现出错误的数据，同时模拟出想要的结果，这对于自己和他人都是负责任的行为。不要在无法提供以上支持的情况下，要求网友帮你解决问题。

- 不要将同一个问题批量发送至多个群。你可以找一个自认为比较友好的群，发送问题即可。如果长时间没人解答问题，则可以再尝试到其他群提问。

- 分享一个提问的小技巧：你在某个群提问后，可以使用小号给出一个离谱的答案。虽然热心的网友不一定想要解答你的问题，但却热衷于纠正错误答案。

5.6.7　付费咨询

如果你的问题非常着急解决或者解决起来非常难，则可以进行付费咨询。要提前与解决问题的老师约定好价格，一般情况下，问题解决不了他们是不收费的。

5.6.8　阅读专业书籍

阅读专业书籍，储备知识，是笔者最推荐的一种学习和解决问题的方法。看书学习更容易形成系统性知识，书的作者已经花费很多精力帮你整理了相关知识点，拿来即可学习。

看书不太适合解决临时性的问题，而适合作为常规解决方法。你平时学习了很多相关知识，虽然记不住，但却在脑海中形成了知识索引，当遇到相关问题时，能想起来哪本书中的哪个地方讲过，然后查看具体的内容。阅读专业书籍，不要求你当场消化所有的知识，只需要在用到的时候再认真学习，从而减轻了学习压力，同时对于有针对性的问题，也可以加强学习并加以解决。

这里分享一个看书的方法。拿到一本书，先看目录，了解这本书大致讲了什么内容，然后把全书快速地浏览一遍，不要求记住，只需要知道哪个章节大概写了什么内容，有一个印象即可。接下来，你可以重点阅读自己当前比较关注的章节内容。最后合上书就结束了。如果有一天你在工作中遇到了本书中提到的问题，则可以再翻看对应的部分，加强记忆。在这种情况下，你对所学习的这个知识点会记忆深刻，因为这个问题你思考过了，也经历过了痛苦。

这里推荐你阅读与数据仓库相关的书籍，尤其是 Ralph Kimball 的相关著作。因为 Power BI 完全可以复用数据仓库的部分能力和规则，同时还能反推数据仓库该如何设计，以便更好地支持 Power BI 构建数据模型，最终支持用户的使用。

5.6.9 掌握学习方法

以前，我们每个人可能只需要做一份工作，并且不需要有太多的创新性思维和批判性思维。这就像干细胞在早期分化过程中，会在特定信号的引导下有选择性地分化，分阶段逐步形成心肌细胞、神经细胞、骨细胞等，每个细胞的选择只有一次，一旦形成将难以逆转。

而在当前的智能时代，市场和工具的变化异常迅猛，没有什么技能可以让我们终生满足市场的需求，每个人在职业生涯中可能都需要多次转岗或转行。这就像你现在掌握的 Power BI 技能，可能在三年之后就会有很多部分被淘汰，而不能使用一辈子。此时，你就不得不需要一种全新的方式来适应这个时代的发展。这是时代发展的必然，不以个人意志为转移，不符合这些要求的人，就会被时代无情地抛弃。这不是危言耸听，而是正在发生的事实。

我们真正需要的是**能够不断适应变化并且可以持续学习**的全能力，也就是**将以教授既有知识为主的目标方式转换为以教授自学能力为主的目标方式**。

同时，我们也要清楚什么是学习，并抛弃传统意义上的所谓的学习。例如，笔者没受过专业的写作训练，却编写了一本书，这算是学习吗？为了做出更好的视频，某个 Power BI 视频博主主动学习了视频剪辑技术，甚至达到了专业水平，这算是学习吗？

看到这里，你明白了吗？

在当前的智能时代，学习的本质就是：**如何高效地自学**。遇到问题，学习解决方法，然后解决问题。

关于学习方法，其实荀子在《劝学》中已经道尽了。《劝学》的第一句是："君子曰：**学不可以已**。"至今笔者还能背诵下来《劝学》全文，这就是九年义务教育的成果。有些知识，你可以不理解，但先强迫自己记住，然后再慢慢消化。比如，很多人说："我不理解这个知识。"没关系，先强行记住，背下来，不断地去使用，在你能熟练地使用之后，突然有一天脑袋灵光乍现，就理解了！总结起来就是：**"熟能生巧，巧生技，技生术，谓之技术，以道驭术，方可大成"**。

我们要相信，学习并不都需要按部就班，并非必须从基础操作开始学习。我们真正需要的就是做起来，不断地给自己设定小目标，可以小到只是执行一个操作，小到不可能失败，并以此肯定自己的收获，给自己的大脑不断输送各种正向反馈，让自己像沉迷于娱乐一样沉迷于学习，最终逐步实现大的学习目标。你可以尝试将所学所得写成文章，并且公开发表。虽然可能已经有很多人分享过这些知识了，但是你经过思考发布的文章，就是给自己最好的学习反馈。当你能给那些不如你的人讲清楚一些知识的时候，你才算是真正地掌握了这些知识。因为没有反馈的学习不仅是痛苦的，而且十有八九会失败。

我们再换一个视角，从性格方面来分析学习方法。这里建议你做一个性格测试，有些人天生对数据敏感并有较强的逻辑思维能力，这对于从事数据工作有莫大的帮助。**去做那些自己喜欢并且也擅长的事情**，可以事半功倍，尤其是初入职场时，这是一个非常容易打开局面的选择，很容易基于此建立职业自信。你在某个领域达到专家级水平之后，再向其他领域发展就会变得相对容易得多。所以，早点儿知道自己的性格特点很重要。**因为从长远来看，你的性格决定了自己能否很享受、很亢奋地去做某个领域**。这同样被归类到 Power BI 学习方法的行列，也就是找到自己在数据方面的优势领域。

如果你觉得学习 Power BI 没有什么头绪，那么就先做起来再说！什么全局观念、什么深思熟虑、什么规范操作、什么认知思维，通通抛到脑后，认准方向，干就完了，越简单越有效。在掌握技能到 60 分之前，这种方法是最有效的；但是当需要更进一步地提升时，仍然需要系统学习原理，否则走不远。

5.6.10　不断地思考、实践和总结

正所谓："拳不离手，曲不离口。"对于解决 Power BI 问题也是这样，你需要不断地实践、不断地试错、不断地反馈、不断地总结，才会有更多的收获。没有什么事情是一蹴而就的。主动思考、勤于实践、合理反馈、善于总结，这就是你解决 Power BI 问题的秘诀。

5.7　Power BI 的学习路线

根据自己的实际情况选择不同的学习路线，更有助于你快速学习 Power BI 知识并将其应用到工作中来解决问题。

5.7.1　是学习一点点，而不是精通

我们首先问自己一个问题：我们需要精通 Power BI 吗？对于绝大多数人来说，答案都是否定的。我们学习 Power BI 的初衷是帮助自己将工作做得更好，而不是精通 Power BI 本身，够用是我们需要把握的原则，不要陷入技术细节而影响到主业。我们真正需要的可能只是 Power BI 的部分能力，这就足够了。不要为自己不精通 Power BI 而苦恼，应该为使用 Power BI 解决了问题而高兴。对 Power BI 的深入学习，是建立在我们想要更好地解决问题的基础上同步提升的。

在实际工作中，最真实的工作场景就是你精通一个领域知识，而对其他领域知识都只学了一点点，然后通过自己在这些领域的能力组合来解决真正的问题。比如，你是一名财务人员，你需要使用 Power BI 来解决复杂的数据计算问题，让自己能更轻松地做好财务工作。虽然你做的数据模型并不规范，甚至被专业人士评价为"非常不专业"，但是你使用 Power BI 解决了自己的问题，这就非常好，这才是最真实的正常状态。你的主业依然是财务，你可能是财务人员当中最懂 Power BI 的人，而不是反过来。除非有一天你觉得 Power BI 更适合你的发展，而不是做一名财务人员。

那么，什么人需要精通 Power BI 呢？是那些第一步就将 Power BI 作为自己的优势领域并致力于成为该领域的专家，想在这个领域做出一些成就的人。当他们成为一个领域的专家后，再学习其他领域知识时，可以快速领悟。比如，他们花费了 10 年时间在第一个领域成为专家后，在第二个领域成为专家可能只需要 5 年，在第三个领

域成为专家可能只需要 3 年。

5.7.2 第一阶段

对于接触 Power BI 的用户，一般建议从第一阶段，也就是 Power Query 开始学起。因为能够想象到，很少有人会对自己企业的数据质量感到满意。并且，我们学习 Power BI 的初衷往往就是为了节省时间，提高工作效率。而数据的获取和转换其实就占用了我们的大部分时间，除非我们获取的数据质量非常高，可以直接进入第二阶段的学习，或者从数据库中获取数据并熟悉 SQL 语句。因为很多分析是只要数据计算出来，结论也就出来了，所谓的分析其实就是数据的计算问题。这个阶段几乎没有太多的数据建模和数据可视化的需求，并且呈现的结果也多以表为主。

在这个阶段，对 Power Query 的使用将占 50%~70% 的比例，有时候甚至高达 90%，主要以个人用户为主要群体。这里建议在 Excel 中学习 Power Query，而不是在 Power BI Desktop 中，因为在学习过程中会伴随着 Excel 的导入和导出的问题，那么索性就在 Excel 中折腾了，并且所获得的能力可以被完全迁移到 Power BI Desktop 中。

该阶段以节省数据获取和数据转换的时间为主要目标，减少重复劳动，节省大量时间并逐步向其他阶段进发。

5.7.3 第二阶段

对于更复杂的数据分析工作，依然需要借助模型的力量来完成。因为只使用 Power Query 会产生大量的复杂计算，并且效率会逐渐成为瓶颈，所获得的收益开始递减。这个时候就可以将使用 Power Query 节省下来的时间，用于数据模型的学习中。

在这个阶段，你学会了更多的数据建模知识后，使用 Power Query 的工作量将会进一步下降，可能只占 5%~30%。因为 Power Query 的所有数据获取和数据转换都是为了更好地服务于数据模型，而不是为 Power Query 自身服务。该阶段可以考虑将复杂的计算前置到数据仓库，用以减少使用 Power Query 的工作量。

该阶段解决的是复杂的数据分析问题，其以快速构建分析模型为主要目标，减少复杂分析环境中的时间支出，节省大量的时间并逐步将重点放到简化呈现过程和解决业务问题本身上。

如果数据分析不太复杂，那么可以在 Excel 中使用 Power Pivot 进行数据分析。如果数据分析过于复杂，那么推荐在 Power BI Desktop 中进行数据分析。你甚至可以考虑在 Excel 中连接使用 Power BI 所构建的数据模型进行分析，结合数据透视表和 Cube 函数，可以满足很多复杂的需求。

5.7.4　第三阶段

清晰、专业地呈现，可以减少对业务数据的理解成本，但前提是你已经很好地完成了数据的获取、转换、建模等相关工作。在这个阶段，可视化是需要学习的内容。很多用户很容易就直接进入了第三个阶段，而这会导致想做的事情一团糟，做得越多越会感觉到一种无力感。

在这个阶段，我们需要致力于更简洁地呈现，让复杂的业务现出真身，让非业务专业人士也能清晰地看出问题所在，知道什么是好的，什么是不好的。所有的可视化呈现都直指一个目标：**如何更好地做好业务**。同时，还要多关注企业的业务发展，将可视化应用在更合理的场景中。

对于 Power BI 而言，可视化是一种数据的表达形式，其本质上就是表。因此，有一种观点认为：**对于 Power BI 而言，可视化呈现并不是必需的**。对于个人而言，这确实不是必需的，但是当需要将数据呈现给其他用户时，可视化将是一种非常好的呈现方式。

如果想要做好 Power BI 的可视化呈现，则需要掌握一些专业知识。至于报告做得是否好看，这就要看个人的能力了，因为可视化呈现也涉及审美问题，而不仅仅是技术。在大多数情况下，一个人很难具备多种能力，此时可以考虑和团队中的其他成员合作完成工作。

5.8　是否需要学习 SQL 或 Python

在学习 Power BI 的时候，很多人会对是否需要学习其他工具有疑惑。这里以 SQL 和 Python 为例，告诉你是否需要学习这两个工具。

1. SQL

如果你几乎接触不到企业数据库，日常处理的数据量大多在 100 万行以下，对计算的性能要求也不高，使用 Power Query 基本就能满足数据的处理需要，那么可以不考虑学习 SQL。如果你有企业数据库的访问权限，日常处理的数据量超过 100 万行，并且对 Power BI 的处理效率有一定的要求，那么建议学习 SQL，它确实可以帮助你提高工作效率。

在 SQL 的选择上，目前主流的工具是 MySQL 和 SQL Server。对于个人的日常轻量级使用，它们的差异不是太大，但两者在语法上略有不同，我们在查找资料和学习时需要将其区分开来。

SQL 的增删改查基本语句和常用操作，在一周内就可以掌握，并且以查询语句为主要学习方向。之后，需要持续地使用和反复地练习，以达到工作需要的水平。三个月到半年就可以非常熟练地使用 SQL 了，无须像专业开发人员一样那么精通。

本质上，SQL 是一种查询语言，笔者并不认为它是分析工具。在某些场景中，它可以替代 Power Query 的部分能力且性能更好，将分析工作还是交给 Power BI 比较合适。我们需要做的就是，让 SQL 辅助我们更好地使用 Power BI。

2. Python

Python 是一门非常友好的编程语言，相对于其他编程语言来说，其学习门槛低，可以帮助我们做很多事情，如数据分析、数据自动化、数据开发等。我们要非常清楚的一点是，我们的目标是分析，而 Power BI 正是专注于这个方向的，它已经是一种非常成熟的解决方案了，并且具有分析所需的各种功能。我们只需要将数据填进去并完成分析，无须了解其背后是如何实现的，更无须从零开始构建，拿来即用。而使用 Python 需要从零开始构建，我们很难做得比 Power BI 更专业、更易用。另外，使用 Python 构建的分析功能并不具备通用性，这增加了很多使用成本。对于绝大多数的分析人员而言，Python 并不是必选项，而是作为一个补充。

如果你本身已经拥有了很强的 Power BI 能力，还希望更进一步，那么可以尝试学习 Python，并与 Power BI 搭配使用来实现更多的非常规需求。另外，在自动化方面，除了学习 Power Automate，你也可以学习 Python，Python 在这方面有不俗的表现。

如果你有充沛的精力，那么多学习一门编程语言对你的工作会有很大的帮助。如果你对编程的接受能力比较弱，仅聚焦于分析领域，那么可以将 Excel 和 Power BI 作为主要的学习目标。

5.9 Power BI 的通用化设计理念

在 Power BI 的使用上，可以形成一种通用化设计理念。比如说到模型，你想到的是多维数据模型；说到关系，你想到的是一对多关系；说到日期分析，你想到的是构建日期表；说到 DAX，你想到的是 DAX 的格式化；说到度量值，你想到的是定语后置命名法。如果行业内人人都了解这套方法和理念并将其应用于工作中，那么无论是交流学习、问题解答还是工作交接都将变得非常简单。

通过 Power BI 的通用化设计理念，可以高效解决工作中的大部分问题。对于新手而言，按照这一标准化方式进行学习，不仅能快速上手，还能有效避免走弯路。在熟练掌握基本功能之后，可以进一步深入思考"为什么这样设计"，这将会开启全新的学习阶段，帮助你全面理解其背后的逻辑与原理。

在"第 7 章 数据模型"中，我们将详细介绍这种理念所对应的设计细节。

5.10 总结

Power BI 并没有我们想象的那么难，但是想真正学好 Power BI 又非易事。了解 Power BI 并掌握其学习方法，是一个非常好的开端。同时，还能把握不同阶段的学习重点，更快地入门。在真正学习 Power BI 之前，了解这些内容是非常有必要的。

5.11 作业

1. 请尝试下载并安装 Power BI Desktop。

2. 给自己制订一个 Power BI 学习计划。

3. 针对 5.6 节"解决 Power BI 问题的 10 个方法"中提到的所有方法，熟悉并操作一遍。

4. 请找到工作当中的一个数据难题，尝试使用 Power BI 来成功解决。

5. 请写一篇文章，叙述你对 Power BI 的认识，并在一年之后再来查看这篇文章。

第 6 章

Power Query 的使用

本章将对 Power BI Desktop 中的 Power Query 进行介绍，其主要功能和 Excel 中的 Power Query 几乎相同。如果你已经具备了使用 Power Query 的能力，则完全可以将此能力迁移到在 Excel 中使用 Power Query。针对两者的差异，稍加尝试即可快速掌握相关操作，并不影响最终的学习效果。

这听起来可能有点儿奇怪：虽然使用的是 Power BI Desktop 的演示环境，但却推荐你在 Excel 中进行 Power Query 的学习。这是因为 Power Query 更适合在 Excel 中使用，对于大多数用户而言，使用 Excel 中的 Power Query 解决数据问题的占比可能高达 90%，同时避免了在初期学习过程中导入/导出 Excel 数据的问题。

做好 Power BI 数据模型的基础，就是通过 Power Query 将数据转换为可以被数据模型使用的标准数据结构。学习 Power Query 是非常重要的，可以为之后的 Power BI 数据建模打下基础。

6.1 什么是 Power Query

我们都知道，在 Excel 工作表中无法处理超过 104 万行的数据，而且复杂的数据转换效率很低，且无法保留操作过程，每次转换都要从零开始手动操作，这给我们带来了很大的重复工作量。一个数据分析师被硬生生地当作高级数据处理专员，将大量时间用在数据的获取和转换上，没有时间来分析业务数据。

以上情形极大地限制了 Excel 能力的发挥。同时，微软也意识到了这个问题，于是在 2010 年推出了一个 Excel 插件，叫作 "Power Query"。在 Microsoft Excel 2010 和 Microsoft Excel 2013 中，它以插件的形式存在，从 Microsoft Excel 2016 开始它被内置到 Excel 中。

与其他工具相比，使用 Power Query 可以在更短的时间内快速提升工作效率，如图 6-1 所示。

Power Query 和数据源是连接的关系，它并不会改变数据源的数据，而只是将数据源的数据读取到一个临时的地方，模拟对数据的操作，记录每一个操作步骤，并且可以随时修改之前的操作步骤。我们可以把 Power Query 理解为一种数据管道，其本身并不存储数据，而只是一些数据的获取和转换逻辑。当数据源更新时，只需要点击"刷新"按钮，Power Query 就会按照我们设定的步骤一步步地进行计算并返回最终的结果。

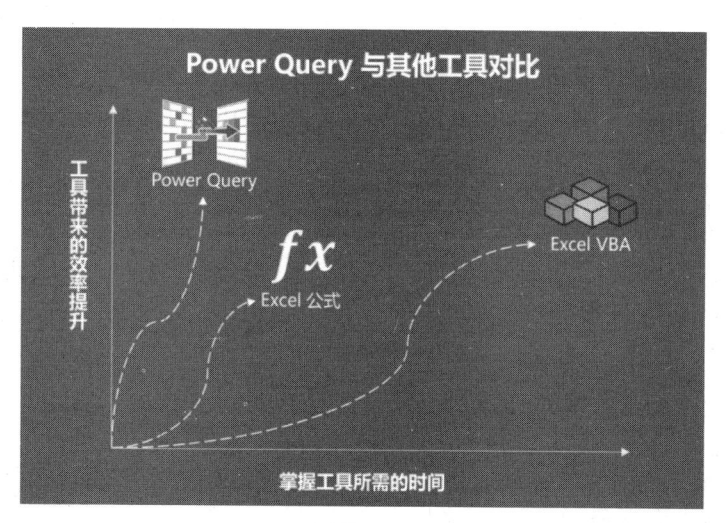

图 6-1

这看起来和IT的ETL（抽取、转换、加载）过程是不是很像？没错！我们完全可以把Power Query当成业务用户处理数据的ETL工具，以后就再也不怕复杂的数据环境了，并且这个过程还是自动完成的。在面对Excel的传统用法时，Power Query就像"歌者"[1]丢向太阳系的二向箔[2]，对其施行降维打击。

如果你使用的是Microsoft Excel 2010或者Microsoft Excel 2013，则可以选择安装Power Query插件；如果你使用的是Microsoft Excel 2016及以上版本或者Microsoft 365应用版，则可不用单独安装，因为Excel中已经内置了Power Query。如果你使用的是Power BI Desktop，则同样已经存在Power Query。

如果你使用Excel的频率很高，并且希望将结果显示在Excel工作表中，则可以选择学习Excel中的Power Query。如果你需要做一份完整的报告，并且需要更强的计算性能，那么学习Power BI Desktop中的Power Query是一个不错的选择，Power Query在Power BI Desktop中的性能要比在Excel中更强。

1　歌者："歌者"文明是出现在刘慈欣所著的"三体"科幻系列作品第三部《死神永生》中的一个文明程度高于地球文明和三体文明的外星种族。这个文明的真正名称并不是"歌者"，作品中并没有出现这一文明的正式称呼，"歌者"只是该文明的一个个体的称呼。他是该文明的一位卑微低下的清洁工，工作是随手清理那些被他发现的文明。但是由于无从得知关于该文明的具体资料，"歌者"便成为这一文明的代名词。

2　二向箔：在小说中，二向箔的使用会导致三维宇宙及其中的所有生命体被二维化，包括人类的生命。在太阳系中，"歌者"文明使用二向箔将太阳系二维化，导致了太阳系中所有生命的灭亡。

Power Query 具备以下能力：

- 在 Power BI Desktop 中，Power Query 可以从 100 多种数据源中获取数据，如图 6-2 所示。

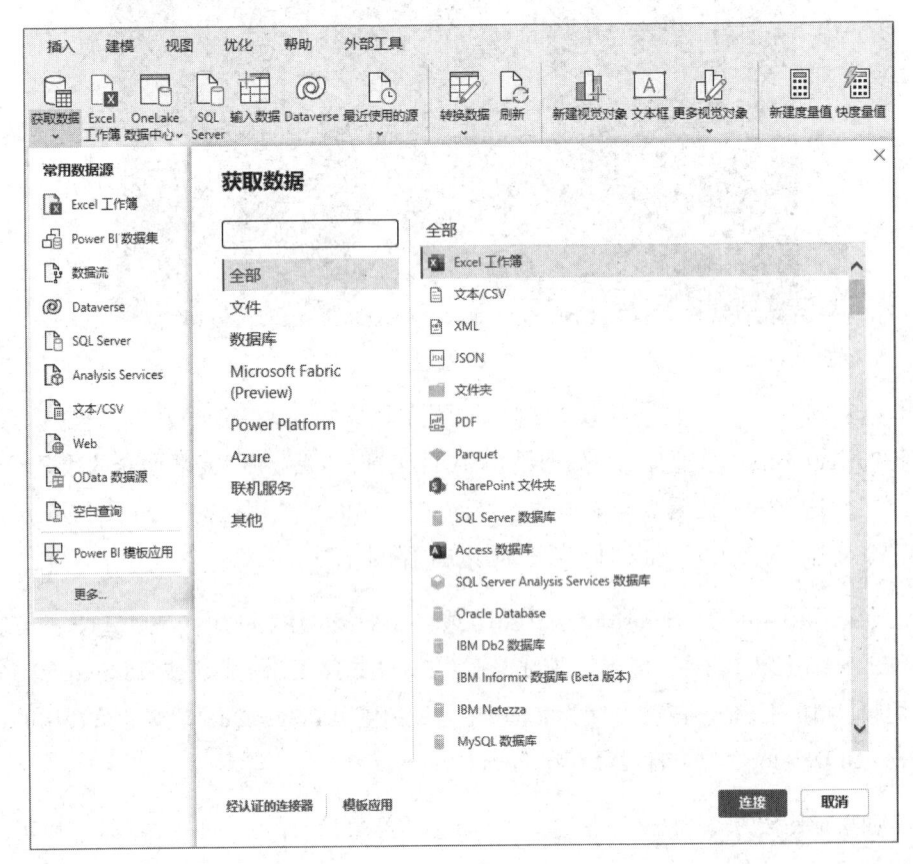

图 6-2

- 在 Excel 中，依次点击"数据"-"获取数据"，可以打开类似的界面，如图 6-3 所示。可以看到，相比于 Power BI Desktop，在 Excel 中可以获取的数据源相对较少，而这些数据源已经足够满足我们的日常工作需要。

- Power Query 可以处理超过 104 万行的数据，其理论上可以处理的数据量上限接近计算机硬件的能力上限。如果进行测试，则可以发现，在 Excel 中使用 Power Query 可以加载 100 亿行数据，如图 6-4 所示。在 Power BI Desktop 中使用 Power Query 同样不用担心数据量的问题。

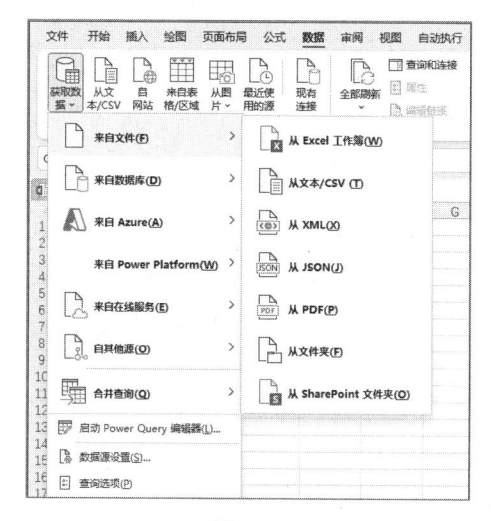

图 6-3 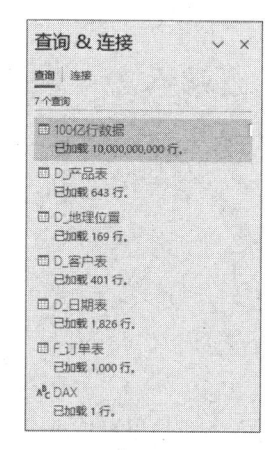　　　　　　　　　　　　　　　　图 6-4

- 使用 Power Query 工具栏中的工具可以处理日常的大部分工作，并非必须学习复杂的 M 函数，如图 6-5 所示。当工具栏中的工具无法满足工作需要时，我们可以适当学习一些 M 函数来扩展自己的能力，Power Query 的数据处理能力上限非常高。

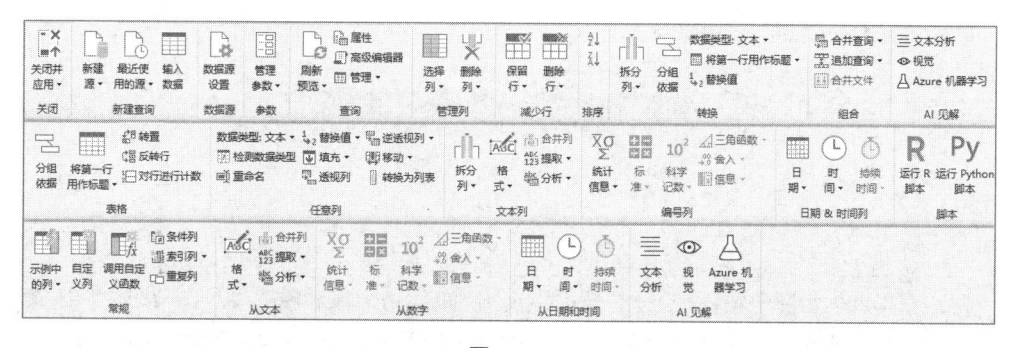

图 6-5

- 当数据源发生变化时，只需要点击"刷新"按钮即可。在 Excel 中可以依次点击"数据"-"全部刷新"；如果需要刷新单个查询，则依次点击"数据"-"查询和连接"，在右侧弹出的"查询 & 连接"窗格中选中对应的查询，然后右击并选择"刷新"，如图 6-6 所示。在 Power BI Desktop 中可以依次点击"主页"-"刷新"，刷新全部查询；当需要刷新单个查询时，可以在最右侧的"数据"窗格中右击某个表并选择"刷新数据"，如图 6-7 所示。

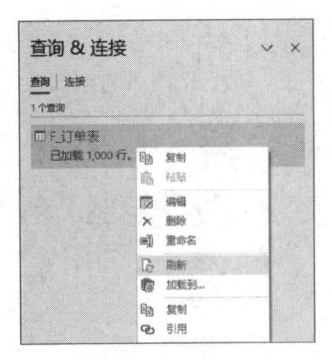

图 6-6

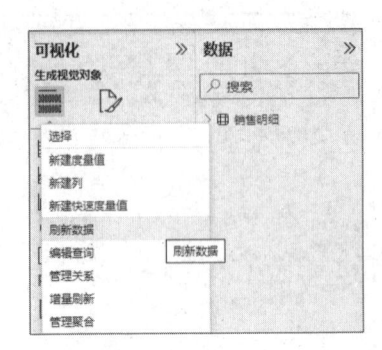

图 6-7

6.2　Power Query 和 Excel 操作数据的不同

Excel 是基于单元格进行操作的，而 Power Query 是基于列进行操作的，因此 Power Query 的计算速度更快。在刚接触 Power Query 时，大多数用户都需要一个适应的过程，因为它会带来习惯上的不同。

结合 3.2 节"什么是'表'"的内容，可以在 Excel 中创建一个表来演示基于列的操作是什么样的，如图 6-8 所示。

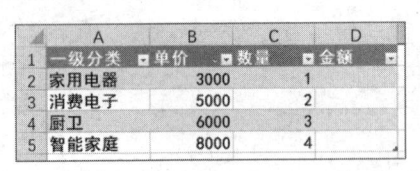

图 6-8

在 D2 单元格中输入"="，然后点击 B2 单元格，接着输入"*"，最后点击 C2 单元格。此时我们会惊奇地发现，在公式中显示的并不是自己所熟悉的"= C2 * D2"，而是变成了"=[@单价]*[@数量]"，并且 D 列除了标题之外，该列所有单元格中的公式完全一样，如图 6-9 所示。

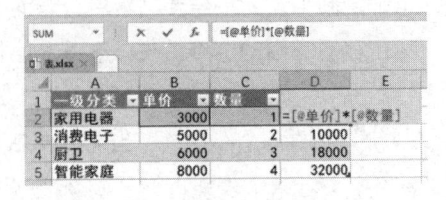

图 6-9

这样可以带来以下好处。

- **列级别的操作**：在 Excel 表格中，列级别的操作使数据管理变得直观且易于控制。这一概念在 Power Query 中得到了扩展和深化。在处理数据时，每一个动作，无论是删除、转换还是计算，都是在整列的数据上进行的。这种方式不仅保持了数据的完整性，还保证了变更的一致性。
- **自动扩展**：在 Excel 表格中，结构化数据允许在新增列时自动更新相关公式。在 Power Query 中，这意味着任何增加或转换的步骤都会被自动应用于新的数据，不需要额外的干预。这种自动化的扩展功能显著提升了工作效率，并减少了人为错误。
- **动态引用**：动态引用的存在意味着在进行数据更新时无须手动更新公式。这不仅适用于 Excel 表格，而且是 Power Query 的一大特色。这一点在处理大量数据和频繁变更的情况下尤为重要，能够确保数据分析总是基于最新的信息。
- **可读性与上下文**：结构化的列名引用提供了清晰和一致的上下文，使跟踪数据来源和应用的公式逻辑变得更加简单。在 Power Query 中，它让复杂的数据转换流程变得易于理解和解释，无论是对于数据分析新手还是专业人士都是如此。

同时，在操作形式上，它们还有很大的不同。在 Excel 中，我们往往会直接操作 Excel 工作表，然后基于此工作表来实现数据的转换过程，并增加一些必要的列。这种方式带来的弊端就是，一旦某个步骤操作错误导致关键数据遗失，就需要从头开始进行操作。而且，如果想要记录数据处理的过程，则需要把一些过程数据单独存放在不同的工作表中，下次再处理这些数据时会继续重复之前的操作步骤。很显然，这种方式是非常低效的，并且占用了大量的时间。

在 Power Query 中，可以把上述过程全部放到处理步骤当中，我们可以按照以往在 Excel 中处理数据的过程，一步步实现相应的处理步骤。下次再进行数据源更新时，只需要点击"刷新"按钮即可完成。

此外，还有一件重要的事情需要了解。使用 Power Query 处理后的标准表，是为了更好地支持后面的数据展示或数据建模。在 Excel 中，可以将 Power Query 处理后的数据返回到工作表中，然后基于这些数据，使用 Excel 公式将所需要的数据取值到对应展示的单元格中。不需要也不建议在 Power Query 中按照最终展示的样式做出来，因为一方面，效果不尽如人意；另一方面，数据的处理和数据的展示是两件事情，不要混为一谈。

如果只针对少量数据进行操作，那么使用 Excel 确实更加方便，甚至操作速度更快。学习 Power Query 的目的不在于一次操作的快或慢，而在于选择一种数据思维方式——是"偷懒"的思维，也是"批量操作"的思维。是选择一种低效的方式，每次操作都需要 10min，还是选择花费 1h，找到一种批量操作的方式，每次操作只需要 10s？

6.3 使用 Power Query 获取数据

使用 Power Query 自动获取数据是一项重要的能力，也是 Power Query 最基础的操作。

6.3.1 从 Excel 文件中获取数据

从 Excel 文件中获取数据的操作步骤如下所述。

第1步：打开 Power BI Desktop，可以从三个地方加载 Excel 工作簿并获取数据，如图 6-10 所示。

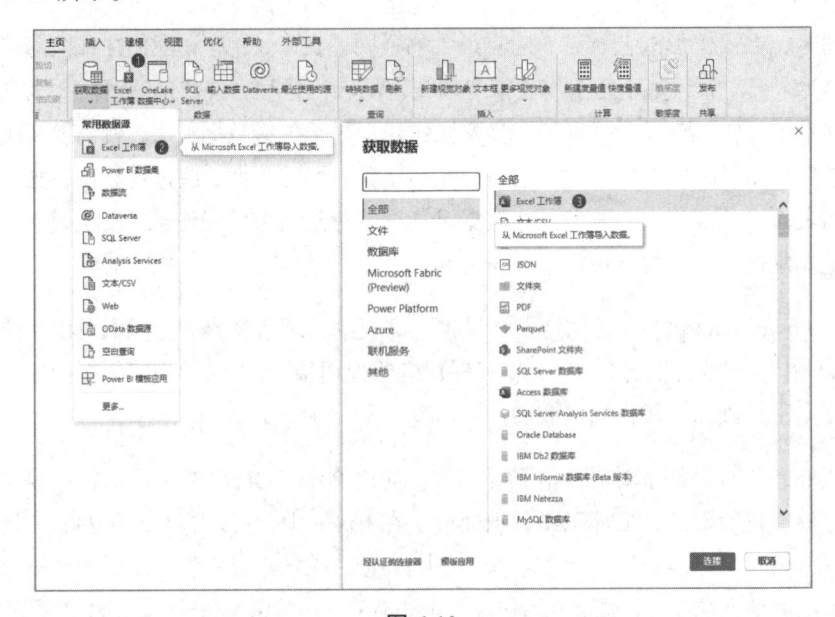

图 6-10

- 依次点击"主页"-"Excel 工作簿"。
- 依次点击"主页"-"获取数据"-"Excel 工作簿"。
- 依次点击"主页"-"获取数据"-"更多"-"Excel 工作簿"。

在 Excel 中，依次点击"数据"-"获取数据"-"来自文件"-"从 Excel 工作簿"，如图 6-11 所示。

图 6-11

第 2 步：依次点击"主页"-"Excel 工作簿"，在弹出的对话框中找到需要加载的 Excel 文件，选中该文件并打开。这里选择"北京市.xlsx"，如图 6-12 所示。

图 6-12

第 3 步：在"导航器"对话框中，选择需要加载的工作表。此时我们有两个选择：一是点击"加载"按钮，自动对数据进行识别并加载到模型中；二是点击"转换数据"按钮，进入 Power Query 编辑器页面。通常建议点击"转换数据"按钮，对数据进行转换并检查无误后再将其加载到模型中，这样操作更规范。这里勾选左侧该工作簿中的工作表复选框，然后点击"转换数据"按钮，如图 6-13 所示。

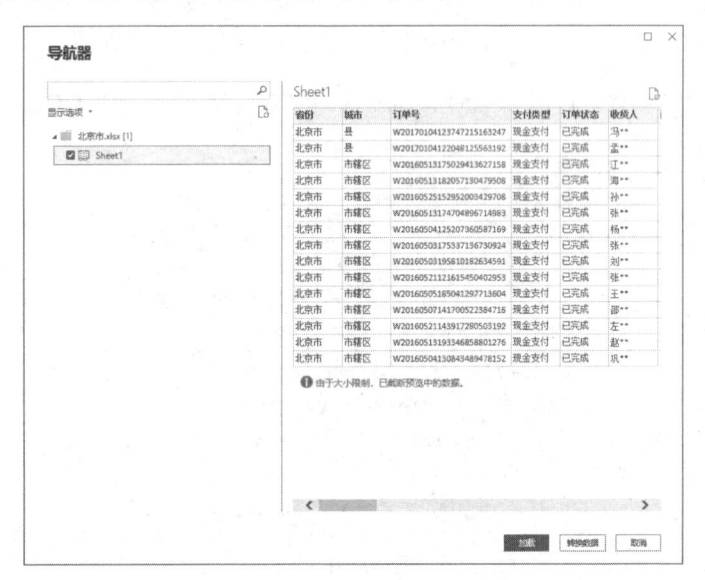

图 6-13

第 4 步：在右侧"应用的步骤"部分，Power Query 已经自动帮助我们进行了识别，并将标题放到了正确位置。Power Query 中不同区域的功能可以分为 5 个部分，如图 6-14 所示。

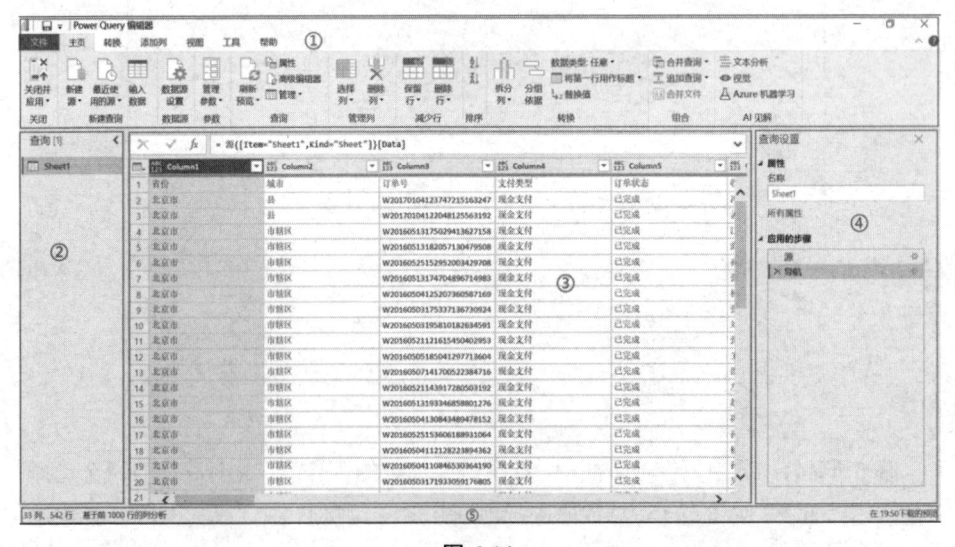

图 6-14

① **功能区**：功能区为我们提供了导航体验，我们可以通过这里的选项卡来实现转换数据和选择查询选项，以及使用不同的功能区按钮来完成各种任务。

② **"查询"窗格**：Power Query 加载的查询全部显示在这里，我们可以对查询进行设置，比如复制、引用、删除、重命名、加载方式、移动、属性等，还可以新建组对查询进行分组管理。

③ **当前视图**：在这里可以预览数据查询效果，默认只能预览前 1000 行数据。对数据进行的每一个操作，都会在当前视图的编辑栏中生成对应的 M 公式。当然，你也可以根据自己的需求对生成的公式进行修改。

④ **"查询设置"窗格**：在这里可以对查询的属性名称进行修改。在"应用的步骤"中记录了对数据进行查询操作的步骤，可以对操作步骤进行编辑。对于右侧有"小齿轮"图标的步骤，可以直接点击"小齿轮"进行编辑。当操作步骤过多时，为了清晰地区分每个步骤的内容，可以右击该步骤进行重命名。

⑤ **状态栏**：这里显示了查询相关信息，例如执行时间、总列数和总行数、处理状态等。在状态栏中还可以更改数据的预览范围。

对比在 Excel 中使用 Power Query，它们的界面非常类似，如图 6-15 所示。

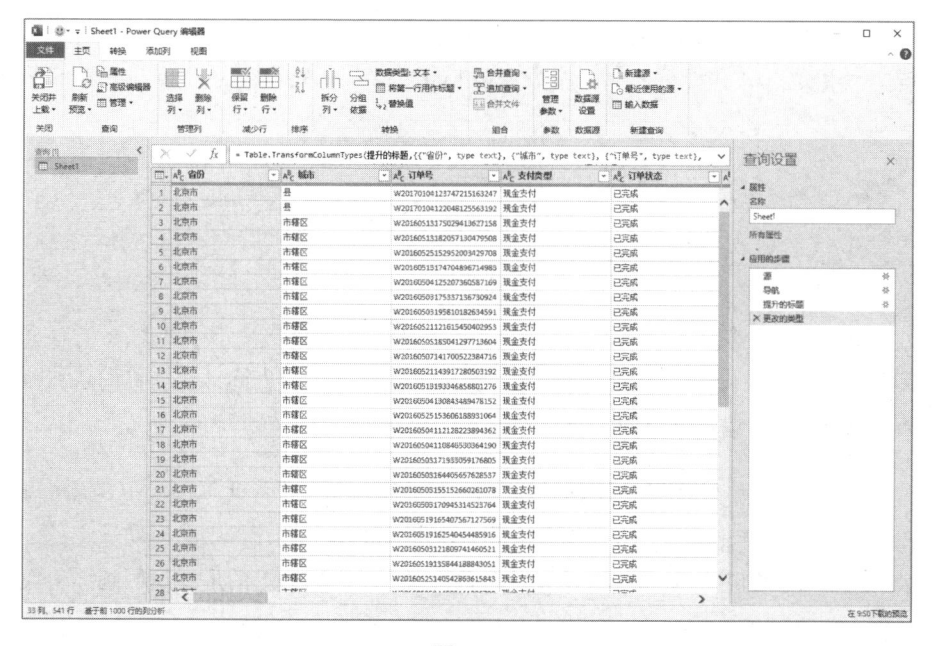

图 6-15

第 5 步：要对查询进行重命名，可以在左侧的"查询"窗格中，找到对应的查询连接并右击，选择"重命名"，此处命名为"销售明细"。或者在右侧的"查询设置"窗格中，找到"属性"-"名称"，在下面的文本框中输入新名称。检查数据无误后，依次点击"主页"-"关闭并应用"，将数据加载到模型中，如图 6-16 所示。

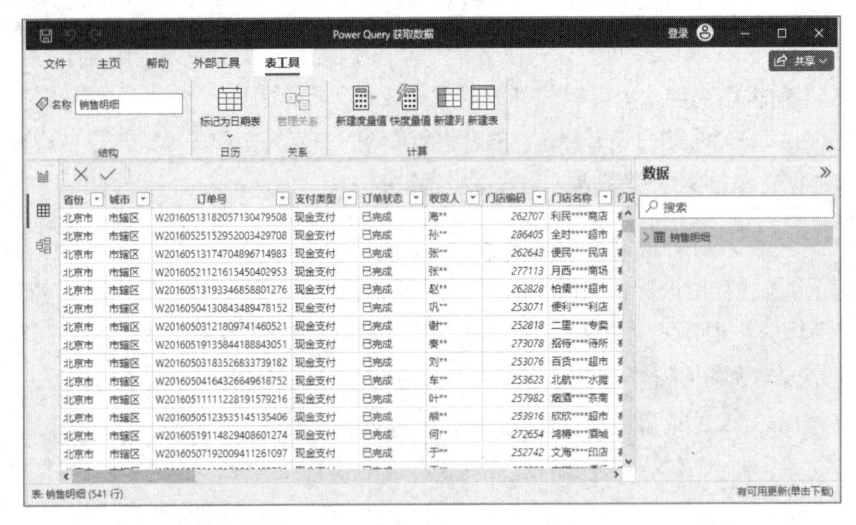

图 6-16

在 Power BI Desktop 中，如果需要再次进入 Power Query 编辑器界面，则可以依次点击"主页"-"转换数据"，如图 6-17 所示。

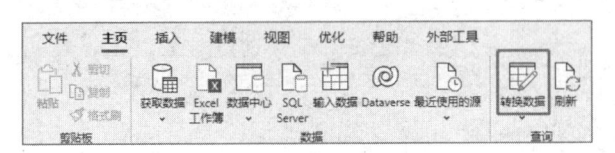

图 6-17

在 Excel 中再次进入 Power Query 编辑器界面，需要依次点击"数据"-"查询和连接"，在右侧弹出的"查询 & 连接"窗格中找到对应的查询，双击查询名称即可进入 Power Query 编辑器界面。

如果在 Excel 中使用 Power Query，则会将数据加载到 Excel 工作表中。依次点击"主页"-"关闭并上载"；如果直接点击"关闭并上载"按钮，则会自动新建一个工作表并以该查询的名称命名该工作表，然后数据直接以"表"的形式返回到该工作表中，如图 6-18 所示。

第 6 章
Power Query 的使用

图 6-18

在将数据返回到 Excel 工作表中时，有一个小技巧。不要直接点击"关闭并应用"按钮，而是点击其下拉箭头，然后选择"关闭并上载至..."，如图 6-19 所示。在弹出的"导入数据"对话框中，直接点击"确定"按钮，使用"仅创建连接"的方式导入数据，如图 6-20 所示。

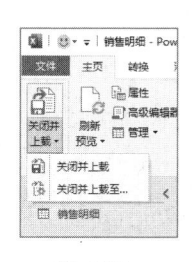

图 6-19 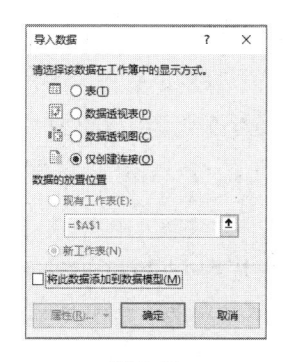　　　　　　　　图 6-20

提示：此时建议立即保存 Excel 工作簿，因为在某些情况下，直接将数据返回到 Excel 工作表中可能会导致 Excel 崩溃，进而导致之前在 Power Query 中操作的数据都无法保存。这是一个非常重要的关注点。

该查询将以连接的形式存在，并没有自动新建工作表并返回数据。在右侧的"查询 & 连接"窗格中，找到该查询，右击并选择"加载到..."，如图 6-21 所示，将再次弹出"导入数据"对话框。在"请选择该数据在工作簿中的显示方式"下选中"表"单选钮，此时"数据的放置位置"下的"现有工作表"这一项会变得可用，一般默认显示当前激活的活动单元格地址。这里推荐将数据放置在 A1 单元格中，可以直接点击当前工作表中的 A1 单元格，然后点击"确定"按钮，如图 6-22 所示。

图 6-21　　　　　　　　　　　图 6-22

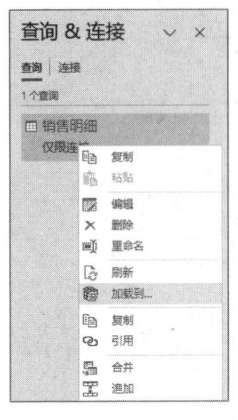

只有在第一次加载某个查询时，才需要选择数据显示方式，之后在 Power Query 中编辑该查询时，默认按照当前选择的数据显示方式进行加载。

在 Excel 中使用 Power Query，当返回的数据超过 1,048,576 行时，无法正常加载，此时可以选择将查询加载到 Power Pivot 中进行数据管理——Power Pivot 是数据模型管理工具，其不等价于数据模型本身——这种方式对数据量几乎没有限制。现在勾选"将此数据添加到数据模型"复选框，同时在"请选择该数据在工作簿中的显示方式"下选中"仅创建连接"单选钮，然后点击"确定"按钮，该数据将被加载到 Power Pivot 中。在 Excel 中使用 Power Pivot 属于另一个领域范畴，需要单独学习。在 Excel 中使用 Power Pivot 和在 Power BI Desktop 中管理数据模型是很类似的，从本质上说，它们就是一体两面，只是在操作界面和性能上有一些明显的差异。

以上内容，只针对在 Excel 中使用 Power Query 的操作。

关于在 Power Query 中加载 Excel 文件的操作，有时候在加载一些数据后会造成混乱。现在，我们增加对这种现实情况的考虑。如果你没有遇到过这种情况，则可以暂时跳过这一部分，等遇到时再回来学习。

当加载的 Excel 工作表中的数据已经被创建为"表"时，导航器中所显示的内容会略有不同（关于什么是"表"的问题，请参见 3.2 节"什么是'表'"的内容）。导航器中有很多表，其中有一张"F_订单表"和一张"订单表"，如图 6-23 所示。

第 6 章
Power Query 的使用

图 6-23

"F_订单表"来源于在 Excel 中创建的"表",选择"表"中的任意一个单元格,会自动弹出"表设计"选项卡,在工具栏的左侧可以看到"表"的名称为"F_订单表",如图 6-24 所示。

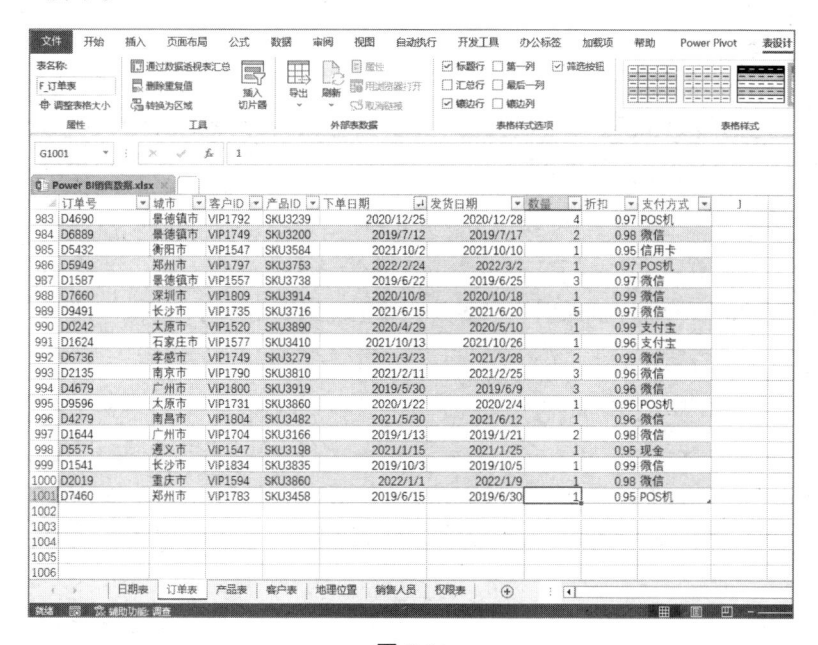

图 6-24

107

导航器中"订单表"的名称来源于工作簿中工作表的名称，数据则来源于该工作表中的"数据区域"。实际上，这两处的数据是一样的，应该如何选择呢？如果数据相对比较规范，将数据加载到 Power Query 编辑器中不会有差别，则建议选择从"表"中进行加载，而不选择从工作表中的数据区域进行加载，因为从"表"中加载数据更加安全并且可控。哪个是"表"呢？在导航器中，图标的第一行是蓝色标记的对应的就是"表"，如图 6-25 所示。

☐ ⊞ F_订单表

图 6-25

比如在同一个工作表中创建了多个"表"和多个数据区域，如图 6-26 所示，左侧三个是"表"，右侧三个是数据区域。

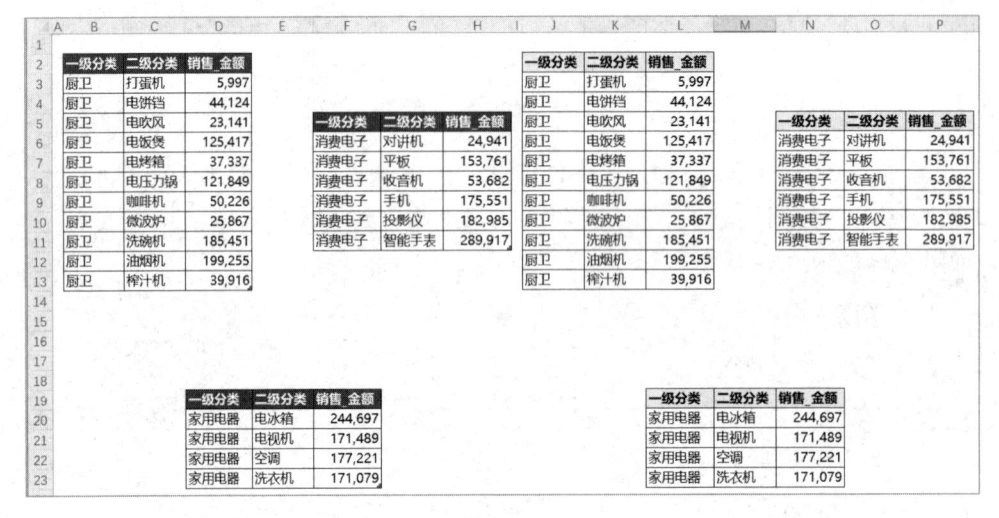

图 6-26

当使用 Power Query 加载时，"表"会被正确识别出来并加载，如图 6-27 所示。

图 6-27

而在同一个工作表中创建的多个数据区域，则会被识别为一个表，在这种情况下数据肯定是错乱的，如图 6-28 所示。

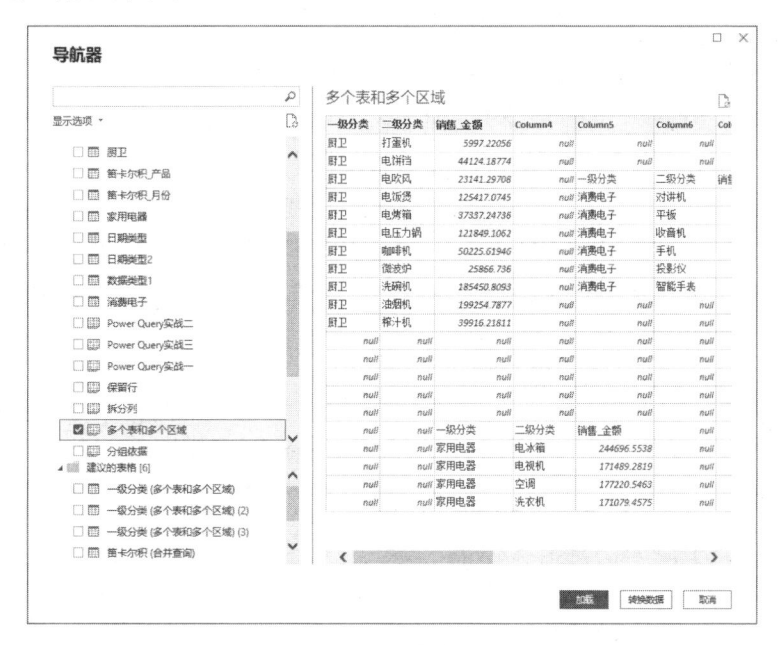

图 6-28

了解这种情况，有助于我们提前规避很多麻烦。在"导航器"对话框的下方，Power Query 也给出了建议的表格，其实就是创建 3 个"表"，这也从侧面印证了使用"表"是相对规范的方式。

但是，这并不意味着必须将数据源创建为"表"，而是要根据实际情况来考虑。如果你加载的数据很少，并且"表"的数量很多，路径也相对稳定，那么创建为"表"并将其放在同一个工作表中，再将工作表命名为"参数表"是比较方便管理的。如果你的数据源是从系统下载的或从其他稳定渠道获得的，那么直接加载工作表中的数据区域将是最佳选择，无须再打开 Excel 文件进行"表"的创建。

最后，还有一些"意外惊喜"是我们需要提前知道的。当使用 Excel 文件作为数据源时，尽量不要在 Excel 单元格中出现"#DIV/0!""#N/A""#NAME?""#NULL!""#NUM!""#REF!""#VALUE!"，除非它们是按照文本类型输入的，否则在加载到 Power Query 中时会报错，导致很多操作步骤受到影响而无法继续。如果有一天你遇到了类似的问题，尤其是 Excel 公式计算错误导致的问题，则可以返回到 Excel 单元格中进行如上检查。

6.3.2 从 CSV/TXT 文件中获取数据

从 CSV/TXT 文件中获取数据的操作步骤如下所述。

第 1 步：点击并展开"主页"选项卡下的"获取数据"，选择"文本/CSV"（其中的"文本"指的是".txt"文档），通过该方式来加载 CSV 文件，如图 6-29 所示。

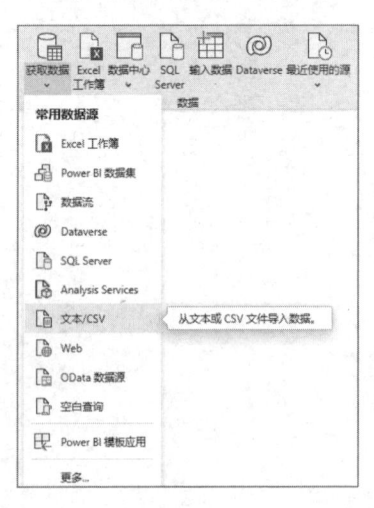

图 6-29

第6章
Power Query 的使用

在 Excel 中，依次点击"数据"-"获取数据"-"来自文件"-"从文本/CSV"。

第2步：选择需要加载的文件，这里以 CSV 文件为例进行演示，选择"北京市.csv"文件，点击"打开"按钮，如图 6-30 所示。

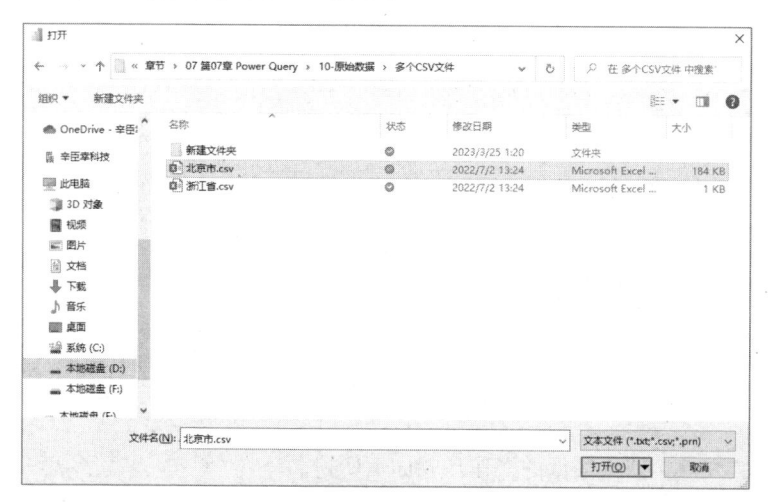

图 6-30

打开文件之后，可以看到从 CSV/TXT 文件中获取数据与从 Excel 工作簿中获取数据的导航器不同，此时默认显示的是基于前 200 行数据的预览效果，如图 6-31 所示。

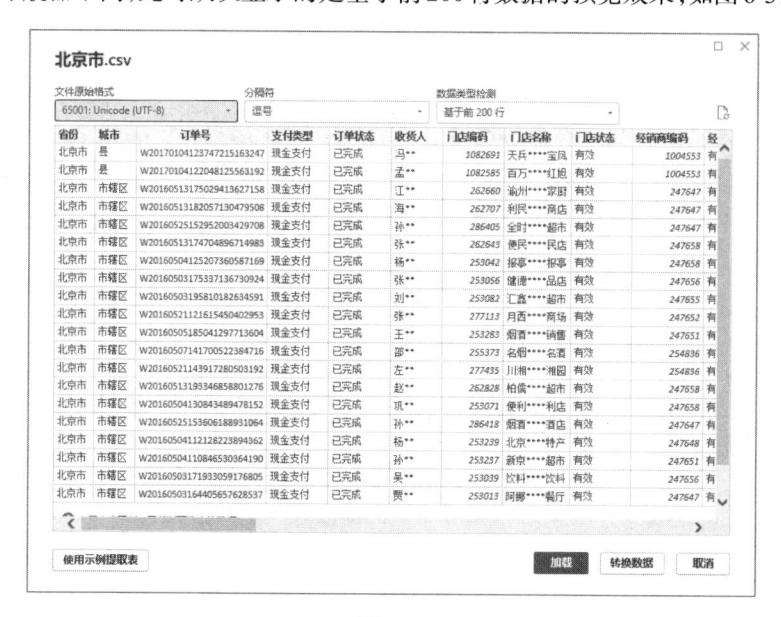

图 6-31

第 3 步：点击"转换数据"按钮，进入 Power Query 编辑器。可以看到，CSV 文件的数据也被正常识别了。数据没有问题，可以将数据加载到模型中，点击"关闭并应用"按钮，如图 6-32 所示。

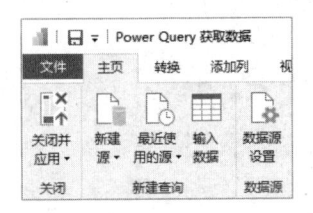

图 6-32

6.3.3 从 PDF 文件中获取数据

PDF 作为一种特殊的文件格式，在工作当中较为常见，并且有很多从 PDF 文件中获取数据的场景。因此，从 PDF 文件中获取数据是一种重要的方式。

从 PDF 文件中获取数据的操作步骤如下所述。

第 1 步：依次点击"主页"-"获取数据"-"更多"-"PDF"，如图 6-33 所示。

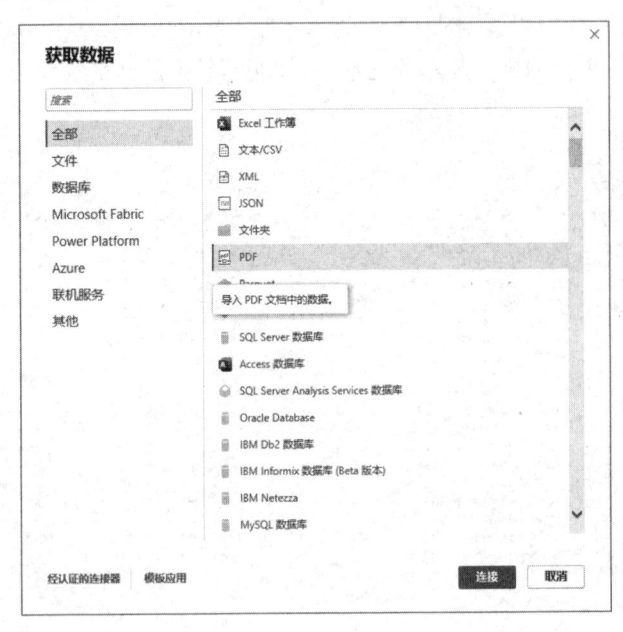

图 6-33

第 2 步：选择需要加载的 PDF 文件，点击"打开"按钮，如图 6-34 所示。

第 3 步：在"导航器"对话框中，选择需要加载的数据，点击"转换数据"按钮，如图 6-35 所示。

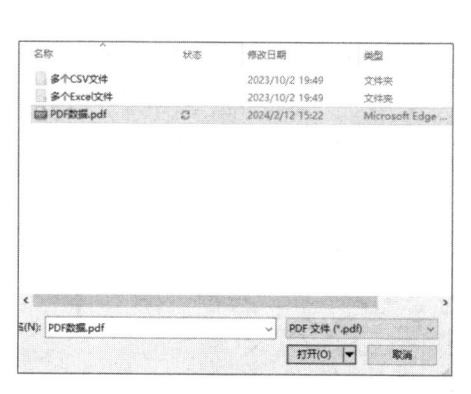

图 6-34

图 6-35

第 4 步：提升标题并调整数据类型，如图 6-36 所示。确认无误后，点击"关闭并应用"按钮，将数据加载到模型中。

图 6-36

在实际操作过程中需要注意以下问题：

- 并不是所有 PDF 文件中的表格数据都能被正确识别，当遇到不能识别的情况时，需要借助 PDF 编辑器做一次转换，然后才可以被正确识别。当然，并不是 100% 可以成功。
- 在"导航器"对话框中，文件名前缀为"Table"的，表示只识别表格本身；文件名前缀为"Page"的，表示可以识别不同页面的所有内容并且包含表格中的内容。我们可以将其理解为"表"和"数据区域"。很难说哪种方式更好，在操作过程中需要根据实际情况进行选择。

- 当 PDF 文件中有水印时，其数据识别结果可能会受到水印的干扰，需要单独处理。

6.3.4 从文件夹中获取数据

从文件夹中获取数据是 Power Query 的比较有特色的功能，也是在讲解 Power Query 时绕不过去的话题。假如有多个表，它们的结构一样，要将其数据合并到一个表中，除手工复制、粘贴外，在 Excel 中只能使用 VBA 了。现在，我们多了一个选择——可以使用 Power Query 来实现。如果需要合并的表的结构不一样，怎么办？这时就需要执行更多的 Power Query 处理步骤，或者从源头规范数据并形成良好的工作习惯，从源头规范数据后，数据的使用效率更高。

从文件夹中获取数据，在 Excel 中操作和在 Power BI Desktop 中操作非常类似，下面不再单独介绍。

1. 从文件夹中获取 Excel 文件

从文件夹中获取 Excel 文件的操作步骤如下所述。

第1步：依次点击"主页"-"获取数据"-"更多"-"文件夹"，如图 6-37 所示。

第2步：选择需要加载的 Excel 文件所在的文件夹，点击"确定"按钮，如图 6-38 所示。

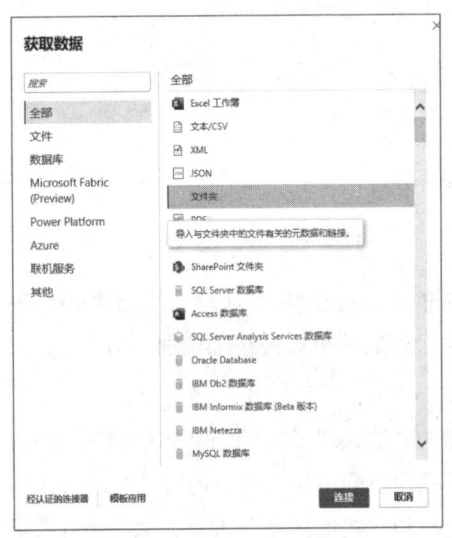

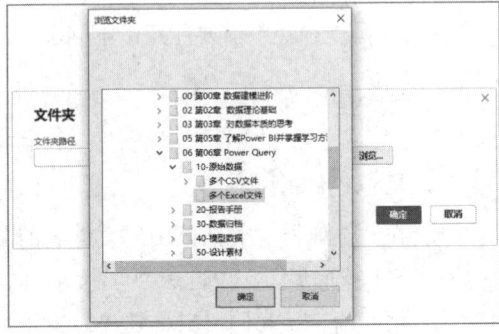

图 6-37　　　　　　　　　　　　　图 6-38

第 3 步：预览文件夹中的文件，点击"转换数据"按钮，如图 6-39 所示。

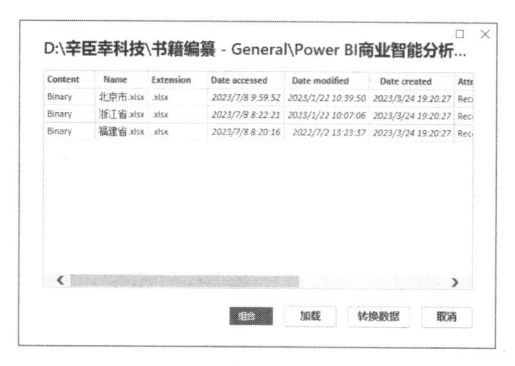

图 6-39

第 4 步：此时可以看到，与前面加载单个 Excel 文件时有所不同，如图 6-40 所示。

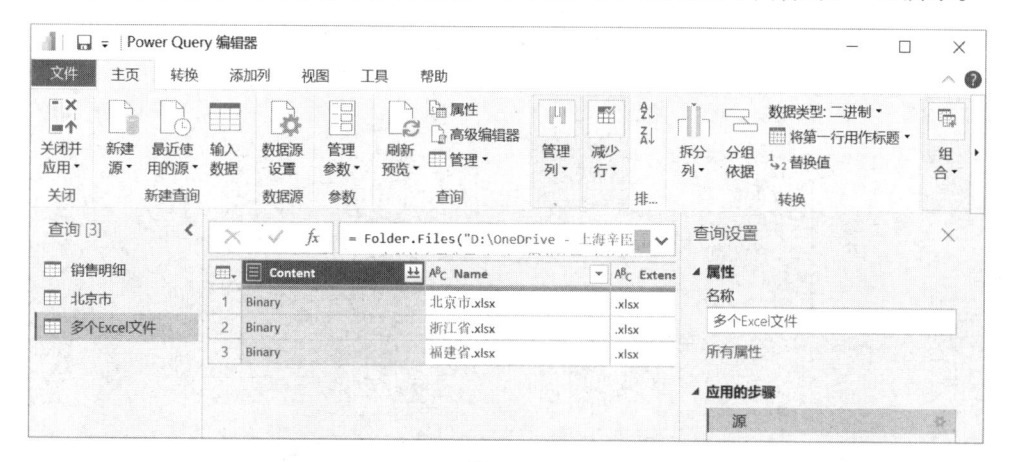

图 6-40

点击"Binary"右侧的空白（注意点击的不是"Binary"），可以预览加载进来的文件。它们其实是二进制文件，并不能直接为我们所用，如图 6-41 所示。

需要对这三个 Excel 文件进行解析，然后才能将它们的数据合并到一起。可以依次点击"添加列"-"自定义列"，如图 6-42 所示。这相当于在 Excel 工作表中增加辅助列，用于辅助计算，此处需要使用公式将文件展开。

第 5 步：在弹出的"自定义列"对话框中，在"自定义列公式"下输入：

```
= Excel.Workbook([Content])
```

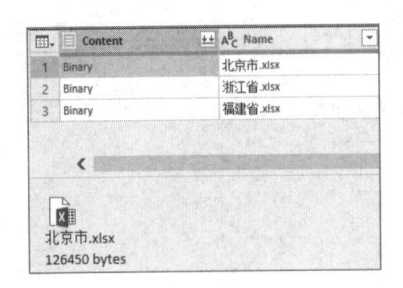

图 6-41 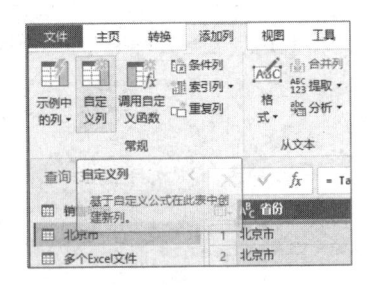　　　　　　　　　　　　　　　　图 6-42

提示：在输入 M 函数的名称时必须严格遵守首字母大写、其余字母小写的规范，否则将无法返回正确的结果。通常会有函数名的自动提示，可以根据提示进行选择。

这是一个 M 函数的特定用法，Power Query 中所有的操作都是使用 M 函数实现的，只是在大多数情况下并不需要直接写 M 函数，通过工具栏中的工具就可以进行操作。不用修改"新列名"，稍后该列将会被删除，如图 6-43 所示。

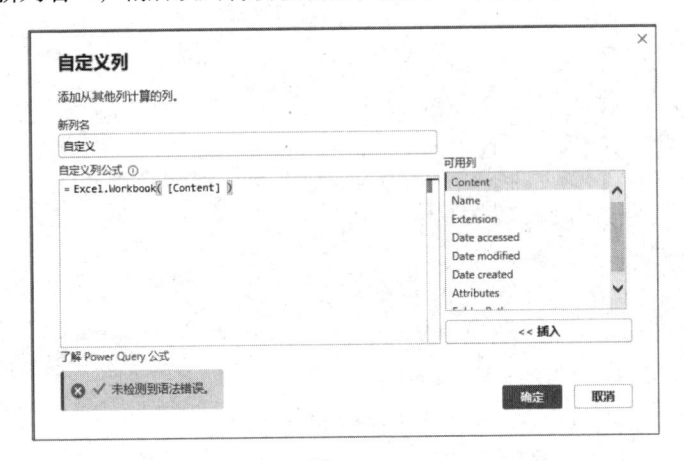

图 6-43

我们使用"Excel.Workbook"来展开"Content"连接的二进制文件。输入之后，点击"确定"按钮，会在数据区域最右侧增加一个"自定义"列，如图 6-44 所示。

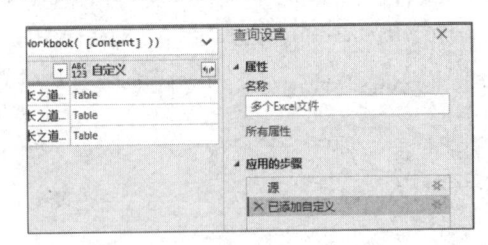

图 6-44

此时点击"自定义"列中"Table"右侧的空白（注意点击的不是"Table"），则会在下方看到预览信息——"Table"中存放的内容，其中"Data"列存放的内容为"Table"，我们需要的数据都在这里面，如图 6-45 所示。

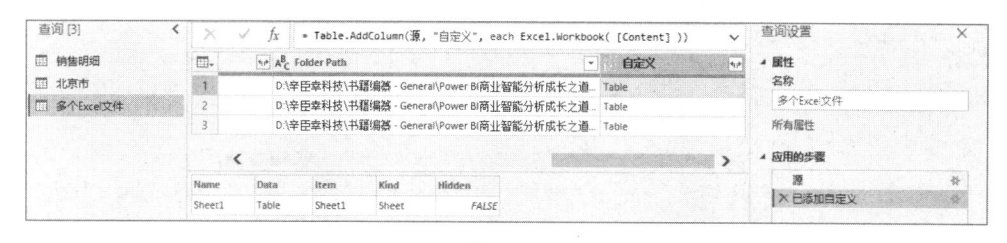

图 6-45

选中新建的"自定义"列的标题，右击并选择"删除其他列"。在通常情况下，除此列之外的其他列都不再需要了。在某些场景中，比如需要显示文件名称时，则可以根据需要来保留列。也可以依次点击"主页"-"选择列"，取消勾选除了"自定义"列之外的所有列复选框。在大多数情况下，推荐采用这种方法，因为便于对操作步骤进行修改。

第 6 步：依次展开"Table"，即点击"自定义"列标题右侧的展开按钮，此按钮上面有两个方向箭头，如图 6-46 所示。

图 6-46

展开之后，只选择"Data"，取消勾选"使用原始列名作为前缀"复选框，点击"确定"按钮，如图 6-47 所示。之所以取消勾选"使用原始列名作为前缀"复选框，是为了避免标题名称过长，不利于后续操作。操作结束之后，效果如图 6-48 所示。

图 6-47   图 6-48

第 7 步：点击"Table"右侧的空白区域（注意点击的不是"Table"），可以预览该"Table"对应的内容,如图 6-49 所示。

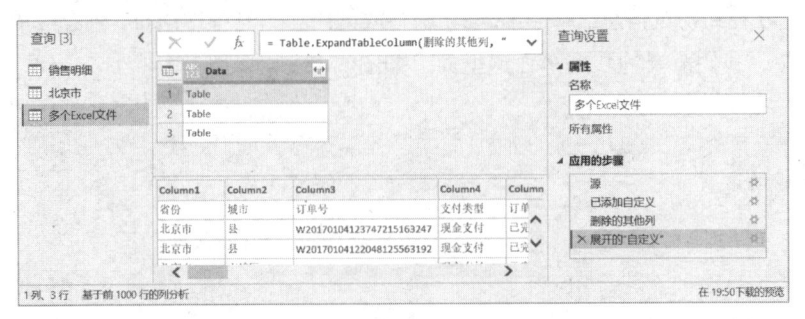

图 6-49

继续点击"Data"列标题右侧的展开按钮,再次展开"Table",选择所有列,同样取消勾选"使用原始列名作为前缀"复选框,点击"确定"按钮,如图 6-50 所示。

图 6-50

此时就像变魔术一样,Excel 文件的数据显示出来了,如图 6-51 所示。先别急着高兴,还有一些收尾工作要做。

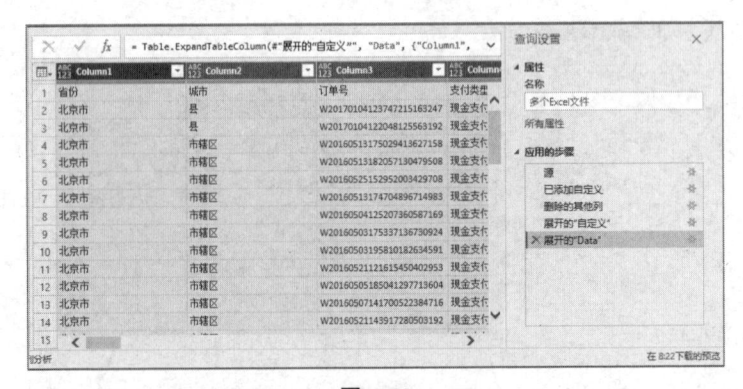

图 6-51

第 6 章
Power Query 的使用

第 8 步：此时标题没有在正确的位置，可以依次点击"主页"-"将第一行用作标题"，如图 6-52 所示。

图 6-52

在右侧"查询设置"窗格中的"应用的步骤"部分，可以看到除了"提升的标题"，还多出来一个"更改的类型"步骤。这是一个特别需要注意的地方。在通常情况下，在执行"将第一行用作标题"操作之后，会自动添加一个"更改的类型"步骤，自动判断列的内容并自动更改对应的数据类型。自动更改数据类型并不总是正确的，很可能会成为后面操作中的干扰步骤。建议当自动出现"更改的类型"步骤时，删除该步骤，并重新手动修改数据类型。如果不希望每次都手动修改数据类型，则可以在设置中将其关闭。依次点击"文件"-"选项和设置"-"选项"-"数据加载"，在"类型检测"中选中"从不检测未结构化源的列类型和标题"单选钮，点击"确定"按钮，如图 6-53 所示。

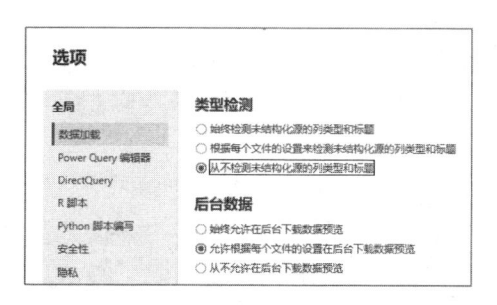

图 6-53

在 Excel 中，依次点击"主页"-"查询和设置"-"查询选项"-"数据加载"，取消勾选"检测未结构化源的列类型和标题"复选框。

第9步：看起来似乎已经操作完成，但请注意，还有一个细节需要处理，即标题是重复的。在加载数据时，是将所有的数据包括标题一起加载的，当前被提升为标题的是其中一个表的标题，其他表的标题都被作为数据存放，重复的标题行是需要删除的。我们需要找到一个分类较少的列，比如"支付类型"列或"订单状态"列等，通过它比较容易找到其他几个表的标题。这里筛选"支付类型"列，点击"支付类型"标题右侧的筛选按钮，其中会有一个与标题重复的选项，取消勾选"支付类型"复选框，点击"确定"按钮，如图6-54所示。

当数据量过大，无法预览该列所有的数据分类时，会在右下方多出一个"加载更多"链接，如图6-55所示。点击该链接，即可在该列的所有数据中检查列的分类，然后取消筛选重复的标题。

图 6-54 　　　　　　　　　　　　　图 6-55

如果你对当前加载的数据非常了解，那么也可以选择通过"文本筛选器"来进行筛选，如图6-56和图6-57所示。

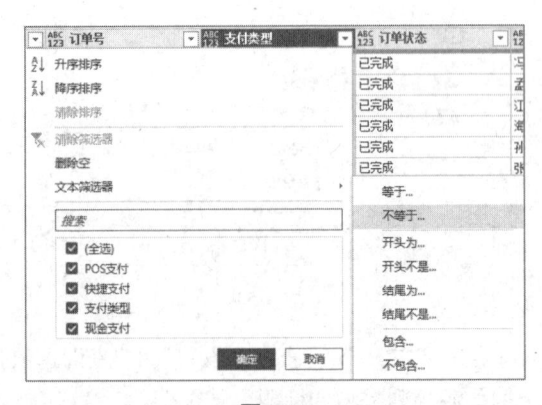

图 6-56

图 6-57

需要注意的是，这里的筛选和在 Excel 工作表中所做的筛选不同，Excel 中的筛选只是形式上的，取消筛选后内容依然存在；而在 Power Query 中，取消筛选某个内容，该内容就真的被筛选掉了，在之后的操作中不会再有该内容。如果想要撤销筛选操作，则可以在右侧对应的操作步骤上双击，重新调整筛选内容。

至此，我们就将多个表结构一样的 Excel 文件从文件夹加载到了 Power Query 中，并对不需要的部分进行了处理。这样一来，就可以把数据加载到模型中供分析使用了。

在右侧"查询设置"窗格中的"应用的步骤"部分，记录了刚刚对数据进行的操作步骤。如果你认为哪个步骤的操作不正确，则可以点击此步骤右侧的"小齿轮"图标进行重新设置。需要注意的是，有些操作步骤是没有先后顺序的，而有些操作步骤会导致后面的步骤报错。如果报错了该怎么办？很简单，你可以选择修改报错的步骤，或者删除其之后的步骤，重新操作。在选中了某个步骤时，其前面会有一个叉号，可以点击这个叉号删除此步骤，如图 6-58 所示。

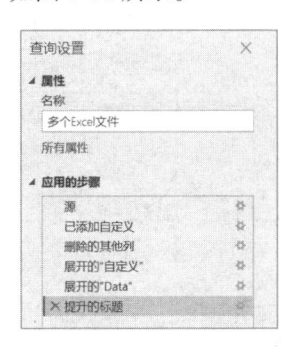

图 6-58

2. 从文件夹中获取 CSV 文件

从文件夹中获取 CSV 文件的过程与从文件夹中获取 Excel 文件的过程几乎相同。

如果文件夹中有非 CSV 文件，则可以选择在"Extension"列取消筛选非 CSV 文件，或者通过"Name"列的筛选规则过滤掉不需要的文件。当文件名复杂时，推荐使用**不包含**或者**包含**的筛选方式提高筛选的容错率，如图 6-59 所示。

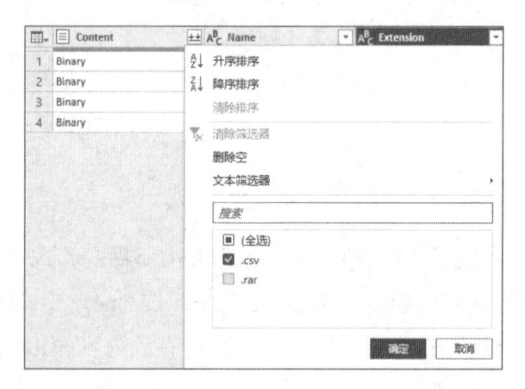

图 6-59

与从文件夹中获取 Excel 文件唯一不同的是，这里在添加"自定义"列后，输入的是如下公式，如图 6-60 所示。

```
= Csv.Document( [Content] )
```

图 6-60

3. 从文件夹中获取 PDF 文件

从文件夹中获取 PDF 文件的过程与从文件夹中获取 Excel 文件的过程几乎相同。不同之处在于，这里对文件进行展开时使用的公式是：

```
= Pdf.Tables( [Content] )
```

同时，需要注意对"Kind"列的类型选择——"Table"或"Page"。

4. 需要特别注意的细节

在从文件夹中获取 Excel 文件的第 6 步，有一个非常容易导致新用户出错的地方。有时候，在从文件夹中获取到 Excel 文件之后，可以在"Name"列看到一个以"~$"开头的文件名，如图 6-61 所示。

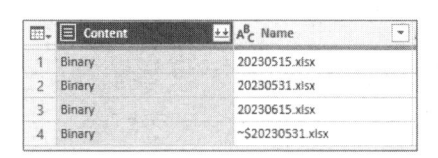

图 6-61

这是 Microsoft Excel 应用程序中的一个临时文件，该文件无法被正常加载，使用"Excel.Workbook"函数展开时也会报错，如图 6-62 所示。

图 6-62

在这个步骤中需要增加一个筛选条件："Name"列不包含"~$"，防止出现临时文件时报错。这是一个预判操作。

在第 6 步中还有一个需要注意的操作。当展开"Table"时，推荐勾选"Name"和"Data"复选框，此处为了演示，多勾选了"Kind"复选框，如图 6-63 所示。

图 6-63

展开后，在"Name"列多了一行，内容为"表1"，其中记录的是工作表的名称，或者"表"的名称。在所加载的文件夹中只有三个 Excel 文件，为什么这里会出现四行 Excel 文件数据呢？如果仔细查看"Kind"列，就会发现有三个"Sheet"类型和一个"Table"类型，如图 6-64 所示。这是因为在其中的一个 Excel 文件中，笔者手动将 Sheet1 的数据区域创建为"表"，当从文件夹中加载数据时，"数据区域"的数据和"表"都会被加载到 Power Query 编辑器中，这就导致同一份数据被重复加载。

Name	Data	Kind
Sheet1	Table	Sheet
Sheet1	Table	Sheet
Sheet1	Table	Sheet
表1	Table	Table

图 6-64

在实际应用中，通常会出现三种情况：第一种是没有"表"，全部是数据区域，"Kind"列中的类型都是"Sheet"，这就是第 6 步操作不报错的原因；第二种是所有 Excel 文件中的数据都被创建为"表"，数据区域和"表"都会被加载，此时行数和 Excel 文件数量正好是一倍或多倍的数量关系，可以选择"Sheet"类型，也可以选择"Table"类型，根据使用的场景来确定；第三种就是这里所演示的情况，部分是数据区域，部分被创建为"表"，此时就需要对数据源进行分析，保留哪些、删除哪些。此处选择筛选并保留"Name"列中的"Sheet1"，或者选择筛选并保留"Kind"列中的"Sheet"，都会使数据更完整。这往往需要根据实际的数据源情况，选择前者或者后者。

在某些极端情况下，即使没有将 Excel 文件中的数据区域创建为"表"，也依然会在展开时出现多出一行或者多行的情况。比如"Name"列中以"_xlnm."开头的内容，该行数据是 Excel 名称管理器中一个隐藏的筛选生成的[1]，通常直接进行筛选将其过滤掉即可，如图 6-65 所示。这同样需要在"Name"列增加一个筛选条件：不包含"_xlnm."——在筛选之后不会有任何变化。这是一个预判操作，一个冗余的操作步骤，当真正出现异常时，数据依然可以保持正确显示，或者可以将其作为检查数据异常的一个方向。

---

[1] 关于该问题的出现，解释起来很复杂，读者只需要了解该异常情况，并知道如何处理即可。

图 6-65

除此之外，从文件夹中获取数据还有很多复杂的情况。比如，某些 Excel 文件，无法使用 Excel 打开，却可以使用 Power Query 正常加载；某些 Excel 文件，虽然可以正常打开，但使用"Excel.Workbook"函数无法展开，需要使用"Csv.Document"函数展开，甚至在某些情况下，使用 Power Query 的任何函数都无法展开，需要对 Excel 文件执行另存为操作。这些都是极端的情况，如果遇到了，则不妨按照上面的思路做一些尝试。

6.3.5　从 SQL Server 数据库中获取数据

从 SQL Server 数据库中获取数据是一种常用的方式，既可以从企业授权的数据库地址访问数据，也可以从本地数据库访问数据。Power BI 的直连模型（DirectQuery），就是通过从 SQL Server 数据库中获取数据实现的。

1. 基本操作

第 1 步：依次点击"主页"-"SQL Server"，打开"SQL Server 数据库"对话框，如图 6-66 和图 6-67 所示。

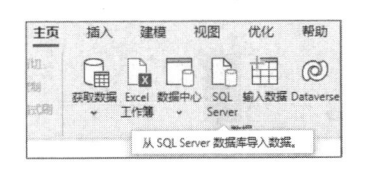

图 6-66 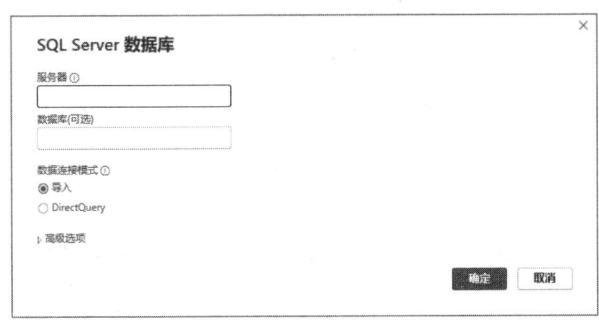　　　　　　　　　　图 6-67

第 2 步：输入服务器地址，这里选择从本地 SQL Server 数据库中获取数据，因此输入"localhost"。如果选择从企业数据库中获取数据，则可以联系 IT 人员获取对应的服务器地址。"数据库"，建议填写需要加载的数据所在的数据库名称，不填写也不影响之后的操作。"数据连接模式"，在 99%的情况下都使用"导入"模式，而"DirectQuery"只有在一些特定场景中才会用到。如果你不知道两者的区别，则选择默认的"导入"模式，如图 6-68 所示。

图 6-68

第 3 步：选择左侧的"数据库"，填写用户名和密码，点击"连接"按钮，如图 6-69 所示。该配置只在第一次连接 SQL Server 数据库时出现。

图 6-69

需要注意的是，SQL Server 数据库的用户名默认是"sa"，不要与 MySQL 数据库的"root"混淆。

如图 6-70 所示，在弹出的"加密支持"对话框中，点击"确定"按钮继续。

第 6 章
Power Query 的使用

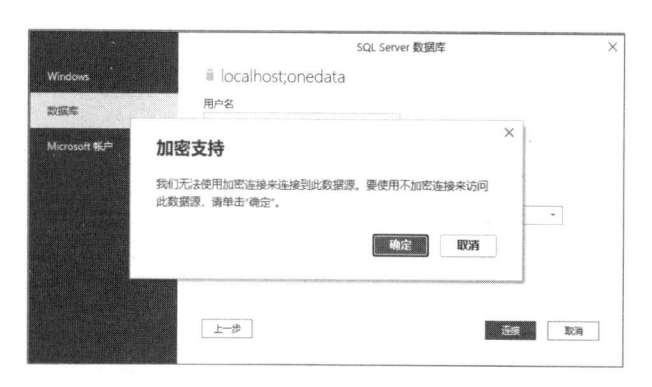

图 6-70

第 4 步：在"导航器"对话框中，展开需要加载数据的数据库，找到并选中对应的表，右侧会显示预览数据，确认无误后，点击"转换数据"按钮，如图 6-71 所示，进入 Power Query 编辑器。

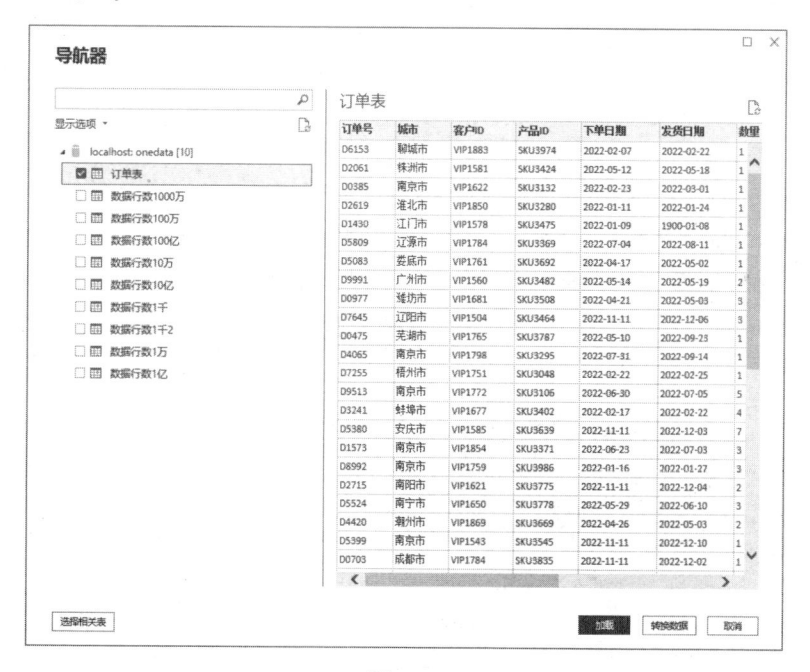

图 6-71

第 5 步：数据加载正常，修改查询名称，调整数据类型并应用到模型中，如图 6-72 所示。

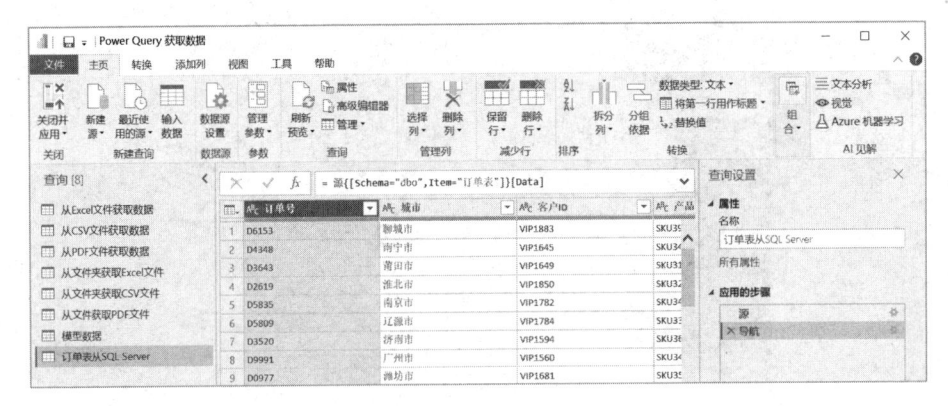

图 6-72

2. 进阶操作

如果该表的数据量特别大，比如有 10 亿行数据，而我们并不一定需要分析全部的数据，那么就会造成明明只需要 1 万行数据，却加载了 10 亿行数据，而且还要从 10 亿行数据中筛选出 1 万行，这无疑极大地增加了数据处理时间。如何解决这个问题呢？

在第 2 步操作中，填写需要加载的数据所在的数据库名称，然后展开"高级选项"，输入 SQL 语句，如图 6-73 所示。无论你是否熟悉 SQL Server，都强烈建议你在高级选项中输入 SQL 语句，并且要写出分析所需的列，而不是使用星号代替。如果有筛选条件，则在 SQL 语句中使用 WHERE 语句进行筛选，而不是将所有数据都加载到 Power Query 编辑器中之后再进行筛选。学习这样一条简单的查询语句并不会花费太多的时间。

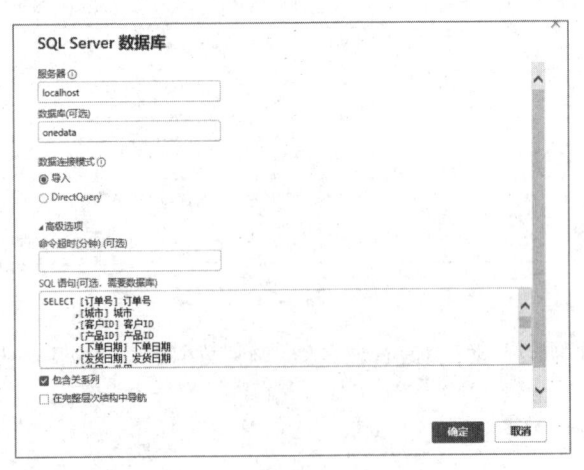

图 6-73

所需要执行的 SQL 语句如下：

```
SELECT [订单号] 订单号
      ,[城市] 城市
      ,[客户ID] 客户ID
      ,[产品ID] 产品ID
      ,[下单日期] 下单日期
      ,[发货日期] 发货日期
      ,[数量] 数量
      ,[折扣] 折扣
      ,[支付方式] 支付方式
      ,[区域] 区域
      ,[一级分类] 一级分类
      ,[二级分类] 二级分类
FROM [onedata].[dbo].[订单表]
WHERE [支付方式] = '现金'
```

在 SQL 语句中使用别名，可以有效规避未来可能存在的列名称调整问题，这将极大地减少维护工作量。

基于此，延伸出来一条加载数据的规范："**从数据库中加载任何数据，都尽量使用 SQL 语句来完成，并对数据的范围进行控制，包括控制数据的行数和列数。**"

于是，我们设定了数据使用最小原则：只有在分析时感觉行或者列不够用时，才来修改行数或列数（这个修改的成本很低），而不需要一开始就为可能存在的使用场景买单。

再次延伸：如果数据源不支持使用 SQL 语句加载数据怎么办？那就把它变成可以支持使用 SQL 语句的方式。比如数据源是"Impala"，它并不支持我们直接使用 SQL 语句，这时就可以安装与 Impala 对应的 ODBC 驱动，通过 ODBC 的方式将数据加载到 Power Query 编辑器中。

3. 关于导入和 DirectQuery

"导入"模式相当于先将数据缓存到 Power BI 文件中，在打开文件时再将数据保存到内存中。那么，在这种情况下，当我们在画布中将数据拖动到可视化视觉对象上时，其计算就是从内存中调取数据的，这样做的好处是计算速度快，不足之处是无法时刻保持最新的数据。

"DirectQuery"模式恰恰与之相反,它并不会先把数据缓存到内存中,而是当画布中有视觉对象需要计算时,Power BI 会向数据库发起一个查询请求,将查询条件返回到数据库中做计算,然后将计算结果返回到 Power BI 视觉对象中。不难看出,整个处理链条要更长一些,计算速度也会慢一些,但好处是在 Power BI 中不存储数据,某些企业也会将"DirectQuery"模式当作一种数据安全管理方式。使用 Power BI 制作的实时大屏采用的就是"DirectQuery"模式,这就要求数据源是实时的,并且可以实时刷新并获取最新数据。需要注意的是,可以将模型从"DirectQuery"模式切换到"导入"模式,但无法切换回"DirectQuery"模式,这主要是由"DirectQuery"模式不支持的功能集造成的。在 99%的情况下,我们使用的是"导入"模式。

6.3.6 从 MySQL 数据库中获取数据

使用 Power Query 编辑器连接 MySQL 数据库的方式与连接 SQL Server 数据库的方式相同。

从 MySQL 数据库中获取数据的操作步骤如下所述。

第 1 步:依次点击"主页"-"获取数据"-"更多"-"数据库"-"MySQL 数据库",如图 6-74 所示。

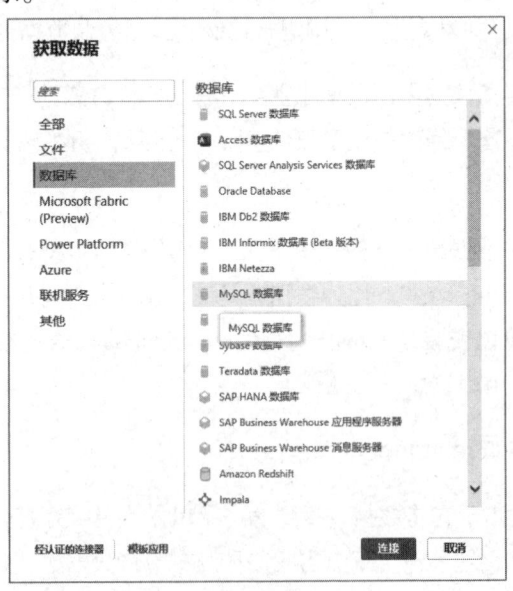

图 6-74

第 2 步:输入服务器地址,仍然填写"localhost",输入数据库名称,在"高级选项"下输入 SQL 语句，如图 6-75 所示。这里需要注意两点：一是 MySQL 数据源不支持"DirectQuery"模式；二是 MySQL 和 SQL Server 的 SQL 语句的语法并不是完全一样的，需要区别使用。

图 6-75

第 3 步：输入 MySQL 数据库的用户名和密码（仅在第一次连接时需要配置），点击"连接"按钮，如图 6-76 所示。

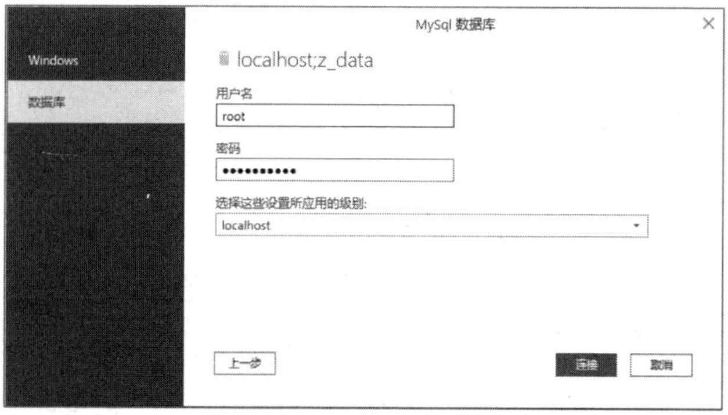

图 6-76

第 4 步：预览并点击"转换数据"按钮，如图 6-77 所示。

第 5 步：修改查询名称，调整数据类型并应用到模型中。

使用 MySQL 数据库作为数据源，有一个特别容易出错的地方，就是不能安装太新的版本，否则会导致连接异常。截至 2023 年，推荐使用的 MySQL 版本不要高于 8.0.28。

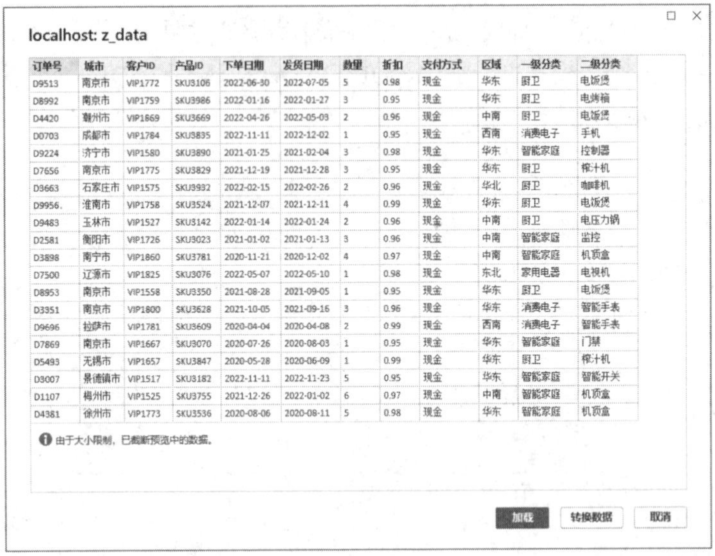

订单号	城市	客户ID	产品ID	下单日期	发货日期	数量	折扣	支付方式	区域	一级分类	二级分类
D9513	南京市	VIP1772	SKU3106	2022-06-30	2022-07-05	5	0.98	现金	华东	厨卫	电饭煲
D8992	南京市	VIP1759	SKU3986	2022-01-16	2022-01-27	3	0.95	现金	华东	厨卫	电烤箱
D4420	潮州市	VIP1869	SKU3669	2022-04-26	2022-05-03	2	0.96	现金	中南	厨卫	电饭煲
D0703	成都市	VIP1784	SKU3835	2022-11-11	2022-12-02	1	0.95	现金	西南	消费电子	手机
D9224	济宁市	VIP1580	SKU3890	2021-01-25	2021-02-04	3	0.98	现金	华东	智能家庭	控制器
D7656	南京市	VIP1775	SKU3829	2021-12-19	2021-12-28	3	0.95	现金	华东	厨卫	榨汁机
D3663	石家庄市	VIP1575	SKU3932	2022-02-15	2022-02-26	2	0.96	现金	华北	厨卫	咖啡机
D9956.	淮南市	VIP1758	SKU3524	2021-12-07	2021-12-11	4	0.99	现金	华东	厨卫	电饭煲
D9483	玉林市	VIP1527	SKU3142	2022-01-14	2022-01-24	2	0.96	现金	中南	厨卫	电压力锅
D2581	衡阳市	VIP1726	SKU3023	2021-01-02	2021-01-13	3	0.96	现金	中南	智能家庭	监控
D3898	南宁市	VIP1860	SKU3781	2020-11-21	2020-12-02	4	0.97	现金	中南	智能家庭	机顶盒
D7500	辽源市	VIP1825	SKU3076	2022-05-07	2022-05-10	1	0.98	现金	东北	家用电器	电视机
D8953	南京市	VIP1558	SKU3350	2021-08-28	2021-09-05	1	0.95	现金	华东	厨卫	电饭煲
D3351	南京市	VIP1800	SKU3628	2021-10-05	2021-09-16	3	0.96	现金	华东	消费电子	智能手表
D9696	拉萨市	VIP1781	SKU3609	2020-04-04	2020-04-08	2	0.99	现金	西南	消费电子	智能手表
D7869	南京市	VIP1667	SKU3070	2020-07-26	2020-08-03	1	0.95	现金	华东	智能家庭	门禁
D5493	无锡市	VIP1657	SKU3847	2020-05-28	2020-06-09	1	0.99	现金	华东	厨卫	榨汁机
D3007	景德镇市	VIP1517	SKU3182	2022-11-11	2022-11-23	5	0.95	现金	华东	智能家庭	智能开关
D1107	梅州市	VIP1525	SKU3755	2021-12-26	2022-01-02	6	0.97	现金	中南	智能家庭	机顶盒
D4381	徐州市	VIP1773	SKU3536	2020-08-06	2020-08-11	5	0.98	现金	华东	智能家庭	机顶盒

图 6-77

在实际使用中，如果从企业的 MySQL 服务器连接数据源，则不需要在本地计算机上安装 MySQL，但需要安装 MySQL 连接器程序“mysql-connector-net-8.0.28.msi”。安装后，需要重启 Power BI Desktop 才能生效。

下面介绍在 Excel 中使用 Power Query 获取 MySQL 数据库中的数据。

在 Excel 中使用 Power Query 从 MySQL 数据库中获取数据时，会受到所使用的办公软件产品的限制，比如 Microsoft 365 家庭版。在其 Excel 的“数据”选项卡下展开“获取数据”之后，将看不到从“MySQL”获取数据的选项。这并不是 Power Query 不支持，而是在 Excel 中没有这个选项了。因此，在 Excel 中使用 Power Query 时，如果依然希望能够正常地从“MySQL”获取数据源，那么可以参考下面这种间接的方法。

第 1 步：依次点击“数据”-“获取数据”-“自其他源”-“空白查询”，打开 Power Query 编辑器。

第 2 步：在 Power Query 编辑器中，点击打开“主页”选项卡下的“高级编辑器”，复制其中的全部内容，并粘贴到下方的 M 公式中，点击“完成”按钮。

```
let
    源 = MySQL.Database("localhost", "z_data", [ReturnSingleDatabase=true, Query="SELECT `订单号` 订单号#(lf) FROM z_data.`订单表`#(lf)  WHERE `支付方式` = ""现金"""])
```

```
in
    源
```

第 3 步：该查询一定会报错，此时在右侧"查询设置"窗格中的"应用的步骤"部分，会有唯一的一个步骤"源"，双击该步骤或者点击其右侧的"小齿轮"图标，则可以打开"MySQL 数据库"对话框，在这里可以对 MySQL 数据库的连接参数进行调整，或者重新输入新的 SQL 语句。

虽然无法在工具栏中找到连接 MySQL 的按钮，但是 Power Query 本身是支持连接到 MySQL 的。界面上没有对应的按钮，是由于操作系统的版本对部分按钮进行了屏蔽，而对使用 Power Query 通过在高级编辑器中编写一段特定的 M 公式查询并连接到 MySQL 没有丝毫影响。

6.3.7 输入数据

对于某些数据量小且基本不产生变化的数据，或者临时需要处理的少量数据，同时单元格数量少于 3000 个，可以选择将数据粘贴到 Power BI 中。

依次点击"主页"-"输入数据"，会打开"创建表"对话框，如图 6-78 和图 6-79 所示。

图 6-78

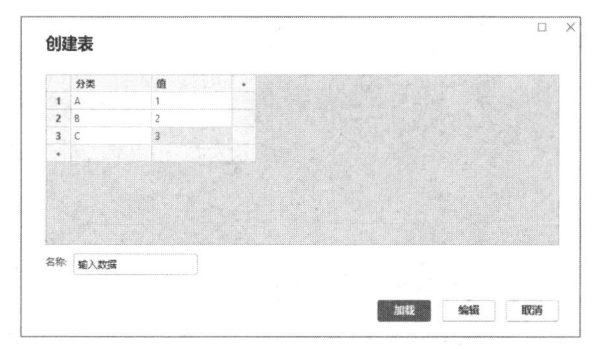

图 6-79

如果粘贴的数据量太大，则会出现提示对话框且无法继续正常粘贴数据，如图 6-80 所示。

图 6-80

在正常粘贴数据之后,点击"加载"按钮,可以将数据加载到模型中。

如果要编辑"输入数据",则需要在 Power Query 中操作。打开 Power Query 编辑器,在左侧选中"输入数据"的查询连接,然后双击"应用的步骤"中的"源"进行编辑。

6.4　Power Query 常用基础操作

熟练掌握 Power Query 的常用基础操作,可以帮助我们解决日常工作中的大部分数据转换问题,而这些操作基本上都可以使用工具栏中的工具来完成。

6.4.1　数据类型

在 Power Query 中,点击"数据类型"右侧的下拉箭头,可以显示所有的数据类型,如图 6-81 和图 6-82 所示。数据类型分为五大类:小数、日期/时间、文本、True/False、二进制。在 Power Query 中对数据类型有严格的要求,不像在 Excel 中,一个文本数字依然可以正常参与计算,而在 Power Query 中是不允许的。在获取数据之后,一定要为每列数据设置一个合适的数据类型,这是必须要养成的习惯。

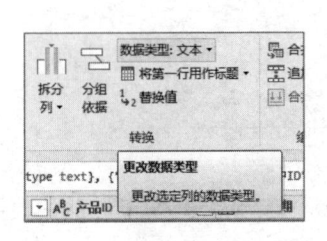

图 6-81 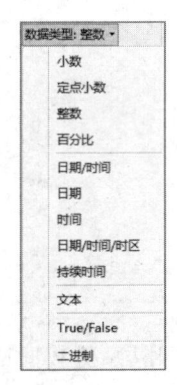　　　　　　　　　　　图 6-82

1. 小数

小数是我们最熟悉的数据类型，比如 π 就是一个无限不循环小数；再比如销售金额等，都可以使用小数来记录。

拓展知识：上面提到的小数其实特指浮点数，就像我们在 Excel 中经常看到的数字，比如本应该是整数 3，而实际显示为 2.9999999…，这就是浮点数。这是由计算机的二进制数和十进制数相互转换造成的。如图 6-83 和图 6-84 所示，Excel 中实际存放的数据和加载到 Power Query 编辑器中的数据已经不同了。在 Power Query 中，除非对精度有极高的要求，否则应尽力避免使用小数，进而规避在计算中浮点数带来的问题。比如，度量值使用小数数据类型作为数据来源并参与 DAX 中 RANKX 函数的计算，就会发生排名异常的情况。

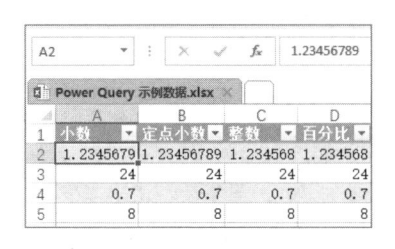

图 6-83

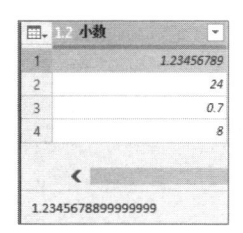

图 6-84

2. 定点小数

既然有了小数，那么为什么还要有定点小数？因为小数本质上是浮点数，值不是固定的，虽然精度很高，但结果却是反直觉的，在 Power BI 中会带来一些计算方面的问题，也会带来存储成本的增加。

比如我们想使用小数数据类型，在 99.99%的情况下，其实想使用的是定点小数。定点小数默认强制保留 4 位小数，并自动对最后一位小数进行四舍五入，而且值不会再发生变化。其不足之处是损失了一定的精度，比如数据源的数据精度是 6 位，如果强制保留 4 位，则会损失 2 位精度。在日常分析中，这个损失几乎可以忽略不计。在财务数据中，如果实际的金额超过 4 位小数，则不适合使用定点小数。

这里有一个细节需要提醒：在当前视图的数据预览中，对定点小数，只能看到 2 位小数，而实际上是 4 位，使用鼠标点击对应的数字，就会在下方看到真实的数据，如图 6-85 所示。

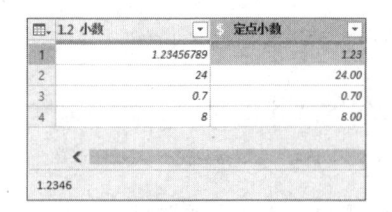

图 6-85

将"定点小数"列的数据加载到模型中之后,你会看到"定点小数"列的数据类型为"货币",引用该列编写的度量值也将变成"货币"类型。如果你觉得比较别扭,则可以在表格视图中将表字段类型改为十进制数字——无论类型是什么,都不会影响该"定点小数"列的数据本质,如图 6-86 所示。

图 6-86

注意,在 Excel 中使用 Power Query 时没有"定点小数"类型,与其对应的是"货币"类型,实际上这两种类型的数据都是定点小数。

3. 整数

整数是一种特殊的小数。将小数转换为整数时,将根据小数点后的第一位小数来取整,如图 6-87 所示。

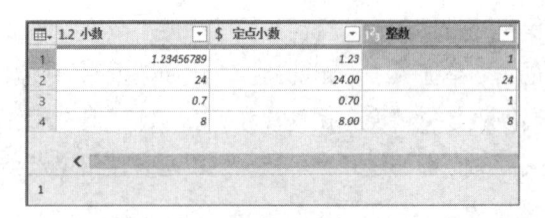

图 6-87

4. 百分比

百分比本质上依然是小数,只是它们的格式不同而已,如图 6-88 所示。在 Power

Query 中，将"百分比"类型的数据加载到模型中后，其依然是按照小数格式显示的，如图 6-89 所示。

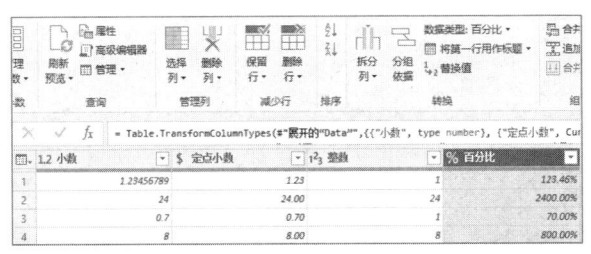

图 6-88

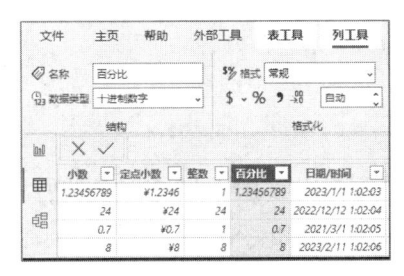

图 6-89

在 Power Query 中，通常不需要将列的数据类型修改为"百分比"，使用小数或者定点小数即可，可以在最终呈现时再修改显示格式。

5. 日期/时间

以"文本"类型存储的日期/时间数据，可以被转换为真实的日期/时间。

6. 日期

如图 6-90 所示，当将"日期"列更改为"日期"类型时，猜一猜其中的哪些日期数据会被 Power Query 识别为"日期"类型？

图 6-90

如果将该列的数据类型更改为"日期",那么只有日期 9 和日期 12 不能被直接转换为日期,其他的都可以被正确识别为"日期"类型,如图 6-91 所示。

图 6-91

这给了我们一个启示:**在数据源中应尽量使用规范的日期,因为规范的日期更容易被 Power Query 识别**。而最规范的日期格式,其实就是计算机右下角显示的那种,比如 2023/1/24。

根据当前给定的不同日期数据,我们可以选择先更改为"日期/时间"类型,如图 6-92 所示;然后再更改为"日期"类型,此时会弹出一个对话框,如图 6-93 所示,这里选择点击"添加新步骤"按钮,即可将除了日期 12 之外的数据调整为"日期"类型,如图 6-94 所示。

图 6-92

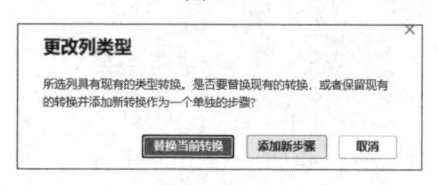

图 6-93

	ABC 123 分类	ABC 123 日期	日期 - 复制
1	日期1	2023/1/24	2023/1/24
2	日期2	2023-01-24	2023/1/24
3	日期3	2023.1.24	2023/1/24
4	日期4	2023,1,24	2023/1/24
5	日期5	2023 1 24	2023/1/24
6	日期6	1-24-2023	2023/1/24
7	日期7	44950	2023/1/24
8	日期8	2023/1/24 8:25:36	2023/1/24
9	日期9	2023/1/24 8:25:36	2023/1/24
10	日期10	44950.35111	2023/1/24
11	日期11	2023/1/24 8:25:36	2023/1/24
12	日期12	20230124	Error

图 6-94

日期 12 数据的格式无法被识别。如果遇到了这种格式，可以按照年、月、日的位数提取数据，然后重新组合为日期格式并使用"日期"类型。

7. 时间

将文本时间转为标准时间。

8. 日期/时间/时区

以日期/时间/时区的形式显示数据。

9. 持续时间

整数 1 为 1 天，即 24 小时，以此将数据转换为持续时间。

10. 文本

比如名称、订单号、合同编号等，都可以使用文本类型表示。

11. True/False

在实际应用中，使用 True/False（布尔类型）的场景不是太多。布尔类型数据占用的存储空间小。

12. 二进制

在 Power Query 中，二进制类型使用得非常少，可以不用关注。

在 Power Query 中更改数据类型时，需要注意：**只更改数据类型，不更改数据格式**。很多人习惯于在 Power Query 中将数据调整为百分比、舍入小数位数、加千分位符,甚至添加单位等,这些本质上都是数据格式的改变,而不是数据类型的改变。我们不需要也不应该在 Power Query 中对数据进行任何格式的更改,因为这些操作损坏了数据,在后续模型中无法正确使用这些数据。

那么,在哪里做这些更改呢?可以对编写的度量值进行格式调整,也可以在画布的视觉对象上更改格式。总之,将格式应用在需要其他人看到数据的地方。格式的不同对于数据的实际存储内容并没有影响,例如,一个数据无论是小数 1.0、整数 1 还是百分比 100%,都不会影响它的实质。这就像一个人有三个名字,无论名字怎么变,实际指代的都是这个人。

6.4.2 将第一行用作标题

将数据加载到 Power Query 中时,如果标题没有自动提升到正确位置,如图 6-95 所示,则可以手动调整,将标题放到第一行。

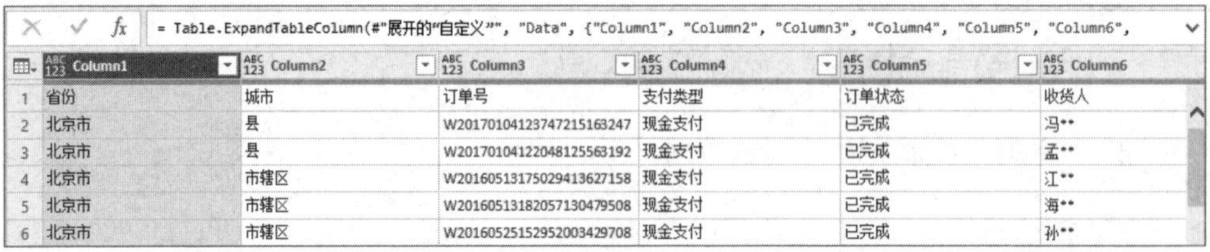

图 6-95

依次点击"主页"-"将第一行用作标题",如图 6-96 所示。

如果希望将标题作为数据内容,则可以依次点击"主页"-"将标题作为第一行",就可以将标题作为第一行数据来显示,如图 6-97 所示。当我们需要对一些数据进行转置时,这个操作非常有用。如果标题在标题行,转置时将无法达到我们的预期。

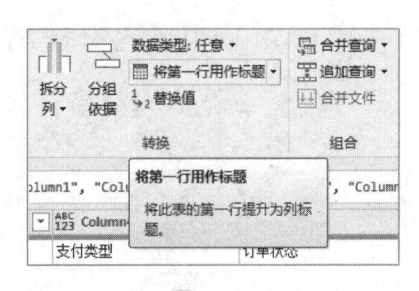

图 6-96 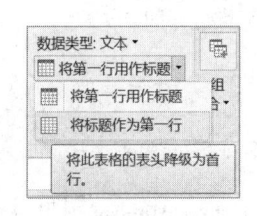　　　　　　　　　　　　　图 6-97

6.4.3 自定义列

当需要增加一些列用于辅助计算时，可以使用 Power Query 的"自定义列"功能，如图 6-98 所示。在 6.3.4 节的"从文件夹中获取 Excel 文件"中已经使用过"自定义列"功能，用于展开 Excel 文件。在实际的应用中，"自定义列"是常用功能，就像 Excel 中的辅助列一样。如果计算过程太复杂，则可以通过增加多个自定义列来降低计算难度。

图 6-98

当双击右侧"可用列"中的列名称时，该列名称将会被自动填充到左侧，或者输入英文状态下的方括号"["，也可以自动调出当前表的列供选择。

需要注意的是，如果自定义列公式中存在语法错误，则无法点击"确定"按钮并计算。此外，Power Query 中的函数名称具有严格的命名要求，即必须首字母大写，其他字母小写。

Power Query 中有一类特殊的类函数，它们并不是 Power Query 中使用的 M 函数本身，比如 if、then、else、or、and、else if、not 等，它们是逻辑运算符。这些类函数是构建逻辑表达式的语法元素，一般与 M 函数搭配使用。此外，还有比较运算符，比如=、<>、>、<、>=、<=等。

在 Power Query 中，判断使用"if … then … else …"结构表示，与在 Excel 中使用的 IF 函数语法结构并不相同。如果是多重判断，则使用"if … then … else if … then … else if … then … else…"结构表示，并且最后一定以"else …"结尾。在 if 判断条件中，"and"和"or"分别表示"且"和"或"，它们被写在两个判断条件之

间。需要将它们与在 DAX 中使用的"&&"和"||"（表示"且"和"或"）区分开。Power Query 并不支持"&&"和"||"这种表达方式。

在实际的应用中，Power Query 中的自定义列并不局限于使用以上提到的这些类函数，在适合的环境中几乎可以使用任何 M 函数。比如图 6-98 中的"Text.Contains"函数，就是真正的 M 函数，用于判断文本当中是否包含某个特定的内容，在外侧嵌套"not"，则表示不包含某个特定的内容。

6.4.4 追加查询

追加查询相当于将结构相同的多个数据表，通过分别执行不同的查询后，使用追加查询功能将这些表合并为一个表。这类似于在 Excel 中将多份数据粘贴到同一个表中。

第1步：将需要合并为一个表的 Excel 文件中的数据分别加载到 Power Query 编辑器中，如图 6-99 所示。

图 6-99

这需要创建并生成三个查询，如图 6-100 所示。

图 6-100

第2步：依次点击"主页"-"追加查询"，此时有两种选择，分别为"追加查询"和"将查询追加为新查询"，如图 6-101 所示。对于"追加查询"，可以将"福建省"

和"浙江省"的数据追加到"北京市"的数据中,这样在"北京市"数据的查询中就包含了北京市、福建省、浙江省的全部数据;对于"将查询追加为新查询",则是把三个查询合并为一个新的查询,并且这个新查询中包含了三个查询的所有数据。追加查询示意图如图 6-102 所示。

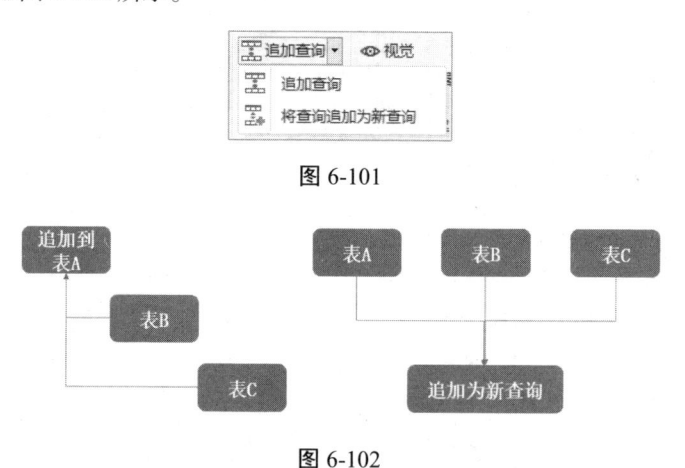

图 6-101

图 6-102

第 3 步:这里选择"将查询追加为新查询",在打开的对话框中,首先选中"三个或更多表"单选钮,然后在左侧的"可用表"中选中需要追加的查询,点击"添加"按钮,添加到右侧的"要追加的表"中,最后点击"确定"按钮,如图 6-103 所示。

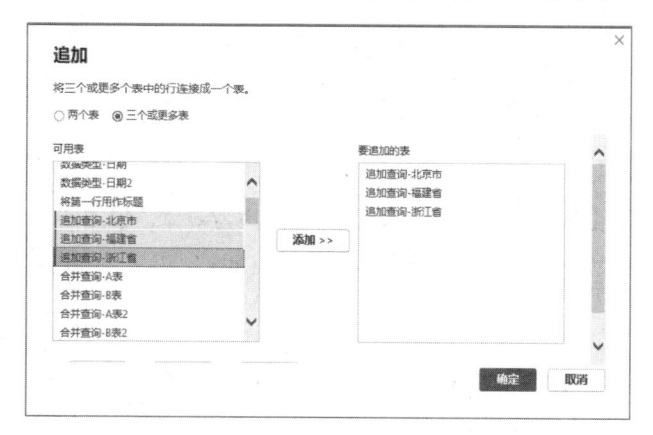

图 6-103

此时会增加一个新的查询,对这个新的查询进行重新命名,如图 6-104 所示。

图 6-104

第 4 步：由于已经将三个表的查询合并为一个新的查询，因此不需要再将这三个表的数据加载到模型中，这里选择只刷新数据，而不加载到模型中。在三个表的查询上分别右击，取消勾选"启用加载"，如图 6-105 所示。

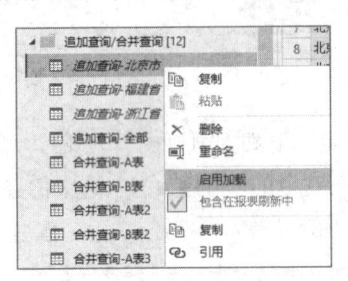

图 6-105

此时会弹出"数据可能丢失警告"对话框，我们直接忽略警告，点击"继续"按钮，如图 6-106 所示。

全部调整之后，原有的三个查询名称的字体均为斜体，如图 6-107 所示。

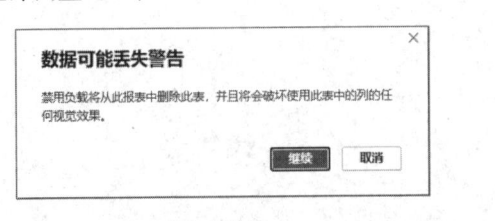

图 6-106 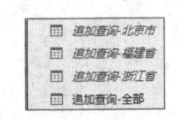   图 6-107

如此看来，上述追加查询和从文件夹中加载数据简直毫无优势，还更麻烦。换言之，功能需要与对应的场景匹配才更有价值。当有多个不同的数据源，其格式不同，却包含了同样的关键信息时，我们需要从中转换出所需要的特定结果并创建一个新的表，此时追加查询就会非常有用。比如以往使用的是 CRM 系统，由于一些原因更换了系统，新系统和 CRM 系统的会员表的字段名称不再一样，其中大多数会员列属性的内容是重叠的，这个时候就可以选择分别加载两个会员表的数据，将相关表调整为同样的标题名称和列数并追加到一个新的查询中。

6.4.5 合并查询

合并查询是什么？其实它就是我们在 Excel 中使用的 VLOOKUP 函数的升级版。它可以实现一多一、一对多、多对一和多对多等结果的返回，同时支持多列和多列的匹配，其返回的结果列不受列顺序的影响。最重要的是，其计算效率"吊打"Excel 中的 VLOOKUP 函数。

1. 基本操作

合并查询的连接方式有 6 种，分别是左外部、右外部、完全外部、内部、左反和右反。这里使用 A 和 B 两个表来进行演示，左半部分为 A 表，右半部分为 B 表，如图 6-108 和图 6-109 所示。

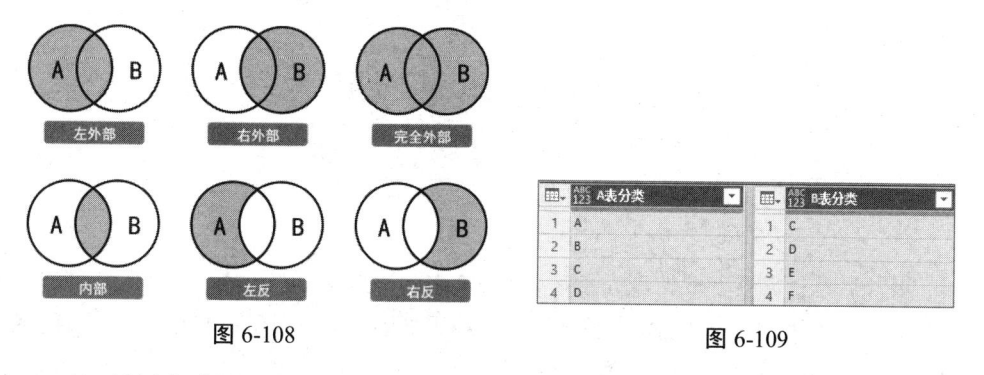

图 6-108

图 6-109

以下所有操作均在 A 表查询中执行。

左外部：以A表为主表[1]和B表进行匹配，保留A表的全部内容和与B表匹配的内容。依次点击"主页"-"合并查询"，在打开的"合并"对话框中，在上方选中需要匹配的表列；同样，在下方选中与之对应的需要匹配的表列。当列呈灰色时，表示已选中。"联接种类"默认为"左外部"，点击"确定"按钮，如图 6-110 所示。

---

[1] 主表：主表和子表是关系型数据库中常用的概念。在该语境中，可以将其理解为起主导作用的表，这里特指 A 表。

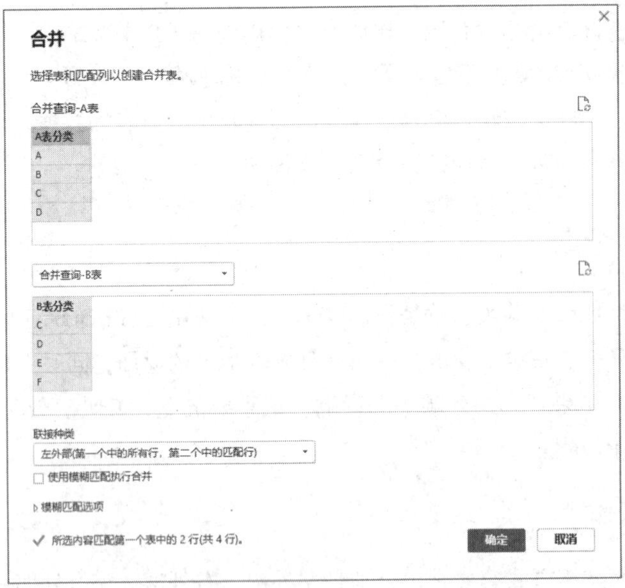

图 6-110

此时，在 A 表中会新增加一列，标题为"合并查询-B 表"。点击标题右侧的展开按钮，如图 6-111 所示。

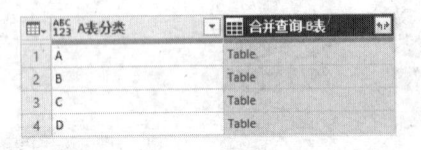

图 6-111

展开后选择需要获取的表列，并且取消勾选"使用原始列名作为前缀"复选框，如图 6-112 所示。点击"确定"按钮，最终结果如图 6-113 所示，与在 Excel 中使用 VLOOKUP 函数得到的结果一样。

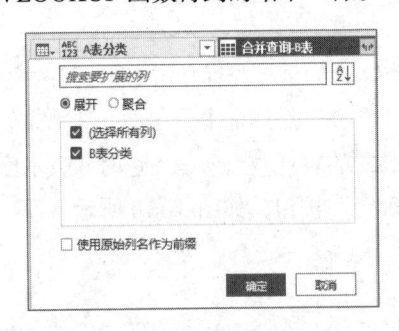

图 6-112 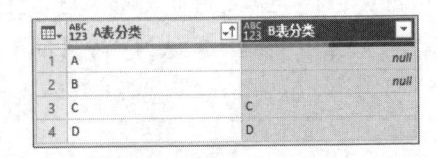　　　　　　　　　　图 6-113

右外部：以 B 表为主表和 A 表进行匹配，保留 B 表的全部内容和与 A 表匹配的内容。以同样的方式，将“联接种类”修改为“右外部”，点击“确定”按钮，最后得到的结果如图 6-114 所示。这样的结果，在 Excel 中使用 VLOOKUP 函数是无法得到的。

	A表分类	B表分类
1	null	E
2	null	F
3	C	C
4	D	D

图 6-114

完全外部：保留 A 表的全部内容和 B 表的全部内容。以同样的方式，将“联接种类”修改为“完全外部”，最后得到的结果如图 6-115 所示。此结果为 A 表和 B 表的全部内容。

	A表分类	B表分类
1	null	E
2	null	F
3	A	null
4	B	null
5	C	C
6	D	D

图 6-115

内部：仅保留 A 表和 B 表重叠的内容。以同样的方式，将“联接种类”修改为“内部”，最后得到的结果如图 6-116 所示。

	A表分类	B表分类
1	C	C
2	D	D

图 6-116

左反：以 A 表为主表，保留 A 表中没有与 B 表匹配的内容。以同样的方式，将“联接种类”修改为“左反”，最后得到的结果如图 6-117 所示。

	A表分类	B表分类
1	A	null
2	B	null

图 6-117

右反：以 B 表为主表，保留 B 表中没有与 A 表匹配的内容。以同样的方式，将“联接种类”修改为“右反”，最后得到的结果如图 6-118 所示。

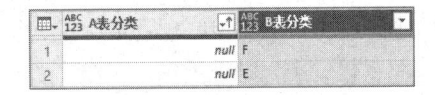

图 6-118

2. 进阶操作

除了合并查询的基本操作，我们还应该了解合并查询的进阶操作，这些操作在我们的日常工作中非常有用。

（1）多列匹配。

以下列两个表为例进行多列匹配的演示，其中上半部分为 C 表，下半部分为 D 表，如图 6-119 所示。

图 6-119

第1步：选中 C 表的查询连接，点击"合并查询"，在弹出的"合并"对话框中，选择 D 表。这里需要匹配的是两列，并且顺序不一样。我们以 C 表为主表，首先选中"C 表分类"列，然后按住 Ctrl 键，再选中"年份"列。由于匹配的顺序需要保持一致，因此，对于下方的 D 表，应该首先选中"D 表分类"列，然后按住 Ctrl 键，再选中"年份"列。即使有更多的列进行匹配，道理也是一样的，只需要保证两个查询所选中的列内容相同，并且待匹配的列顺序一致，即可正常匹配。此时，请注意被选中的不同列右侧的序号，其代表了两个查询不同列的匹配顺序，如果顺序错了，将无法得到正确的匹配结果。"联接种类"默认为"左外部"，点击"确定"按钮，如图 6-120 所示。

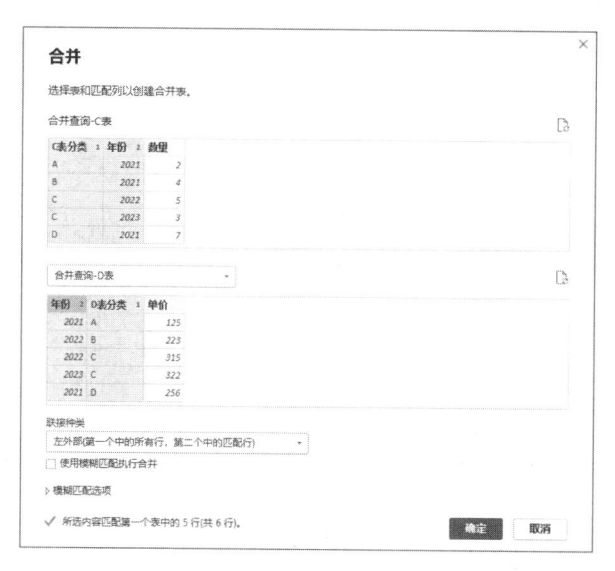

图 6-120

第 2 步：展开"Table"，这里只选择需要的列，仅勾选"单价"列，点击"确定"按钮，如图 6-121 所示。最终结果如图 6-122 所示。由于 D 表中没有"2021"年份分类"B"的数据，因此返回 null。这在 Power Query 中代表"空"，并且是"真空"。如果你看到某个单元格中什么内容都没有，则其为"假空"。

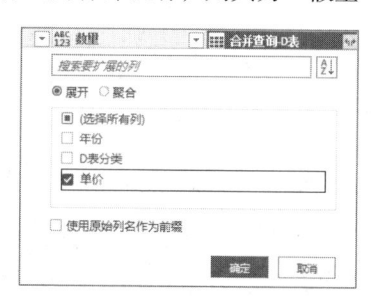

图 6-121

图 6-122

如果新增一个自定义列"单价 2"来判断是真空还是假空，则输入下面的公式，如图 6-123 所示。

```
= if [单价] = null then "" else [单价]
```

图 6-123

"年份"列中的"2021"和"C 表分类"列中的"B"对应的"单价 2"列为"假空",如图 6-124 所示。在 Power Query 中处理数据时,需要特别注意识别真空和假空。这里使用了英文双引号来表示"假空",其计算返回的结果就是"假空",即单元格中没有显示任何内容。

图 6-124

如果要将"假空"替换为"真空",则可以使用"替换值"功能。依次点击"主页"-"替换值",在打开的"替换值"对话框中,在"要查找的值"中不输入任何内容,在"替换为"中输入"null",如图 6-125 所示。点击"确定"按钮,结果如图 6-126 所示。如果是反向替换,则在"要查找的值"中输入"null",在"替换为"中不输入任何内容即可。

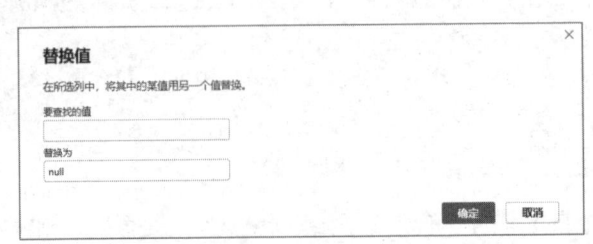

图 6-125

	C表分类	年份	数量	单价	单价2
1	A	2021	2	125	125
2	C	2022	5	315	315
3	C	2023	3	322	322
4	D	2021	7	256	256
5	D	2023	9	255	255
6	B	2021	4	null	null

图 6-126

（2）一对多匹配。

以下列两个表为例进行一对多匹配的演示，其中上半部分为 E 表，下半部分为 F 表，如图 6-127 所示。

	E表分类	年份	数量
1	A	2021	2
2	B	2021	4
3	C	2022	5
4	C	2023	3
5	D	2021	7
6	D	2023	9

	年份	F表分类	单价
1	2021	A	125
2	2021	A	223
3	2022	C	315
4	2023	C	322
5	2021	D	256
6	2021	D	255

图 6-127

选中 E 表的查询连接，点击"合并查询"，在弹出的"合并"对话框中，选择 F 表。相关操作参考多列匹配，匹配结果显示行数增加了，其中，"年份"列中的"2021"与"E 表分类"列中的"A"和"D"对应各显示了两行，如图 6-128 所示。这是为什么呢？我们知道，在 Excel 中使用 VLOOKUP 函数，如果有多个符合要求的值，则默认只返回第一个值。而在 Power Query 中，将返回所有符合要求的结果。现在你是什么感觉？是感觉 Power Query 不够人性化，还是感觉 Power Query 太强大？在更多的工具中，或者按照数学逻辑来思考，都应该得出一个结论：这个匹配结果没有问题。这个结果只是还原了其本来面目。

	E表分类	年份	数量	单价
1	A	2021	2	125
2	A	2021	2	223
3	C	2022	5	315
4	C	2023	3	322
5	D	2021	7	256
6	D	2021	7	255
7	B	2021	4	null
8	C	2023	9	null

图 6-128

我们需要做的有两点。第一，尽量避免一对多匹配造成的数据重复给数据转换带来干扰；第二，利用这个特点来达到特殊目的，比如生成笛卡儿积。

3. 使用合并查询生成笛卡儿积

首先简单介绍一下什么是"笛卡儿积"。假设有两组数据，其中第一组是 A、B、C，第二组是甲、乙、丙，我们将得到 9 种组合，如图 6-129 所示。这其实就是我们在高中学习到的无序全排列。这里真正要讲的并不是计算有多少种排列组合，而是如何使用合并查询的特性来达到我们的目的。

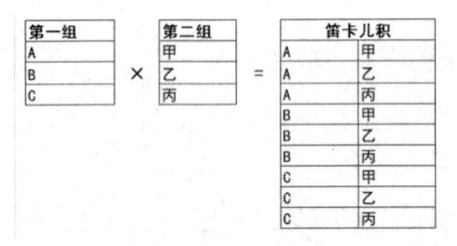

图 6-129

假设有一个场景，需要强制显示每个月所有产品的销售额，但并不是每个月都能卖出所有的产品。此时，我们可以选择将所有的月份和所有的产品形成一个笛卡儿积，这就代表了所有的可能。

问题来了：如何使用合并查询构建一个月份和产品的笛卡儿积表呢？

第 1 步：分别将日期数据和产品数据加载到 Power Query 编辑器中，并分别为每个表增加一个"自定义"列，列内容是数字"1"，也可以填写其他内容，只要保证这两个表新增的"自定义"列的内容相同即可，如图 6-130 所示。

图 6-130

第 2 步：按新增的"自定义"列进行合并查询，如图 6-131 所示。

图 6-131

第 3 步：展开"Table"，只勾选"产品"，然后删除当前表中的"自定义"列，这样就得到了一个月份和产品的笛卡儿积表，如图 6-132 所示。接下来，可以将不同月份和不同产品的销售额合并到该表中，这就达到了我们的目的。

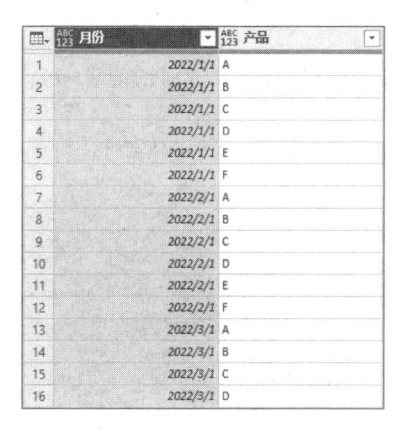

图 6-132

6.4.6　逆透视列

如果你使用过数据透视表，就会知道数据透视表的数据结构是什么样的，如图 6-133 所示。

图 6-133

那么，与之对应的就是如何将数据透视表逆回到原有的表结构，这里我们将其称为"逆回到标准表"。在 Excel 中，这个问题一直被讨论不休，因为真的不好进行逆操作，尤其是有人还喜欢让数据横向生长，那简直就是灾难。而使用 Power Query 的逆透视列功能，可以非常方便地解决这个问题。

第 1 步：将数据透视表结构的数据加载到 Power Query 编辑器中，如图 6-134 所示。

图 6-134

第 2 步：选中从"东北"到"中南"的所有列（首先选中"东北"列，然后按住 Shift 键，再选中"中南"列，这样就会选中多个连续的列）。与在 Excel 中拖动选择不同，进行这些操作需要一个适应过程。依次点击"转换"-"逆透视列"，或者选中"一级分类"列，然后依次点击"转换"-"逆透视其他列"，如图 6-135 所示。

点击"逆透视列"右侧的下拉箭头，在下拉列表中可以看到"逆透视其他列"这个功能。与"逆透视列"相比，这是一个一正一反的关系，可以多次尝试以熟练掌握。操作完毕，结果如图 6-136 所示。

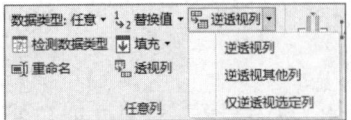

图 6-135

图 6-136

第 3 步：双击标题，对标题进行重命名。这里将"属性"改为"地区"，将"值"改为"数量"，如图 6-137 所示。

图 6-137

你也可以选择在编辑栏中将"属性"改为"地区"，将"值"改为"数量"，此时在右侧的应用的步骤中会减少一个重命名的步骤。

6.4.7 删除重复项

与在 Excel 中删除重复值类似。当有数据内容重复时，选中需要去重的列，依次点击"主页"-"删除行"-"删除重复项"，如图 6-138 所示。

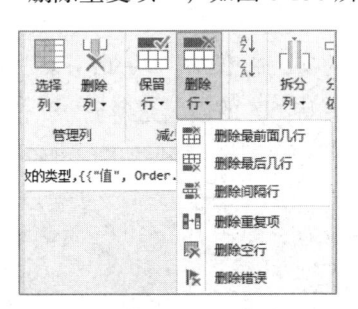

图 6-138

在执行删除重复项的操作时，我们需要细致地选择是针对全部列还是某些特定的列进行去重。如果只选中了部分列进行去重，则意味着只有这些列会被检查是否重复，而其他列的数据会随着重复行的删除而丢失。这样的操作可能会在不经意间造成重要信息的遗漏。因此，在使用去重功能之前，务必审慎地考虑是需要对所有的列还是特定的列进行处理。具体应基于数据的特性与分析的目标来做出决定，这样既可以确保数据的完整性，又可以满足特定的数据分析需求。

6.4.8 填充

Power Query 中的填充功能与 Excel 中的填充功能类似，填充效果如图 6-139 所示。

一级分类	二级分类	数量
厨卫	打蛋机	115
	电饼铛	122
	电吹风	96
家用电器	电冰箱	37
		30
	空调	35
	洗衣机	43

图 6-139

第 1 步：加载 Excel 示例数据。由于对示例数据进行了单元格合并，所以在将合并单元格的数据加载到 Power Query 编辑器中之后，它们会被拆分，并且值只显示在合并单元格左上角的单元格位置，如图 6-140 所示。

	ABC 123 一级分类	ABC 123 二级分类	ABC 123 数量
1	厨卫	打蛋机	115
2	null	电饼铛	122
3	null	电吹风	96
4	家用电器	电冰箱	37
5	null	null	30
6	null	空调	35
7	null	洗衣机	43

图 6-140

第 2 步：选中需要填充的列，这里选中"一级分类"和"二级分类"两列。因为这两列中都有空值，我们需要将上方的值填充到下方。依次点击"转换"-"填充"-"向下"，如图 6-141 所示。操作完毕，结果如图 6-142 所示。

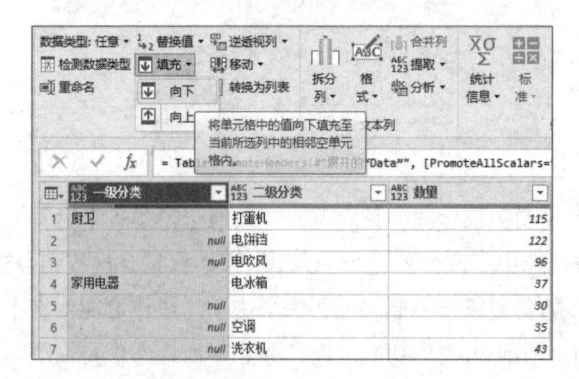

图 6-141

图 6-142

我们发现，"二级分类"列中仍然有一个空值没有被正常填充，这是为什么呢？因为在源数据中故意制造了一个"假空"，在 Excel 单元格中输入 "="""" 即可制造一个"假空"。如果遇到类似的情况，可以选择在 Excel 中对数据进行规范处理，也可以在 Power Query 中进行处理，这里我们使用"替换值"功能。在"替换值"对话框中，在"要查找的值"中不输入任何内容，在"替换为"中输入"null"，点击"确定"按钮，即可将假空变为真空，如图 6-143 所示。

图 6-143

替换之后，再进行填充操作，即可得到正确的结果，如图 6-144 所示。

图 6-144

6.4.9　合并列

合并列是指将两个及两个以上的列合并为一列，同时可以在不同的列之间填充分隔符（分隔符可以自定义，根据需要选择即可），如图 6-145 所示。

在"转换"选项卡和"添加列"选项卡中，均有"合并列"功能，其差异在于"转换"选项卡中的"合并列"功能，会使用合并结果替代原来的列；而"添加列"选项卡中的"合并列"功能，会新增一列来显示所提取的内容。后续涉及的"格式""拆分列""提取"等功能均存在该差异。

选中需要合并的列，依次点击"转换"-"合并列"，原来的两列被合并为一个新列并替换原来的两列数据，即原来的两列数据消失了，如图6-146所示。

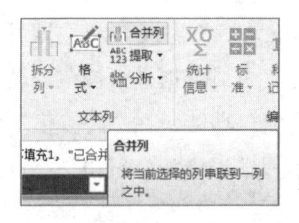

图 6-145 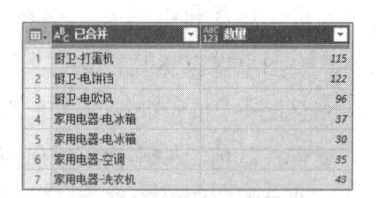　　　　　　　　　　　图 6-146

如果要保留原来的两列数据，则可以新增一列来显示合并后的结果。依次点击"添加列"-"合并列"，此时会新增一列来显示合并后的结果，如图6-147所示。

图 6-147

6.4.10　格式

使用"格式"功能，可以依次点击"转换"-"格式"，如图6-148所示。

第 6 章
Power Query 的使用

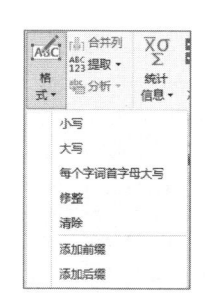

图 6-148

其中有两个功能非常实用，即"修整"和"清除"。

- 修整：在所选列的每个单元格中删除前导空格和尾随空格。对于一些不规范的数据，执行"修整"操作，可以去掉那些看不到的文本前或文本后的空格，因为在某些情况下这些空格会造成干扰。

- 清除：删除所选列中的非打印字符。这里举一个例子来理解非打印字符。假设数据源是从 Excel 工作簿中获取的，如果在单元格中按下"Alt+Enter"快捷键，则会在单元格中换行。这样的数据被加载到 Power Query 中会影响后续操作，此时执行"清除"操作，可以去掉这些格式，将文本变为纯文本。

如图 6-149 所示，第一行的日期和时间分两行显示，第二行的产品名称也分两行显示，第三行的产品名称前面有一个空格。这些格式都会导致在后续计算中出现奇奇怪怪的问题。因此，在得到一份数据之后，可以先执行一次"修整"和"清除"操作，让数据更规范，消除潜在的风险。调整后的效果如图 6-150 所示。

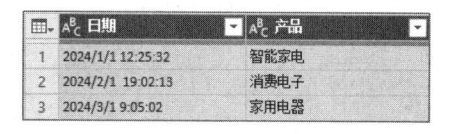

图 6-149　　　　　　　　　　图 6-150

其他几项功能都非常简单，读者可以自行学习和尝试。

6.4.11 拆分列

在 Power Query 中，"拆分列"功能的使用频率非常高，熟练掌握"拆分列"功能的用法非常有必要。"拆分列"如图 6-151 所示，其中最常用的方法是"按分隔符"进行拆分。

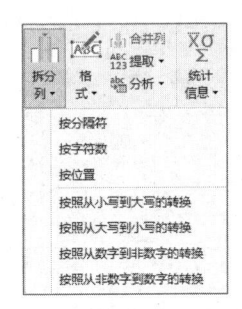

图 6-151

6.4.12 提取

"提取"功能是指从文本中提取我们想要的内容，并且有 7 种提取方式，如图 6-152 所示。

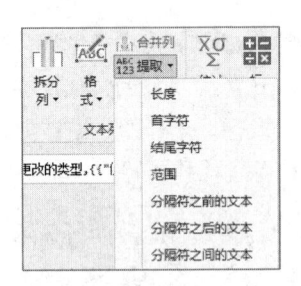

图 6-152

6.4.13 分组依据

"分组依据"功能类似于 Excel 中的聚合分析，基于某一列或者多列对数据透视表进行聚合计算。选中需要分组的列，依次点击"转换"-"分组依据"，如图 6-153 所示。

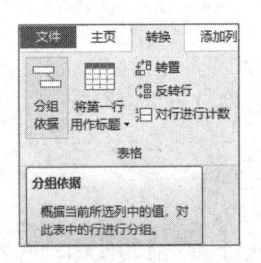

图 6-153

在弹出的"分组依据"对话框中，在"新列名"中填写新增的聚合列的名称，在

"操作"中选择聚合方式,在"柱"[1]中选择需要进行聚合的列,如图 6-154 所示。

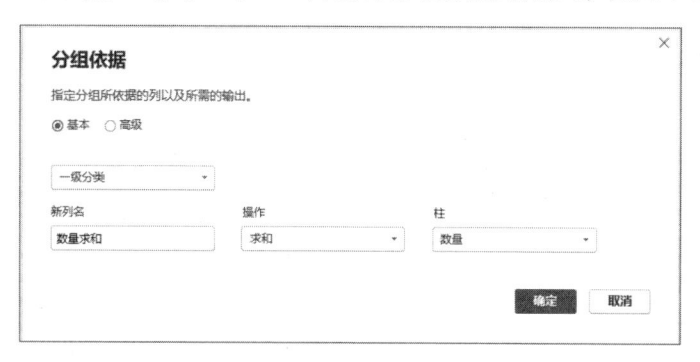

图 6-154

如果需要添加更多的分组依据,则可以选中"高级"单选钮,通过"添加分组"和"添加聚合"等方式来实现,如图 6-155 所示。

图 6-155

操作完成,效果如图 6-156 所示。

图 6-156

---

1 柱:这是一个糟糕的翻译,即便翻译为"列"也是容易理解的。

6.4.14 转置

Power Query 中的转置功能与 Excel 中的转置功能非常相似。注意，在 Power Query 中使用转置功能时，在转置之前需要"将标题作为第一行"，如图 6-157 所示。

	Column1	Column2	Column3	Column4	Column5
1	一级分类	东北	华北	华东	西北
2	厨卫	42	63	661	12
3	家用电器	7	10	80	2
4	消费电子	6	20	247	8
5	智能家庭	23	41	372	22

图 6-157

在转置之后就可以正常显示了，如图 6-158 所示。此时，再执行"将第一行用作标题"即可。

	Column1	Column2	Column3	Column4	Column5
1	一级分类	厨卫	家用电器	消费电子	智能家庭
2	东北	42	7	6	23
3	华北	63	10	20	41
4	华东	661	80	247	372
5	西北	12	2	8	22

图 6-158

6.4.15 其他功能

对于上面没有提到的其他功能，读者可以自行探索和学习，有了前面知识的铺垫，这些功能不会成为学习的阻碍。如果你希望更好地学习 Power Query，建议把工具栏中的所有功能全部模拟操作一遍。当之后的数据转换中有相关使用需求时，可以联系到之前操作的功能，有针对性地重点学习并加以掌握。

6.5 Power Query 实战

前面我们讲解了一些关于 Power Query 的常用基础操作，本节将介绍一个实战案例，你可以检查自己对前面章节中的知识掌握了多少。现在我们需要将一个典型的中国式复杂报表（图 6-159）转换为标准表，如图 6-160 所示。

第 1 步：将数据加载到 Power Query 编辑器中，如图 6-161 所示。此时的数据看起来非常乱，我们需要逐步梳理数据，使其符合标准表的要求。

不同城市不同月份销售量

省份	城市	序号	电子产品（数量）			日用百货（数量）			汇总
			1月份	2月份	3月份	1月份	2月	3月份	
山东省	济宁市	1	90	88	65		15	79	337
	烟台市	2	31	64	54		65	126	340
	聊城市	3	62	44	52	33	45	26	262
	济南市	4		115	76	29	54	75	349
	青岛市	5	29	66	103	48	87	46	379
	临沂市	6	101	74	51	50	99	23	398
	潍坊市	7	45		71			78	194
	枣庄市	8		25			55		80
	莱芜市	9	58	50	90			32	230
	威海市	10	32	26	49	36	41	77	261
	东营市	11		28	39	47	25	35	174
	菏泽市	12	16	95	4	13	74	75	277
福建省	厦门市	13	31	157			65	75	328
	福州市	14		65		8	21	129	223
	泉州市	15		3	126	21	25	37	212
	莆田市	16	34		55	16		64	169
江苏省	常州市	17	55	119	56			59	289
	南京市	18	40	76	93			56	265
汇总			627	1218	858	301	671	1092	4767

图 6-159

	产品类型	月份	省份	城市	数量
1	电子产品	2023/1/1	山东省	济宁市	90
2	电子产品	2023/1/1	山东省	烟台市	31
3	电子产品	2023/1/1	山东省	聊城市	62
4	电子产品	2023/1/1	山东省	青岛市	29
5	电子产品	2023/1/1	山东省	临沂市	101
6	电子产品	2023/1/1	山东省	潍坊市	45
7	电子产品	2023/1/1	山东省	莱芜市	58
8	电子产品	2023/1/1	山东省	威海市	32
9	电子产品	2023/1/1	山东省	菏泽市	16
10	电子产品	2023/1/1	福建省	厦门市	31
11	电子产品	2023/1/1	福建省	泉州市	3
12	电子产品	2023/1/1	福建省	莆田市	34

图 6-160

= 源{[Item="Power Query实战一",Kind="Sheet"]}[Data]

	Column1	Column2	Column3	Column4	Column5
1	不同城市不同月份销售量	null		null	
2		null	null	null	电子产品（数量）
3	省份	城市	序号	1月份	2月份
4	山东省	济宁市	1		90
5		null	烟台市	2	31
6		null	聊城市	3	62
7		null	济南市	4	null
8		null	青岛市	5	29
9		null	临沂市	6	101
10		null	潍坊市	7	45
11		null	枣庄市	8	null
12		null	莱芜市	9	58
13		null	威海市	10	32
14		null	东营市	11	null
15		null	菏泽市	12	16
16	福建省	null	厦门市	13	31
17		null	福州市	14	null
18		null	泉州市	15	3
19		null	莆田市	16	34
20	江苏省	null	常州市	17	55
21		null	南京市	18	40
22	汇总		null	null	627

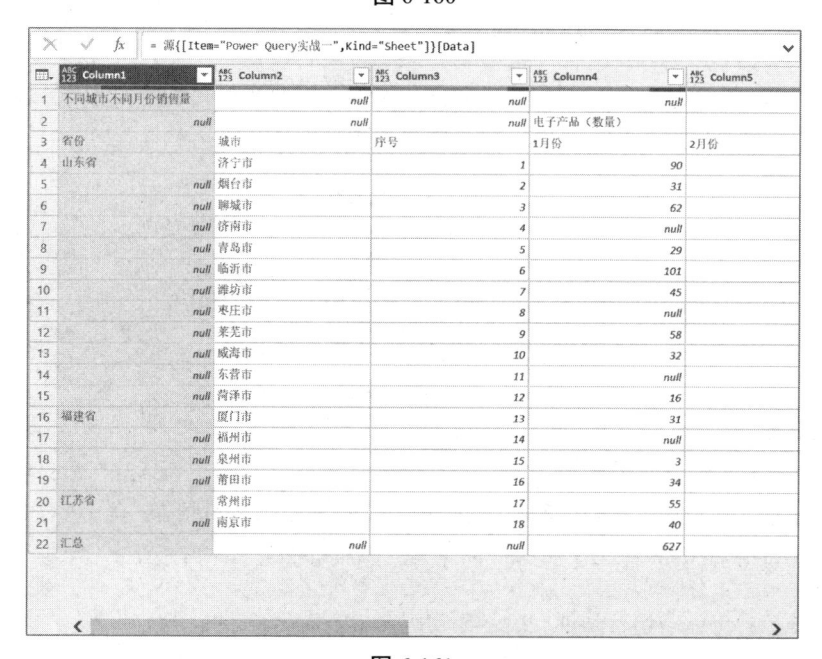

图 6-161

第 2 步：表中第一行的标题是多余的，需要将该行删除；表中最下方的汇总一行不是标准表所需要的，也要将其删除。在"Column1"列执行筛选操作，筛选条件是"不等于'不同城市不同月份销售量'"和"不等于'汇总'"，结果如图 6-162 所示。

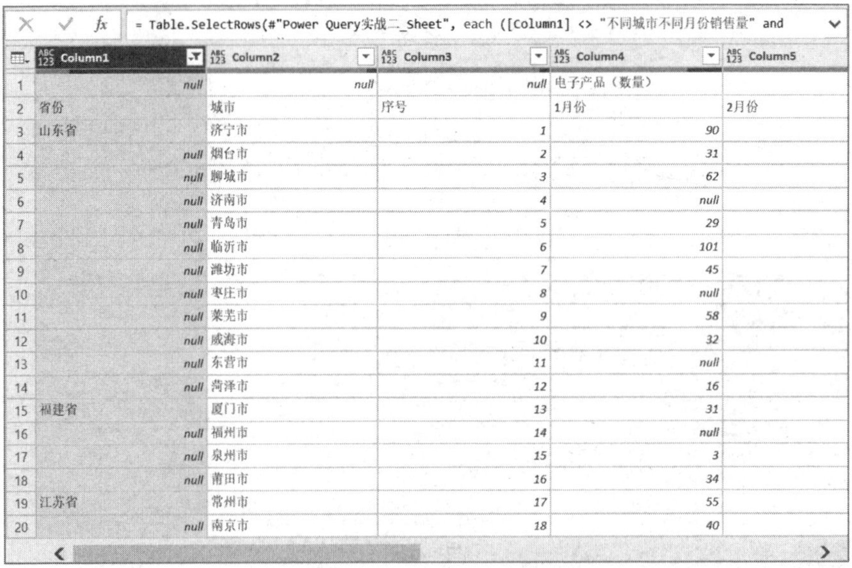

图 6-162

第 3 步：最右侧的"汇总"列也是不需要的内容，因此要将其删除。选中"Column10"列并右击，选择"删除"，如图 6-163 所示。

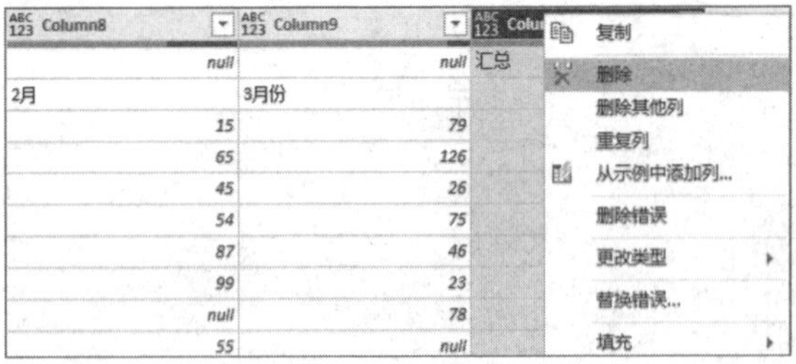

图 6-163

第 4 步："Column1"列中的省份有空值，需要对空值进行填充。选中"Column1"列，依次点击"转换"-"填充"-"向下"，结果如图 6-164 所示。

第 5 步：对标题进行处理。由于标题有两行，无法在行上进行处理，因此可以使用转置功能将两行标题转置到列上。我们需要提前将省份和城市合并到一列，执行转置操作，这样就可以把省份和城市作为一行数据。选中"Column1"和"Column2"两列，依次点击"转换"-"合并列"，将"Column1"列和"Column2"列合并为一个新列，列名为"已合并"，如图 6-165 所示。

图 6-164

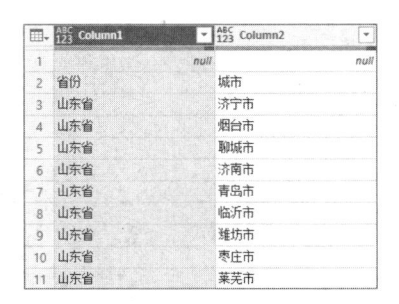

图 6-165

此时还没有指定标题，因此可以再次使用转置功能，依次点击"转换"-"转置"，结果如图 6-166 所示。

图 6-166

第 6 步：由于省份和城市被合并到一列，所以将其提升为标题，然后进行逆透视，就可以将省份和城市逆透视到列上。依次点击"主页"-"将第一行用作标题"，结果如图 6-167 所示。

图 6-167

再选中最左侧的两列，依次点击"转换"-"逆透视列"-"逆透视其他列"，结果如图 6-168 所示。

		省份-城市		属性	值
1	电子产品（数量）	1月份		山东省-济宁市	90
2	电子产品（数量）	1月份		山东省-烟台市	31
3	电子产品（数量）	1月份		山东省-聊城市	62
4	电子产品（数量）	1月份		山东省-青岛市	29
5	电子产品（数量）	1月份		山东省-临沂市	101
6	电子产品（数量）	1月份		山东省-潍坊市	45
7	电子产品（数量）	1月份		山东省-莱芜市	58
8	电子产品（数量）	1月份		山东省-威海市	32
9	电子产品（数量）	1月份		山东省-菏泽市	16
10	电子产品（数量）	1月份		福建省-厦门市	31

图 6-168

第7步：此时，这个报表看起来已经有些接近标准表了。但是，第一列中的内容仍然有空白，我们需要使用填充功能将内容填充完整，可以依次点击"转换"-"填充"-"向下"。同时，需要替换掉第二列月份中的"份"字，这有助于将月份转换为月的第一天，用于月份分析并参与模型计算。选中"省份-城市"列，即第二列，依次点击"转换"-"替换值"，查找"份"，在"替换为"中不输入任何内容，结果如图 6-169 所示。

		省份-城市	属性	值
1	电子产品（数量）	1月	山东省-济宁市	90
2	电子产品（数量）	1月	山东省-烟台市	31
3	电子产品（数量）	1月	山东省-聊城市	62
4	电子产品（数量）	1月	山东省-青岛市	29
5	电子产品（数量）	1月	山东省-临沂市	101
6	电子产品（数量）	1月	山东省-潍坊市	45
7	电子产品（数量）	1月	山东省-莱芜市	58
8	电子产品（数量）	1月	山东省-威海市	32
9	电子产品（数量）	1月	山东省-菏泽市	16
10	电子产品（数量）	1月	福建省-厦门市	31

图 6-169

此时更改"省份-城市"列的数据类型为"日期"，将会自动将月份调整为当年当月的第一天，结果如图 6-170 所示。

		省份-城市	属性	值
1	电子产品（数量）	2023/1/1	山东省-济宁市	90
2	电子产品（数量）	2023/1/1	山东省-烟台市	31
3	电子产品（数量）	2023/1/1	山东省-聊城市	62
4	电子产品（数量）	2023/1/1	山东省-青岛市	29
5	电子产品（数量）	2023/1/1	山东省-临沂市	101
6	电子产品（数量）	2023/1/1	山东省-潍坊市	45
7	电子产品（数量）	2023/1/1	山东省-莱芜市	58
8	电子产品（数量）	2023/1/1	山东省-威海市	32
9	电子产品（数量）	2023/1/1	山东省-菏泽市	16
10	电子产品（数量）	2023/1/1	福建省-厦门市	31

图 6-170

第 8 步：由于该报表中第四列"值"列全部都是数量的数据，因此不需要再单独使用标题体现出来，只需要将产品分类中的"（数量）"替换为空。选中"-"列，即第一列，依次点击"转换"-"替换值"，查找"（数量）"，在"替换为"中不输入任何内容，结果如图 6-171 所示。

-	省份-城市	属性	值
1 电子产品	2023/1/1	山东省-济宁市	90
2 电子产品	2023/1/1	山东省-烟台市	31
3 电子产品	2023/1/1	山东省-聊城市	62
4 电子产品	2023/1/1	山东省-青岛市	29
5 电子产品	2023/1/1	山东省-临沂市	101
6 电子产品	2023/1/1	山东省-潍坊市	45
7 电子产品	2023/1/1	山东省-莱芜市	58
8 电子产品	2023/1/1	山东省-威海市	32
9 电子产品	2023/1/1	山东省-菏泽市	16
10 电子产品	2023/1/1	福建省-厦门市	31

图 6-171

此时省份和城市还在一列中，需要将其拆分。依次点击"转换"-"拆分列"-"按分隔符"，使用"-"进行拆分，结果如图 6-172 所示。

-	省份-城市	属性.1	属性.2	值
1 电子产品	2023/1/1	山东省	济宁市	90
2 电子产品	2023/1/1	山东省	烟台市	31
3 电子产品	2023/1/1	山东省	聊城市	62
4 电子产品	2023/1/1	山东省	青岛市	29
5 电子产品	2023/1/1	山东省	临沂市	101
6 电子产品	2023/1/1	山东省	潍坊市	45
7 电子产品	2023/1/1	山东省	莱芜市	58
8 电子产品	2023/1/1	山东省	威海市	32
9 电子产品	2023/1/1	山东省	菏泽市	16
10 电子产品	2023/1/1	福建省	厦门市	31

图 6-172

第 9 步：此时，这个报表已经基本符合我们对标准表的要求，但美中不足的是标题还是混乱的，因此需要对每个列进行重命名。双击标题，输入正确的标题名称，结果如图 6-173 所示。

产品类型	月份	省份	城市	数量
1 电子产品	2023/1/1	山东省	济宁市	90
2 电子产品	2023/1/1	山东省	烟台市	31
3 电子产品	2023/1/1	山东省	聊城市	62
4 电子产品	2023/1/1	山东省	青岛市	29
5 电子产品	2023/1/1	山东省	临沂市	101
6 电子产品	2023/1/1	山东省	潍坊市	45
7 电子产品	2023/1/1	山东省	莱芜市	58
8 电子产品	2023/1/1	山东省	威海市	32
9 电子产品	2023/1/1	山东省	菏泽市	16
10 电子产品	2023/1/1	福建省	厦门市	31

图 6-173

至此，就完成了所有的转换操作。在转换过程中，我们所进行的所有操作都是前面讲过的内容，并没有使用到新技术。将一个中国式复杂报表转换为标准表，更多的是思路的灵活运用，你可以细细体会其中的过程。

6.6 Power Query 的其他功能

除了 Power Query 的常用功能，我们还需要了解 Power Query 的一些其他功能。虽然在工作中不一定使用这些功能，但是了解它们还是很有必要的。

6.6.1 查询依赖项

如果其他人给你分享了一个 .pbix 文件，或者其他人请你指导，如何快速了解这个模型数据的依赖关系呢？即：数据是从哪里来的？数据最后流向了哪里？此时在 Power Query 中使用"查询依赖项"即可一览无余，可以依次点击"视图"-"查询依赖项"，结果如图 6-174 所示。

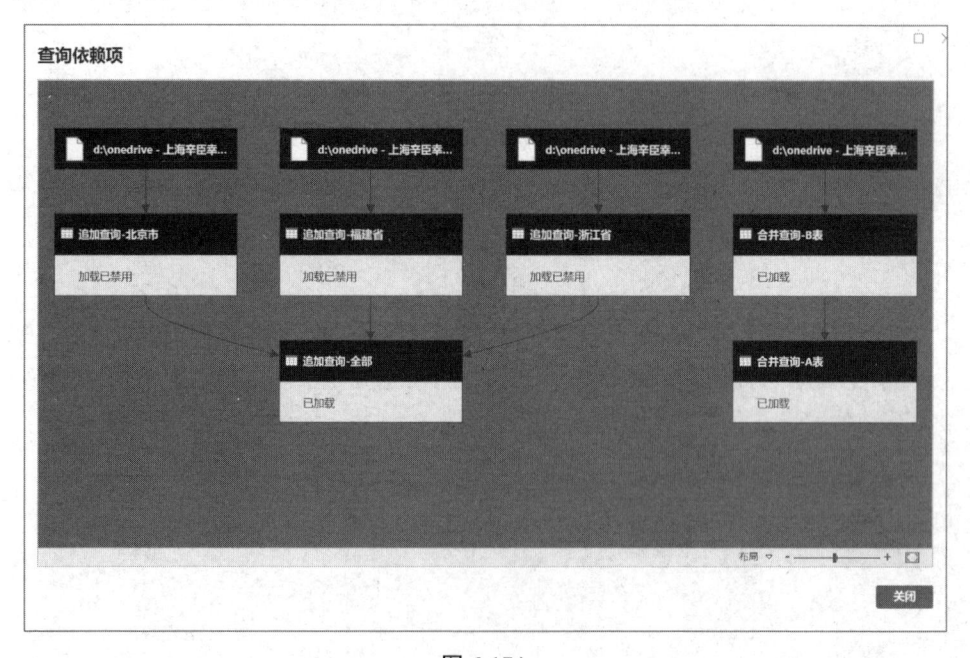

图 6-174

6.6.2 管理参数

在 Power Query 中可以使用参数来简化工作，比如将路径设置为参数，或者将某些分隔符设置为参数，便于在后续查询中进行更灵活的调整。当需要设置增量刷新时，必须要用到参数且使其参与到表的筛选中。依次点击"主页"-"管理参数"-"管理参数/新建参数"，可以管理和新建参数。

6.6.3 查询管理

当查询较少时，只需要做好查询名称的定义，就可以清晰地管理 Power Query 中的查询。当查询较多时，则需要对查询进行管理。

1. 使用组管理

在"查询"窗格中右击，选择"新建组"，可以创建一个组，将相关查询移动到组中进行管理，这样更容易找到我们想要的查询。

2. 分层管理

如果你掌握了一些 IT 知识，则可以把查询分为三层。

- 用于提取数据的"原始数据"层：该层用于加载数据源的查询，存放来自不同数据源的数据，可以轻微地对一些基础条件进行转换，比如处理掉某些明显的错误等，可以减少之后重复的烦琐步骤。

- 用于转换数据的"数据暂存"层：该层使用"引用"功能引用"原始数据"层的查询并进行数据转换，可以使用文件夹对多个转换步骤进行管理。每个"数据暂存"层的查询都引用其他查询，这样一旦在"原始数据"层对一些统一的逻辑进行了修改，就可以保证之后所有的查询都自动完成计算，而不需要对每个查询分别进行修改。

- 用于分析数据的"数据模型"层：该层主要用于存放结果数据，可以将结果数据直接加载到数据模型中进行分析。查询引用"数据暂存"层的转换结果。

对于这三层查询，我们可以搭配使用"组"进行管理。

6.6.4 数据源设置

如果 Power Query 引用的数据源路径发生了变化，该怎么办？可以选择修改引用的路径，重新指定到新的文件位置，或者清除已有的权限，重新使用新的权限。依次点击"主页"-"数据源设置"，设置如图 6-175 所示。

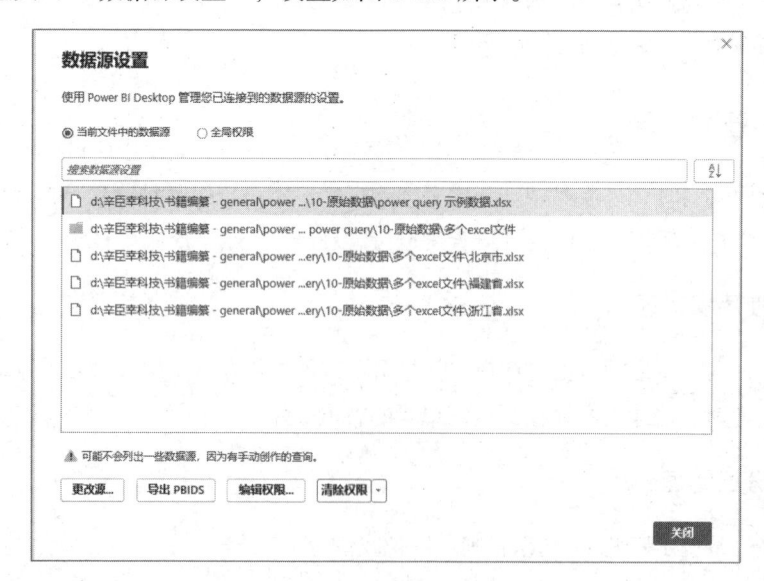

图 6-175

6.7 Power Query 中的 M 函数

M 函数，对于大部分普通用户来说，可能并不需要专门学习，但是有必要了解一下。

6.7.1 什么是 M 函数

在 Power Query 中，所有的操作都是由 M 函数实现的。而 Excel 中有丰富的工具栏，我们可以通过工具栏中的工具来实现各种需求。但是有些场景过于复杂，无法通过工具栏中的工具来实现，这时就需要使用 VBA 来协助完成。Power Query 中的 M 函数，就像 Excel 中的 VBA 一样。对于每个应用的步骤，都可以在编辑栏中看到对应的通过 M 函数所编写的公式，如图 6-176 所示。如果没有看到编辑栏，则可以依次点击"视图"-"编辑栏"进行勾选。

第 6 章
Power Query 的使用

图 6-176

当面对使用 Power Query 工具栏中的工具无法解决的问题时，可以学习一些 M 函数，使用 M 函数来解决特定的问题。就 M 函数的功能来说，使用工具栏中的按钮实现的功能对于 M 函数百不足一。在实际工作中，熟练掌握 Power Query 工具栏中的工具并合理搭配使用，就可以满足大部分场景。相对而言，其性价比最高。

我们也可以选择查看所有的 M 函数，尝试找到满足需求的函数。新建一个空查询，如图 6-177 所示。

在编辑栏中输入"= #shared"，按回车键，如图 6-178 所示。需要注意的是，等号和井号之间有一个空格。

图 6-177 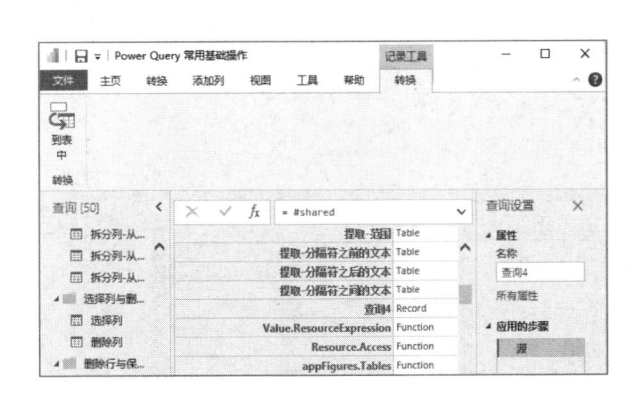   图 6-178

点击工具栏左上角的"到表中",可以在表中筛选出可能满足需求的函数。当我们需要某些功能却不知道该使用什么函数时,这个方法非常有用。点击对应函数"Function"右侧的空白区域,可以进行函数功能预览,如图 6-179 所示。

图 6-179

点击"Function",可以进入函数调用界面,如图 6-180 所示。

图 6-180

此外，互联网上也有一些专门针对 Power Query 函数进行讲解的网站，你可以选择进行有针对性的学习。

6.7.2 高级编辑器

在高级编辑器中，可以查看通过 M 函数所编写的公式。我们的所有操作都被记录在每个查询的高级编辑器中，当需要进行编辑时，可以在编辑栏中进行，也可以选择在高级编辑器中进行，如图 6-181 所示。

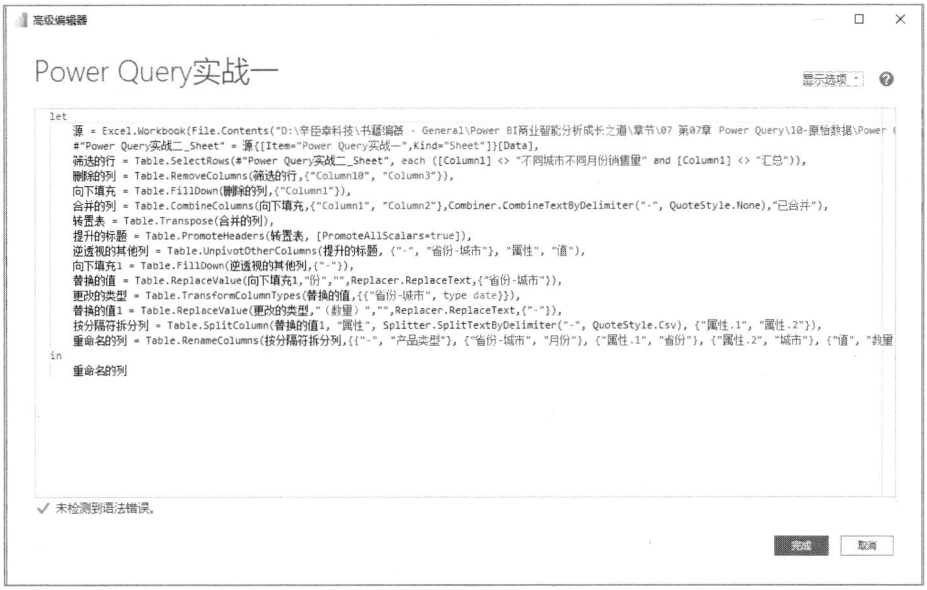

图 6-181

6.8 总结

熟练掌握 Power Query 的常用基础操作，并在此基础上进行一些探索，已经足以满足我们的日常工作需求。对于 Power Query，是否需要学习更多的知识，主要取决于你的工作性质。在足够用的情况下，不建议你在 Power Query 方面进行过多的投资，因为过低的投资回报率会让你自然地放弃，除非它真的帮到了你。在可以选择的情况下，建议你先学习一些基础操作，当遇到问题时再进行有针对性的学习，这样投资回报率是最高的。

6.9 作业

1. 复现本章演示的所有操作。
2. 使用 Power Query 尝试从不同的数据源获取数据。
3. 使用 Power Query 尝试解决在工作中遇到的数据获取和数据转换的问题。
4. 教会身边至少 2 个人学会使用 Power Query 并开始在工作中使用。

第 7 章

数据模型

Power BI 最重要的部分是什么？如果你对 Power BI 不了解，则可能认为是可视化；但如果你真正了解 Power BI，则会毫不犹豫地回答：数据模型。即使去掉可视化呈现功能，Power BI 的核心能力也不会发生变化，甚至不会影响分析工作。而如果去掉数据模型，那么 Power BI 将不再是 Power BI。若把 Power BI 当成一个可视化呈现工具，则其与其他商业智能工具无异。如何使用 Power BI 构建一个相对规范的数据模型，是本章需要学习的重点。

在本章中，我们将使用 Power BI Desktop 进行演示，讲解 Power BI 数据模型相关内容。假如你是 Excel 用户，在 Excel 中使用的是 Power Pivot，Power Pivot 是管理数据模型的工具，其核心功能是可以复用的。在 Excel 中使用 Power Pivot，与在 Excel 中使用 Power Query 和在 Power BI Desktop 中使用 Power Query 相比，在操作细节上差异更大，并且在使用场景上也略有不同。

在 Excel 中使用 Power Pivot 更适合个人用户，并且 Power Pivot 可以和 Power Query 搭配使用，在解决日常工作中的计算和分析问题时具有强大的能力。当在 Excel 中处理工作时，如果数据量不大且计算也不复杂，则使用 Power Pivot 就非常适合。那么，什么时候需要使用 Power BI Desktop 呢？当在 Excel 中使用 Power Pivot 时，如果你明显感觉到每次执行操作之后都有一个比较长的计算时间，并且无法接受这个时长，那么就是需要使用 Power BI Desktop 的时候了。

7.1 什么是数据模型

数据模型听起来似乎有些玄乎，但它其实很直观。数据模型是一系列概念的集合，使用特定的术语进行描述，而这些概念都是非常容易理解的。

数据模型是一组通过关系连接到一起的表。

通常，我们把表中的行称为"记录"。表是管理数据的一种简便工具，表本身就是一个数据模型——这是最简单的数据模型。因此，当你在 Excel 工作表中输入内容时，你正在创建一个数据模型。

在 Power BI 的世界中，数据模型就像是一座精心组织的图书馆。

想象一下，你走进了这座图书馆。这里的每本书（**表**）都是一个包含特定主题信息的集合，比如专门介绍所有客户（**客户表**）的书、详细记录产品情况（**产品表**）的书。在这些书的每一页（**列**）上，都记录着关于主题的具体属性，比如客户的姓名、产品的价格等。

这座图书馆的魔法在于它的整理系统——**关系**。就像索引卡片一样，它告诉你如何找到跨多本书的相关信息。如果你想知道某个客户购买的所有产品，关系就能指导你在客户表和订单表之间轻松找到答案。

在探索这座图书馆时，你可能会遇到一些计算机终端（**度量**和**计算列**），它们可以即时为你计算出一些有趣的统计数据，比如平均销售额或总销售量。这得益于图书馆的智能算法（**DAX 表达式**），即使你对计算一窍不通，也能得到所需要的数据。

此外，图书馆还有特定区域（**层次结构**）为你提供不同层级的信息，比如从大到小可以看到数据的年、月、日视图，让你能够深入探究时间线上的趋势。

而对于那些只允许特定成员访问的秘密资料区（**行级别安全性**），图书馆也有相应的管理机制，以确保信息的安全性和私密性。

在 Power BI 中，数据模型不仅是数据的存储库，还是一个允许你以直观、动态和多维方式探索和分析数据的强大工具。图 7-1 展示了一个数据模型示例。

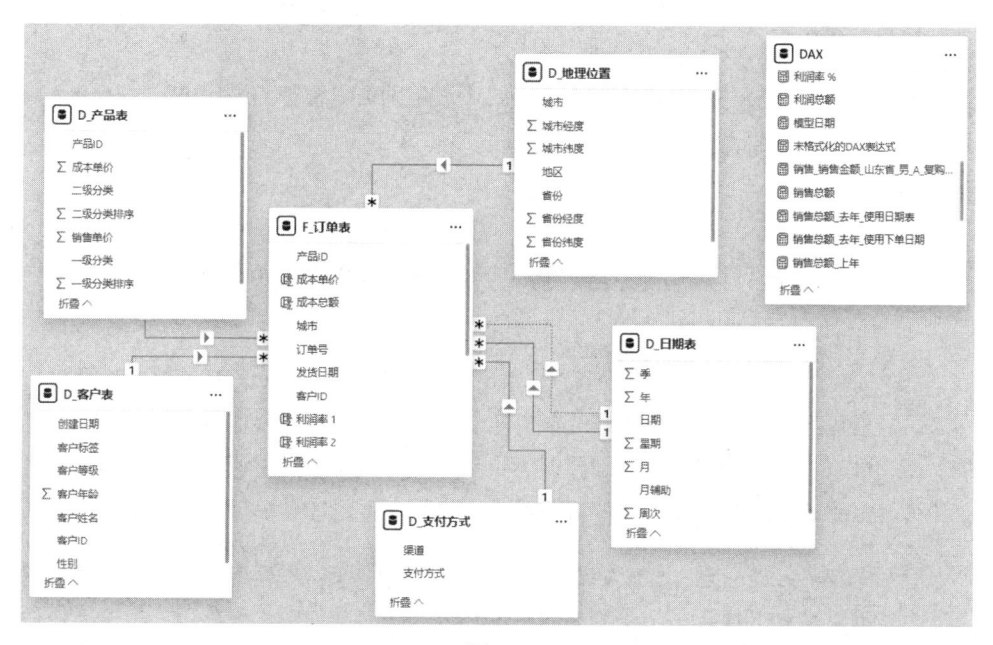

图 7-1

最后，在使用 Power BI 进行可视化时，笔者需要提醒大家一个重要特点：**我们所构建的数据模型是一个独立且完整的数据集**。它能够为当前报告中的所有可视化呈现提供统一的支持，无须为每个单独的可视化结果重新构建或调整数据集。在一些其他 BI 工具中调整的不同数据集之间是不互通的，Power BI 与许多其他 BI 工具在这一点上形成鲜明对比。因为 Power BI 强大的数据引擎可以**将加载到模型中的所有表包含的数据视为一个整体**，以确保高效处理并统一服务于各类可视化需求。

7.2 单表模型

前面我们讲了什么是数据模型，那么单个表是否可以构成数据模型呢？当然可以！在以往的分析中，我们通常会将需要分析的内容全部放到一个表中，比如销售表，其中有发货日期、产品 ID、客户 ID 等，如图 7-2 所示。

订单号	城市	客户ID	产品ID	下单日期	发货日期	数量	折扣	支付方式	地区	省份	一级分类	二级分类	客户等级	性别	客户年龄
D6153	聊城市	VIP1883	SKU3974	2022/2/7	2022/2/22	1	0.97	支付宝	华东	山东省	家用电器	电视机	E	女	39
D2061	株洲市	VIP1581	SKU3424	2022/5/12	2022/5/18	1	0.98	支付宝	中南	湖南省	家用电器	电冰箱	D	女	55
D0385	南京市	VIP1622	SKU3132	2022/2/23	2022/3/1	1	0.98	信用卡	华东	江苏省	家用电器	空调	C	男	37
D2619	淮北市	VIP1850	SKU3280	2022/1/11	2022/1/24	1	0.97	支付宝	华东	安徽省	家用电器	洗衣机	A	女	52
D1430	江门市	VIP1578	SKU3475	2022/1/9	1900/1/8	1	0.97	POS机	中南	广东省	消费电子	手机	B	女	27
D5809	辽源市	VIP1784	SKU3369	2022/7/4	2022/8/11	1	0.95	微信	东北	吉林省	消费电子	平板	D	女	38
D5083	娄底市	VIP1761	SKU3692	2022/4/17	2022/5/2	1	0.96	支付宝	中南	湖南省	消费电子	收音机	E	男	58
D9991	广州市	VIP1560	SKU3482	2022/5/5	2022/5/19	2	0.95	微信	中南	广东省	消费电子	投影仪	C	女	27
D0977	潍坊市	VIP1681	SKU3508	2022/4/6	2022/5/3	3	0.98	POS机	华东	山东省	消费电子	对讲机	A	女	22
D7645	辽阳市	VIP1504	SKU3464	2022/11/11	2022/12/6	3	0.97	支付宝	东北	辽宁省	厨卫	咖啡机	A	男	34

图 7-2

这种将所有需要分析的内容全部放到一个表中的数据模型，被称为"单表模型"，也就是我们通常所说的"大宽表"。

1. 单表模型的优点

虽然单表模型简化了数据的表现形式，但在某些场景下却展现出不小的优势。单表模型的潜在优点如下所述。

- 简化模型设计：在某些情况下，单表模型可以简化 Power BI 的数据模型设计过程。对于较小的数据集或简单的分析需求，一个整合了所有数据的单一表可以避免复杂的表关联和模型优化步骤。其有助于初学者或非技术用户快速上手操作，并且在处理小型项目或构建原型时尤其有效。

- 直观的数据探索：利用单表模型，用户可以在 Power BI 中更加直观地进行数据探索和可视化。由于所有的字段都位于同一个表中，因此用户可以方便地拖放字段来创建视图，无须担心如何跨多个表关联数据。其适用于直接反映原始数据结构的报告需求，尤其是当报告的目标是展示原始数据的细节时。

- 降低数据模型的复杂性：对于那些不涉及复杂计算或多表关联分析的场景，单表模型有助于降低数据模型的复杂性。用户可以避免在 Power BI 中处理复杂的数据模型关系和高级 DAX 表达式，尤其是在业务逻辑较为简单或数据关系不复杂的报告中，这样可以提高数据模型的易用性和报告的构建速度。

- 易于理解和传递：当与所掌握的技术知识不那么丰富的利益相关者沟通时，单表模型通常更易于理解和传递。在 Power BI 中，一个清晰的单表模型可以帮助利益相关者迅速把握数据结构和业务逻辑，从而促进团队间的交流和合作，快速做出决策。

单表模型因其简易性和易于理解的特性，在特定场景下非常有用。单表模型特别适用于那些数据结构简单、业务逻辑不复杂的情况，也因此成为许多分析人员和 IT 专业人员的首选。

2. 单表模型的缺点

在某些情况下，虽然单表模型易于管理和理解，但它也有一些不可忽视的缺点，尤其是在处理较为复杂的数据时。以下是单表模型的一些潜在缺点。

- 性能限制：在 Power BI 中，如果使用单表模型，特别是当这个表非常宽（有许多列）且长（有许多行）时，那么数据加载和刷新操作可能会非常缓慢。因为 Power BI 的数据引擎需要一次性处理大量数据，而这会占用大量内存，并可能导致查询性能的下降，同时影响报告的交互速度。

- 可维护性差：在 Power BI 中，管理一个庞大的单表模型通常是低效且困难的。数据模型的更新可能需要重新导入整个数据集，而这会导致延迟的显著增加。随着业务需求的不断发展，如果需要添加新的数据或者修改数据结构，那么由于单表模型缺乏弹性，可能导致重新设计整个数据模型。

- 数据整合和治理的问题：对于单表模型，由于数据冗余，Power BI 中的数据质量控制变得更加复杂。此外，如果表中含有敏感数据，则控制数据访问和遵守数据保护法规（如 GDPR）会更加困难，因为需要确保整个表的安全，而不仅仅是特定的列或行。

- **分析灵活性受限**：Power BI 的强大之处在于其对多维度数据的分析能力很强，然而，当数据集中存在单一的大表时，这种分析能力会受限。此外，在单表模型中，时间序列分析（如计算同比、环比等）也不那么直观，因为需要复杂的 DAX 表达式来模拟关系数据模型中的时间智能功能。

7.3 多表模型

虽然单表模型因简单、直观而受到初学者的青睐，但是在处理复杂业务逻辑和大型数据集时往往显得力不从心。正是这些局限性推动了单表模型向更高级的数据组织方法——多表模型的转变，如图 7-3 所示。

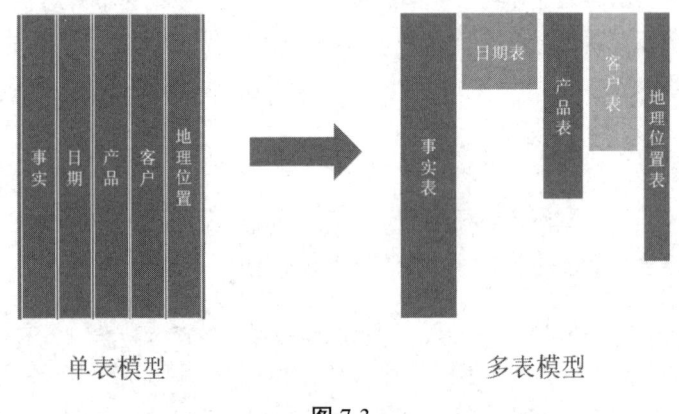

图 7-3

顾名思义，多表模型包含多个相互关联的表。这不仅使数据结构更为清晰，而且提高了数据分析的灵活性和效率。在多表模型中，每个表都扮演着特定的角色，通过定义良好的关系连接在一起，使得在不同的数据层次间能够自由地进行分析。

在数据仓库领域中，一个被广泛采用的多表模型就是"**维度建模**"。通过精心设计的事实表和维度表，使用维度建模技术能够优雅地处理复杂的数据分析问题。事实表中存储了业务过程的量化指标（如销售额、成本等），而维度表则提供了用于描述这些指标的分析语境（如时间、地点、客户等），如图 7-4 所示。

Power BI 采用这一模型不仅能够提升查询性能，还能够提高报告的灵活性。通过连接事实表和维度表中的相关字段，可以轻松地进行跨表分析，并且通过 Power BI 丰富的可视化功能，可以将这些分析转化为洞察力强、信息丰富的报告。

第 7 章
数据模型

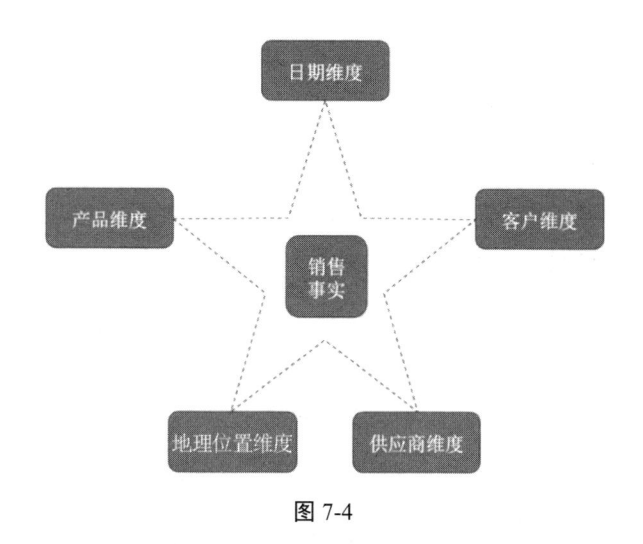

图 7-4

此外，由于 Power BI 内建的数据引擎（公式引擎和存储引擎：VertiPaq、DirectQuery）对于处理维度模型做了特别优化，因此使用这种模型可以显著减少内存的使用，加快数据刷新和查询的速度。维度建模使 Power BI 的数据分析能力达到新的高度，不仅支持复杂的商业智能需求，还为最终用户提供了直观易懂的数据探索体验。

通过维度建模，我们可以应对单表模型带来的挑战，并充分挖掘 Power BI 的潜力。接下来，我们将详细介绍维度建模的核心组件——维度表和事实表。

7.4 维度表和事实表

在 Power BI 的世界中，数据不是数字的堆砌，而是讲述商业故事的元素。要想让数据说话，我们就需要掌握维度表和事实表的艺术。

1. 维度表

维度表是数据中颜色的调色盘，为我们提供了多种识别和理解数据的方式。维度表中充满了描述性的属性，为事实表中的度量提供分析语境。它就像是数据世界中的定位标志，指引我们了解数据的具体含义。

在维度表中，每条记录都是独特的，提供了对事实表数据的详细分类。例如，一个"客户"维度表不仅记录了客户的 ID，还包括客户的姓名、性别、年龄、地理位置和忠诚度等属性。这些信息帮助我们解答"谁、在哪里、什么类型"等问题。

维度表的设计原则是尽可能丰富和具体，同时保持数据的一致性和准确性。一个设计良好的维度表，就像是一本详尽的百科全书，随时准备为我们提供最相关的信息。

在 Power BI 中，通常不需要设计维度表，这项工作会由数据仓库来完成，我们只需要将对应的维度表加载到数据模型中即可。需要特别注意的是，在使用维度表的过程中，如果其无法满足需求，则需要数据仓库配合进行调整和完善。

维度表还有一种特殊的使用场景。当某个分类的名称发生变更时，比如将北京东五环外的"北京仓库 1"搬迁到北京南五环外的"北京仓库 2"。在实际的物理环境中，它们是两个仓库，IT 部门会默认在系统中创建一个新的仓库。而在某些业务视角下，可以将它们视为一个仓库，因为仓库的布局和管理人员可能不变，在分析时需要按照一个仓库分析一段时间。此时，在仓库维度表中可以增加两个字段，用于维护不同仓库的 ID 和名称，使其同时具备数据建模的严谨性和业务分析的灵活性，如图 7-5 所示。

仓库ID	仓库名称	仓库ID-业务视角	仓库名称-业务视角
CK00101	北京仓库1	CK00101	北京仓库1
CK00102	北京仓库2	CK00101	北京仓库1
CK00201	广州仓库1	CK00201	广州仓库1
CK00202	广州仓库2	CK00202	广州仓库2
CK00203	广州仓库3	CK00203	广州仓库3
CK00301	南京仓库1	CK00301	南京仓库1
CK00302	南京仓库2	CK00302	南京仓库2

图 7-5

如果无法执行这一变更，则往往会导致 IT 部门和业务部门产生冲突，这也是导致"个人数据"存在的根本原因，因为两者对数据的理解有差异。IT 部门会强迫业务部门接受有两个仓库的事实，以保持数据的一致性，而在业务分析中，仍然需要将其视为一个仓库并过渡查看一段时间，因此业务部门仍然会按照自己的想法制造"个人数据"。

2. 缓慢变化维

维度表中有一个特殊的分类叫作"缓慢变化维"。它是维度表中的特殊列，用于跟踪和记录随时间变化的数据。在商务和分析的世界中，不是所有的变化都是瞬间发生的，某些属性会随着时间逐渐变化，这就是缓慢变化维的用武之地。

对缓慢变化维进行管理有三种方式。

- 覆盖更新：当一个属性发生改变时，旧的值会被新的值覆盖，没有保留历史数据。这种方式的优点是简单、易懂，缺点是失去了对历史数据的跟踪。
- 版本历史：在这种管理方式中，每当维度数据发生变化时，我们都会添加一条新的记录，并保留一个历史记录的版本。这允许用户跟踪数据随时间的变化，并对过去的业务决策进行历史分析。
- 历史属性：用一个单独的列来保存原始值，用一个新列来记录当前值。这种管理方式通常适用于那些只有一次变化或极少改变的属性，它提供了一种简单的历史视图。

在大多数工作场景中，通常推荐使用"版本历史"来管理缓慢变化维。在实际操作中，往往由数据仓库在每天零点进行数据版本的创建，并且用一个日期字段来记录快照[1]的时间，而不仅仅是在数据发生变化时才进行数据版本的构建。

在实际的建模过程中，我们也会将缓慢变化维存放到事实表中，以简化数据建模的设计。

3. 事实表

事实表就像是一部电影的主要情节。事实表中包含了可量化的业务度量，如销售额、成本、交互次数等，是绩效和成果的记录者。事实表记录了过去的行为和成就，提供了洞察业务运作的关键数据。数据记录着对现实世界的映射。

度量值通常以数字的形式存在，是我们将要分析、汇总和比较的数据。事实表中的键则是连接事实表与维度表的桥梁，确保我们可以通过这些关联的维度来解释和理解度量的含义。

度量不仅仅是静态的数字，还是动态的、生动的数据，能够反映出业务策略的效果和市场变化的影响。通过事实表，我们能够跟踪业绩的趋势，识别增长的机会，甚至预测未来的发展。

4. 整合维度表和事实表

将维度表和事实表整合在一起，就好比在画布上绘制出一幅数据的全景图。在这

---

[1] 快照：在数据分析中，"快照"就像拍照一样，在特定的时间获取数据集的完整副本。就像用一张照片记录下那一刻的场景，数据快照保留下来的是那一刻所有数据的准确状态，便于之后进行回顾和分析（无论原始数据如何变化）。

幅图中，维度表提供了丰富的背景色彩，事实表则描绘了动态变化的主要图景。当我们在 Power BI 中建立起这些表之间的关系关联时，一个多维的数据模型就建好了。

这种整合不仅使我们能够沿着不同的维度切入分析，比如时间、地点、客户类型等，还能够深入挖掘数据之间复杂的关系。例如，我们可以轻松地探究特定产品在不同季节的销售表现，或者比较各个地区销售团队的业绩。

7.5 维度建模的必要规则

由于在数据仓库和 Power BI 中进行维度建模具备高度相似性，因此下面的规则来源于在数据仓库中进行维度建模的必要规则。这些规则适用于在 Power BI 中进行维度建模，务必要非常熟练地掌握并烂熟于心。

1. 使用可用的原子数据

可用的原子数据（最详细的明细数据，具有不可再分割性）是构建维度模型的基石。用户通常不会一次看一条记录，很显然你无法预测用户最终希望在报告中如何显示和汇总。如果只有汇总数据可用，且你已经做好了数据模型，那么当用户希望更进一步分析业务细节时，你不得不疲于奔命。虽然用户会经常查看聚合后的数据，但是他们更希望看到底层的细节，用于解答其问题。尤其是对于事实表中的数据，应使用可用的原子数据维度，然后将其加载到 Power BI 中进行数据建模。如果数据过于详细，则可以适当聚合为更高一级的可用原子数据，尽量减少对业务真实表达的损失。

2. 保持业务数据的独立

如果必须在 Power BI 中使用按照维度汇总指标的数据，那么此数据应与可用的原子数据保持独立，它们之间不是替代的关系，而是相互补充的关系，并且需要保持其计算结果的一致性。

3. 确保数据模型中只有一个日期表

虽然 Power BI 并没有规定在数据模型中只能使用一个日期表，但是我们应该尽量在维度建模中只使用一个日期表，并且只有一个日期表与同一个事实表关联，除非你对 Power BI 非常了解，否则应尽量避免使用多个日期表的情况。

4. 保持不同事务中同一数据具有相同的粒度

在对维度表进行快照时，应该保持维度表副本和当前维度表具有相同的数据粒度，即在详情级别保持一致性；否则会导致计算上的错误，无法保证数据的精准度。

5. 解构多对多关系

当 Power BI 中出现多对多关系时，应该分析数据并解构这种关系，使用桥接表[1]将其转换为"多对一对多"关系。只有在非常特殊的情况下才需要保留多对多关系，比如在构建复杂的权限控制方案时。

6. 解构多对一关系

在实际的数据模型中，应尽量避免或者减少使用多对一关系。如果遇到了多对一关系，则可以对数据模型进行重新设计（但这并不能保证完全没有多对一关系）。

7. 应使用维度表中的字段

当维度表和事实表中包含了同一个维度字段时，应使用维度表中的字段。比如有一个地理位置表，其中有一个"城市"字段，而在事实表中也有一个"城市"字段，当在报告中进行分析和呈现时，应使用维度表中的"城市"字段。虽然有时候使用事实表中的维度字段并不会报错，但是这样做并不严谨，在复杂的数据环境中，可能会导致计算结果错误而不自知。推荐隐藏事实表中的重复字段，或者更进一步直接隐藏事实表。

8. 确保维度表使用编码

在 Power BI 中，为了确保维度表的唯一性和便于数据处理，使用编码是一种常见的做法。具体来说，编码是指为每个维度成员都分配一个唯一的标识符，以便在数据模型中使用该标识符与事实表进行关联。同样，在事实表中也应该保留这样一个唯一的编码列，以避免出现重复值，简化数据建模，提高查询性能。假设有一个"客户信息"维度表，其中包含了客户的姓名、性别、出生日期等信息。为了确保唯一性和便于处理，我们可以为每个客户分配一个唯一的编码，如 C0001、C0002 等。通常，这

1　桥接表：桥接表是在数据建模中用于解构多对多关系的一种技术。它是一个中间表，连接了两个具有多对多关联的实体。通过引入桥接表，我们可以将多对多关系转换为多对一对多关系，简化数据模型的设计和查询。桥接表通常由两个主键组成，分别指向两个相关表中的记录，并可以包含其他属性，如关联日期或其他相关信息。在 Power BI 中，通过使用桥接表，我们可以更好地管理和分析多对多关系数据，提供更准确的结果。

个过程是由数据仓库来完成的，因此使用 Power BI 加载维度数据时，将以编码为主要标识。这样一来，在数据模型中就可以使用客户编码作为关联字段来创建关系。在实际工作中，相关名称在业务环境中往往被反复修改，并且不同的部门叫法也可能不同，而创建的编码是唯一的并且伴随数据维度成员的整个生命周期。在最终展示时，只需要以名称的方式呈现给最终用户即可，而在最终用户看不到的地方使用编码。

通常来说，这个过程应该由数据仓库来完成，Power BI 只加载带有编码的数据，而不更改编码。如果没有数据仓库，则再考虑在 Power BI 中进行编码设计。

9. 创建一致的维度名称

想象一下，一个企业有很多部门，比如销售部门、客户服务部门、物流部门等。每个部门都有自己的数据系统，记录着客户信息、订单详情等数据。问题在于，每个部门可能使用不同的方式来记录相同的信息。例如，销售部门可能用"客户编号"来标识客户，而客户服务部门用的可能是"客户 ID"。现在，假设企业高层需要一份报告，展示所有部门的客户满意度。如果没有一致的方式来引用客户，这个任务就会变得非常复杂和耗时，因为你需要弄清楚销售部门的"客户编号"和客户服务部门的"客户 ID"实际上指的是同一个字段。一致的维度名称是基于整个组织的数据构建的。

10. 保持支持态度

我们应该持续关注业务用户的数据需求以及数据源的潜在变化，而且对创建好的 Power BI 数据模型保持支持态度，因为业务和数据不可能一成不变。这可以让我们做出更具专业性且可被业务用户认可的内容。

7.6 维度建模的三种模型

维度建模是数据仓库设计中的核心概念，在 Power BI 中同样可以使用维度建模，因此了解维度建模的三种模型很有必要。这不仅涉及如何存储数据，还决定了数据分析的灵活性和效率。维度建模的三种模型包括星形模型、雪花模型和星座模型。下面我们将介绍每种模型的结构、优缺点等。

1. 星形模型

星形模型是最简单、最流行的维度模型之一，它由一个位于中心的事实表和围绕事实表的多个维度表组成。事实表中存储了事务性数据，如成本总额、利润率等，而维度表中包含了用于描述这些事实的上下文信息，如日期、地理位置、客户、产品等，如图 7-6 所示。

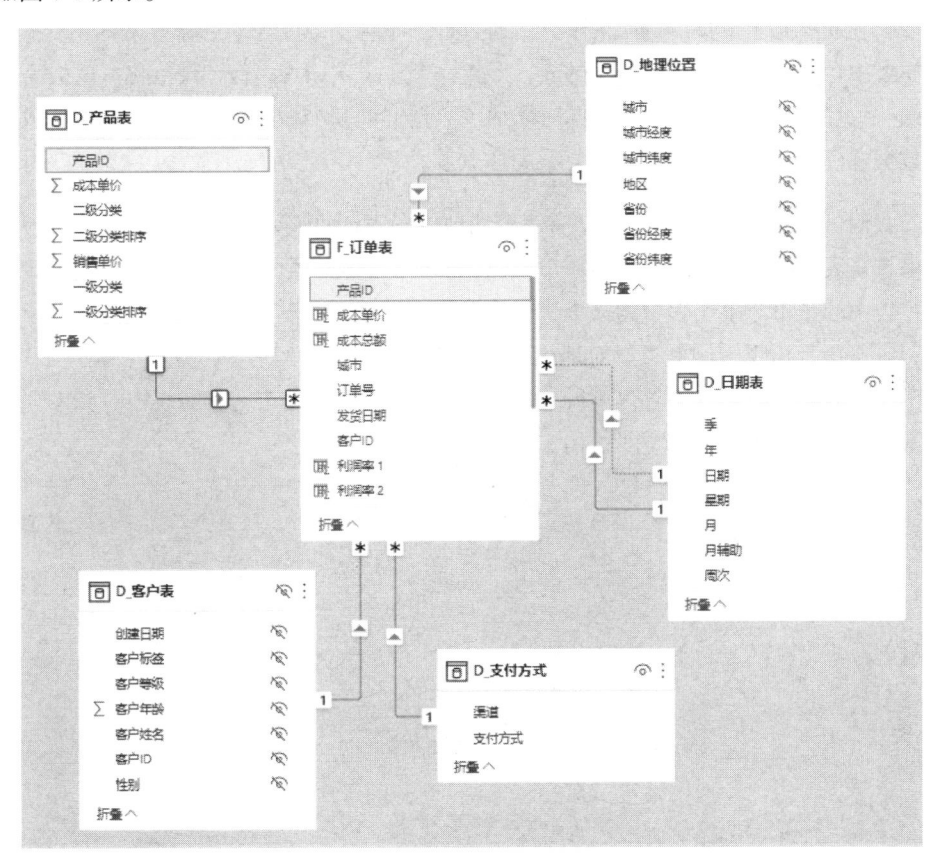

图 7-6

星形模型的优点如下。

- 结构简单，易于理解和实现。
- 查询性能优越，因为维度表直接与事实表连接。
- 适合进行快速的数据检索和报告生成。

星形模型的缺点如下。

- 数据冗余度可能较高，因为维度表的属性值在多个表中重复出现。
- 对维度表变化的管理较为复杂，尤其是存在多个事实表时。

在 Power BI 中，为了获得更好的性能和建模体验，请优先考虑使用星形模型。

2. 雪花模型

雪花模型是星形模型的扩展形式，通过进一步规范维度表来消除数据冗余。在雪花模型中，维度表被分解成更小的表，形成一个多层次结构。这种规范化可以提高数据的一致性和减少存储空间，但同时增加了数据查询和维护的复杂性。雪花模型适用于数据规模较大、维度属性相对复杂的场景。

我们可以想象一个场景：比如有一个地理位置表，其中包含了地区、省份和城市。如果事实表中的地理位置也达到城市级别，就可以创建一个地理位置表，并使用地理位置表中的城市与事实表中的城市进行关联。这就是星形模型的思路。但是，由于地区和省份重复出现，因此可以对地区和省份创建一个表，对省份和城市创建一个表，使用前者的省份与后者的省份进行关联，然后使用后者的城市与事实表中的城市进行关联，这就形成了雪花模型的结构，如图 7-7 所示。

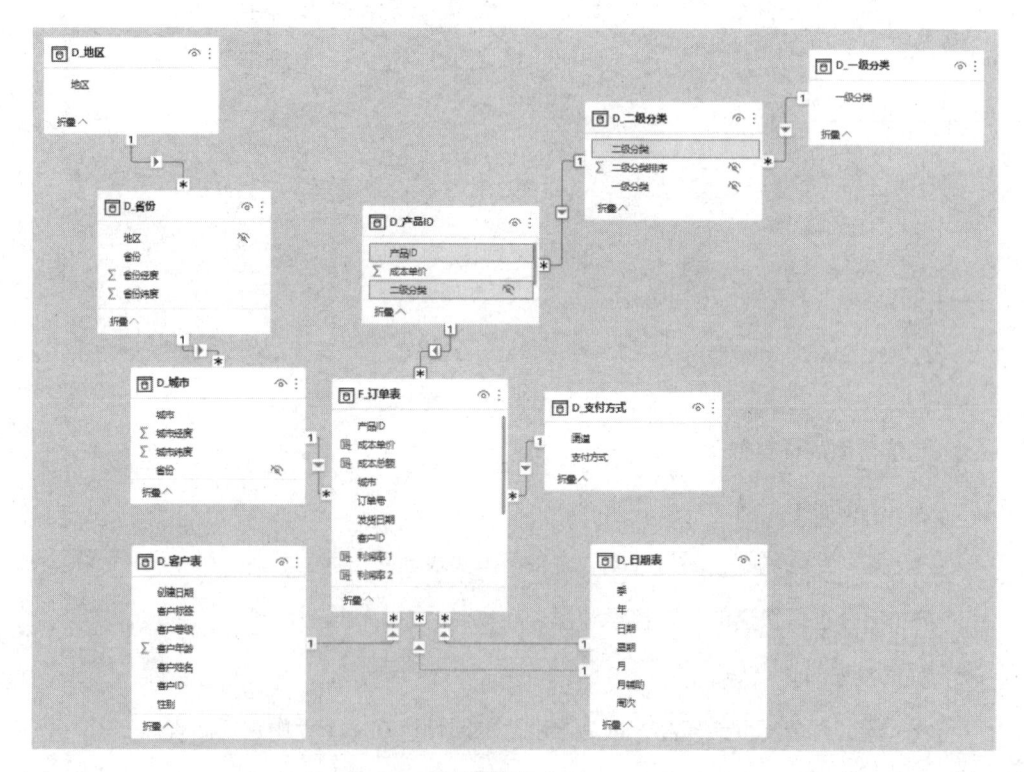

图 7-7

雪花模型的优点如下。

- 减少了数据冗余，因此可以节省存储空间。
- 提供了更加细致的数据分析维度。

雪花模型的缺点如下。

- 结构较为复杂，对于用户和开发者来说，查询设计可能更加困难。
- 查询性能可能会因为复杂的表连接而降低。

3. 星座模型

星座模型是星形模型和雪花模型的进一步扩展形式，由多个星形模型组成，每个星形模型都代表一个业务主题。通过将多个星形模型组合在一起，星座模型可以满足复杂多样的分析需求，并支持更广泛的数据探索。星座模型的设计需要更好的规划和更强的抽象能力，为用户提供更丰富的分析视角和更高的灵活性。例如，由订单表、库存表及其共同的维度表构建的模型，就可以被称为星座模型，用于计算"库存周转"指标。在复杂的业务中，星座模型是非常常见的设计方式，如图 7-8 所示。

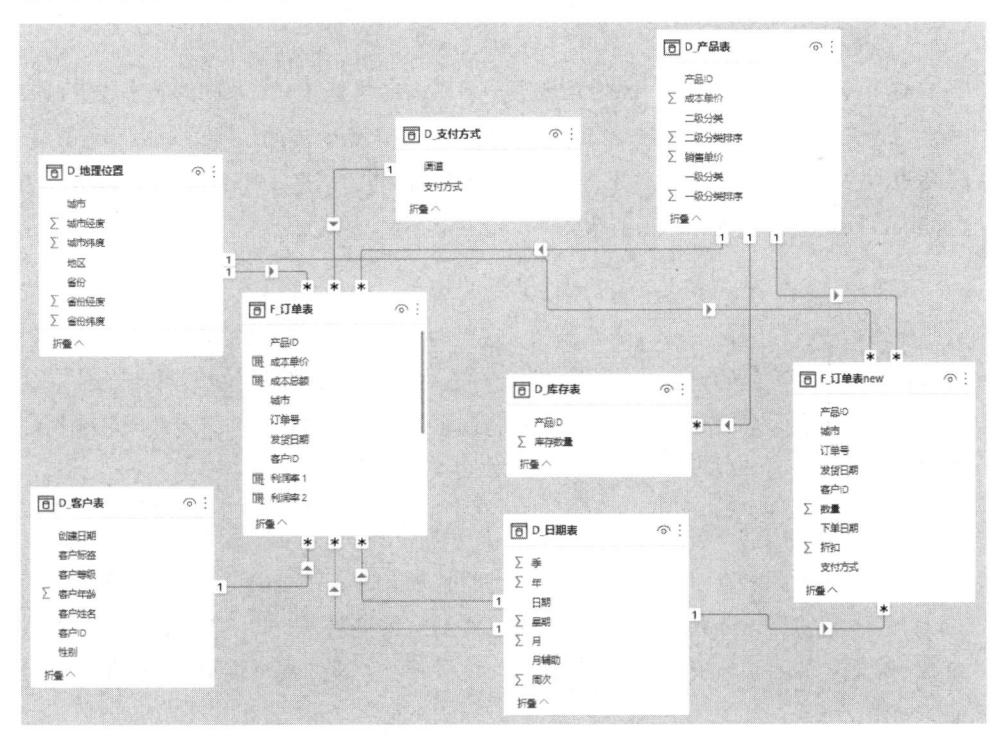

图 7-8

星座模型的优点如下。

- 支持复杂的业务需求，允许跨多个事实表进行分析。
- 具有更高的灵活性，能够满足不同的查询需求。

星座模型的缺点如下。

- 设计和管理的难度较大，需要仔细规划和维护。
- 对于商业智能工具和开发者来说，理解和利用模型可能更加复杂。

总结：维度建模作为一种高效的数据建模技术，在商业智能领域发挥着重要作用。选择哪种数据模型取决于具体的业务需求、数据规模和复杂程度。无论是简单的分析还是复杂的数据探索，维度建模都可以提供简洁、灵活且易于理解的数据模型，为用户提供有价值的洞察和决策支持。

7.7 数据模型的关系

前面讲解了维度表和事实表，维度表和事实表之间通过一个共同的表字段进行关联来创建关系。在 Power BI 中，表与表之间的关系是通过一条线来表现的。例如，在模型视图中，将订单表中的"产品 ID"拖动到产品表的"产品 ID"上，在订单表和产品表之间就会自动创建一条实线。

接下来，我们来观察这条关系线。产品表端是"1"，订单表端是"*"，这代表产品表端是"一"，订单表端是"多"。这里的"1"指的是产品表中的"产品 ID"有且仅有唯一不重复的值，"*"指的是订单表中的"产品 ID"有多个重复的值。这条关系线上还有一个三角形，这个三角形指向了订单表，代表我们只能从产品表到订单表进行筛选，也可以理解为进行控制，如图 7-9 所示。

使用产品表中的"一级分类"对订单表中的"数量"求和，这个计算是正常的。而反过来，使用订单表中的"支付方式"对产品表中的"产品 ID"计数，结果返回了同一个值。很明显，计算结果不对，因为已经对这条关系线上的"三角形"所指的方向做了限制，如图 7-10 所示。我们只能从"一"端到"多"端进行筛选，而不能进行反向操作。

第 7 章
数据模型

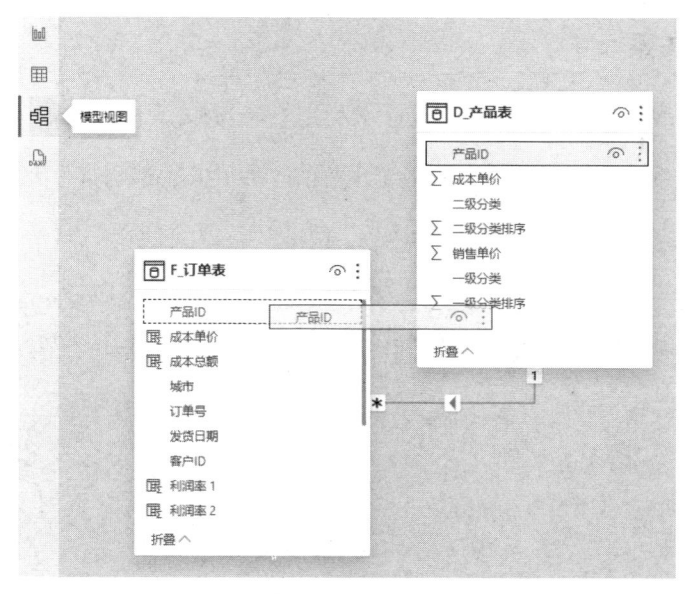

图 7-9

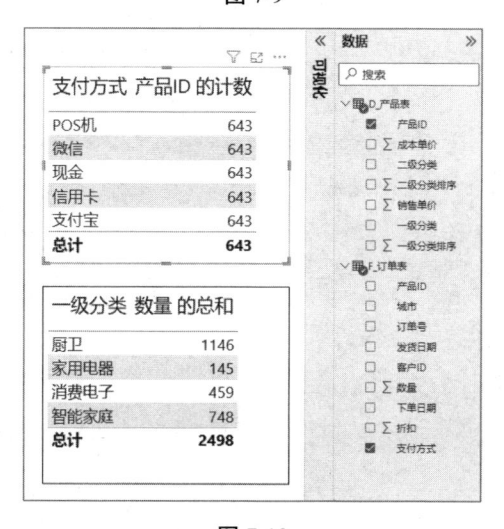

图 7-10

这看起来似乎不够方便，为什么不能从事实表到维度表进行筛选呢？所有分析的本质都是表，表是由维度和度量构成的，其中维度被存放在维度表中，而度量通常是从事实表中获取的。因此，在画布中使用视觉对象时，只需要从维度表中提取维度，然后加上从事实表中计算的度量即可进行分析，而几乎很少使用事实表中的维度进行分析。

7.7.1 表关系

根据关系的强弱,我们将表间关系分为强关系、弱关系和无关系三种。

- 强关系:两个表之间有一条实线,比如图7-11中产品表与订单表之间的关系。

- 弱关系:两个表之间有一条虚线,比如图7-11中日期表与订单表之间的关系(其中一条线是虚线)。

- 无关系:两个表之间没有连接线,比如图7-11中客户表与订单表之间的关系。

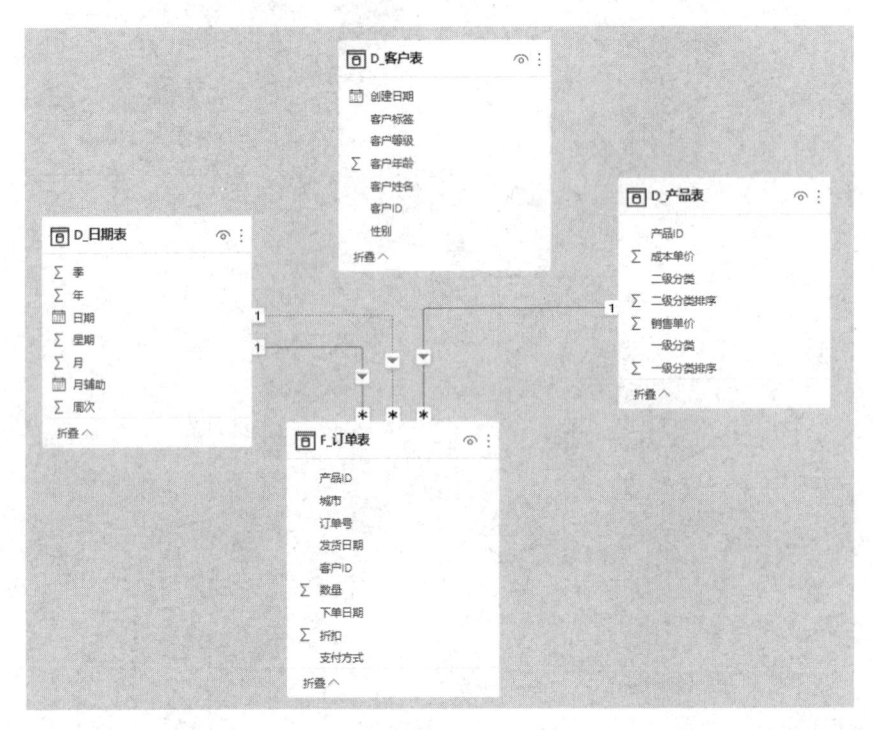

图 7-11

在实际创建表关系时,优先使用强关系,弱关系作为备用,尽量不使用无关系。如果两个表之间无关系,则无法进行分析。两个表之间的关系越强,计算速度就越快,这是我们使用关系的原则。然而,这并不是绝对的,因为在某些特殊的场景中,我们只能使用函数辅助处理无关系的情况。在对关系进行深入了解之前,遵循这个原则是有用的。

根据关系的筛选方向不同,我们可以将关系分为一对多、一对一、多对一、多对多几种。

- 一对多关系：从产品表到订单表筛选，产品表端是"一"，订单表端是"多"，这就是一对多关系，如图 7-12 所示。

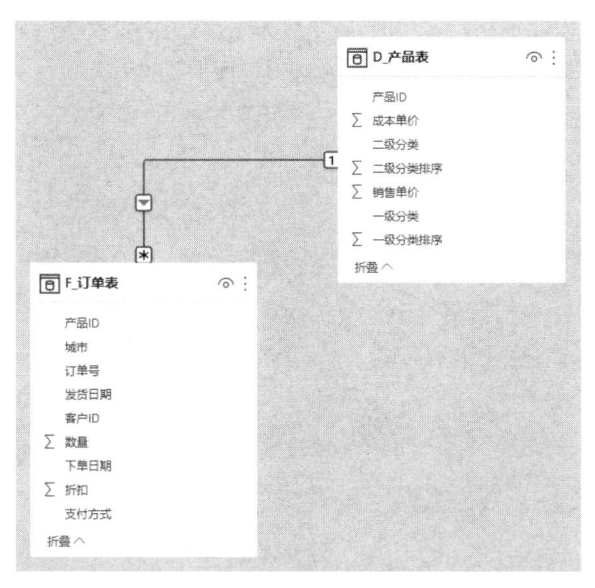

图 7-12

- 一对一关系：一对一关系是一种特殊的一对多关系，指两个表的关联字段具有相同的唯一值，如图 7-13 所示。这里是将产品表复制出一个新表，重新与产品表进行关系的创建。它们的关系线上有两个三角形，代表两个表可以相互筛选。这里的筛选方向也可以被修改为单向，只能从一个表到另一个表进行筛选。

图 7-13

- 多对一关系：多对一关系是一对多关系的反向操作，从订单表到产品表进行筛选，以"多"端控制"一"端。把一对多筛选的交叉筛选器方向改为"两个"，可以实现从"多"端到"一"端的筛选，如图 7-14 所示。在某些特殊的场景中，这也是一种不错的做法，但通常不推荐。

图 7-14

- 多对多关系：在数据模型中，多个表之间存在多对多关系。简单来说就是，一个表的成员可以与其他多个表的成员关联，反之亦然。在多对多关系中，可以单向筛选，也可以双向筛选，如图 7-15 所示。

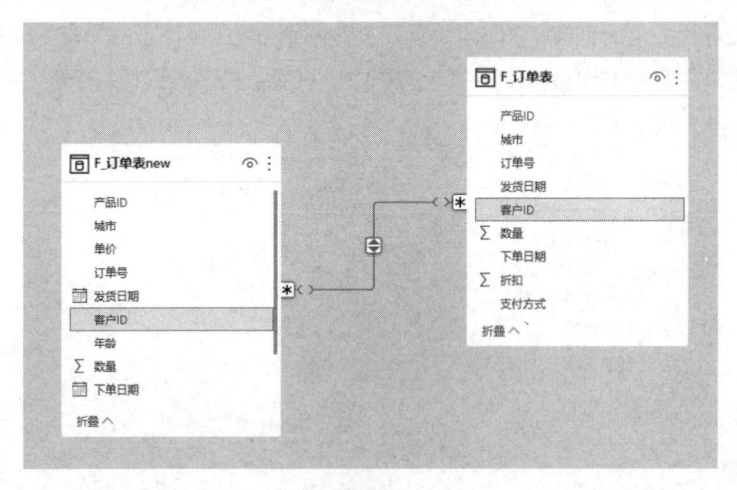

图 7-15

最后，我们再来说一说在什么情况下使用什么关系。需要声明的是，**Power BI** 并没有规定必须使用某种关系，这完全是用户实践出来的结果。

第 7 章
数据模型

在真正理解表关系之前，**请在 99.99%的情况下使用一对多关系**。使用一对多关系就像按照交通规则开车一样，你不会犯原则性的错误。

对于一对一关系：如果关系是一对一的，为什么不放到一张表里面呢？对于多对一关系：如果使用多对一关系，则表明在大多数情况下，可能是你的数据模型构建不规范或者业务数据库设计不规范。其重点不在多对一关系上，而在于你如何规范模型数据，或者是否可以使用函数来满足局部的特殊需求。对于多对多关系：按照前面所讲的筛选方向，如果所有的表之间都是多对多关系并且启用了双向筛选，那么就四通八达了。其问题在于，无论从哪个表都可以使用维度对度量进行筛选，这很容易造成歧义。一旦在复杂数据模型上采用这种方式，数据模型就将成为灾难现场，除了你了解自己的数据模型，其他人都很难看懂，并且存在筛选陷阱，在某些场景下将得到错误的结果。

Power BI 用户使用的大都是一对多关系，偶尔也会使用其他关系。无论你是将自己的工作交接给其他人还是接手其他人的工作，抑或是你向其他人请教或者被请教，大家都能很快地进入状态，很快地厘清其中的关系方向并进行接下来的处理。

这里并不是否定其他关系的作用，而在于实事求是。首先说说一对多关系。一对多关系适用于绝大多数情况。一对一关系也有其价值，比如你有一个复杂的数据模型，现在需要在维度表中增加一个新的字段分类，最快的方式其实是复制一个维度表，手动修改并添加到数据模型中，并且和原来的维度表使用一对一关系双向筛选。因为有时候时间紧张，所以作为临时方案，这是一个不错的选择。再说说多对一关系。在某些特殊的场景中需要使用多对一关系，比如一个客户有多个标签，当我们想要按照某个标签分析时，可增加一个包含所有标签组合的维度表，并启用双向筛选，如图 7-16所示。最后说说多对多关系。在构建一个复杂的权限控制体系时，需要使用多对多关系，而在其他情况下，应尽量将多对多关系处理成"多对一对多"关系后再计算。

当然，也不必拘泥于过往经验，合适就用，不破不立，不要把多对多关系等视为洪水猛兽。假如你刚刚使用 Power BI 并且遇到一些问题，而使用多对多关系可以立刻解决问题，那要不要用这种关系呢？不要犹豫，用！用完之后，再去研究有没有更好的设计方法可以将多对多关系转化为一对多关系，或者探索数据模型本身哪里设计得不合理。这里真正要思考的不是用和不用的形式，而是其背后为什么是这样的。

我们再深入一层，为什么一开始就强调不建议使用多对多关系呢？这是为了帮新手 Power BI 用户挡住前面的路，让他们止步于深渊之前，当有一天他们强大到可以凝视深渊时，他们才不会感到恐惧。

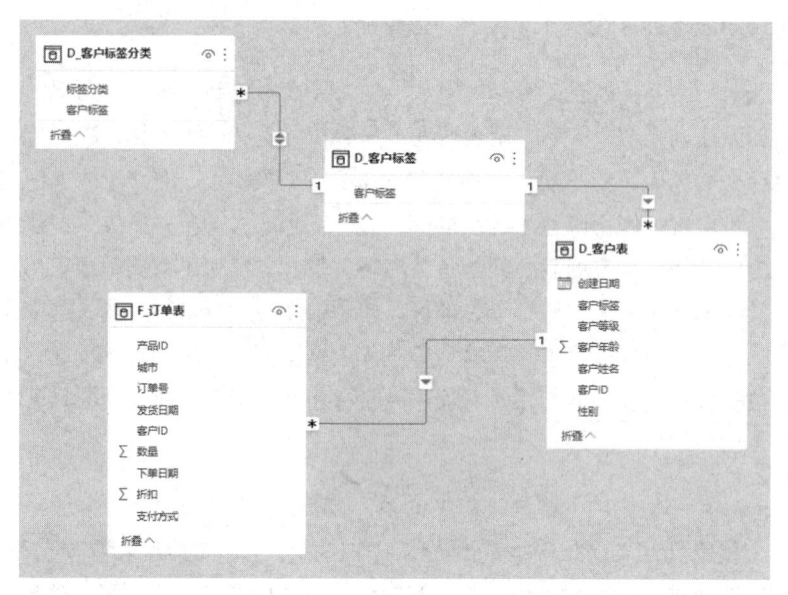

图 7-16

7.7.2 交叉筛选器方向

双击两个表之间的连接线，打开"编辑关系"对话框，如图 7-17 所示。查看"交叉筛选器方向"，有两个选项，分别是"单一"和"两个"[1]。

- 单一：关系的交叉筛选器方向默认为"单一"，即只能从一个表到另一个表筛选。

- 两个：在条件允许的情况下，可以将交叉筛选器方向改为"两个"，即两个表可以相互筛选。

- 在两个方向上应用安全筛选器：当选择交叉筛选器方向为"两个"时，可以启用该功能进行更精细的控制，并且对需要的效果进行非常准确的约束。在一些权限控制方案中，需要启用该功能。

---

[1] 单一/两个："单一"和"两个"在翻译上不够准确，如果翻译为"单向"和"双向"会更容易理解。虽然如此，我们依然使用 Power BI 默认的"单一"和"两个"的说法。

图 7-17

7.7.3 管理关系

当从外部加载数据到 Power BI 之后，会自动创建表与表之间的关系。Power BI 检测关系的规则是，两个表有一个共同的字段，并且一端是"一"，另一端是"多"，然后自动创建一个一对多关系。如果选择在加载数据后自动检测关系，则要求加入数据模型中的表字段都非常标准。实际上，这是无法完全做到的，而且自动检测出的关系也并不都是我们真正需要的。这就会导致自动创建一些不需要的关系，从而带来不小的麻烦。由此我们可以推导出一条新规则：**不使用任何自动检测出的表关系**。

如果要关闭这些设置，则可以依次点击"文件"-"选项和设置"-"选项"-"数据加载"，分别取消勾选右侧的"在第一次加载时从数据源导入关系""在刷新数据时更新或删除关系""加载数据后自动检测新关系"复选框，如图 7-18 所示。

如果需要编辑两个表之间的关系，则可以切换到模型视图，右击两个表之间的连接线，选择"属性"，或者双击这条线，打开"编辑关系"对话框，如图 7-19 所示。

图 7-18

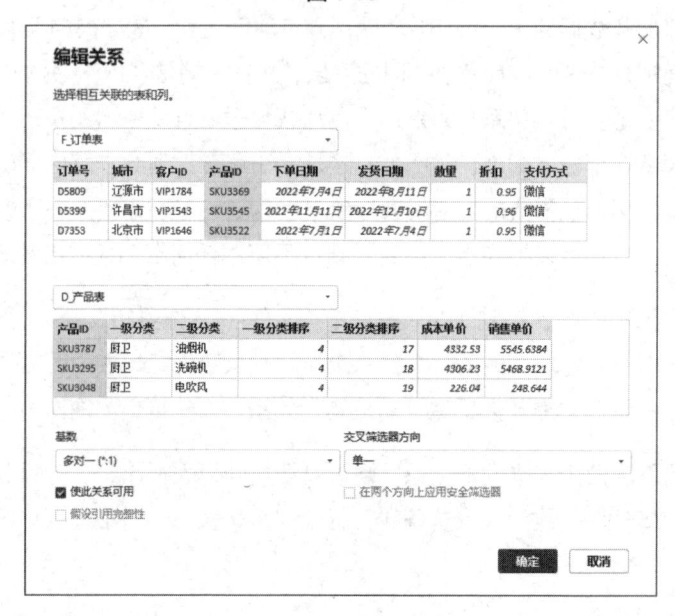

图 7-19

在图 7-19 中，两个表中灰色背景的字段是相互关联的字段。在这里，也可以筛选其他表并与之进行关联。"基数"表示两个表的关联方式。"交叉筛选器方向"表示关系筛选的方向，其中"单一"表示从"一"端到"多"端进行筛选，"两个"表示两个表可以相互筛选。"使此关系可用"表示是否启用当前关系，勾选此项表示启用，不勾选此项表示未启用，表与表之间当前只能有一个被激活的关系。这就像我们上班可以选择多种交通方式，比如开车、坐地铁、步行等，但当前只能有一种交通方式，选择了开车就不能坐地铁，也不能步行，选择了坐地铁就不能开车，也不能步行，选择了步行就不能开车，也不能坐地铁。

前面我们讲过，如果要在两个表之间创建关系，那么只需要在模型视图中将一个表中的字段拖动到另一个表中对应的字段上即可。

如果表特别多不容易找到，那么在需要创建两个指定表之间的关系时，有三种选择，分别是：

- 依次点击"报表视图"-"建模"-"管理关系"，打开"管理关系"对话框。
- 依次点击"表格视图"-"表工具"-"管理关系"，打开"管理关系"对话框。
- 依次点击"模型视图"-"主页"-"管理关系"，打开"管理关系"对话框。

通过这三种方式，都可以找到"管理关系"按钮，并打开"管理关系"对话框，如图 7-20 和图 7-21 所示。

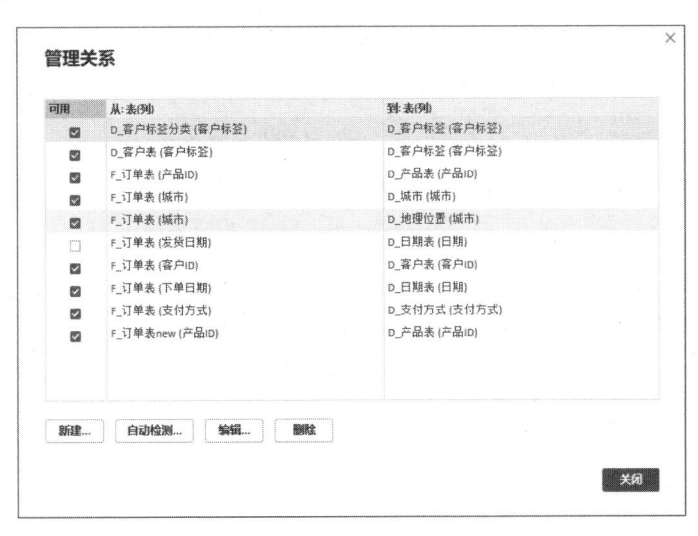

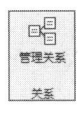

图 7-20   图 7-21

在"管理关系"对话框中，点击"新建"按钮，选择需要创建关系的两个表和需要关联的两个表字段，点击"确定"按钮，即可创建新的关系。

还有一种更简单的方式：在模型视图中，点击"新建布局"按钮，创建一个新的布局，如图 7-22 所示。将需要创建关系的两个表分别拖动到布局中，然后拖动两个表中对应的字段来创建关系。

图 7-22

7.8 DAX 是什么

DAX（数据分析表达式）是为了在数据模型中计算商业逻辑而专门设计的一门语言。DAX 在某种程度上融合了 Excel 函数、SQL 和 MDX（多维表达式）的特点，可以被应用在 Microsoft Power BI、Microsoft SQL Server Analysis Services（SSAS）和 Microsoft Power Pivot for Excel 的编程式数据分析语言中。它于 2010 年随着 Power Pivot 的第一个版本 PowerPivot for Excel 2010 被一起发布。需要注意的是，那时的 PowerPivot 中间是没有空格的。

你无须了解 SQL 和 MDX，它们并不影响你学习 DAX。如果你希望对 DAX 有更深入的了解，那么在有一定的基础后，可以学习《DAX 权威指南》（第 2 版）。

以 Power BI Desktop 为例，有三个地方需要编写 DAX 表达式，分别是新建列、度量值和计算表。新建列就像在 Excel 中新增一个辅助列一样；度量值可以被类比为 Excel 数据透视表中的"值字段汇总方式"，数据透视表默认有 11 种汇总方式，而使用度量值编写汇总方式，则有无穷多的可能性；计算表是使用表函数返回一个表并作为数据模型的一部分，就像在 Excel 中手动对表进行转换之后返回一个新表一样。

7.8.1 新建列

将数据加载到 Power BI Desktop 之后，点击左侧的"表格视图"按钮，如图 7-23 所示。

图 7-23

对数据一一进行检查，你会发现订单表中只有数量，没有销售总额和利润相关信息，销售单价在产品表中，如图 7-24 所示。

图 7-24

如果要添加这些内容，则可以通过"新建列"来完成。首先获取产品表中的销售单价，然后将其与订单表中的数量相乘，再乘以折扣就可以得到销售总额。如何来实现呢？由于我们已经根据产品 ID 在产品表和订单表之间创建了一对多关系，产品表端是"一"，订单表端是"多"，因此可以在订单表中使用 RELATED 函数从产品表中获取销售单价。

在表格视图中选中订单表，依次点击"表工具"-"新建列"，如图 7-25 所示。

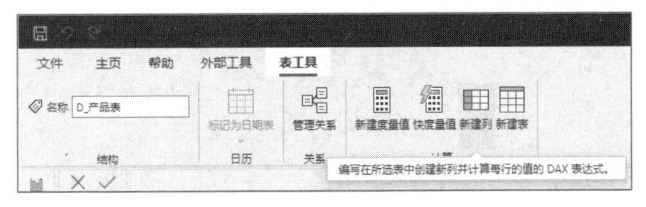

图 7-25

此时可以对新建的列进行编辑。与 Excel 中的操作不同，这里需要将新列的名称写在等号之前，而在等号之后编写公式，默认状态是"列 = "。我们将新列的名称改为"销售单价"，在等号的后面输入一个字母"R"（大小写均可，推荐大写），会自动弹出以"R"开头的所有函数，如图 7-26 所示。

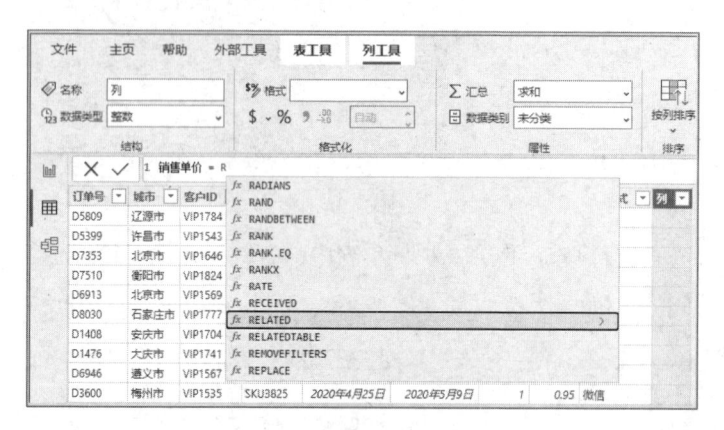

图 7-26

使用方向键"↑"和"↓"选择所需要的函数，或者使用鼠标点击对应的函数，该函数就会出现在公式中。这里选择 RELATED 函数，根据其语法提示，我们需要为该函数提供一个参数。其函数说明是"从其他表返回相关值"，这里需要的是产品表中的销售单价。此时输入英文单引号"'"，会弹出所有符合要求的表列，选中"D_产品表'[销售单价]"，如图 7-27 所示。

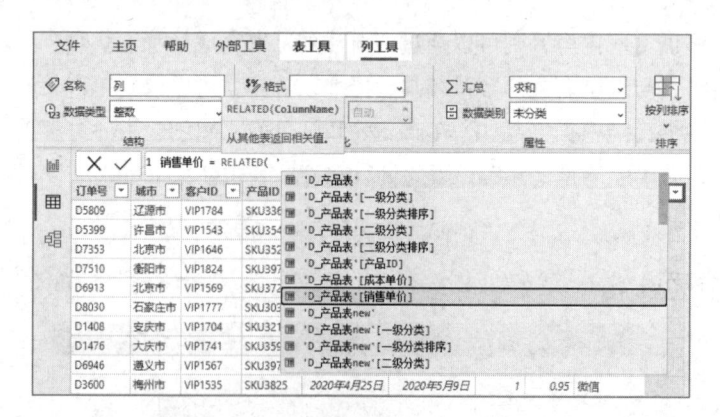

图 7-27

加上右括号并按回车键，就得到了销售单价，如图 7-28 所示。

第 7 章
数据模型

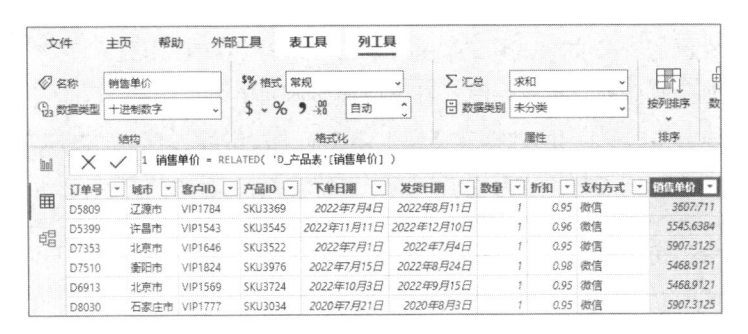

图 7-28

完整的公式为：

销售单价 = RELATED('D_产品表'[销售单价])

在编写 DAX 表达式时，应使用英文单引号将表名包裹起来，如"D_产品表"。在表名之后，紧跟着使用方括号将列名称括起来，如"D_产品表[销售单价]"。这是标准的列引用方式。

如法炮制，继续创建"销售总额""成本单价""成本总额""利润总额""利润率"这些列，如图 7-29 所示。

图 7-29

完整的公式为：

```
销售总额 = 'F_订单表'[数量] * 'F_订单表'[折扣] * 'F_订单表'[销售单价]
成本单价 = RELATED( 'D_产品表'[成本单价] )
成本总额 = 'F_订单表'[数量] * 'F_订单表'[折扣] * 'F_订单表'[成本单价]
利润总额 = 'F_订单表'[销售总额] - 'F_订单表'[成本总额]
利润率 1 = 'F_订单表'[利润总额] / 'F_订单表'[销售总额]
利润率 2 = DIVIDE( 'F_订单表'[利润总额], 'F_订单表'[销售总额] )
```

其中，利润率 1 和利润率 2 分别使用了两种表达方式，在正常情况下其计算结果是相同的。在利润率 2 的公式中，特意引入了一个 DIVIDE 函数，即"安全除法"。使用 DIVIDE 函数，当分母为 0 时，可以保证不返回错误，而是返回空值。因为一旦有分母为 0 导致错误，整列的数据就会发生错误而无法继续计算。当需要数据相除时，应养成使用 DIVIDE 函数的好习惯。

对于每一个新增的列，都可以调整其数据类型和格式，使其更符合做报告的人看数的习惯。当然，不调整也不影响数据的本质。

在"利润率 1"列和"利润率 2"列，我们发现存在浮点数。这里可以为销售单价、销售总额、成本单价、成本总额、利润总额依次添加千分位符并且取整数，利润率以百分比表示，如图 7-30 所示。

图 7-30

切换到报表视图，将产品表中的"一级分类"列和订单表中的"销售总额""成本总额""利润总额""利润率 2"这些列拖放到画布上，结果如图 7-31 所示。

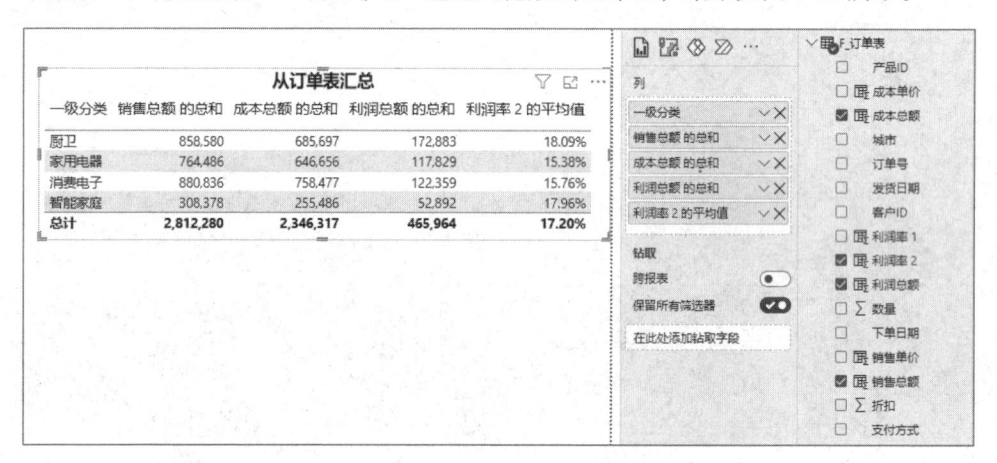

图 7-31

这里有一个问题：利润率该怎么计算呢？在 Power BI 中，无法像在 Excel 中操作那样，在展示数据的右侧新增单元格并进行数据的相除（目前新版本中可以在表视觉对象右侧新增自定义列计算率值，但这里并不推荐这样做）。此处使用了平均值，所以很显然，现在的计算结果是错误的。此时可能有人会觉得 Power BI 不好用，还没有 Excel 灵活。不要着急，继续往下看。

通过新建列好像根本做不到这一点，就像在 Excel 中正常使用数据透视表无法完成率值的计算一样。该怎么办呢？这个时候就需要度量值登场了。

7.8.2 度量值

度量值是什么？度量值可以被对应到 Excel 数据透视表中的"值字段汇总方式"，如图 7-32 所示。在 Excel 中，不能在数据透视表中计算利润率这样的指标。如果可以使用公式来编写数据透视表的"值字段汇总方式"，那么是不是就可以在 Excel 中实现率值的计算了？

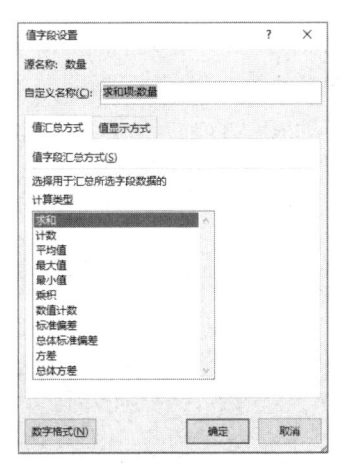

图 7-32

在 Power BI 中，可以将数据模型理解为一个大号的数据透视表，被拖放到画布上的可视化对象本质上就是数据透视表，图的本质其实就是表，所有可视化的背后本质上也都是表。对应 Excel 中数据透视表计算所使用的"值字段汇总方式"，在 Power BI 中被称为"度量值"。针对 Excel 数据透视表中的"值字段汇总方式"，无法编写更多汇总方式的问题，在 Power BI 的度量值中使用 DAX 表达式完美地解决了。

度量值是两个概念的集合，即"度量"和"值"。

值是在特定语境中所表示的某种实际或者抽象的量或状态，它是对事物的描述或表达，可以是数字、文本、日期、布尔值等数据类型。

度量是在数据分析和商业智能领域，用于衡量和分析数据的计算指标，以此测量数据、大小、趋势、比率等。度量包含了计算方法、聚合级别、数据类型、别名和格式。

度量和值合在一起就是可度量的值。那什么是可度量的值呢？指包含业务含义且在数学意义上可被统计的值。

例如，如果对文本进行求和，就会得到一个错误，因为文本只能被计数，不能被求和。对文本求和就是不可度量的值。在我们的常识中，通常认为数字是可度量的，只有可度量才能有对比，才可以进行判断，进而区分好和坏。

度量值根据其所使用的数据源自带业务属性。这就意味着，前面放到画布上的那些值字段汇总方式都是可以使用度量值来编写的。下面我们就使用度量值来编写"值字段汇总方式"[1]。

在开始之前，先创建一个空表，用来存放我们编写的度量值。依次点击"主页"-"输入数据"，这里可以将该表命名为"DAX"或者其他便于记忆的名字，不填写任何数据，点击"加载"按钮，如图 7-33 所示。

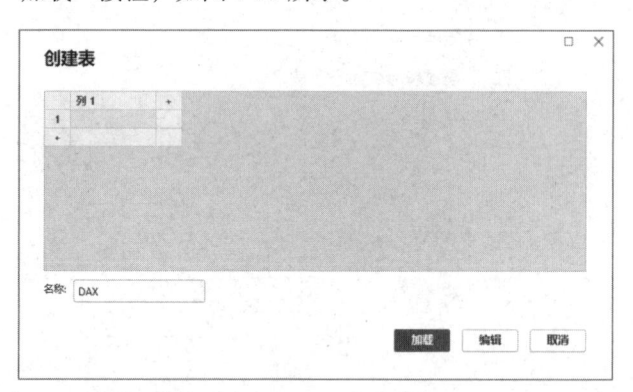

图 7-33

在 DAX 表上右击，选择"新建度量值"，如图 7-34 所示。在 7.9.3 节中将重点讲解这些操作。

---

1 "值字段汇总方式"是 Excel 中的概念，这里为方便理解进行了这样的描述，在 Power BI 中没有这种叫法。在 Power BI 中，其等价于使用 DAX 表达式编写度量值。

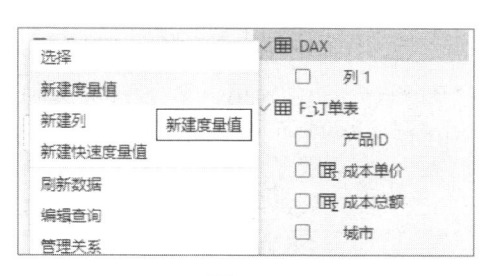

图 7-34

这里引入了一个 SUMX 函数，其语法提示为"返回为表中的每一行计算的表达式的和"。其中第一个参数是"表"，第二个参数是"表达式"。

完整的公式为：

```
销售总额 = SUMX('F_订单表', 'F_订单表'[数量] * 'F_订单表'[折扣] * RELATED('D_产品表'[销售单价]))
成本总额 = SUMX('F_订单表', 'F_订单表'[数量] * 'F_订单表'[折扣] * RELATED('D_产品表'[成本单价]))
利润总额 = [销售总额] - [成本总额]
利润率 % = DIVIDE([利润总额], [销售总额])
```

操作完成后，结果如图 7-35 所示。

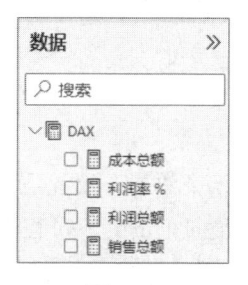

图 7-35

新建度量值与新建列类似，还是在等号的前面写名称，在等号的后面写公式。编写完成之后，选中任意度量值，在"度量工具"选项卡中，调整度量值的格式用于最终展示。

当需要引用已经编写好的度量值参与新的计算时，只需要在编辑栏中输入左方括号"["，就会自动弹出所有的度量值，选择相应的度量值即可。需要注意的是，在引用度量值时，不需要引用度量值所在的表，比如"DAX[销售总额]"就是一个不规范的操作，应该直接引用"[销售总额]"。

使用度量值重新编写之后，与使用订单表中新建的列计算的结果进行对比，除利润率外，其他计算结果都是一致的。虽然使用新建的列和度量值都能得到正确的结果，但这里还是建议优先使用度量值来计算。对于利润率，使用度量值计算出了正确的结果，如图 7-36 所示。

从订单表汇总

一级分类	销售总额 的总和	成本总额 的总和	利润总额 的总和	利润率 2 的平均值
厨卫	858,580	685,697	172,883	18.09%
家用电器	764,486	646,656	117,829	15.38%
消费电子	880,836	758,477	122,359	15.76%
智能家庭	308,378	255,486	52,892	17.96%
总计	2,812,280	2,346,317	465,964	17.20%

使用度量值汇总

一级分类	销售总额	成本总额	利润总额	利润率 %
厨卫	858,580	685,697	172,883	20.14%
家用电器	764,486	646,656	117,829	15.41%
消费电子	880,836	758,477	122,359	13.89%
智能家庭	308,378	255,486	52,892	17.15%
总计	2,812,280	2,346,317	465,964	16.57%

图 7-36

从计算利润率的场景来看，通过"新建列"并不能实现所有的计算。然而，通过度量值计算可以满足要求，这足以见得度量值的灵活性。在复杂的场景中，使用度量值计算可以满足我们的分析需求。

7.8.3 计算表

无论是希望从事实表中提取维度数据，或者是由于编写的度量值过于复杂而需要降低其计算难度，还是需要对度量值的计算过程进行调试，都可以使用计算表来完成。

使用 DAX 函数即可创建计算表，DAX 常用函数有 ADDCOLUMNS、SUMMARIZE、SUMMARIZECOLUMNS、CALCULATETABLE、VALUES、FILTER 等。在特定的环境中，它们返回的结果是一个表，当被引用的表数据发生变化时，使用表函数创建的表也会自动更新。

1. 新增维度表

我们可以将订单表中的支付方式创建为维度表，支付方式分为"线上"和"线下"。依次点击"主页"-"新建表"，输入以下 DAX 表达式：

```
D_支付方式 =
ADDCOLUMNS(
    VALUES( 'F_订单表'[支付方式] ),
    "渠道",
        SWITCH(
            TRUE(),
            'F_订单表'[支付方式] = "现金", "线下",
            "线上"
        )
)
```

结果如图 7-37 所示。

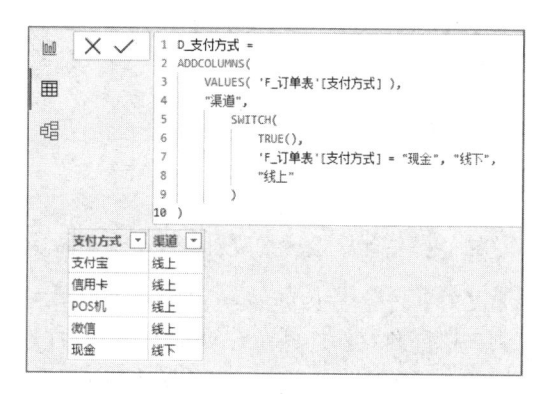

图 7-37

在 DAX 表达式编写完成后，在模型视图中，在支付方式表和订单表之间通过"支付方式"创建关系，然后就可以使用渠道来分析数据了，如图 7-38 所示。

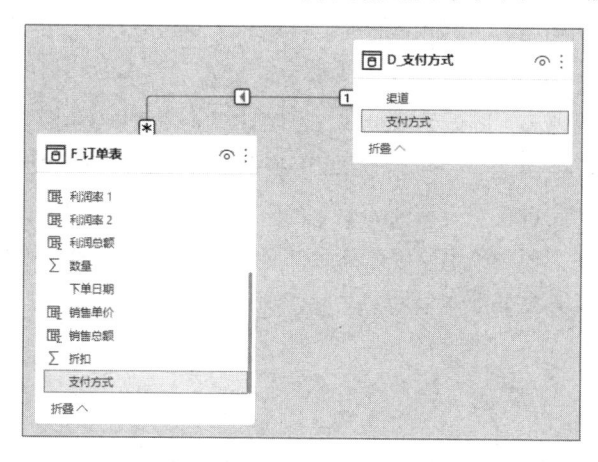

图 7-38

2. 使用中间表降低计算难度

使用 DAX 编写度量值太难了，我们可以选择使用计算表作为中间表来辅助计算。当然，也可以将度量值的计算过程拆解成中间表，用于验证计算过程是否正确。

7.8.4 如何选择新建列、度量值、计算表

1. 新建列

（1）增加分析维度。

如果要增加分析维度，那么新建列是一个不错的选择。例如，如果要分析购买产品的客户的年龄段，则需要在事实表中通过"新建列"对年龄段进行判断，以保存客户购买产品时的年龄段信息。

（2）提高计算效率。

使用"新建列"是如何提高计算效率的呢？当我们使用"新建列"进行计算时，计算结果会被存储在模型当中，在计算完成后，计算结果就确定了。此时使用度量值引用该列进行计算，则可以在新建列计算完成的基础上继续计算度量值的其他部分，让度量值减少一个计算环节。在某些场景中，这种做法非常友好，但会占用更多的内存，文件也会增大。

（3）降低计算难度。

虽然在形式上和提高计算效率类似，但是其考虑的出发点完全不同。我们在使用 DAX 表达式编写度量值时，受限于自身的技术水平，无法保证使用 DAX 表达式都能完成度量值的编写。为了降低编写难度，可以选择通过"新建列"进行预计算。在学习初期，如果遇到使用 DAX 表达式编写度量值的难题，则可以采用这种方式，先解决有和无的问题，在进行了更深入的学习之后，再尽量只使用 DAX 表达式编写度量值来完成计算。在这种场景中使用计算列，不一定会提升效率，有时甚至会降低计算效率，因为其核心是降低使用 DAX 表达式编写度量值的难度。

2. 度量值

在 Power BI 的画布上，对一个表中的列进行汇总计算有两种选择，其中一种是将表中的列拖动到画布上进行计算，另一种是使用度量值进行计算。我们应该采用哪种

方式呢？笔者的建议是，在所有的情况下，都使用度量值进行汇总计算。

在画布上对表中的列进行汇总，一共有 9 种汇总方式，如图 7-39 所示。这并不能满足我们大部分情况下的需求，当汇总方式发生变化时，只能在画布上进行更改，并且其他度量值无法引用该计算结果。

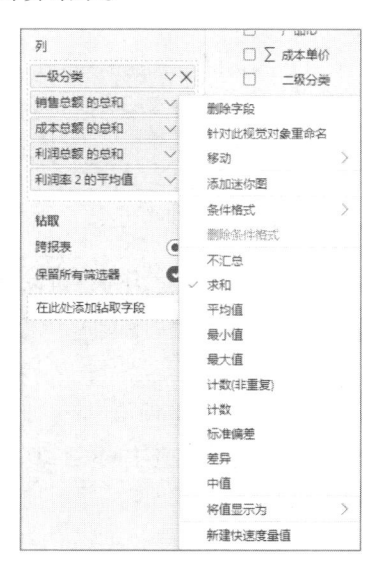

图 7-39

度量分为**显式度量**和**隐式度量**。使用 DAX 表达式来编写度量值，被称为"显式度量"，如图 7-40 所示。表中部分列（包括表中原有的列和新建的列）前面有一个"Σ"符号，这被称为"隐式度量"，如图 7-41 所示。推荐使用显式度量的度量值进行分析，而不推荐使用隐式度量的度量值。

图 7-40

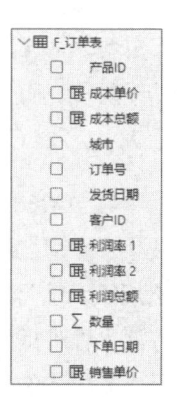

图 7-41

3. 计算表

（1）新增维度表。

如果希望从事实表中提取一个维度表，那么使用计算表是一个不错的选择。在实际操作中，也可以选择在 Power Query 中从事实表中提取一个维度表。使用 DAX 表达式创建计算表更加灵活，便于修改，但是会带来一些性能开销，也有可能遇到循环依赖的问题。如果更注重数据模型的规范和性能要求，则建议尝试在 Power Query 中完成增加维度的操作。

（2）降低使用 DAX 表达式编写度量值的难度。

当使用 DAX 表达式编写度量值的难度过大时，可以选择将中间过程创建为计算表，并据此继续编写度量值。这种方法与使用新建列降低计算难度的原理是相同的。

（3）DAX 调试。

在编写复杂的 DAX 表达式时，需要检查中间的计算过程是否正确，此时可以选择将公式中的部分数据创建为计算表。

7.8.5 如何学习 DAX

学习 DAX，不需要一开始就了解其计算原理，甚至还要主动屏蔽相关信息。就像一个牙牙学语的婴儿，说话根本不用考虑语法是否合理，人类的最强能力之一就是模仿，照猫画虎，先把基本的函数功能学会，自己能根据教程复现操作，这就是学习路上成功的一大步。如果一开始就纠结于各种上下文环境，那么你会发现，还没开始就要放弃了。我非常认同本书的另一位作者刘钰老师的观点，对于新手的学习，最重要的不是给予更多，而是帮其在相应的阶段挡住不该接触的部分，在凝视深渊前让其比深渊更强大。

那如何学习 DAX 呢？在讨论如何学习 Power BI 时分享过一句话："熟能生巧，巧生技，技生术，谓之技术。"真正难的不是技术，而是心态，事物的发展都遵循其应有的自然规律，你无法在学走路的阶段就让自己跑起来。这一方面会打击你的自信心，另一方面也很难得到很好的学习效果。而当你有了一定的积累之后，掌握更高级的技术就是水到渠成的事情。

7.8.6　DAX 常用函数

截至 2023 年 7 月 16 日，DAX 中的函数已有 361 个，之后会有更多。这么多函数，我们应该学习哪些呢？尤其是刚接触 DAX 的初学者，肯定没有那么多精力把全部函数都学完。我们可以像在 Excel 中学习函数那样，熟练掌握几个核心函数，了解一些常用函数的用法，而对于其他函数，在遇到问题时再去查找并了解。对 DAX 函数的学习仍然可以按照这种方法进行，因此我们摒弃了传统的函数分类方式，而是将 DAX 函数分为四大类：无须特殊学习的函数、需要熟练掌握的函数、需要了解其用法的函数和需要用时再学习的函数。

1. 无须特殊学习的函数

无须特殊学习，并不是说不用学习，而是可以按照理解 Excel 函数的方式来理解这些 DAX 函数并尝试使用。同时我们要知道，这并不意味着 DAX 函数与 Excel 函数完全一致，随着学习的逐步深入，你会了解到 DAX 函数与 Excel 函数的不同，现阶段可以暂时忽略这个问题。

（1）与 Excel 函数类似的 DAX 函数：SUM、AVERAGE、MAX、MIN、COUNT、IF、SWITCH、TRUE、FALSE。

（2）基于以上函数变形得到的函数：SUMX、AVERAGEX、MAXX、MINX、COUNTX、COUNTA、DISTINCTCOUNT。

其中，以"X"结尾的函数，被称为迭代函数。为了降低理解难度，DAX 在设计时将结尾的"X"去掉，增加了一些与 Excel 中的函数同名的函数，不过还是要知道它们的区别。

以 SUM 函数为例，以下两种写法是等价的：

```
SUM 销售金额 = SUM( 'F_订单表'[销售金额] )
SUMX 销售金额 = SUMX( 'F_订单表', 'F_订单表'[销售金额] )
```

可见，SUM 函数本质上就是 SUMX 函数的简写。为了更好地理解 DAX 函数的思考方式，推荐使用 SUMX 的写法。

如果要使用"数量*折扣*销售单价"，怎么计算销售总额呢？前面讲过，使用 SUMX 函数可以轻松计算。而使用 SUM 函数却做不到这一点，因为 SUM 函数的参数只有一列。使用 SUMX 函数，可以这样编写：

```
销售总额 = SUMX( 'F_订单表', 'F_订单表'[数量] * 'F_订单表'[折扣] * RELATED( 'D_产品表'[销售单价] ) )
```

其他几个以"X"结尾的函数具有类似的效果。

DISTINCTCOUNT 是我们在 Excel 中求而不得的非重复计数函数，但在 DAX 中可以轻松使用。

TRUE 和 FALSE 是逻辑函数。

这 16 个函数，不用花费太多的时间学习就可以轻松掌握它们的基本用法。

2. 需要熟练掌握的函数

- 筛选器修改函数：CALCULATE、ALL、ALLSELECTED、ALLEXCEPT、KEEPFILTERS、VALUES、TREATAS、CROSSFILTER、USERELATIONSHIP。
- 筛选函数：FILTER、ADDCOLUMN、SUMMARIZE、SUMMARIZECOLUMNS、TOPN、SELECTEDVALUE、DISTINCT。
- 日期函数：DATE、DATEADD、DATEDIFF、DATESBETWEEN、DATESYTD、DATESQTD、DATESMTD。
- 关系函数：RELATED、RELATEDTABLE。
- 统计/文本/信息函数：COUNTROWS、DIVIDE、RANKX、BLANK、FORMAT、FIND、SEARCH。

以上函数的使用频次非常高，几乎覆盖了 80%~90% 的使用场景。对每个函数的用法都要熟练掌握，可以先从函数的基本用法学起，再尝试进行各种嵌套来实现想要达到的效果。不要抱怨函数为什么这么难学，只需要努力走好脚下的每一步，功到自然成。希望你可以把这些函数的用法烂熟于心。

如果你并不想成为 DAX 专家，那么当你学习到的函数足够使用的时候就可以不必再深入研究了，等真正需要的时候再进行专题训练。比如以 CALCULATE 函数的复杂程度，我们无法在短时间内完全掌握它，而其常规用法并不会影响我们处理日常工作中的大部分问题。

3. 需要了解其用法的函数

这一部分将留空，每个人都可以将自己需要了解其用法的函数归为这一类。当你看到、听到、学到一些新的函数，觉得有一些用处或者很有意思，而当下还不知道怎么用时，可以将这些函数放到这一部分，作为自己专属的分类。当你需要的时候，这一类作为备查，非常有用。

4. 需要用时再学习的函数

前面没有提到的函数，在当前阶段都无须特意学习，可以在用到的时候再学习。前面提到的函数覆盖了 80%~90% 的使用场景，学习这些函数性价比最高。针对需要用时再学习的函数，笔者有一个不错的建议：当你时间充裕的时候，可以将全部函数的用法看一遍。这是非常有必要的，其目的并不是当场就要学会，而是建立知识索引。如果有一天你需要使用某个函数来解决问题，那么你的知识索引就会启动，帮你快速找到所需函数，从而进行有针对性的学习。当然，这一部分函数也可以被升级为"需要了解其用法的函数"。这种方法同样适用于对其他工具中函数的学习。

由于篇幅限制，这里并没有对各种函数的使用方法展开介绍，只是在讲解相关知识时使用了部分函数。当前，你可以通过互联网找到足够多的学习资料，相关的图书和网站也足够丰富。本书真正想告诉你的是学习的方向和方法，而非技术本身。

关于 DAX 函数的学习，可能是一个持续的过程。虽然对函数本身的学习很重要，但也不要完全脱离自身的业务问题而陷入对技术的过度思考中，除非你愿意花费大量的时间来学习 DAX 并尝试成为 DAX 专家。而对于绝大多数的 Power BI 用户来说，不建议这么做。

7.8.7　在 DAX 编辑器中使用快捷键

在 Power BI Desktop 中，使用"Shift+?"快捷键就可以查看常用的快捷键，如图 7-42 所示。点击左下角的"查看更多键盘快捷方式和辅助功能"链接，可以查看 Power BI 中所有的快捷键。记住一些常用的快捷键，有助于改善使用 Power BI 的体验。

下面整理出一些在编写 DAX 表达式时常用的快捷键。

1. 换行

- 换行缩进：Shift + Enter
- 换行不缩进：Alt + Enter

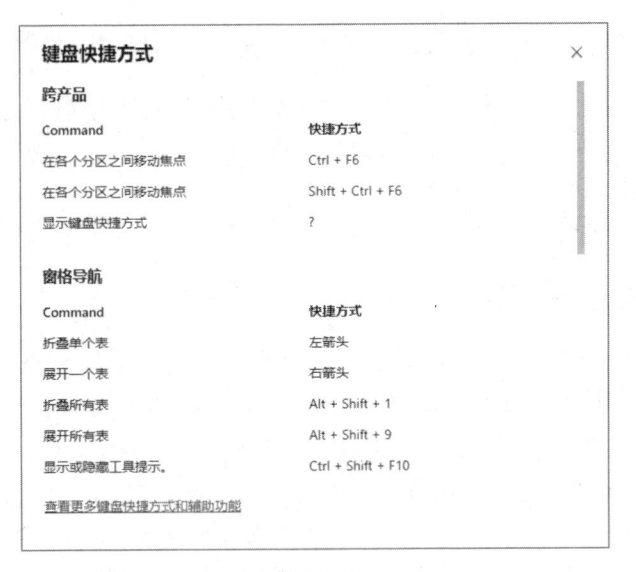

图 7-42

2. 缩进

- 向右缩进：Ctrl +]
- 向左缩进：Ctrl + [

3. 注释

在需要注释的行内容前输入：

- --
- //

或者，使用"Ctrl + /"快捷键对光标所在行进行自动注释，会自动在内容前添加"//"。

如果需要批量注释，则可以选中所有需要注释的内容（可以是多行），按下"Ctrl + /"快捷键。使用该快捷键可以在注释和取消注释之间切换。

4. 逐个查找并替换

Ctrl + D

首先选中一个待查找的内容，按下"Ctrl + D"快捷键，将会针对所选中的内容查找下一个，并将这些内容全部一起选中，此时可以直接对其进行编辑。

5. 全部查找并替换

Ctrl + Shift + L（或 Ctrl + F2）

如果有多个一样的内容需要编辑，则可以先选中一个内容，然后按下"Ctrl + Shift + L"快捷键，将一次性选中剩余的相同内容，此时可以编辑所有选中的内容。

6. 放大/缩小字体

- Ctrl + +/−
- Ctrl + 鼠标滚轮

7. 移动行

Alt + ↑/↓

对选中的行进行上下移动。

8. 同时编辑多行

Ctrl + Alt + ↑/↓

9. 跳转到行

Ctrl + G

当公式特别长时，可以快速定位到指定行。

10. 删除行

Ctrl + Shift + K

7.9 表和度量值的命名规则及度量值管理

对表和度量值进行命名是一个重要的部分，清晰的名称可以让表和度量值的管理更为简单。

7.9.1 表命名规则

对表进行规范命名，有助于我们更好地管理数据模型。根据前面所讲的内容，可以将表分为事实表和维度表。对于事实表，我们可以使用英文单词 Fact 的首字母 "F" 来进行标识，比如将订单表命名为 "F_订单表"。对于维度表，我们可以使用英文单词 Dimension 的首字母 "D" 来进行标识，比如将产品表命名为 "D_产品表"。

此外，在构建数据模型时，还会生成一些用于辅助计算的表，帮助我们完成特定的可视化呈现，此时可以使用英文单词 View 的首字母 "V" 来进行标识。同理，对于我们创建的参数中的"数值范围"，可以使用英文单词 Parameter Range 的首字母 "PR" 来进行标识；对于"参数字段"，可以使用英文单词 Parameter Field 的首字母 "PF" 来进行标识。

基于此，可以延伸出如下标识，如表 7-1 所示。

表 7-1

表 类 型	推荐首字母	示例（不局限于示例）
事实表	F / Fact	F_订单表 / Fact_sale
维度表	D / Dim	D_产品表 / Dim_calendar
新建参数-数值范围	PR	PR_移动平均天数
新建参数-字段	PF	PF_销售分析

这种命名规则并不是唯一的标准，但是如果所有人都能遵循类似命名规范，则将更有利于相互交流和学习，也可以更快速地了解其他人构建的数据模型，降低理解难度。

在实际使用场景中，每个人会有自己习惯的具体命名方式，但应尽量保持一致性并且足够清晰，而不要使用没有辨识度或没有意义的名字，这会让模型越来越混乱。

7.9.2 度量值命名规则

对度量值进行命名，可以使用**定语后置**命名法。如何理解定语后置呢？我们来看下面的描述：

销售_金额
销售_金额_去年
销售_金额_去年_北区
销售_金额_去年_北区_现金支付

"销售_金额_去年_北区_现金支付"，如果正常来描述，就是"去年北区使用现金支付的销售金额是多少"。定语后置命名法将中心词放到最前面，通过在后面不断增加更多的定语来限定中心词的范围。使用这种命名法具有以下几个好处：

- 中心词相同的业务会被自动排列在一起。比如销售类度量值就是以"销售"开头的，可以写为"销售_数量"，表示销售中除了"金额"还有"数量"。如果是与客户相关的业务，那么就以"客户"开头，比如"客户_购买频次"。这样的命名规则不会让命名本身成为累赘，避免了因名字过于相近而无法分辨的问题。

- 不需要在度量值前面加上数字编号来管理。在很多场合中，笔者都不建议给度量值加上编号。如果度量值少，则编号毫无实际意义，因为一目了然。如果度量值多，那么当需要在中间增加一个度量值时，是修改编号还是从最后的编号继续往下写呢？如果修改编号，则意味着需要进行大量的修改工作；如果不修改编号，则意味着度量值编号的排序已经乱了，就更没意义了。如果度量值过多需要管理，那么使用文件夹绝对比使用编号更实用。当度量值过多时，我们需要用到的是"搜索"功能，而不是从头到尾查看来找到它们。

- 定语后置命名法自带逻辑。在命名度量值时加上的定语都是对中心词的描述，并且自带逻辑，不会出现在查找某个业务度量值时因为忘记名字而找不到的情况。

度量值的名字稍长一些也没关系，重要的是描述本身要准确，能够代表其对应的业务。需要注意的是，如果度量值的名字过长，在"数据"窗格中将无法完整地显示出来，如图 7-43 所示。这是由于软件设计本身的宽度限制，如果类似的度量值比较多，则不利于我们查找度量值，尤其是在增加了多层级的文件夹时，这个问题会更加突出。因此，在对度量值进行命名时，可以使用一些相对通用的简写，避免名字过长而影响识别。

图 7-43

这里，在对度量值进行命名时，使用的分隔符是下画线"_"。这是一个相对比较规范的符号。也有人使用空格作为分隔符，其好处就是在输入时不用转换输入法。

但是笔者并不推荐这种方式，因为在正式的项目中，空格可能会造成不必要的麻烦。使用下画线的问题是，在使用中文命名时，需要频繁地转换中英文状态，这会让人崩溃。我们也可以选择使用英文状态下的"."作为分隔符，在这种方式下转换相对没那么麻烦。如果你有更好的方式，则也可以采用。

7.9.3 度量值管理

首先需要明确的是，度量值是属于整个数据模型的，并不独属于某个表，即便是从某个表获取度量值并进行计算的，这与模型驱动的 BI 的机制有关系。尤其是一些复杂的度量值，可能会涉及多个表的计算，将其放到现有的任何一个表中都显得不合适。因此，单独创建一个空表来存放度量值是一个不错的选择。

1. 使用空表管理度量值

依次点击"主页"-"输入数据"，什么都不输入，创建一个空表，这里将表命名为"DAX"，如图 7-44 所示。点击"加载"按钮，显示如图 7-45 所示。

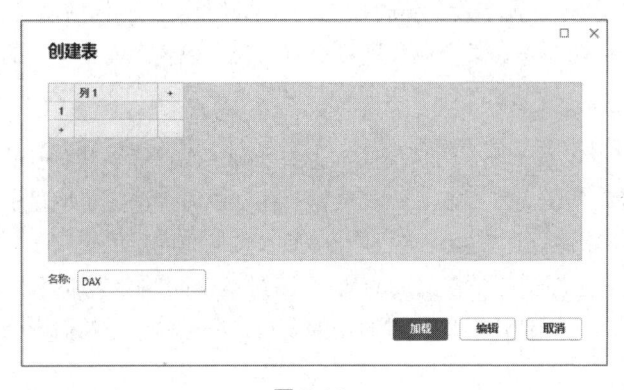

图 7-44 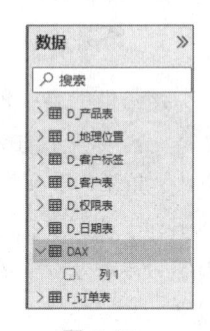　　　　　　　　　　　　　　图 7-45

在"DAX"表名或者"列 1"上右击，选择"新建度量值"，如图 7-46 所示。给新建的度量值赋值为"0"并按回车键，显示如图 7-47 所示。

选中"DAX"表下的"列 1"并右击，选择"隐藏（推荐隐藏）"或"从模型中删除"，"DAX"表将显示在最上方，如图 7-48 所示。此时，你会发现"DAX"表前面的图标变了，之前是表格图标，现在变成了计算器图标。之后，新建的度量值都可以被放到"DAX"表中进行统一管理。

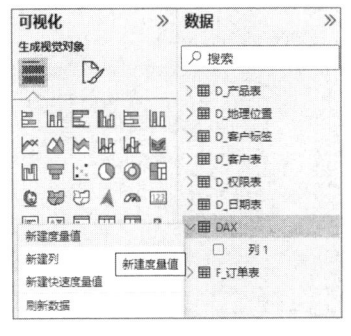

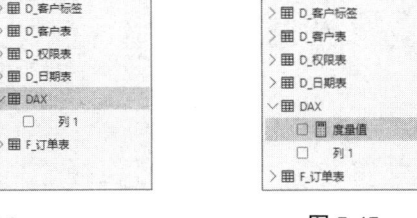

图 7-46　　　　　　　图 7-47 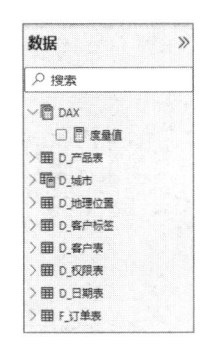　　　　　　　图 7-48

这里有一个操作的小细节需要注意。如果在新建"DAX"表之后，没有创建新的度量值并且对"列 1"执行了"从模型中删除"操作，就会发现"DAX"表消失了，当重新创建一个新的空表"DAX"时，将会自动命名为"DAX (2)"。其解决方法是打开 Power Query，找到"DAX"表并执行删除操作，然后重新创建。这也是我们一开始就要创建一个值为"0"的度量值的原因。

当度量值很多时，可以通过创建不同的空表，将不同的度量值存放在其中，如图 7-49 所示。

图 7-49

2. 使用文件夹管理度量值

当度量值比较多的时候，虽然通过规范的命名可以快速地找到它们，但并不是所有人对数据模型的度量值都很熟悉。为了方便用户使用度量值，我们可以使用多个表或者文件夹对其进行管理，这样就可以快速定位到与业务模块相关的度量值。

创建文件夹很简单，点击主界面左侧的"模型视图"，因为只有在"模型视图"下才可以创建文件夹。选中右侧需要创建文件夹的度量值，可以按住 Ctrl 键，点击选中多个度量值，在"属性"窗格中的"显示文件夹"下输入文件夹的名称，如图 7-50 所示。

我们也可以对文件夹进行重命名，依然需要在"模型视图"下，在文件夹上右击，选择"重命名"即可。如果需要对文件夹进行编号，则可以在文件夹名称的前面加上序号。值得指出的是，由于文件夹的数量一般较少，且相对稳定不易变化，因此，即便在中间插入一些新的文件夹并重新命名，也不会花费太多的时间。

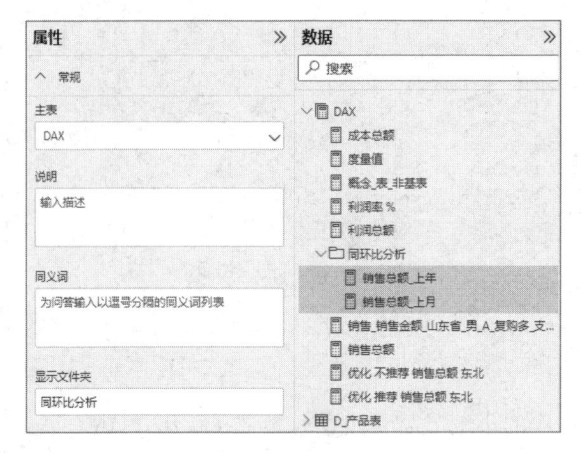

图 7-50

3. 移动度量值

对度量值进行移动，有两种方法。

- 选中度量值，点击"度量工具"选项卡，在工具栏中"主表"的右侧，选择需要移动到的表的名称。这种方法适合在不同的表之间移动度量值。

- 在"模型视图"下，在"数据"窗格中选中需要移动的度量值，可以同时选中多个度量值，然后将其拖动到对应的表或者文件夹中。这种方式适合在不同的表和不同的文件夹之间移动度量值。

3. 使用文件夹或表对度量值进行分层

在一些更为复杂的 Power BI 数据模型中，度量值众多，可能有几百个甚至上千个，而报告也可能有几十页甚至上百页，那么如何清晰地知道哪些报告页使用了哪些度量值呢？虽然在点击视觉对象时会显示所使用的度量值，但这种方式并不方便，因为度量值分布在各个位置。为此，可以对度量值进行分层管理。

（1）模型层。

创建一个空表或文件夹，命名为"模型层"，在该表或文件夹中可以再创建文件夹用于管理更详细的分类。模型层主要用于存放直接从模型基表中引用的度量值，当模型中的基表发生变化时，只需要在该层进行更改，引用该层的度量值会全部自动更新。

比如以下度量值，可以被存放到模型层：

```
销售总额 =
SUMX(
    'F_订单表',
    'F_订单表'[数量] * 'F_订单表'[折扣] * RELATED('D_产品表'[销售单价])
)
销售总量 = SUM('F_订单表'[数量])
```

(2)视图层。

视图层主要用于存放基于模型层度量值进一步加工后的新度量值,这些新度量值用于分析和可视化呈现。如果在引用模型层的度量值时增加了一些筛选条件,那么可以将这些加工后的新度量值存放到视图层。当模型层的度量值发生变化时,视图层的度量值不需要调整,它们会自动更新。

如果模型层中有以下度量值:

```
销售总量 = SUM('F_订单表'[数量])
```

那么在编写"销售_销售数量_东北"度量值时,不推荐下面的写法:

```
优化_不推荐_销售总额_东北 =
CALCULATE(
    SUMX(
        'F_订单表',
        'F_订单表'[数量] * 'F_订单表'[折扣] * 'F_订单表'[销售单价]
    ),
    'D_地理位置'[地区] = "东北"
)
```

而应该使用下面的写法:

```
优化_推荐_销售总额_东北 =
CALCULATE(
    [销售总额],
    'D_地理位置'[地区] = "东北"
)
```

当"销售_销售数量"度量值发生计算上的变化时,只需要在模型层更改该度量值的计算,视图层的度量值就会引用模型层的度量值做进一步计算。在这种情况下,变动带来的影响最小。

(3)报告层。

当报告页特别多的时候,为了快速了解每个报告页都使用了哪些度量值,可以针对不同的报告页，使用不同的文件夹进行管理，也就是将一个报告页所使用的度量值存放在一个文件夹下。思考到这一步，会遇到一个问题：不同的报告页可能会使用同一个度量值，那么如何保证这种方式的有效性呢？将同一个度量值存放在不同的文件夹下，就可以解决这个问题。操作也很简单，在"模型视图"下，在"属性"窗格中找到"显示文件夹"这一项，输入不同的文件夹名称，文件夹名称之间使用英文分号";"分隔。如果存在多层级文件夹，则不同的文件夹层级使用右斜线"\"表示，如图 7-51 所示，这样就可以将同一个度量值存放在不同的文件夹下了。

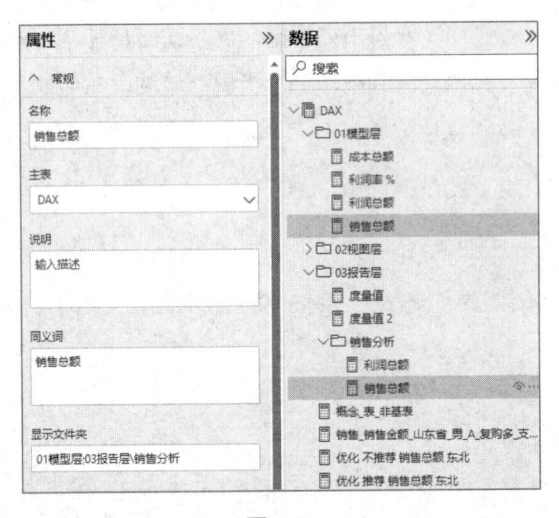

图 7-51

由于数据模型的复杂性，我们需要一种更加规范的度量值管理方式，以便在复杂的数据模型中依然可以很好地使用度量值。

4. 创建指标白皮书

并不是所有的用户都对数据模型了如指掌，我们需要创建一个"指标白皮书"，供用户查询，这在一些复杂的数据模型中非常有用。

在实现方式上，有两个思路。其中一个思路是通过外部工具，将数据模型中所有的度量值名称、DAX 表达式、格式、更新时间等信息导出到 Excel 中，甚至可以加入取值来源、指标风险、指标等级等信息。这些信息也可以与度量值名称或 DAX 表达式进行融合，从度量值名称中提取信息，用特定的符号指代特定的事项，并将该指标白皮书创建为一张新表作为数据模型的一部分，每次更新数据模型时，都更新该表并将其重新加载到数据模型中。另一个思路是在编写度量值时，先提前确定一套白皮书不同列的字段名称，并将其放到度量值的最后作为注释，在发布了该数据模型后，重新连接该数据模型的度量值信息，并提取出其中的注释部分作为一个新表重新添加到数据模型中，成为指标白皮书的内容。后者的操作至少需要 Power BI Premium Per User 许可证才可以进行。

在"指标白皮书"中，需要对统计指标和考核指标等进行区分，并按照企业自身的业务需求进行更多的分类，让用户可以轻松地定位到他们想查看的指标。除了查询，用户还可以判断 DAX 表达式的编写逻辑是否正确，用户甚至可以学习 DAX 表达式的写法，以形成一个正向循环。

7.10 数据模型管理规范

一个真正优秀的 Power BI 数据模型，不应该包含过多的干扰内容，而应该着眼于我们需要关注的部分。当用户使用 Power BI 数据模型进行分析时，只需要让其看到应该看到的内容，而将多余的内容隐藏起来，让整个数据模型看起来更加清爽、更加专业。

7.10.1 调整字段汇总方式

当一个表列作为维度存在时，将其拖放到画布上，其应该作为维度显示，而不会自动汇总，如图 7-52 所示。比如，对于"年"和"月"这样的维度列，我们希望其显示正确的年份和月份，将其拖放到画布上，不会自动汇总。在"可视化"窗格中，虽然可以手动调整为"不汇总"，但是每次操作时都要调整，相当麻烦。

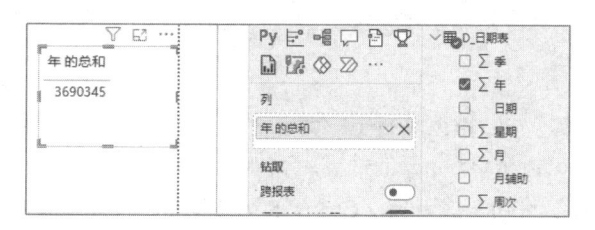

图 7-52

解决方法是，对于那些作为维度存在的列，我们要修改其汇总方式。这些列有一个共同的特征，就是列名称前面都有一个"Σ"符号。这类列被称为"隐式度量"。我们要做的就是关掉这些隐式度量的聚合属性，逐个选中，然后点击"列工具"选项卡，将工具栏中的"汇总"方式调整为"不汇总"，如图 7-53 所示。修改后，列前面的"Σ"符号消失了，看起来清爽多了。将列重新拖放到画布上，其会作为维度存在，而不会自动进行汇总计算。

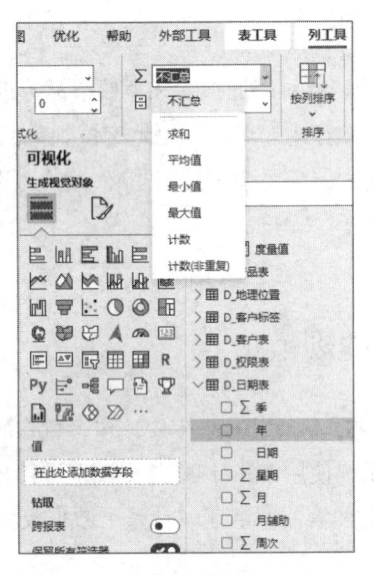

图 7-53

如果你觉得上面介绍的方法过于麻烦，那么还有一种更简单、更彻底的方式，但是需要提前安装 Tabular Editor 插件。打开"外部工具"选项卡中的 Tabular Editor，如图 7-54 所示。

图 7-54

在"Model"上右击，依次选择"Create New"-"Calculation Group"，将创建一个名为"New Calculation Group"的计算组，如图 7-55 所示。无须对该计算组进行重命名，点击"保存"按钮，或者按"Ctrl + S"快捷键，将该计算组保存到 Power BI 数据模型中，然后在 Power BI 中点击"立即刷新"按钮，如图 7-56 所示。

此时，所有表列前面的"Σ"符号都消失了，并且无论怎么修改列的汇总方式，都不再起作用，包括之后添加的新表或新列，都不会再出现"Σ"符号。继续在 Power BI 中操作，将刚刚创建的"New Calculation Group"计算组删除并保存 Power BI 文件，其作用依然不会消失，从此再也不用为上面的问题烦恼了。

图 7-55

图 7-56

订单表中的"数量"列作为一个天然就应该汇总的列，为什么也要修改？这就涉及一个非常重要的理念：**不使用任何隐式度量进行分析**。虽然很反直觉，但这一点非常重要，要牢记。

7.10.2 隐藏非必要字段

为什么要隐藏非必要字段（表列+度量值）呢？

前面我们讲过，所有的视觉对象都是由表组成的。表有两个基本的元素，其中一个是维度，另一个是度量。

维度可以从模型的维度表中取，度量则全部使用度量值，因此完全没有使用到事实表的场景。尤其是在复杂分析中针对多个事实表的共同维度列，比如日期列，如果从事实表中取日期列进行分析，则会给计算和分析带来非常多的麻烦，其交互环境将会变得非常复杂。

事实上，维度建模技术已经是一个非常成熟的方案，多个事实表的共同维度列使用唯一的维度表来表示，同样可以对两个事实表中的数据一起进行分析。计算库存周转就是一个非常典型的例子，需要同时使用销售表和库存表两个事实表进行计算，这个时候就必须使用有共同维度的维度表中的列来分析了。

除此之外的字段，我们都应该尝试进行隐藏。

假如订单表中有"城市"列，地理位置表中也有"城市"列，那么你会发现在画布上使用它们都将得到正确的结果。而实际的情况是，并不是每次都能得到正确的结果，因为在某些复杂的 DAX 环境中，它们并不完全等价。因此，我们需要对以下内容进行隐藏：

- 所有的事实表，包括作为中间过程的计算表、参数表等。
- 对于多个重名的列，只保留维度表中的唯一列，其他的列全部隐藏。
- 非正式的度量值，比如一些用于测试的度量值。
- 与分析报告无关的列。比如"按列排序"功能引用的排序列等。

隐藏的表和度量值在"表格视图"与"模型视图"下仍可以正常查看和修改，而在"报表视图"下将不可见，这对于使用报告的人来讲将不存在歧义，因为所有的字段都是唯一的，不需要再对使用报告的人单独解释使用多个重复字段中的哪一个。

7.10.3 关闭"自动日期/时间"功能

关闭"自动日期/时间"功能，并不意味着不关闭就会影响数据模型本身，而是会影响对数据模型专业度的评价。对于一个具有一定专业度的 Power BI 数据模型，应该使用日期表来进行相关的时间维度分析，而不是使用 Power BI 自动生成的日期层次结构；否则，在构建度量值的时候，就会导致时间智能函数的结果异常和用户对日期分析维度的不唯一性。自动创建的日期层次结构非常具有迷惑性，尤其是对于刚接触 Power BI 的用户，它会带来不必要的干扰，而我们真正要做的其实是创建并使用单独的日期表进行分析。

如果需要关闭"自动日期/时间"功能，则依次点击"文件"-"选项和设置"-"选项"-"数据加载"，取消勾选"自动日期/时间"复选框，点击"确定"按钮即可。

7.11 在 DAX 表达式中使用变量

在 DAX 表达式中使用变量，可以给我们提供很大的帮助，而且可以增加公式的可读性，提高公式的计算性能。

7.11.1 变量的语法

如果要计算销售总额的同比增长率，可以使用下面的公式：

```
销售总额_上年_正常写法 =
DIVIDE(
    [销售总额] - CALCULATE([销售总额], DATEADD('D_日期表'[日期], -1, YEAR)),
    CALCULATE([销售总额], DATEADD('D_日期表'[日期], -1, YEAR))
)
```

这种写法会带来一个问题：上年的销售总额计算了两次。这一方面会让公式看起来冗余，另一方面会影响计算性能。因此，我们可以使用变量来重新编写，如下所示：

```
销售总额_上年_变量写法 =
VAR PY = CALCULATE([销售总额], DATEADD('D_日期表'[日期], -1, YEAR))
VAR YOY = DIVIDE([销售总额] - PY, PY)
RETURN YOY
```

这种写法让整个公式看起来更加简洁，每个步骤都是明确的。由于对上年的销售总额计算使用了变量，因此在后续步骤中直接调用该变量就可以。实际上，上年的数据只计算了一次，被定义为变量的内容只需要计算一次，并将结果存放到内存中，以供反复调用。

VAR 是一种特定的用法，它与 RETURN 共同构成了一条闭合语句。在 VAR 的使用上，有以下几点要求：

- VAR 之后有空格，然后是变量名称。

- 对变量进行命名，不能使用已知的函数名或保留字。

- 变量的名称必须使用英文或数字，且不能以数字开头。

- 在同一层嵌套中可以有多个 VAR，但只能有一个 RETURN。

- VAR 和 RETURN 必须成对出现，构成闭合语句。

- 只能使用在当前编辑位置之前定义的变量。

- 变量的名称应尽量与它的计算内容相关。

- 可以尝试使用 t1、t2、t3 这样的方式命名变量，或者使用拼音。虽然这样命名不够规范，但简化了给变量命名的难度。同时，推荐为每一行都添加注释，以便于理解。注释符号可以是 "//" 或者 "--"。

下面是具体示例：

```
销售总额_上年_变量写法_加注释 =
// 计算上年的销售总额
VAR PY = CALCULATE( [销售总额], DATEADD( 'D_日期表'[日期], -1, YEAR ) )
// 计算同比增长率
VAR YOY = DIVIDE( [销售总额] - PY, PY )
// 输出结果
RETURN YOY
```

- 当使用变量编写 DAX 表达式时，RETURN 之后紧跟变量名，而不是一段表达式。这种方式更容易调试。

下面是不推荐的写法：

```
变量使用_不推荐写法 =
VAR t1 = 1
VAR t2 = 2

RETURN t1 + t2
```

下面是推荐的写法：

```
变量使用_推荐写法 =
VAR t1 = 1
VAR t2 = 2
VAR t3 = t1 + t2

RETURN t3
```

7.11.2 变量的特性

为了更好地使用变量，我们需要对变量的三个特性非常熟悉，这样才能在编写 DAX 表达式的时候做到游刃有余。

（1）对于多层嵌套的函数，可以使用 VAR 写成单行语句。

我们来看下面的两种写法：

```
变量特性一_嵌套写法 =
COUNTROWS(
    FILTER(
        SUMMARIZECOLUMNS(
            'F_订单表'[客户ID],
```

```
            "@客户总金额", [销售_销售金额]
        ),
        [@客户总金额] > 20000
    )
)
```

```
变量特性一_变量写法 =
  VAR CustomerAmountGroup = SUMMARIZECOLUMNS('D_客户表'[客户 ID], "@
客户总金额", [销售总额] )
  VAR FilterGroup = FILTER( CustomerAmountGroup, [@客户总金额] > 20000 )
  VAR TableRows = COUNTROWS( FilterGroup )
  RETURN TableRows
```

以上两种写法是等价的,其计算结果相同。其中后一种写法是将多层嵌套的函数展开之后,使用 VAR+RETURN 结构将其写成单行语句。如果嵌套的函数过多,则不太容易厘清其中的逻辑关系,而使用变量之后,其看起来更加优雅。

(2)只要 VAR+RETURN 结构可以构成一条闭合语句,它就可以任意嵌套。

示例如下:

```
变量特性二_多层嵌套 =
CALCULATE(
    [销售总量],
    VAR vTable =
        FILTER(
            'F_订单表',
            VAR Price = RELATED( 'D_产品表'[销售单价] )
            VAR TargeTable = Price > 2000
            RETURN TargeTable
        )
    VAR vTableNew = FILTER(vTable, 'F_订单表'[支付方式] = "POS 机")
    RETURN
        VAR SubTable = FILTER( vTableNew, RELATED('D_产品表'[一级分类])
= "厨卫")
        RETURN SubTable
)
```

以上公式仅出于教学目的,在实际应用中并不会使用这样冗余的步骤,这里只是让我们可以清楚地看到 VAR+RETURN 结构的嵌套使用。其嵌套层数是没有限制的,只要保证 VAR+RETURN 结构是完整的即可。

（3）VAR 计算的结果是不变的量，因此不能使用 VAR 命名的变量作为函数中的值，只可以将其使用在筛选类型的参数上。

虽然叫作变量，但实际上是一个不变的量。这里的变量不像在编程中那样，可以被重新赋值。即，在变量计算完成之后，其结果就不再变化了，因此我们无法对其计算的值进行再次计算。

以下写法将得到错误的结果：

```
变量特性三_错误写法=
VAR Amount = SUM( 'F_订单表'[数量] )
VAR RE = CALCULATE( Amount, 'D_地理位置'[地区] = "东北" ) // 该步骤无效
RETURN RE
```

以上写法，虽然在语法上不会报错，但却得不到正确的结果，因为我们无法将变量作为值应用到 CALCULATE 的第一个参数的计算中。如果前面使用 VAR 定义了一个表，那么这个表可以被作为 CALCULATE 的第二个参数，以表筛选的形式进行正确的计算。

以下是正确的计算方式：

```
变量特性三_正确写法 =
VAR Area = FILTER( 'D_地理位置', 'D_地理位置'[地区] = "东北" )
VAR RE = CALCULATE( [销售总额], Area )
RETURN RE
```

在 DAX 表达式中使用变量，需要不断地进行实践和总结。虽然其规则并不复杂，但是想要熟练地掌握 DAX 表达式中变量的用法，仍然需要付出不少的努力。即使你没看懂，也请不要放弃，时间会给你答案。

7.12　DAX 表达式的格式化

通常，我们要非常熟悉 DAX 表达式的格式化规则，因为只有经过格式化的 DAX 表达式，才能被认为是合格的 DAX 表达式。在一些复杂的场景中，我们甚至要写具有上百行甚至更多行语句的表达式，如果不对 DAX 表达式进行格式化，则将完全无法厘清它的逻辑。当你拿着"一坨"DAX 表达式向别人请教时，对方的内心肯定是崩溃的。永远不要将 DAX 表达式写成"一坨"，否则将会变得极其麻烦，而且无论

是对自己还是对别人都是一种折磨。比如下面这种编写方式就不可取：

```
未格式化的 DAX 表达式 =
CALCULATE(SUM('F_订单表'[数量]),KEEPFILTERS(FILTER(ADDCOLUMNS
(ADDCOLUMNS('F_订单表',"@单价",RELATED('D_产品表'[销售单价])),"@总金额",
'F_订单表'[数量]*[@单价]*(1-'F_订单表'[折扣])),[@总金额]>10000)),
DATESBETWEEN('D_日期表'[日期],MIN('D_日期表'[日期]),MAX('D_日期表'[日
期])))
```

DAX 表达式格式化的规则如下：

- 始终用空格将函数（如 IF、SUMX 和 CALCULATE）与其他术语分开，并且函数名始终用大写字母表示。

- 所有的列引用都使用"表名[列名]"的形式，表名和方括号之间没有空格，表名是必需的。

- 所有的度量值引用都以"[度量值名称]"的形式书写，不添加表名。

- 在逗号后面加空格，并且空格不能出现在逗号之前。

- 如果公式只有一行，那么就不需要应用其他规则了。

- 如果公式有多行，那么：

    ❑ 函数单独位于一行，带有左括号。

    ❑ 所有参数都单独占一行，且缩进 4 个空格（或使用 Tab 键缩进）。

    ❑ 需要添加逗号的位置，在表达式末尾用逗号分隔。

    ❑ 右括号与调用它的函数的左括号上下对齐，单独占一行。

按照以上规则进行优化，将得到下面的 DAX 表达式：

```
格式化的 DAX 表达式 =
CALCULATE(
    SUM( 'F_订单表'[数量] ),
    KEEPFILTERS(
        FILTER(
            ADDCOLUMNS(
                ADDCOLUMNS(
                    'F_订单表',
```

```
                "@单价", RELATED('D_产品表'[销售单价]) 
            ),
            "@总金额", 'F_订单表'[数量] * [@单价] * (1 - 'F_订单表'[折扣])
        ),
        [@总金额] > 10000
    )
),
DATESBETWEEN(
    'D_日期表'[日期],
    MIN('D_日期表'[日期]),
    MAX('D_日期表'[日期])
)
)
```

在对 DAX 表达式进行格式化后，其变得更加易读，我们也更容易理解其计算逻辑。假如你之前编写了大量的 DAX 表达式，且没有对其进行格式化，那么这里推荐一种批量操作的方法来弥补。

打开 Tabular Editor，找到并点击"C# Script"，如图 7-57 所示。在 Tabular Editor 更早的版本中，"C# Script"被称为"Advanced Script"。

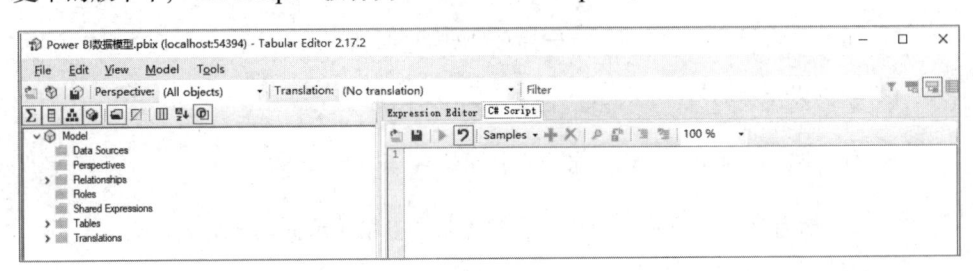

图 7-57

复制"Model.AllMeasures.FormatDax();"，粘贴到编辑栏中，点击"Run script (selection only)"图标，如图 7-58 所示。

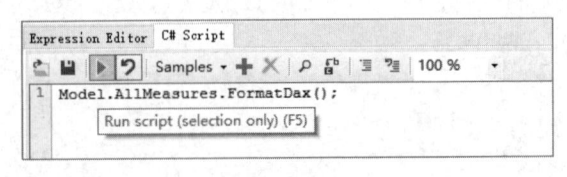

图 7-58

稍等一会儿，即可在右下角看到执行情况，如图 7-59 所示。

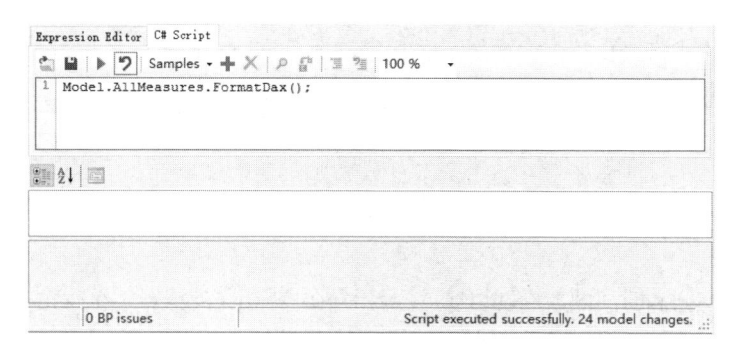

图 7-59

执行完毕后，在 Tabular Editor 中要记得点击"保存"按钮，保存回 Power BI 模型中，如图 7-60 所示。

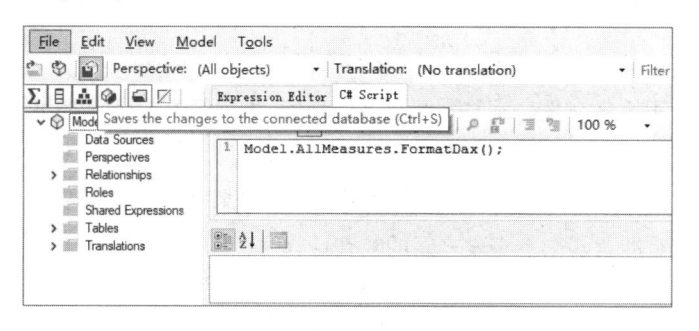

图 7-60

如果要针对部分度量值进行格式化，则可以在左侧的"Tables"分组下，选中需要格式化的度量值并执行以上操作。该操作简单，无须手动调整每一个度量值。在上面的操作步骤中，仍有四个需要特别注意的事项：

- 计算机必须联网。

- 输入的代码结尾一定要有英文分号";"。

- 代码严格区分大小写，否则会报错。

- 运行后一定要记得保存回模型。

在编写 DAX 表达式时，应养成良好的习惯，这一方面可以让 DAX 表达式更加易于维护，另一方面可以使编写思路更加清晰。关于 DAX 表达式的格式化，如果你仍然无法掌握其规则，则建议登录 DAX Formatter 网站进行尝试，以感受格式化前后的变化。但这并不意味着我们编写的公式要时刻与其格式化的结果保持完全一致，在遵守 DAX 表达式格式化规则的前提下，在细节上允许有一些不同，你可以根据自己的习惯进行调整。

7.13 日期表

数据由空间和时间两大维度组成。而与时间分析相关的内容，至少占 60% 的分析场景，可以说掌握了与时间相关的分析，也就掌握了大部分分析。而与时间相关的日期表，是我们在进行时间维度分析时重要的支撑。在一个模型中，可以忽略一些不必要的表，但日期表是必不可少的，甚至在创建 Power BI 数据模型时，应该首先创建一个日期表，然后再加入其他数据。

数据模型中的事实表，大多会有与日期相关的列，可能有一列，也可能有多列，我们可能会使用这些列来完成与日期相关的分析。然而，在 Power BI 中，并不推荐这样使用，甚至反对这样使用。因为使用事实表中的日期列进行分析和计算，无法正确地使用时间智能函数。而对时间智能函数的使用，在 Power BI 的分析中有着举足轻重的作用，尤其是涉及多个事实表之间的复杂计算时。如果没有一个共同的日期表，则很难完成相关分析。

7.13.1 如何正确使用日期表

回到我们使用的 Power BI 数据模型中，你会发现 Power BI 自动为日期列创建了一个日期层次结构，其中包含了年、季度、月份、日，如图 7-61 所示。

它看起来似乎是可以使用的标准日期表，但是笔者劝你千万不要这样做。Power BI 为了使新用户更方便地进行日期分析，创建了这样一个日期层次结构，其极具迷惑性。该日期来源于事实表，日期可能并不连续，且几乎不可能唯一。如果使用订单表中的"下单日期"作为时间智能函数的参数，将无法正确显示。公式如下：

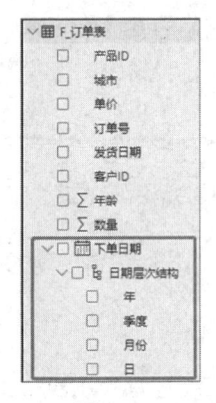

图 7-61

```
销售总额 =
SUMX (
```

```
    'F_订单表',
    'F_订单表'[数量] * 'F_订单表'[折扣] * RELATED('D_产品表'[销售单价])
)

销售总额_去年_使用下单日期 =
CALCULATE(
    [销售总额],
    DATEADD('F_订单表'[下单日期], -1, YEAR)
)
```

虽然 DAX 并不会在语法上报错，但是当你把该度量值和年份放到画布上时，视觉对象将无法正常显示结果或者直接弹窗提示，如图 7-62 所示。

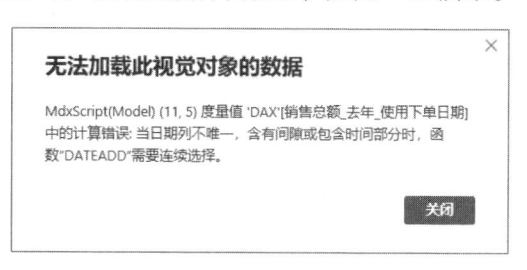

图 7-62

如果要得到正确的结果，则需要将时间智能函数的参数改为日期表的"日期"列，如图 7-63 所示。

```
销售总额_去年_使用日期表 =
CALCULATE(
    [销售总额],
    DATEADD( 'D_日期表'[日期], -1, YEAR )
)
```

年	销售总额	销售总额_去年_使用日期表
2019	592,033	
2020	662,824	592,033
2021	769,186	662,824
2022	788,237	769,186
2023		788,237
总计	2,812,280	2,812,280

图 7-63

使用日期表且保持"日期"列唯一、连续，并且基于此进行与日期相关的分析，是 Power BI 数据模型构建中最为规范的做法。在极特殊的情况下，可能会使用多个日期表，但是在你真正熟悉这些操作之前，不建议进行尝试。

如果你希望对日期表的管理更加规范，则可以关闭"自动日期/时间"功能。依次点击"文件"-"选项和设置"-"选项"-"数据加载"，取消勾选"自动日期/时间"复选框，点击"确定"按钮，即可关闭"自动日期/时间"功能，如图 7-64 所示。

图 7-64

如果需要使用某个事实表中的两个甚至多个日期列与日期表进行关联，则可以针对分析使用频次最高的事实表的日期列和日期表创建实线关系，然后创建一个或者多个虚线关系，同时配合 USERELATIONSHIP 函数进行实现。计算公式如下：

```
销售总额 = SUMX('F_订单表', 'F_订单表'[数量] * 'F_订单表'[折扣] * RELATED('D_产品表'[销售单价]))
销售总额_按发货日期 = CALCULATE([销售总额], USERELATIONSHIP('D_日期表'[日期], 'F_订单表'[发货日期]))
```

操作结果如图 7-65 和图 7-66 所示。

如果要分析与日期时间相关的内容，则可以在时间表与事实表之间建立关系。对时间进行分析，可以从 0:00:00 开始到 23:59:59 结束，共计 86400 行数据。请不要在事实表中保留"日期时间"格式的列，而是要将日期和时间拆分为两列，并分别与日期表和时间表创建关联关系。

关于日期表，我们真正需要知道的是它对数据模型的重要性，然后知道在 Power BI 数据模型中如何使用日期表，并基于日期表编写度量值进行分析就足够了。在使用日期表的过程中，肯定会遇到各种问题，只要使用日期表这个大方向不偏，在解决问题的过程中，你就会对日期表有更深刻的认识和理解。

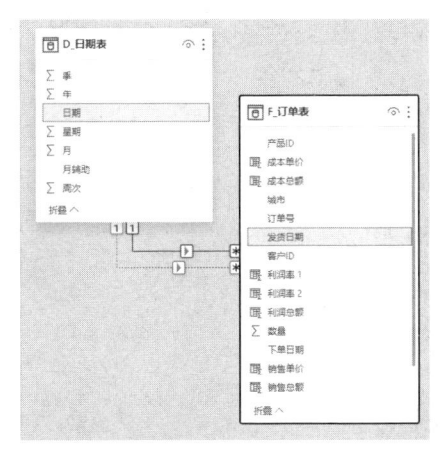

图 7-65

图 7-66

7.13.2 如何构建日期表

学会构建日期表是一项基本能力，我们需要非常熟练地构建和使用 Power BI 中的日期表。

在构建日期表时，需要注意如下几点：

- 日期表中的日期列必须唯一。

- 日期表中的日期列要将数据类型保持为"日期"，而不是一个整数日期，如20210101。

- 日期表中的日期列应包含一个完整的年，从 1 月 1 日开始，到 12 月 31 日结束。比如从 2021 年 1 月 1 日到 2024 年 12 月 31 日。

- 日期表中的最大年份最好比事实表中的最大年份至少大一年，对于某些需要做预测的计算依然可以正常显示，因为预测数据往往需要显示到下一年。

- 建议使用日期表中的日期列与事实表中的日期列进行关系的创建，两个表中的日期列都是日期格式。使用日期格式的列进行关系的创建，不需要再进行"标记为日期表"操作。如果使用非日期列进行关联，则需要对日期表进行"标记为日期表"操作才能正常计算。

- 应时刻保证日期表可以完整覆盖事实表中与日期分析相关的日期列。如果在日期分析中发现日期为空并且有对应的值，则需要检查日期表是否完整覆盖了事实表中的日期列。当然，也可能存在事实表中有异常日期的情况，需要进行修正。
- 如果事实表中的日期数据只到月份维度，那么可以使用该年该月的第一天来代表该月份，并使用日期格式。比如使用 2021-08-01 代表 2021 年 8 月，并与日期表中的日期列创建关系。年份同理。

我们可以通过三种方式来完成日期表的构建。

（1）使用 Excel 构建日期表。

优点：构建简单，门槛低，人人都可以完成。

缺点：日期无法动态更新，当数据模型中的最大日期超过日期表中的最大日期时，需要对日期表进行手动调整。同时，某些需要动态显示的列无法动态更新，需要使用新建列辅助完成。

（2）使用 Power Query 构建日期表。

优点：可以根据数据模型中的最大日期自动扩充日期表。由于日期表在 Power Query 中已经计算完成，因此不会因日期表而造成性能问题。

缺点：对于不熟悉 Power Query 的用户来说，有一定的使用门槛。作为补充方式，你可以参考网络上使用 Power Query 构建日期表的案例。

（3）使用 DAX 构建日期表。

优点：使用计算表来构建日期表，可以通过灵活地调整 DAX 表达式来达到使用的目的。此外，还可以根据数据模型中的最大日期自动扩充日期表。

缺点：当日期表过大时，可能会造成部分性能的损耗。同时，需要你有一定的 DAX 表达式编写基础。

无论是哪种构建日期表的方式，只要适合自己就是最好的，你可以根据它们的优缺点来进行选择。笔者更喜欢使用 DAX 通过计算表来构建日期表，而刘钰老师更倾向于使用 Power Query 来构建日期表。

关于如何使用 DAX 和 Power Query 构建日期表，网络上有很多相关案例，你可以自行进行学习，也可以查看本书参考资料。

7.14 按列排序

"按列排序"功能可以根据我们指定的分类对某列进行排序。Power BI 默认的排序方式是遵循 ASCII 国际标准的排序方式，而这种方式对于我们来说并不友好。在很多业务场景中，我们需要按照自己的分类顺序进行排序，此时就需要用到"按列排序"功能。

在 Excel 中，可以通过添加辅助列，并为不同的分类指定不同的数字，然后对数字进行排列来达到自定义排序的目的。在 Power BI 中，采用类似的方式。

这里以产品表为例进行演示。对产品表的"一级分类"列和"二级分类"列进行自定义排序。首先需要为"一级分类"列和"二级分类"列分别创建一个辅助列，其中"一级分类"列中有四个分类，我们分别为四个分类指定不同的数字，每一个分类对应一个唯一的数字。当根据数字进行按列排序时，就可以达到自定义排序的目的。对于"二级分类"列，采用同样的方式，对需要正序排列显示在前面的分类使用较小的数字，如图 7-67 所示。将增加了排序辅助列的产品表加载到数据模型中，如果排序辅助列的数字在 Power Query 中被识别为非整数类型，则需要进行手动调整，将其数据类型调整为整数。

产品ID	一级分类	二级分类	成本	售价	一级分类排序	二级分类排序
SKU3974	家用电器	电视机	4725.85	5907.313	3	20
SKU3424	家用电器	电冰箱	5824.07	6814.162	3	21
SKU3132	家用电器	空调	4369.86	5200.133	3	22
SKU3280	家用电器	洗衣机	3635	4107.55	3	5
SKU3475	消费电子	手机	4733.82	5822.599	1	6
SKU3508	消费电子	对讲机	198.07	257.491	1	10
SKU3609	消费电子	智能手表	2814.12	3179.956	1	11
SKU3787	厨卫	油烟机	4332.53	5545.638	4	17
SKU3295	厨卫	洗碗机	4306.23	5468.912	4	18
SKU3093	智能家庭	智能开关	304.84	359.7112	2	26
SKU3496	智能家庭	传感器	395.59	514.267	2	27
SKU3890	智能家庭	控制器	319.13	411.6777	2	12
SKU3048	厨卫	电吹风	226.04	248.644	4	19
SKU3106	厨卫	电饭煲	459.16	592.3164	4	7
SKU3402	厨卫	打蛋器	44.71	53.652	4	8

图 7-67

在报表视图中，可以将"一级分类"列拖放到画布上，并添加"[销售_销售总额]"度量值，结果如图 7-68 所示。请记住这个"一级分类"列的内容顺序。

在表格视图中，找到产品表，选中"一级分类"列，依次点击"列工具"-"按列排序"，选择"一级分类排序"，如图 7-69 所示。

图 7-68

图 7-69

按照同样的操作，选中"二级分类"列，并按照"二级分类排序"来进行"按列排序"功能的设置。此时再看画布中的结果，如图 7-70 所示，"一级分类"列中的内容已经按照我们指定的顺序进行了显示。

图 7-70

在实际的应用中，按列排序往往不会这么简单，在排序之后可能会带来某些副作用。比如，在计算一级分类占比、二级分类占比和进行排序时就会遇到结果异常的问题。为了还原这个问题，我们回到执行按列排序之前的状态，选中"一级分类"列，依次点击"列工具"-"按列排序"，选择"一级分类"，也就是按照默认的顺序排列，此时就不再有按列排序的效果。

我们先看下面的度量值：

销售总额_一级分类排名 = RANKX(ALL('D_产品表'[一级分类]),[销售总额])

在没有按列排序的情况下，这个度量值的计算结果是正确的，如图 7-71 所示。

现在按照"一级分类排序"列，对"一级分类"列进行按列排序，将得到如图 7-72

所示的结果。很明显，这个计算结果是错误的。

一级分类	销售总额	销售总额_一级分类排名
厨卫	858,580	2
家用电器	764,486	3
消费电子	880,836	1
智能家庭	308,378	4
总计	2,812,280	1

图 7-71

一级分类	销售总额	销售总额_一级分类排名
消费电子	880,836	1
智能家庭	308,378	1
家用电器	764,486	1
厨卫	858,580	1
总计	2,812,280	1

图 7-72

出现这个问题，原因是在进行按列排序之后，执行分组计算的列和按列排序的列之间是强关联的，这两个列具有同等的直接筛选效果。我们需要做的是，同时清除执行分组计算的列和排序依据列的上下文筛选功能。

修改度量值如下：

```
销售总额_一级分类排名_优化 = RANKX( ALL('D_产品表'[一级分类], 'D_产品表'[一级分类排序]), [销售总额])
```

现在结果排名一切正常了，如图 7-73 所示。

一级分类	销售总额	销售总额_一级分类排名	销售总额_一级分类排名_优化
消费电子	880,836	1	1
智能家庭	308,378	1	4
家用电器	764,486	1	3
厨卫	858,580	1	2
总计	2,812,280	1	1

图 7-73

7.15 循环依赖

在 Power BI 中，关系的循环依赖是一个有意思的话题。例如，A 依赖 B，同时 B 又依赖 A；或者 A、B、C 相互依赖，即 A 依赖 B，B 依赖 C，C 又依赖 A。当这种关系产生时，就会形成循环依赖。这里的循环依赖，指的就是关系的循环依赖。循环依赖既会发生在表和表之间，也会发生在同一个表的不同列之间。在学习 Power BI 的初级阶段，可能会经常遇到循环依赖问题，那么如何解决循环依赖问题就成为当务之急。

在以下两个场景中，我们容易遇到循环依赖关系。

1. 使用计算表创建关系

当使用计算表生成一些新的表，并与其他表创建关系时，容易出现循环依赖。

例如，使用计算表创建以下两个表：

```
D_一二级分类 = SUMMARIZE('D_产品表','D_一级分类'[一级分类],'D_产品表'[二级分类])
D_二级分类 = VALUES('D_一二级分类'[二级分类])
```

此时，使用"D_二级分类"表中的"二级分类"与"D_一二级分类"表中的"二级分类"创建关系，就会产生循环依赖，如图7-74所示。

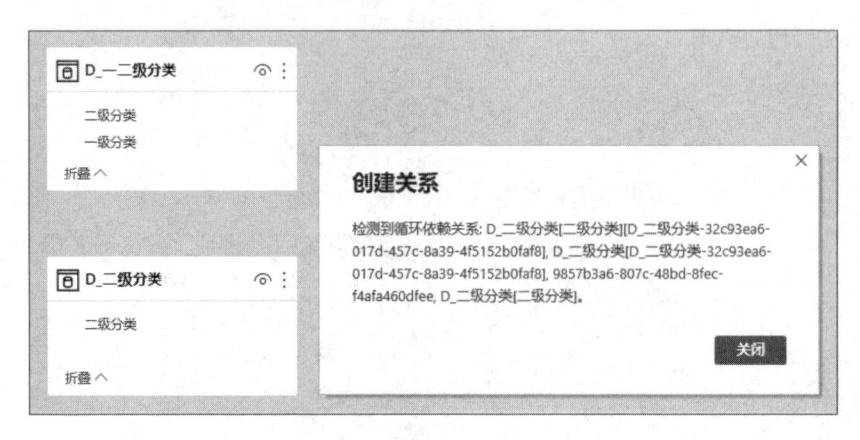

图 7-74

2. 根据新建列进行按列排序

在一个表中，如果没有使用"按列排序"功能，那么我们首先想到的就是使用了"新建列"功能，根据已有的分类指定一个排序数字，然后根据添加的排序列进行排序，这时就形成了循环依赖关系，如图7-75、图7-76和图7-77所示。

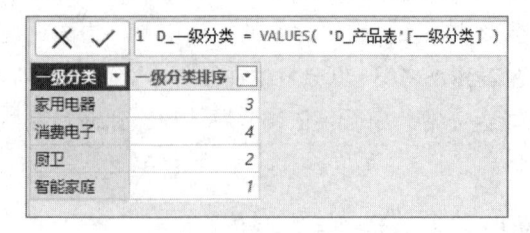

图 7-75

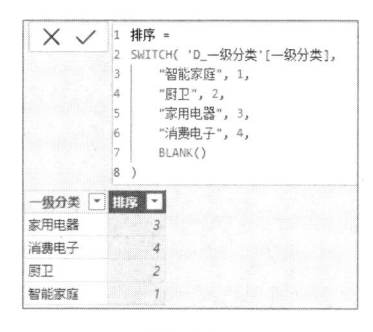

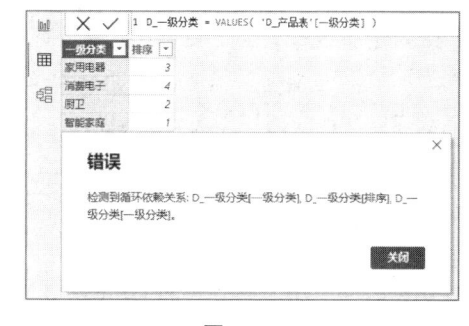

图 7-76   图 7-77

虽然可以采用其他方法达到创建关系的目的,但不建议那么做。我们可以在 Power Query 或者 Excel 中对需要添加的排序列进行处理并将其加载到数据模型中。

这样,答案也就很简单了,只需要避开在数据模型中可能造成循环依赖的操作就可以解决问题。有一个非常简单的方法,就是尽量减少计算表的使用,尤其是直接参与数据模型构建的计算表。虽然我们可以很方便地在事实表中使用计算表生成维度表并与事实表创建关系,但笔者更建议使用 Power Query 来创建维度表,它同样可以从事实表生成,这就从根本上杜绝了可能存在的循环依赖关系。

这里有一个应用小技巧:在 Power Query 中,如果需要从事实表中获取维度数据,生成维度表,则可以在事实表上右击,选择"引用",生成一个新的查询。当事实表发生变化时,该维度表会自动更新,且可以在事实表计算完成的基础上继续计算,提高了查询效率。

7.16 新建参数

在报表视图中,依次点击"建模"-"新建参数",展开"新建参数"列表,其中有两个选项,分别是"数值范围"和"字段",如图 7-78 所示。使用数值范围参数,将会生成一串数字的范围,被用作度量值计算中的某些参数,比如移动平均天数,可以在画布上拖动滑竿来轻松地选择数值参数。而字段参数是 Power BI Desktop 在 2022 年 5 月的更新中引入的一个功能,其非常强大,甚至某些操作远远超出我们的想象,在这里只需要了解字段参数的基本用法即可。

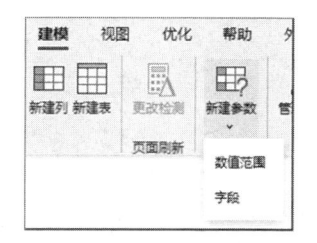

图 7-78

"新建参数"下的"字段"是指所有的表列和度量值。字段参数解决了度量值无法作为切片器的难题。虽然可以通过创建计算表并应用"SWITCH/TRUE"的开关结构来达到这样的效果，但是在度量值的动态格式出现之前，其实现难度要远比字段参数更高。虽然如此，但是两者的使用场景还是略有差异，需要在使用中区分。

1. 数值范围

先看一个移动平均天数的 DAX 表达式：

```
销售总额 = SUMX('F_订单表', 'F_订单表'[数量] * 'F_订单表'[折扣] * RELATED('D_产品表'[销售单价])))

模型日期 = MAXX(ALL('F_订单表'[下单日期]), 'F_订单表'[下单日期])

销售总额_移动平均_静态 =
IF(
    MAX('F_订单表'[下单日期] ) <= [模型日期],
    AVERAGEX(
        DATESINPERIOD(
            'D_日期表'[日期],
            MIN( 'D_日期表'[日期]),
            -7,
            DAY
        ),
        [销售总额]
    )
)
```

这样就可以实现按照最近 30 天来计算销售总额的移动平均值，如图 7-79 所示。

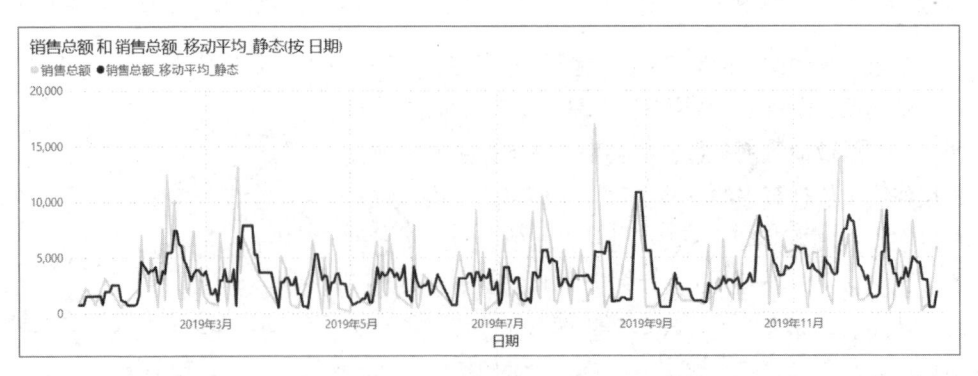

图 7-79

如果希望用户自己来定义需要查看的移动平均天数，则要将天数作为参数更改为可以被用户选择的值。此时，"新建参数"下的"数值范围"功能就派上用场了。

依次点击"建模"-"新建参数"-"数值范围"，将参数名称修改为"PR_移动平均天数"，最小值为 1，最大值为 60，点击"创建"按钮，如图 7-80 所示。

图 7-80

此时，会在画布中生成一个切片器视觉对象，如图 7-81 所示。同时生成一个新表，如图 7-82 所示。

图 7-81

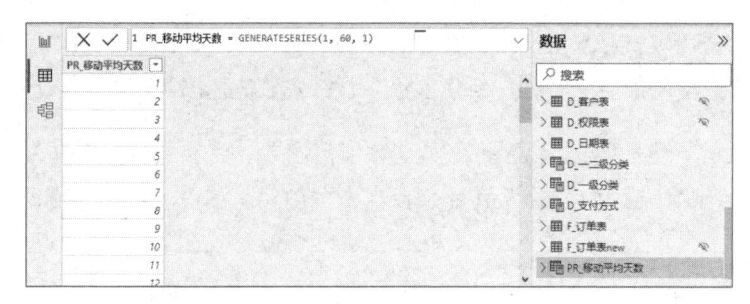

图 7-82

在表中自动生成了一个度量值：

PR_移动平均天数 值 = SELECTEDVALUE('PR_移动平均天数'[PR_移动平均天数])

用户可以将该度量值作为移动平均天数中的动态天数，并通过画布中的天数切片器来筛选效果。那么，对销售总额的移动平均天数度量值的计算可以被优化为：

```
销售总额_移动平均_动态 =
IF(
    MAX('F_订单表'[下单日期]) <= [模型日期],
    AVERAGEX(
        DATESINPERIOD(
            'D_日期表'[日期],
            MIN( 'D_日期表'[日期]),
            -[PR_移动平均天数 值],
            DAY
        ),
        [销售总额]
    )
)
```

加入动态参数之后，对比效果如图 7-83 所示。

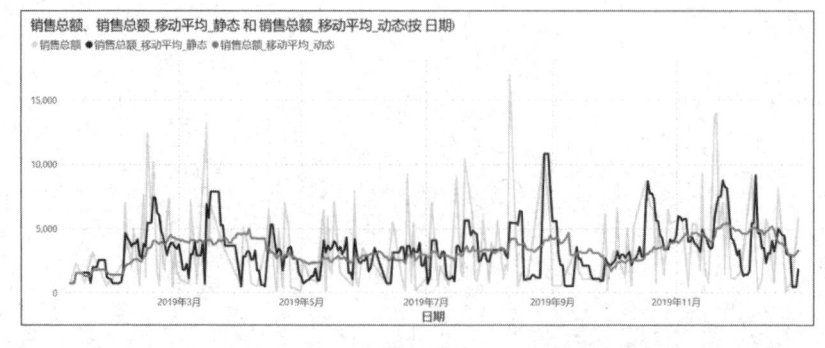

图 7-83

2. 字段

依次点击"建模"-"新建参数"-"字段"，将需要分析的列和度量值添加到左侧"添加和重新排序字段"的框中，如图 7-84 所示。

点击"创建"按钮，会在画布中生成一个切片器，包含了刚刚所选的列和度量值，如图 7-85 所示。

图 7-84	图 7-85

同时，在模型中会生成一个新表，如图 7-86 所示。需要注意的是，该表是通过字段参数自动生成的。如果使用同样的 DAX 表达式编写一个新表，则将不具备字段参数的能力。在一些更高级的操作中，可以通过 Tabular Editor 创建自定义的字段参数，并实现更为强大的功能。例如，可以使用字段参数来达到通过 DAX 表达式构建 Power BI 数据模型控制层的目的，包括统一管理所有的可视化界面所使用的字段。在现阶段，我们只需要掌握字段参数的基本用法即可。

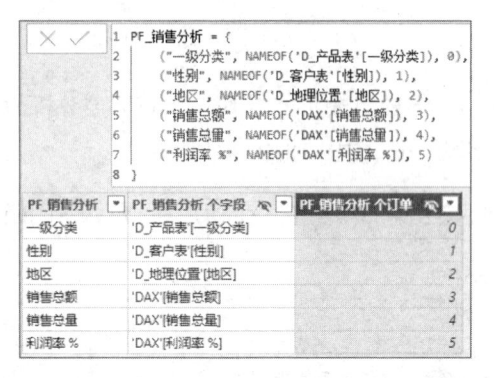

```
PF_销售分析 = {
    ("一级分类", NAMEOF('D_产品表'[一级分类]), 0),
    ("性别", NAMEOF('D_客户表'[性别]), 1),
    ("地区", NAMEOF('D_地理位置'[地区]), 2),
    ("销售总额", NAMEOF('DAX'[销售总额]), 3),
    ("销售总量", NAMEOF('DAX'[销售总量]), 4),
    ("利润率 %", NAMEOF('DAX'[利润率 %]), 5)
}
```

PF_销售分析	PF_销售分析 个字段	PF_销售分析 个订单
一级分类	'D_产品表'[一级分类]	0
性别	'D_客户表'[性别]	1
地区	'D_地理位置'[地区]	2
销售总额	'DAX'[销售总额]	3
销售总量	'DAX'[销售总量]	4
利润率 %	'DAX'[利润率 %]	5

图 7-86

此时，在模型中会看到刚刚自动创建的"PF_销售分析"表，该表中只有一列为非隐藏列，如图 7-87 所示。使用表视觉对象将该列拖放到画布中后，会看到通过字段参数所创建的内容，如图 7-88 所示。

图 7-87　　　　　　　　　　　　　　图 7-88

通过筛选器，用户可以自助筛选需要查看的内容。如果需要查看的内容过多，则可以通过帮助用户提前筛选最为常用的内容，来提高内容的加载速度。按住 Ctrl 键，可以选择多个筛选条件。当然，也可以使用多选模式。在选中切片器的情况下，依次点击"设置视觉对象格式"-"切片器设置"-"选择"，关闭"使用 CTRL 选择多项"，如图 7-89 所示。

筛选器中所选字段的顺序，决定了表列谁在前、谁在后。在旧的版本中无法实现这一点，其顺序是固定的，而在新的版本中已经可以完美地实现这一点。结果如图 7-90 所示。

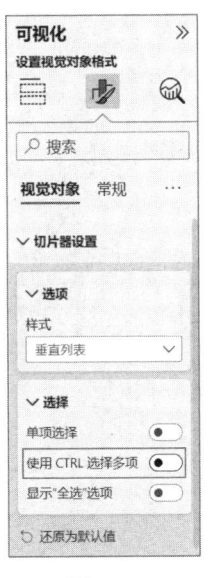

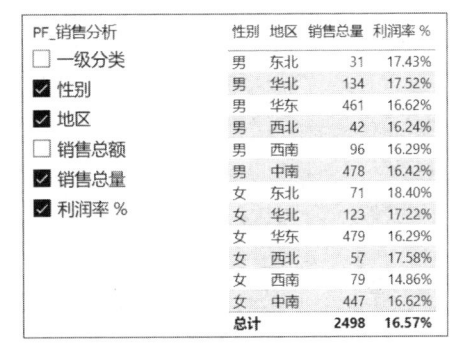

图 7-89　　　　　　　　　　　　　图 7-90

关于字段参数的强大，你需要在使用中慢慢体会，其可玩的花样还有很多，等待你去探索。

7.17　总结

学习并掌握 Power BI 数据模型并不是一件简单的事情。虽然本章中尽可能多地去描述与数据模型相关的细节，但是只能提供一个学习思路，更多的内容需要你去实践，并在实践中不断总结，最终在独立思考的前提下形成自己的知识。

7.18　作业

1. 请至少将本章内容看 3 遍。
2. 使用 3 种方法尝试自行构建日期表。
3. 使用本章中讲到的知识点，优化自己的 Power BI 数据模型。
4. 在一个月内尝试学会使用 30 个主要的 DAX 函数，并将这些函数应用到工作中。
5. 将本章中介绍的知识点和理念向 3 名同事或者朋友进行讲述，并让他们理解。

第 8 章

数据可视化及 Power BI Service 管理

第 8 章

数据可视化及 Power BI Service 管理

在计算机被发明出来之后，程序脱离了硬件的限制而成为可以自由改动的软件。这是一个伟大的进步，通过软件和硬件的解耦，软件成了计算机的灵魂。计算机的功能由运行在其中的软件所定义。

随着技术的演进，显示器让编程从黑白世界跳跃到了彩色视域。这不仅仅是美学上的进步，更关乎人类的本能。我们对图像的反应远比对文本的反应直接，所以，尽管在键盘上敲打命令的计算效率更高，但是眼前的可视化操作才是我们最喜欢的方式。

为什么我们宁愿放慢一点儿速度，也要使用友好的操作系统和应用界面呢？答案很简单：我们的大脑喜欢可视化的东西，并且视觉是大脑获取信息的主要渠道。这让复杂的概念变得容易理解，让抽象的过程显现出来。这就是为什么纵使在性能上有所妥协，我们还是更喜欢那些美观、易用的界面。它们不仅仅是门面，更是让数字世界变得亲切、有趣的桥梁。

网络上，将 PS 技术最强机构的头衔给了 NASA，因为 NASA 用普通人可以理解的方式做成了漂亮的宇宙可视化图形，让普通人对宇宙有了一个直观的感受。实际上，宇宙是没有颜色的并且非常空旷，但这并不影响对普通人的科普。这就是可视化真正的精髓所在，我们无法做到让所有人都具备天文知识，但是一张图片瞬间让普通人理解了复杂的事物。类似的例子还有光的波粒二象性、薛定谔的猫，以及那个号称细胞当中最牛的细菌鞭毛马达。

可视化图形其实是让非相关专业人士理解复杂事物的一种方式。对于 Power BI 的可视化也是一样的，并不是所有人对企业的业务都那么熟悉，如何给非业务人员讲解企业的业务呢？采用可视化！将抽象的数字变成有业务逻辑的图表，使每个人都可以看出来谁更长、谁更短、谁颜色更深、谁颜色更浅，这几乎不需要解释业务本身。所以，好的可视化就是在不需要任何复杂解释的情况下让用户看懂内容。

可视化是一个特殊的领域，你可以很熟悉业务，也可以很熟悉整个建模过程，但是可视化做得是否好，是否能直观地体现出业务的状态或者问题，则是需要单独学习的知识。所以你会发现，Power BI 数据模型和可视化呈现通常不是一个人做的，在一些企业级项目中，可视化呈现是需要单独设计的。

人无法想象自己认知之外的事情，文字虽然可以让人充满想象，但那不过是在自己的认知里面乘以 10 甚至乘以 100 得到的结果，并没有本质的区别。可视化的图片、视频、动画等可以让人快速获取那些抽象的信息和知识。

8.1 可视化基本功能

Power BI 的可视化功能涉及的内容非常多，在当前阶段，我们只需要了解 Power BI 可视化的一些基本功能即可。

8.1.1 使用可视化视觉对象

在报表视图中，右侧的"可视化"窗格显示了默认可用的视觉对象类型，如图 8-1 所示。视觉对象类型根据版本的不同会略有差异。

当需要使用某个视觉对象进行分析时，可以点击这个视觉对象，并将相关字段添加到对应的区域。以堆积柱形图为例，如果操作正确，则结果如图 8-2 所示。在"可视化"窗格中，可以看到在 X 轴 "一级分类"的下方有少许空白，这代表在 X 轴上还可以放更多的字段，而在 Y 轴 "销售_销售数量"的下方则没有这样的空白，这代表在 Y 轴上无法添加更多的字段。

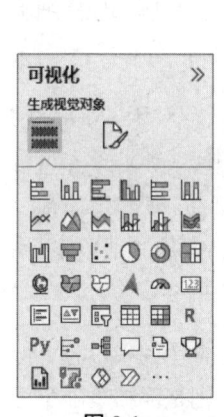

图 8-1

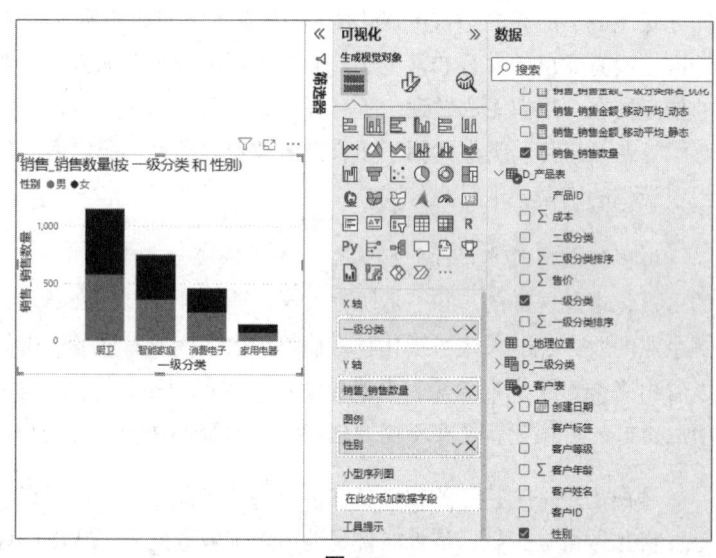

图 8-2

当需要更改视觉对象时，只需要选中原有的视觉对象，点击新的视觉对象即可，比如这里点击了"表"视觉对象，如图 8-3 所示。

我们也可以对视觉对象进行格式设置。首先选中所要调整的视觉对象，然后点击"可视化"窗格下方的"设置视觉对象格式"按钮，就可以对当前的视觉对象进行各种格式设置，如图 8-4 所示。

第 8 章

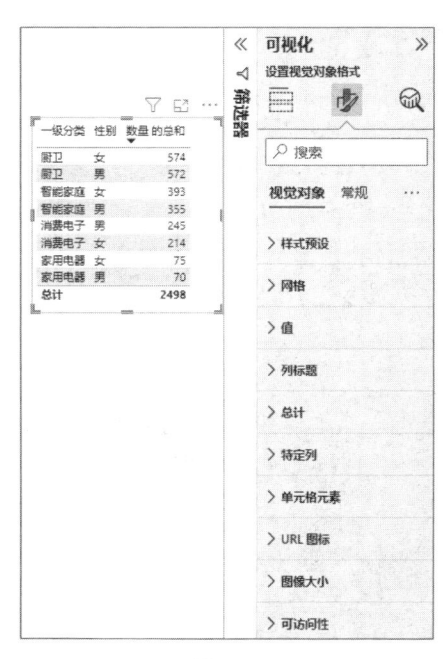

数据可视化及 Power BI Service 管理

图 8-3

图 8-4

如果当前默认的视觉对象无法满足分析需求，则可以点击"可视化"窗格下方的"将数据添加到视觉对象"按钮，再点击视觉对象最后的三个点，选择"获取更多视觉对象"，如图 8-5 所示。

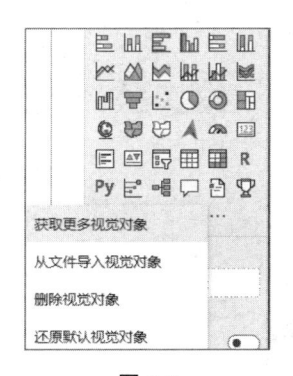

图 8-5

进入 Power BI 视觉对象的第三方应用市场，如图 8-6 所示。如果没有登录 Power BI 账号，则会提示进行登录。这至少需要一个免费的 Power BI 账号。

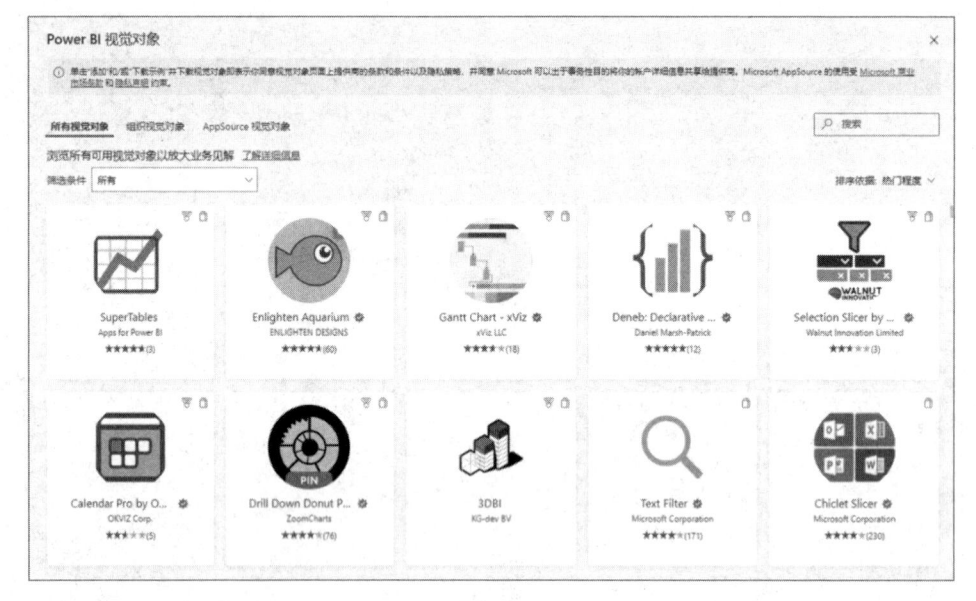

图 8-6

在这些视觉对象中，有一些带有蓝色背景的对号标志，它们为微软认证过的视觉对象，相对而言更安全一些。如果需要使用某个视觉对象，则只需要点击这个视觉对象，如 Text Filter，在打开的界面中点击"添加"按钮，即可将该视觉对象添加到现有的默认视觉对象的下方，如图 8-7 所示。当然，你也可以下载示例查看视觉对象的效果。

图 8-7

第 8 章
数据可视化及 Power BI Service 管理

需要注意的是，并不是所有的视觉对象都是免费的，有一小部分视觉对象是收费的。

这里以 Text Filter 视觉对象为例，点击"添加"按钮，稍等片刻，就会提示已成功导入，如图 8-8 所示。结果如图 8-9 所示。

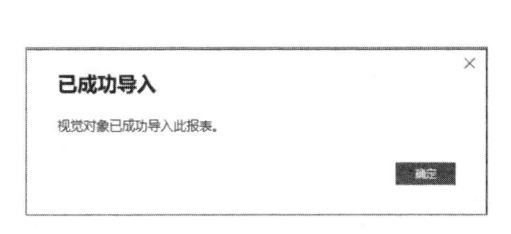

图 8-8

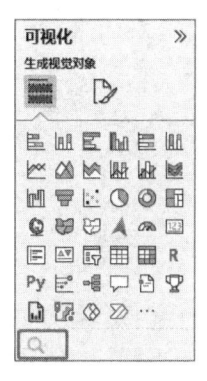

图 8-9

在添加了视觉对象之后，根据所需的数据进行展示即可。其中部分视觉对象的设置是英文的，需要对其进行识别。当然，你也可以将视觉对象从本地文件中导入 Power BI 中，但前提是足够信任这个视觉对象。本地视觉对象可以被单独开发、制作，也可以从已有的 PBIX 文件中获取。

从已有的 PBIX 文件中获取视觉对象的方法如下所述。

第 1 步：将 PBIX 文件的扩展名改为.zip，使其变为压缩包，并右击该文件解压缩。

第 2 步：找到"Report\CustomVisuals\PulseChart1459209850231"路径下的文件。请注意，这个路径并不是不变的，其中"\CustomVisuals\"这部分是变动的，在具体操作时需要进行识别；"PulseChart1459209850231"这部分是视觉对象的名称，如果有多个视觉对象，它们都会以文件夹的形式显示，找到其中一个并打开，如图 8-10 所示。

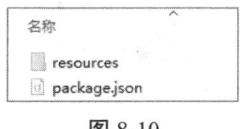

图 8-10

第 3 步：选中这两个文件，对其进行压缩。

第 4 步：将新产生的压缩文件的扩展名改为.pbiviz。

第 5 步：在 Power BI 中的"可视化"窗格的下方，点击三个点，选择"从文件导入视觉对象"，并选择刚刚产生的.pbiviz 文件导入 Power BI 中，如图 8-11 所示。

图 8-11

8.1.2 主题

如果你对现有的 Power BI 画布中视觉元素的配色不满意，则可以依次点击"视图"-"主题"，展开所有的主题，如图 8-12 所示。

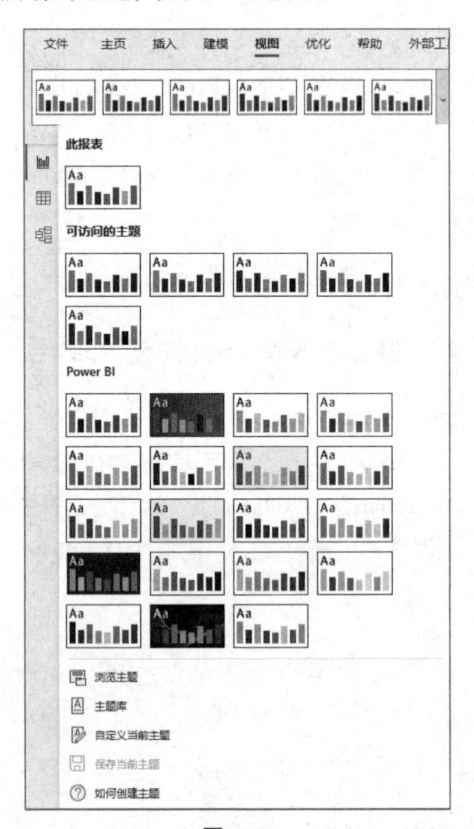

图 8-12

你可以切换到更多好看的主题颜色。如果你仍不满意，则可以点击下方的"自定义当前主题"，根据自己的需要对主题颜色进行配置，如图 8-13 所示。

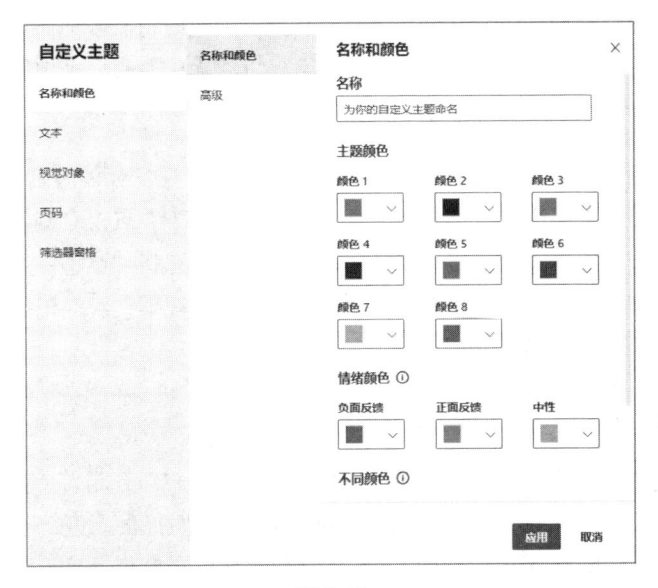

图 8-13

你也可以点击"主题库"，在线查看更多的主题颜色。你可以点击打开自己喜欢的报告配色，然后在页面下方点击下载 JSON 文件，最后在 Power BI 中点击"浏览主题"，选择并导入刚刚下载的 JSON 文件。

8.1.3 页面视图

Power BI 中的页面视图用于调整报告的呈现形式，即用户所见内容与屏幕的适配方式。不同的页面视图适用于不同的使用场景，我们应根据报告的使用场景来进行选择。

页面视图一共分为三种。

1. 调整到页面大小

调整到页面大小是默认的页面视图方式，也是使用最多的方式，报告页面的大小会根据计算机屏幕的尺寸自动适应。这似乎是最好的方式，但实际情况并非如此。自动适应无法做到完美展示，你制作的报告的显示效果可能并不是用户实际看到的效果。以"表"视觉对象为例，我们在制作报告时会调整列宽，且尽可能调整到足够小。这似乎是没问题的，但是当将报告发布到 Power BI Service 进行查看时，则会发现某些列标题自动换行了，甚至已经做好对齐的不同视觉对象的边框，现在居然是不对齐的。解决表中列标题自动换行的问题，只需要在调整列宽时留有余地即可。而对于对齐问题，在"调整到页面大小"这种页面视图下，可能无法非常完美地解决，但是可以通过多次调整来尽量达到完美效果。

如果你希望画布大一些，则可以调整画布的大小，比如调整为 1920 像素×1080 像素。方法是：在不选中画布中任何视觉对象的情况下，点击右侧"可视化"窗格下的"设置报表页的格式"，展开"画布设置"选项，选择"类型"为"自定义"，对于高度和宽度，可以根据需要进行设置。在大多数情况下，我们仍然会使用"调整到页面大小"这种页面视图方式。

2. 适应宽度

"适应宽度"的效果来源于"调整到页面大小"的部分能力。在"适应宽度"这种页面视图下，会对报告的宽度进行自适应。当报告页面的高度低于显示器当前适配的高度时，可以显示报告整页的内容；当报告页面的高度超过显示器当前适配的高度时，会产生上下滑动条。用户查看报告，就像浏览网页一样。当报告的页面比较多时，可以采用"适应宽度"这种页面视图方式。在"适应宽度"页面视图下，可以自定义画布的大小，比如增加其高度，以展示更多的视觉对象。

3. 实际大小

在"实际大小"页面视图下，可以做到精准布局。所谓的精准布局就是精确到像素级别，你所制作的报告的效果就是用户实际看到的效果。依次点击"视图"-"网格线"，就会看到由点组成的网格，两个点之间是 8 个像素，如图 8-14 所示。

图 8-14

第 8 章
数据可视化及 Power BI Service 管理

画布的默认大小是 1280 像素×720 像素，你可以自定义画布的大小，如图 8-15 所示。

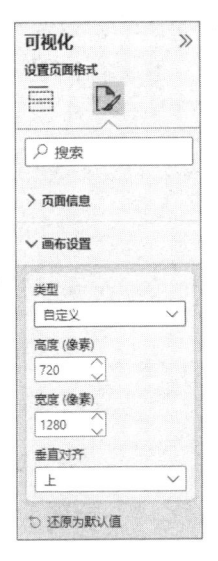

图 8-15

在"实际大小"页面视图下，可以做到对报告的绝对精准展示。但是，如果计算机屏幕的分辨率低于 1280 像素×720 像素，则会在上下和左右方向上分别产生滑动条；而如果计算机屏幕的分辨率高于 1280 像素×720 像素，那么报告将无法占满整个屏幕。报告 1280 像素×720 像素的大小是可以调整的，可以参考大多数用户的计算机分辨率来设置报表的实际分辨率大小。比如，大多数用户的计算机分辨率是 1920 像素×1080 像素，那么就可以尝试将报告的分辨率也设置为 1920 像素×1080 像素。即使报告页面的尺寸大小和计算机屏幕的分辨率相同，在显示报告时也仍然会产生滑动条，因为 Power BI 无法 100%展示报告的内容，所以在选择"实际大小"页面视图时需要注意。

关于页面视图，建议反复尝试其变化的不同效果，在之后的报告制作中，选择最适合的那一种页面视图方式。

8.1.4 筛选器

在 Power BI 的"筛选器"窗格中，既可以对当前选中的视觉对象所使用的数据进行筛选，也可以对当前页面或所有页面进行筛选。巧妙地利用筛选器，可以减少度量值的编写量。

在"筛选器"窗格的顶部有一个小眼睛图标,点击该图标,其上会出现一条斜线表示隐藏,如图 8-16 所示。当正常显示时,用户查看发布后的报告,是可以看到该筛选器的,并且可以对相关筛选进行调整;当隐藏时,用户将无法看到该筛选器。最终如何选择,可以根据报告需求来定,但通常隐藏的情况会多一些。

图 8-16

8.1.5 选择

依次点击"视图"-"选择",打开"选择"窗格,如图 8-17 所示。在"选择"窗格中,可以查看当前报告中所有的视觉对象。在报告的制作过程中,如果视觉对象过多,则可以使用"选择"功能进行管理。当然,也可以配合使用 Ctrl 键和 Shift 键,选择多个视觉对象进行分组管理,如图 8-18 所示。还可以通过双击下方的视觉对象名称进行重命名。

当需要设计一些可视化模板时,使用"选择"功能将使这项工作变得非常轻松。

图 8-17　　　　　　　　　　图 8-18

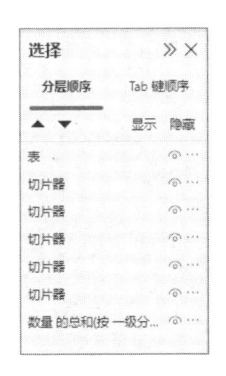

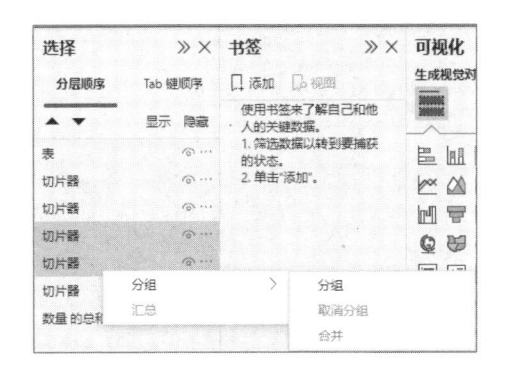

8.1.6　书签

依次点击"视图"-"书签",打开"书签"窗格。"书签"功能相当于对当前报告页进行拍照,通过创建书签可以多次进行拍照,这样就可以通过点击不同的书签查看不同的报告内容。例如,点击"表"按钮,可以显示"表"视觉对象;点击"图"按钮,可以显示对应的柱状图视觉对象……这些都可以通过"书签"功能来实现。

对于"书签"功能,不推荐在报告中过度使用。由于"书签"功能的维护成本很高,在有选择的情况下尽量不使用该功能。

8.1.7　性能分析器

依次点击"视图"-"性能分析器",打开"性能分析器"窗格。"性能分析器"是一个非常有用的功能,当我们需要对报告中视觉对象的 DAX 表达式进行优化时,或者需要查看某个视觉对象的计算过程时,使用该功能非常有帮助。

在"性能分析器"窗格中,点击"开始记录",再点击"刷新视觉对象",就会在窗格下方生成当前报告页中所有视觉对象的加载速度,单位是 ms(毫秒),1000ms 等于 1s,如图 8-19 所示。

如果需要对某个视觉对象的 DAX 表达式进行优化和分析,则可以展开这个视觉对象的刷新时间,点击"复制查询",将查询复制到 DAX Studio 中进行调试。

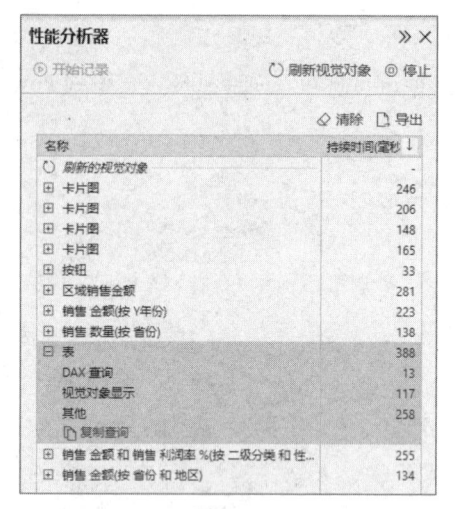

图 8-19

8.1.8 页面导航器

当报告页过多时，虽然可以通过按钮设计一个导航系统来帮助用户获得更好的体验，但是工作量太大了，这时就可以使用页面导航器。

在报表视图中，依次点击"插入"-"按钮"-"导航器"-"页面导航器"，可以自动生成一个包含所有报告页的页面导航器，并且可以对导航器的展示效果进行设计。将该页面导航器复制到不同的报告页中，可以实现导航功能，如图 8-20 所示。

图 8-20

在 Power BI Desktop 中使用页面导航器，由于当前处于编辑状态，因此需要按住 Ctrl 键点击页面导航器才能进行跳转。而当将报告发布到 Power BI Service 之后，就不需要再按住 Ctrl 键点击了，而是直接点击页面导航器就可以实现页面的跳转。

8.2 报告、仪表板和数据大屏的区别

在 Power BI 中，报告、仪表板和数据大屏是数据可视化的三种常见形式，它们在功能和用途上具有不同的特点。

1. 报告

在 Power BI 中，报告是一种按照分析主题来划分的展示方式，以单个画布页为主，用于说明与当前主题相关的分析内容，支持复杂的筛选和交互功能，以及报告页的定制化制作。通常，一个 Power BI 数据模型中会有多个报告页，用于从不同的角度对业务进行可视化表达。报告是 Power BI 中使用最多的可视化呈现方式，报告的呈现精度可以达到像素级别。

2. 仪表板

在 Power BI 中，要严格区分报告和仪表板。仪表板中的视觉对象既可来源于报表，也可来源于不同报告页中的视觉对象。仪表板更多的是呈现一种展示效果，具备交互功能，无法筛选。仪表板可以自由放大和缩小视觉对象，视觉对象的大小是有固定格式的，无法精确到像素级别。

3. 数据大屏

Power BI 中并没有数据大屏，数据大屏是基于报告进行二次开发而得来的。数据大屏是为了将数据可视化呈现在更大屏幕上而设计的一种方案，它可以将仪表板或报告等的可视化内容以更大的尺寸呈现出来，适合在会议室、控制中心等场景中使用。数据大屏通常会提供定制化的布局和配色方案，甚至会提供动图效果，以便更好地展示数据。在 Power BI 中受限于产品本身的功能，除非是具备一定开发能力的专业人员，否则无法完成数据大屏的开发工作。所以，对于普通的 Power BI 用户来说，并不适合创建或使用数据大屏。

在一些数字化转型项目中，会将数据大屏作为最终交付的目标。在进行专业的业务设计时，使用数据大屏确实可以解决管理层看数据的问题。对于管理层来说，这样

的数据大屏是有价值的，尤其是在对外展示企业实力时。

通过炫酷的可视化呈现，确实可以让数字化转型向前迈进一步。当然，也不乏企业将数据大屏作为数字化转型成功的标志，毕竟已经将数据展示到一个屏幕上，并且可以被看到。在某种意义上，这种理解确实没错，而且还有一定的道理，毕竟已经解决了有和无的问题。

而数据大屏存在的问题是，大屏上所呈现的数据可能来源于多个数据源，这会导致数据模型一塌糊涂，展示的灵活性几乎没有，因为很多可视化功能可能需要定制化开发，成本高。面子做得很好，往往就没了里子，因为预算就那么多，再加上类似的项目工期往往比较紧，一个项目做下来出了一堆 Bug。如果想继续优化和新增功能，那当然是离不开供应商无尽的商务问题了。

应该将数据大屏作为数字化转型的副产物，而不是目标或者必然产物，否则就是买椟还珠，丢了西瓜捡了芝麻。应该将数据大屏作为锦上添花的存在，而不是数字化转型的"救命稻草"。

8.3　Power BI Service 管理

关于 Power BI Service 的管理部分，这里不再进行详细阐述，下面主要针对一些常见问题进行解答，使初学者对 Power BI Service 管理有一个初步印象。

1. Power BI 是如何收费的

Power BI Desktop 是完全免费的，但仅限于个人使用，无法和同事共享与协作。虽然可以通过 Power BI Service 中的"发布到 Web（公共）"功能创建分享报告链接让同事看到，但是这种方式并不安全，相当于将报告发布到了公网。Power BI 收费的部分主要集中在报告的共享、协作、权限控制等方面。

如果你想与同事共享所发布的报告，那么你和同事都需要至少各自购买一个 Power BI Pro 账号。如果有更多的人想看到报告，那么每个人都需要购买一个专业版账号，每个账号每年的费用需要 780 元左右，根据汇率会略有浮动。使用 Power BI 免费账号，也可以将报告发布到 Power BI Service，只是无法共享报告。关于具体的许可证，可以申请让企业的 IT 部门购买，也可以在部门有预算的情况下，自行为部门购买。

第 8 章
数据可视化及 Power BI Service 管理

Power BI 分为国内版（由世纪互联数据中心有限公司运营）和国际版。国内企业可以购买国内版，其运行速度更快；有跨国业务的国内企业可以考虑购买国际版，一般来说，国际版的功能比国内版的功能更全，用户能够更快体验到新的功能。最终购买哪种版本，要根据当前企业的合规要求和相关国家法律法规的要求来确定。

2. Power BI 是如何进行权限控制的

需要先在 Power BI Desktop 中进行角色和权限的设置，在将报告发布到 Power BI Service 后，再设置语义模型（数据集）的安全性，这样之后，权限控制功能才能生效。其他用户要查看报告，至少需要有 Power BI Pro 账号。

3. 被发布到 Power BI Service 的报告是如何自动刷新的

在发布报告后，可以基于语义模型（数据集）设置刷新计划。而在此之前，需要安装网关，可以从 Power BI 的 Power BI Service 界面的右上角下载，一般选择安装个人网关即可，如图 8-21 和图 8-22 所示。

图 8-21　　　　　　　　　　图 8-22

安装网关成功后，登录 Power BI Pro 账号，就可以在 Power BI Service 中设置数据源的凭证并设置每天计划刷新 8 次。使用免费账号，也可以设置每天计划刷新 8 次。

如果数据源来源于企业数据库，则需要 IT 部门在服务器上进行网关的配置；如果数据源来源于本地计算机，则需要在本地计算机上配置网关。

4. Power BI 数据被发布到 Power BI Service 之后安全性如何

如果企业没有自己的安全管理团队，那么由微软公司进行安全管理更为可靠，并且国内版还受到国家法律法规的保护，相关数据处理均在国内进行。

5. **使用 Power BI Pro 账号可以多人同时登录吗**

多人同时登录一个账号是可以的。如果不需要进行权限控制，在试用和学习阶段可以这样操作。但是从安全的角度来讲，不建议这样做，可以为每一个使用和查看报告的人购买独立的账号，并进行权限控制。

8.4 总结

作为一个商业智能分析工具，Power BI 提供了丰富的可视化支持，但它并不能实现我们想要的一切可视化，或者说它需要更高的成本来实现。因此，在使用 Power BI 构建可视化报告时，要知道其实现的平衡边界，我们甚至可以使用很多视觉对象的组合形式来实现，以达到视觉效果上的一致。诚然，如果因为可视化不够炫酷就抛弃了 Power BI，那就是"捡了芝麻丢了西瓜"。还没梳理清楚分析使用场景就开始要求可视化的炫酷，这本质上是一种管理上的缺失。对于很多非常奇特的可视化需求，如果需求方的预算和时间充足，则可以无视一切可视化规则；如果需求方既不愿意花钱，想要的功能又实现不了，那么明确拒绝是最好的方式。

8.5 作业

1. 全面了解 Power BI 与可视化相关的功能和设置。
2. 尝试构建一个 Power BI 可视化报告。

第 9 章

Power BI 优化最佳实践

虽然 Power BI 入门很容易，可以很快地学会构建一些内容，但是在执行一些复杂的操作时，依然会遇到瓶颈，这个时候就需要用到 Power BI 的优化技巧了。优化有难有易，掌握一些基本的优化技巧，并不需要太多的时间，但却可以极大地提高工作效率。在某种程度上，可以将优化技巧作为数据模型使用规范的一部分。

在 Power BI 优化方面，标准化建模方案并不是唯一的选择，有时候逆标准化才会达到更平衡。规则是用来指导的，也是用来打破的，墨守成规更容易坠入"魔道"。你需要对 Power BI 的标准化建模方案有一定的了解，才能更容易理解优化技巧的初衷，更容易做到融会贯通，而不是为了标准化而标准化。

Power BI 优化是平衡的艺术！

"平衡"既是一门技术，也是一门艺术，并没有最完美的优化方案，只有最合适的优化方案，一切都是在找平衡点。

在本章中，我们重点介绍的是与 Power BI 优化相关的方向、思路和建议，并非具体的技术实现，所以在优化的细节上，可能需要你花费一些时间来进行尝试。

9.1　Power Query 优化

虽然我们学习了 Power Query 常用操作，但是在实际应用中，依然会遇到一些问题，而 Power Query 优化可以为我们提供新的思考方向。

9.1.1　使用合适的数据源

在有条件的情况下，可以使用多种数据源，常用数据源的优先级从高到低如下：

数据库 ≥ CSV 单个文件 > CSV 从文件夹 > Excel 单个文件 > Excel 从文件夹

从不同的数据源加载数据的时长（s）对比如图 9-1 所示。其中，单个文件的具体加载时长值并不具备参考价值，我们需要了解从不同的数据源加载数据的时长差异，以方便判断哪种数据源的加载更快。

在 Power BI Desktop 中，所有加载的数据必须通过 Power Query，不同数据源的加载时长有明显的差异。

100 万行×44 列同一份数据，不同数据源的加载时长（s）对比

数据源	时长1	时长2	时长3	平均值时长
SQL Server 单个文件	31	32	32	32
.csv 单个文件	32	32	32	32
MySQL 单个文件	34	32	33	33
从文件夹.csv 153个	36	36	36	36
从文件夹.csv 22个	37	36	36	36
从文件夹.xlsx 153个	73	74	73	73
从文件夹.xlsx 22个	77	76	75	76
.xlsx 单个文件	79	78	78	78

图 9-1

如果你希望 Power BI 的数据源加载更快，则可以优先选择从本地数据库加载。需要注意的是，如果从远程数据库服务器加载，则加载时长会受到外部环境（如网络环境）或服务器性能的影响。如果外部环境较好，则其加载时长接近本地数据库的加载时长；如果外部环境不好，则其加载时长可能比 Excel 文件的加载时长还要长。

从数据库加载数据，尤其是从企业内部的数据库加载数据，免除了对数据源的管理，还可以根据需求随时修改 SQL 查询语句，达到快速实现业务需求的目的。

9.1.2 只加载所需的数据

我们不需要为未来可能存在的需求买单。如果是当前分析中不需要的数据列，则建议不要将其加载到模型中。在需要时，只需在 Power Query 中进行简单的修改即可。

比如，一个表有 100 列，我们不需要将 100 列全部加载到模型中，只筛选出所需要的列进行加载，可能是 30 列，也可能是 20 列。无论是从缩小文件大小，还是提高加载效率，抑或是提高计算速度等方面考虑，这都是有必要的。通常，只有在没有持续维护条件的情况下，才可能加载更多冗余的列。

除了可以对列进行选择，还可以筛选掉那些不需要在后续分析中体现出来的行数据。筛选行数据，同样是在这个环节需要做的事情。

9.1.3 优先使用 SQL 查询语句加载数据

如果条件允许，则尽量从数据库中获取数据并使用 SQL 查询语句加载数据，并为查询字段设置别名。一方面，通过调整 SQL 查询语句，可以快速适应各种业务上的需求变化。在某些情况下，使用 SQL 查询语句加载数据比使用 Power Query 更加灵活。另一方面，当数据库的列名称发生变化时，可以减少 Power Query 和模型的改动。

在大多数情况下，可以只修改 SQL 查询语句中数据库的列名称，而保持别名不变，这样就省去了修改 Power Query 中操作步骤的麻烦。因为在 Power Query 中，当引用的列名称发生变化时，会影响之后的操作步骤，导致报错，而这会增加调整的工作量。

如果某些计算在 Power Query 中可以处理，使用 SQL 语句也可以处理，则优先选择使用 SQL 语句，因为在大多数情况下，使用 SQL 语句处理要比使用 Power Query 效率高。

9.1.4 使用参数

在 Power Query 中使用参数，可以减少维护成本。比如，使用参数对数据加载路径进行管理，可以方便地切换数据源。在 Excel 中使用 Power Query 时，也可以通过 Excel 函数获取当前文件路径，将其加载到 Power Query 中后再转换为参数路径，并且可以根据当前文件所在的路径，自动加载与该路径相关的数据源。

9.1.5 使用部分数据做预转换

当数据量过大时，我们会明显感觉到在 Power Query 中操作变慢了，此时可以只加载部分数据，减少操作的数据行数。比如只加载前 100 行数据，首先执行转换步骤，然后删除只加载前 100 行数据的操作步骤，最后加载全部数据，这样可以提高工作效率。

需要注意的是，前 100 行并不是完整的数据内容。因此，在执行筛选操作时，需要考虑完整的数据内容，提前进行预筛选，而不是只筛选所看到的前 100 行数据。

9.1.6 尽量不在 Power Query 中进行复杂处理

在有条件的情况下，尽量将大规模的复杂计算前置。例如，IT 部门可以先在数据仓库中进行预计算，这个预计算并不是要把结果计算出来，而是要把数据处理为 Power BI 可用的模型数据，以方便进行数据建模。

如果 Power Query 处理的数据过多且计算复杂，则会导致整个计算变慢。如果你没有更好的选择，那么使用 Power Query 进行计算也是不错的，它比在 Excel 中手动操作效率高。特别是当你位于非 IT 部门，得不到数据库的读取权限，同时还要满足复杂的数据转换需求时，可以说 Power Query 就是一把利器。

9.1.7 尝试将数据源规范为标准表

如果你所使用的数据源格式过于复杂，不便取值，则可以与数据源提供方进行协调，尝试将数据源规范为标准表。这样既可以减少对方生成数据源的工作量，也可以减少自己使用数据源的工作量。

这一点比学习任何技术都重要，因为这是治标又治本的好方法。

9.1.8 使用 Table.Buffer 函数提高计算效率

在 Power Query 中，当某些参数表或表列被反复调用时，为了提高计算效率，可以使用 Table.Buffer 函数将它们缓存起来。

需要注意的是，使用 Table.Buffer 函数缓存数据，数据量不能太大，否则会起到反作用。

9.1.9 使用合适的数据类型

整数、小数和文本这几种数据类型的使用优先级从高到低排列如下：

整数 > 小数 > 文本

以手机号为例，它可以被存储为整数、小数、文本，请优先考虑使用整数，以降低存储空间。对于某些需要作为维度的文本数值，同样可以将其设置为整数类型，同时，在模型中将维度列的汇总方式修改为"不汇总"。

在使用小数时，请优先考虑使用定点小数。

9.1.10 设置并行加载表

在计算机性能足够好的情况下，可以修改"并行加载表"功能，方法是：依次点击"文件"-"选项和设置"-"选项"-"数据加载"，自定义增加并行加载表的数量。

9.2 数据模型优化

在创建和使用数据模型的过程中，同样需要进行优化。我们可以在了解了相关功能之后，再思考为什么要做这样的优化，而不是反过来。经验来源于实践，了解数据模型的优化，可以极大地提高数据建模的效率，以及提高数据模型的可维护性。

9.2.1 使用一对多关系

在真正地了解 Power BI 的表关系之前，请尽量使用一对多关系，这可以避免很多不必要的麻烦。在 Power BI 中并没有规定必须使用哪种关系，即使你使用了多对多关系，也依然可以得到正确的结果。然而，这会让模型变得复杂且不易于维护。

9.2.2 反结构化设计

Power BI 数据建模，基本遵循数据仓库建模的"第三范式"，对于不遵循"第三范式"的操作，我们都可以认为其是反结构化设计的。

例如，当模型中某个维度表的行数多于事实表的行数时，可以考虑将该维度表放到事实表中，并且在事实表中添加与此相关的部分维度数据。这样做可以非常明显地降低模型的大小，提高计算效率。当数据量过大，需要控制模型的大小时，这是一种可行的方法。

还有一种情况是，将部分中间计算过程前置到事实表中。例如，按照金额分组并将其作为维度进行分析，虽然可以使用度量值来完成构建金额分组的参数表，但是其计算效率可能并不高，一旦数据量变大，计算效率就会更低。这时可以选择使用"新建列"功能将不同的金额分组放到事实表中。这虽然牺牲了内存空间，但却可以提高度量值的计算速度。当然，也可以将部分中间计算过程前置到 Power Query 中，甚至前置到数据源中使用 SQL 语句进行预计算。

9.2.3 减少维度表的行数

在某些特殊情况下，维度表的行数可能会远远超过在事实表中需要使用的分类数量，比如维度表有 100 万行，而事实表只有 1 万行。因此，一种更简单的做法是只将包含事实表分类的维度表加载到模型中，这样可以极大地降低模型的大小。如果无法在数据库中完成这个过程，则可以在 Power Query 中进行识别后加载。

这只适合在维度表的行数远远超过事实表时使用，是进行模型大小优化的一个方向。如果维度表的行数并不多，则依然推荐加载维度表的全部数据。

9.2.4 关闭部分设置选项

如果要关闭部分设置选项，则可以依次点击"文件"-"选项"-"当前文件"-"数据加载"，在"选项"对话框中进行操作，如图 9-2 所示。

图 9-2

建议关闭如下设置选项。

- 类型检测：在 Power Query 中，为了保证数据的类型都是准确的，建议手动调整数据的类型，而不是完全相信自动类型检测。自动检测的数据类型并不一定是我们需要的数据类型，这会带来不必要的麻烦。

- 关系：当数据模型复杂时，自动检测的关系会在我们不希望的地方存在，而这会导致模型的关系出现混乱，所以建议手动创建关系。取消勾选"关系"下的所有复选框。

- 时间智能：由于我们的数据模型中已经有一个日期表用来分析，所有的日期维度都将从这个日期表中提取，因此不再需要使用"自动日期/时间"功能。

关闭此设置选项之后，可以使模型的日期分析更加规范，也可以统一日期分析的口径，还可以让整个模型的展示更加简洁。

- 后台数据：如果勾选了"后台数据"下的"允许在后台下载数据预览"复选框，那么在打开 Power Query 时，将会自动启用数据预览，而这会浪费我们加载的资源。如果恰巧数据是从数据库中一个比较大的表中获取的，则会增加服务器资源的占用。对于使用者来说，这些都是不必要的开销。如果需要刷新某个表，那么只需要在 Power BI 中选择对应的查询连接并点击"刷新"按钮即可。强烈建议关闭此设置选项，尤其是从数据库中获取数据时。

- 并行加载表：有些时候并行加载表会增加计算机的负载，造成资源的浪费和性能的损耗，因此建议保持默认即可。当计算机的性能足够好时，可以自定义增加并行加载表的数量。

- 问答：目前 Power BI 的"问答"功能还不是很智能，在实际应用中并不推荐使用。

9.2.5 减少列基数

列基数是列中包含的不重复值的数量。这个值对于控制列数据的大小非常重要，它将直接影响模型压缩的效果和引擎扫描时的性能。在允许的范围内，我们应该尽量将列基数减小到最低。原因是：

- 列基数是影响模型文件大小的关键因素之一，它比我们直觉上认为重要的行数更重要。

- 许多 DAX 操作（如迭代和筛选）的执行时间都取决于列基数。

行数相同的列，基数越大，其所占的体积就越大；基数相同的列，行数越多，其压缩效果就越好。

一个比较典型的例子是，对于数据模型中的日期/时间列，通常建议将其拆分为日期和时间两列。虽然增加了一列，但列基数会变小，而且数据量越大，压缩效果越好。然而，在某些情况下，这并不是绝对的，当数据量过小时，将日期/时间列拆分为两列可能会导致文件变大。即便如此，也依然建议将日期/时间列拆分为两列，因为可以在数据模型中构建日期表或时间表与对应的日期列或时间列关联并进行分析。

9.2.6 使用增量刷新功能

当数据量过大时，为了缩短数据的刷新时间，可以使用增量刷新功能，即只刷新最近一段时间的数据。通常，使用增量刷新功能需要 IT 部门的配合，在数据库中将处理好的数据创建为一个新表。需要注意的是，增量刷新并不支持视图刷新。此外，有些数据源是不支持增量刷新功能的，比如 Excel 文件数据源。

关于增量刷新数据源是否支持查询折叠的问题，笔者的建议是不需要考虑这个问题，而是将数据源变为直接从数据库中的表（非视图）进行加载。除了对数据类型进行调整和对日期时间列进行必需的参数筛选，多余的步骤一个都不要做。这样完全不用考虑数据源是否支持查询折叠的问题，因为以上操作一定可以支持查询折叠该数据源，也不用纠结你操作的步骤是否支持查询折叠。

对于增量刷新，有一个特别容易出错的地方，就是在设置增量刷新时，需要配置两个参数，并对需要增量刷新的表进行筛选。这两个参数的名称必须为"**RangeStart**"和"**RangeEnd**"，并将这两个参数作为筛选条件应用到需要增量刷新数据的日期时间列上，否则将无法正确配置。

更重要的一点是，只有在云端刷新，才能看到增量刷新的效果，在 Power BI Desktop 中是看不到效果的。

9.2.7 引用已有的度量值

在编写度量值的过程中，有些结果已经被创建为度量值，可以直接引用对应的度量值参与后续计算，而不是创建新的度量值重新计算。请看下面的例子：

```
销售总额 = SUMX('F_订单表', 'F_订单表'[数量] * 'F_订单表'[折扣] * 'F_订单表'[销售单价])
```

基于此，如果需要计算东北地区的销售总额，那么推荐的写法为：

```
销售总额 东北 = CALCULATE([销售总额], 'D_地理位置'[地区] = "东北")
```

不推荐的写法为：

```
销售总额 东北 = CALCULATE(SUMX( 'F_订单表', 'F_订单表'[数量] * 'F_订单表'[折扣] * 'F_订单表'[销售单价]), 'D_地理位置'[地区] = "东北")
```

当度量值[销售总额]发生逻辑变更时，所有引用此度量值的度量值结果都将统一得到更新，而不需要一个个去修改。

9.2.8 DAX 优化

如果数据量在 100 万行以下，那么几乎不用考虑 DAX 优化的问题，因为这是 Power BI 使用起来最舒服的数据量，你完全可以把注意力放到业务上。

当数据达到一定的量级，比如超过百万行甚至有上亿行的数据时，是否优化 DAX，其性能差异很大。当数据量较大时，优化 DAX 是非常有意义的，而且数据量越大，优化效果越明显，可能会有数十倍、百倍甚至千倍的速度提升。

虽然优化 DAX 涉及很多专业知识，但是我们可以掌握一些简单的方法来达到优化的目的，其中包括缩小表列的引用范围、减少迭代的行数等。

请看如下两个 DAX 表达式：

```
DAX 普通 =
CALCULATE(
    [订单总额],
    FILTER(
        '订单表',
        '订单表'[商品单价] * '订单表'[商品数量] > 1000
    )
)

DAX 优化 =
CALCULATE(
    [订单总额],
    KEEPFILTERS(
        FILTER(
            ALL( '订单表'[商品单价], '订单表'[商品数量] ),
            '订单表'[商品单价] * '订单表'[商品数量] > 1000
        )
    )
)
```

在 Power BI Desktop 中打开性能分析器，对它们的计算结果进行对比，如图 9-3 所示。可以看到，在优化前，DAX 查询需要 452ms；在优化后，DAX 查询需要 35ms，优化效果明显。

除了可以使用 Power BI 自带的性能分析器对优化效果进行对比，还可以在 DAX Studio 中进行调试，如图 9-4 所示。

第 9 章
Power BI 优化最佳实践

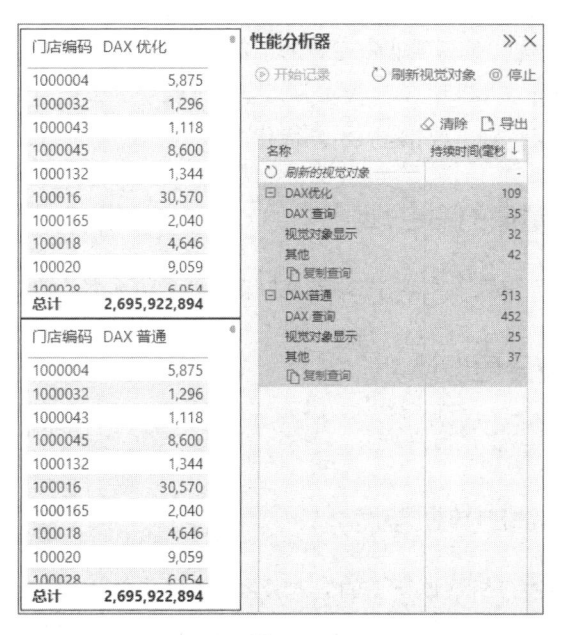

门店编码	DAX 优化
1000004	5,875
1000032	1,296
1000043	1,118
1000045	8,600
1000132	1,344
100016	30,570
1000165	2,040
100018	4,646
100020	9,059
100028	6,054
总计	2,695,922,894

门店编码	DAX 普通
1000004	5,875
1000032	1,296
1000043	1,118
1000045	8,600
1000132	1,344
100016	30,570
1000165	2,040
100018	4,646
100020	9,059
100028	6,054
总计	2,695,922,894

名称	持续时间(毫秒)
刷新的视觉对象	-
□ DAX优化	109
DAX 查询	35
视觉对象显示	32
其他	42
复制查询	
□ DAX普通	513
DAX 查询	452
视觉对象显示	25
其他	37
复制查询	

图 9-3

图 9-4

除了可以直接修改 DAX 表达式来提高计算性能，还可以在第一次计算之后对数据进行缓存，在第二次计算时直接调用，这也是非常不错的选择。对于 DAX 如何缓存并命中更多的查询，需要进行有针对性的学习。

事实上，DAX 优化是一项非常专业的工作，需要对 DAX 的数据引擎有一定的了解。在大多数情况下，我们没有必要去深入学习 DAX 的数据引擎。但是，如果你有志于成为 DAX 专家，则需要学习 DAX 优化内容。

9.2.9 表和度量值的命名规则

请参考 7.9.1 节"表命名规则"和 7.9.2 节"度量值命名规则"。

9.2.10 度量值分层设计

请参考 7.9.3 节"度量值管理"。

9.2.11 使用合适的数据粒度

我们只需要关注分析数据所需的数据粒度，无须将最为详细的数据全部加载到数据模型中（请注意这句话的前半句）。如果你对性能有一定的要求，则可以适当对数据进行聚合，以提高计算速度，但是不能影响业务的真实表达。

以库存为例，假设每日库存有 50 万行数据的结存，每个月就是 1500 万行数据，每年就是 1.8 亿行数据。如果要做库存分析，无须将 1.8 亿行数据全部加载到数据模型中。

我们可以将库存数据做成三份，分别是月平均库存、$T-1$ 日库存和月末库存，这几乎已经涵盖了我们对库存进行分析所需数据的绝大部分场景，每年需要加载的数据只有 1250 万行，并且几乎没有影响真实业务的表达。

9.2.12 减少使用或不使用"新建列"功能

在条件允许的情况下，尽量减少使用或不使用"新建列"功能，而是使用度量值来完成计算。"新建列"功能可以用于增加一些新的分析维度。

在 Excel 或者其他工具中养成的习惯，会让我们天然地认为在需要计算时就通过增加更多的列来完成。在 Power BI 中，我们要改变这种思维方式，而是尽量使用度量值来完成计算。在刚接触 Power BI 时，确实需要一段时间来改变，而一旦你适应了使用度量值，就会体会到其中的深意。

在某些场景中，如果度量值的计算性能表现不好，则也可以考虑使用"新建列"

功能进行预计算，以提高计算速度。而在这些预计算中，又有很大一部分可以前置到 Power Query 中来完成计算，而不是在模型中添加新列，这样可以进一步提升计算性能。

9.2.13 尽量不使用大宽表

如果你希望 Power BI 数据模型有更好的性能和更好的可维护性，则尽量不要使用大宽表，尤其是在复杂的数据模型中，维度建模可以让整个设计更为清晰并有更好的性能表现。

9.2.14 数据模型中字母的大写和小写

在 Power BI 数据模型中字母是不区分大小写的[1]，如果同时存在大写和小写的字母，则会被识别为同一个内容。而在 Power Query 中字母是区分大小写的，在某些场景中，会给我们造成困扰。如果需要在数据模型中也区分字母的大小写，则可以给拼写相同的大写和小写的字母添加前缀或者后缀。

9.2.15 为字段添加特殊前缀

当数据模型变得复杂时，可以为某些使用频次非常高的字段添加特殊的前缀，提高该字段的检索速度。比如，经常使用"D_日期表"中的"日期"字段，那么可以给"日期"字段添加"@"前缀，变为"@日期"，在编写 DAX 表达式时，可以通过输入"@"快速检索该字段并进行选择。在输入"@"符号时相对更顺手一些，且不用切换中英文状态，因此可以优先考虑使用。当然，你也可以考虑使用"~""#""￥"等作为前缀，但不推荐使用"!"作为前缀，因为在输入感叹号时有中英文状态的区分，而其他几个符号都没有。

9.3 可视化优化

针对页面的视觉对象加载慢的问题，除了优化 DAX，还可以进行可视化优化，提高可视化呈现的专业度和美观度。

---

[1] Power BI 中的 Power Query 部分和数据模型部分是由两个独立的开发团队开发的，因此存在是否区分大小写的问题，并且这个问题一直持续到现在而未得到解决。

9.3.1　减少视觉对象的数量

Power BI 画布的最大高度和最大宽度都是 9999 像素，这就意味着我们可以在画布中使用非常多的视觉对象。然而，使用过多的视觉对象也会带来副作用，即报告的加载时间将变得非常长。虽然我们可能不会用到 9999 像素×9999 像素那么大的画布，但即便使用默认的画布，也需要控制视觉对象的数量。当视觉对象过多时，其引起的加载缓慢问题，可以通过将视觉对象拆分到不同的画布中，或者减少视觉对象的数量来解决。

举个例子，在同一个画布中，当我们想使用 5 张卡片图来实现效果时，其实可以通过使用一个矩阵（只有一个视觉对象）来实现同样的效果，如图 9-5 所示。从效果上看，上方与下方的效果基本一致，上方效果是由 5 张卡片图实现的，下方效果是由一个矩阵实现的。

图 9-5

使用性能分析器来查看效果，可以看到，使用矩阵实现仅用时 106ms，而使用 5 张卡片图实现累计用时是矩阵的 3 倍多，如图 9-6 所示。可见，视觉对象变多了，视觉对象加载消耗了更多的时间。

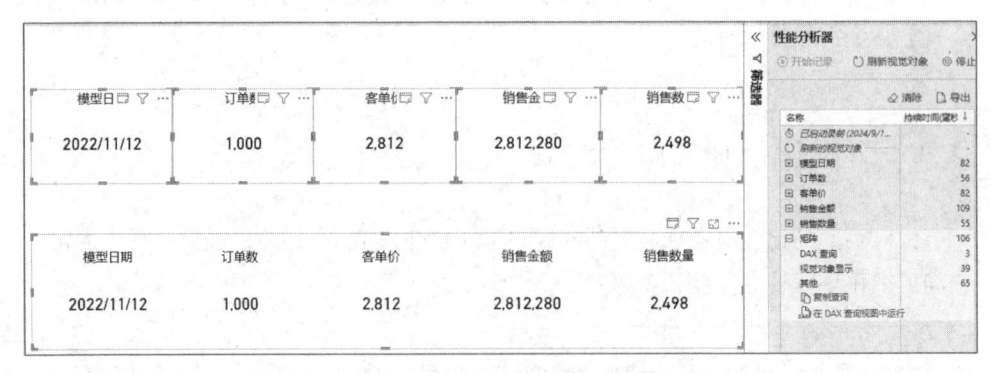

图 9-6

9.3.2 使用背景来管理布局

如果一个报告中要用到复杂的背景及复杂的布局，我们首先想到的方法就是使用 Power BI 自带的按钮或者形状来实现。然而，由于 Power BI 并不是专业图形软件，因此在一些细节上并不能完美呈现，同时，使用过多的图形也会导致报告维护困难，影响其加载速度。

更好的选择是按照报告的尺寸在 PowerPoint 中制作一个背景（在 PowerPoint 中制作背景比在 Power BI 中制作更为方便），将制作好的背景导出为 SVG 或 PNG 格式的图片（这里建议导出为 SVG 格式，因为此格式的图片被放大后依然可以清晰地显示），并将该图片作为报告的背景。当需要调整背景时，只需要在 PowerPoint 中进行调整并替换原来的背景即可，这极大地降低了复杂可视化布局的维护成本。

9.3.3 尽量使用默认的视觉对象

尽量使用 Power BI 默认的视觉对象，因为其加载速度更快。默认的视觉对象除了有速度上的优势，还可以减少用户读取报告的理解成本，因为它们都是基本的视觉呈现方式。如果对可视化的呈现效果有要求，并使用了大量的第三方视觉对象，那么当需要优化时，可以优先考虑减少这些视觉对象的数量或者全部替换为默认的视觉对象。我们同样可以使用性能分析器来查看默认的视觉对象和第三方视觉对象的加载速度，从而进行有针对性的优化。

9.3.4 特殊的可视化呈现

有些特殊的可视化呈现，无法使用默认的视觉对象来实现，这时就可以考虑使用多个可视化视觉对象进行拼接，或者使用一些形状或按钮等来辅助实现视觉上的效果。很多可视化呈现可能并没有你想的那么"高大上"，其实它们就是通过不同元素的拼接实现的。在呈现复杂的效果时，采用这种处理方式是一个不错的选择。

9.3.5 使用 SVG 辅助画图

我们可以在度量值中使用 SVG 代码来实现很多通过 Power BI 原有功能所无法达到的效果，极大地拓宽了可视化实现的边界。相较于复杂的编程代码实现，SVG 是一种性价比很高的替代方案，普通的业务用户也可以尝试。

9.3.6 打开所有的预览功能

下载并安装 Power BI Desktop 之后，依次点击"文件"-"选项和设置"-"选项"-"预览功能"，选择"预览功能"，勾选其右侧的全部复选框，点击"确定"按钮，就可以让我们体验所有最新的功能，如图 9-7 所示。在默认情况下，有些新功能复选框是不会被勾选的。

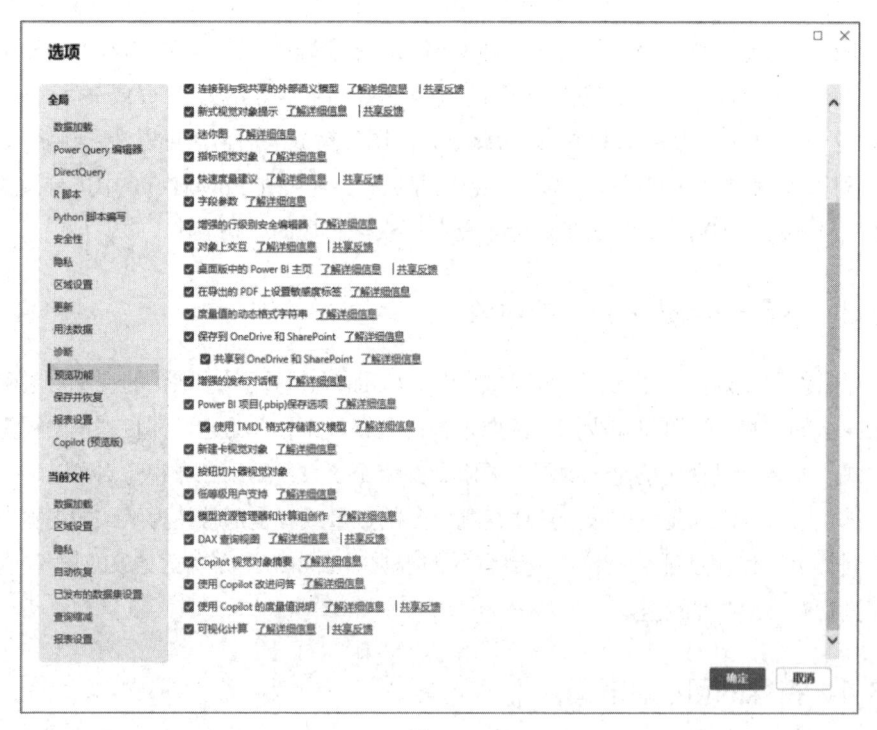

图 9-7

9.3.7 报告细节优化

细节决定成败。优化 Power BI 中报告的细节，会让报告看起来更专业。

1. 隐藏标头图标

Power BI 标头图标在 Power BI 报告中可视化视觉对象的右上角，当点击三个点时，会弹出一个可以对当前视觉对象进行操作的功能窗格，如图 9-8 所示。有些视觉对象的标头图标对于报告阅读者来说是无意义的，因此应该将其隐藏起来，比如切片器。隐藏标头图标可以使用如下三种方式。

第 9 章
Power BI 优化最佳实践

- 选择视觉对象，依次手动关闭视觉对象标头，如图 9-9 所示。当需要导出某些表时，手动关闭标头图标更方便对其进行控制。这种方式适合对每个视觉对象单独进行手动控制。在大多数情况下，推荐采用这种方式隐藏标头图标。

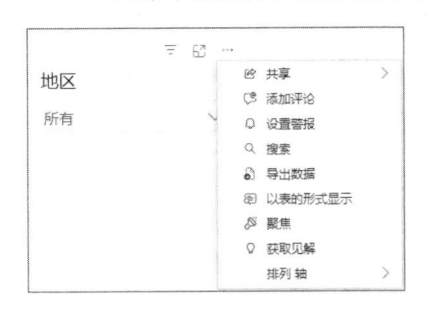

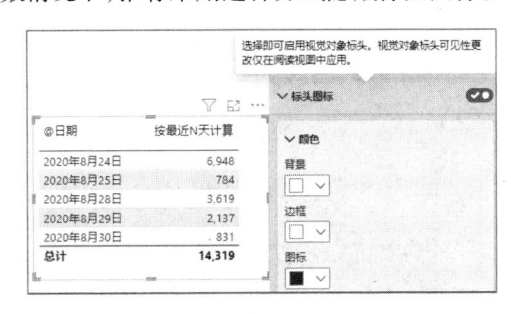

图 9-8

图 9-9

- 依次点击"文件"-"选项"-"报表设置"-"视觉对象选项"，在"视觉对象选项"下勾选"在阅读视图中隐藏视觉对象标头"复选框，如图 9-10 所示。采用这种方式，会一次性关闭所有视觉对象的标头图标。

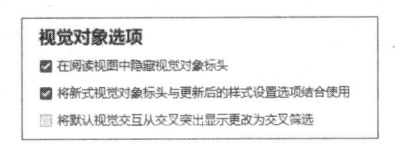

图 9-10

- 通过 Power BI Service 设置关闭所有视觉对象的标头图标，方法是点击"报表"左侧的三个点，选择"设置"，在"视觉对象选项"下打开"在阅读视图中隐藏视觉对象标头"开关，如图 9-11 和图 9-12 所示。

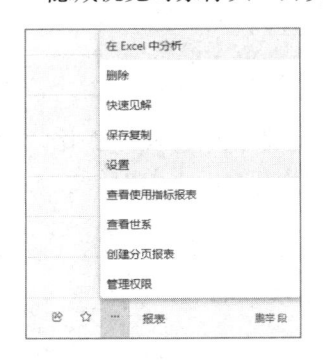

图 9-11

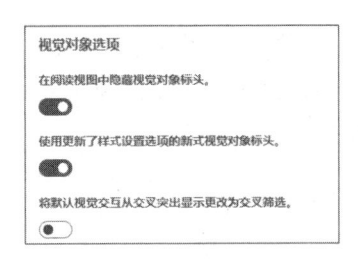

图 9-12

需要注意的是，在 Power BI Desktop 中制作报告时，标头依然是显示的效果，只有在发布报告后进行查看时，才会根据设置表现出显示或者隐藏的效果。

2. 打开"维护层顺序"开关

在点击了一个可视化对象后，该对象会被置于顶层，导致其他对象被遮蔽。在绝大多数情况下，我们不希望这种事情发生。因此，在视觉对象属性中，需要打开"维护层顺序"开关，如图 9-13 所示。

3. 关闭"响应"开关

响应功能是一种根据屏幕尺寸动态伸缩以适配的技术，在 Power BI Service 中显得有些"鸡肋"，不推荐使用，因此应关闭"响应"开关，如图 9-14 所示。部分视觉对象没有响应功能。

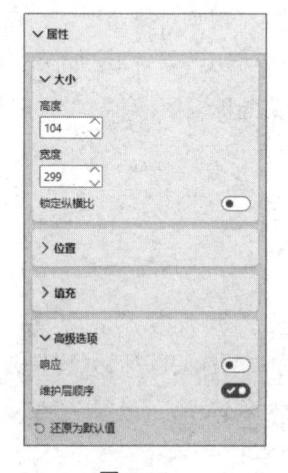

图 9-13

图 9-14

4. 设计布局系统

一个更系统的报告布局设计可以让报告看起来更专业，布局也更加清晰，对 Power BI 中报告的制作也更加可控，这是进阶到 Power BI 可视化高级的必经阶段，如图 9-15 所示。

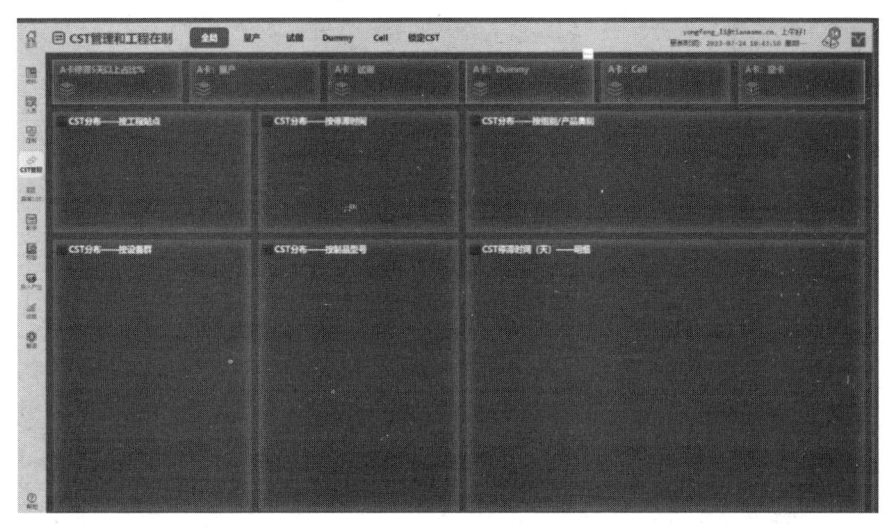

图 9-15

9.4 硬件优化

工欲善其事，必先利其器。一台符合 Power BI 要求的计算机，可以让我们达到事半功倍的效果。对于满足 Power BI 的硬件优化策略，主要基于 DAX 引擎的特性。

9.4.1 CPU

对于 CPU，我们要选择单核性能最强的，这与 DAX 引擎的工作原理有关系。要查看 CPU 的性能，可以访问 PassMark Software 网站，其上有所有 CPU 的性能表现数据。考虑到大家的移动办公场景，在 Category 中选择"Laptop"（笔记本电脑），然后选择"Thread Mark"（CPU 处理单线程任务的能力），再点击标题右侧的三角形，按照从大到小的顺序排列，排名靠前的就是要优先选择的 CPU。假设你希望看到 Intel 的 CPU，则可以在"CPU Name"框中输入"Intel"，如图 9-16 所示。

由于 i9 和 i7 的 CPU 价格相对偏高，对于我们而言，多出来的价钱所对应的那部分性能的性价比并不是特别高，因此 i5 的 CPU 是一个不错的选择，并且完全不用担心性能问题。如果搜索"Intel i5"，将得到一个新的排名，如图 9-17 所示。

CPU Name Intel	Cores Min... Max...	CPU Mark Min... Max...	Thread Mark Min... Max...	TDP (W) Min... Max...	Socket	Category Laptop
Intel Core i9-14900HX	24	46,096	4,413	55	FCBGA1964	Laptop
Intel Core i9-13980HX	24	47,821	4,320	55	FCBGA1964	Laptop
Intel Core i9-13900HX	24	44,686	4,168	55	FCBGA1964	Laptop
Intel Core i9-13950HX	24	44,831	4,052	55	FCBGA1964	Laptop
Intel Core Ultra 9 185H	16	31,493	3,962	45	FCBGA2049	Laptop
Intel Core i9-13900HK	14	31,399	3,928	45	FCBGA1744	Laptop
Intel Core Ultra 7 165H	16	31,583	3,886	28	FCBGA2049	Laptop
Intel Core i7-13700HX	16	34,126	3,884	55	FCBGA1964	Laptop
Intel Core i9-13900H	14	29,411	3,877	45	FCBGA1744	Laptop
Intel Core i9-12900HX	16	34,685	3,876	55	FCBGA1964	Laptop

图 9-16

CPU Name Intel i5	Cores Min... Max...	CPU Mark Min... Max...	Thread Mark Min... Max...	TDP (W) Min... Max...	Socket	Category Laptop
Intel Core i5-13600HX	14	29,621	3,831	55	FCBGA1964	Laptop
Intel Core i5-12600HX	12	24,062	3,736	55	FCBGA1964	Laptop
Intel Core i5-13600H	12	25,569	3,649	45	FCBGA1744	Laptop
Intel Core i5-1350P	12	20,484	3,596	28	FCBGA1744	Laptop
Intel Core i5-12600H	12	22,721	3,574	45	FCBGA1744	Laptop
Intel Core i5-1340P	12	19,574	3,572	28	FCBGA1744	Laptop
Intel Core i5-13500H	12	22,787	3,551	45	Unknown	Laptop
Intel Core i5-1345U	10	15,255	3,541	15	FCBGA1744	Laptop
Intel Core i5-1335U	10	16,637	3,530	15	FCBGA1744	Laptop
Intel Core i5-13450HX	10	24,781	3,512	55	FCBGA1964	Laptop

图 9-17

　　我们可以在 TDP (W)列选择电源瓦数相对低一些的，这样计算机的风扇不会一直呼呼地转，同时还保证了计算机的性能。比如 i5-1340P 就非常合适，基于这样的 CPU 去选购计算机，性价比是最高的。如果超预算了，就把 CPU 的等级按照这个排名往下降一降，性能可能没降多少，但价格可能已经降了一两千元。这是截至本书编写时的信息，当你阅读到这里的时候，这个信息已经发生了变化。因此，在选择时需要关注的是方法，而不是具体的 CPU 型号。你不需要有性能焦虑，Intel 12 代之后的 CPU 性能完全过剩，足够满足你的使用需求了。

　　此外，在办公场景中，对多核心 CPU 的需求并不太高，AMD 的 CPU 的性价比更高，如图 9-18 所示。

　　你可以选择一个 8 核心的 AMD Ryzen 7 CPU，比如 7840H 就非常不错。

第 9 章
Power BI 优化最佳实践

CPU Name AMD	Cores Min... Max...	CPU Mark Min... Max...	Thread Mark Min... Max...	TDP (W) Min... Max...	Socket	Category Laptop
AMD Ryzen 9 7945HX3D	16	59,124	4,170	55	FL1	Laptop
AMD Ryzen 9 7945HX	16	55,296	4,073	55	FL1	Laptop
AMD Ryzen 9 7940H	8	30,873	4,053	54	FP7 FP7r2 FP8	Laptop
AMD Ryzen 9 7845HX	12	46,372	3,994	55	FL1	Laptop
AMD Ryzen 7 7745HX	8	32,879	3,937	55	AM5 (LGA 1718)	Laptop
AMD Ryzen 5 7645HX	6	26,868	3,915	55	AM5 (LGA 1718)	Laptop
AMD Ryzen 9 7940HS	8	30,524	3,894	54	FP7 FP7r2 FP8	Laptop
AMD Ryzen 7 7840H	8	28,778	3,814	54	FP7 FP7r2 FP8	Laptop
AMD Ryzen 7 7840HS	8	29,018	3,786	54	FP7 FP7r2 FP8	Laptop
AMD Ryzen 5 7540U	6	19,220	3,719	28	FP7 FP7r2	Laptop

图 9-18

如果你需要对 CPU 的性能有一个更直观的感受，则可以在 DAX Studio 中进行测试。首先下载 Power BI Desktop，然后打开并点击"输入内容"按钮，在打开的对话框中直接点击"加载"按钮，创建一个空表。如果不执行这一步，则无法在 DAX Studio 中进行 DAX 表达式的查询。在 DAX Studio 中激活"Query Plan"和"Server Timings"两个按钮，并在编辑栏下方切换到"Server Timings"按钮，复制下面的 DAX 表达式：

```
DEFINE
    VAR t1 =
        SELECTCOLUMNS (CALENDAR (1, 10000), "x", [Date])
    VAR t2 =
        SELECTCOLUMNS (CALENDAR (1, 10000), "y", [Date])
    VAR c =
        CROSSJOIN (t1, t2)
    VAR result =
        COUNTROWS (c)
EVALUATE
ROW ("x", result)
```

将其粘贴到 DAX Studio 的编辑区域，然后点击工具栏中的"Run"按钮，会看到下方"Total"的位置显示了一个数字，该时间的单位为毫秒（ms），转换为秒（s）要除以 1000。以当前计算机为例，其计算时间约为 4.4s。瞬间计算了 1 亿行数据才用时 4.3s，足见 DAX 引擎的强大，如图 9-19 所示。

"Total"时间越短，说明 CPU 的单核心性能越强。如果该时间超过了 10s，你就需要考虑换一台更好的计算机了。

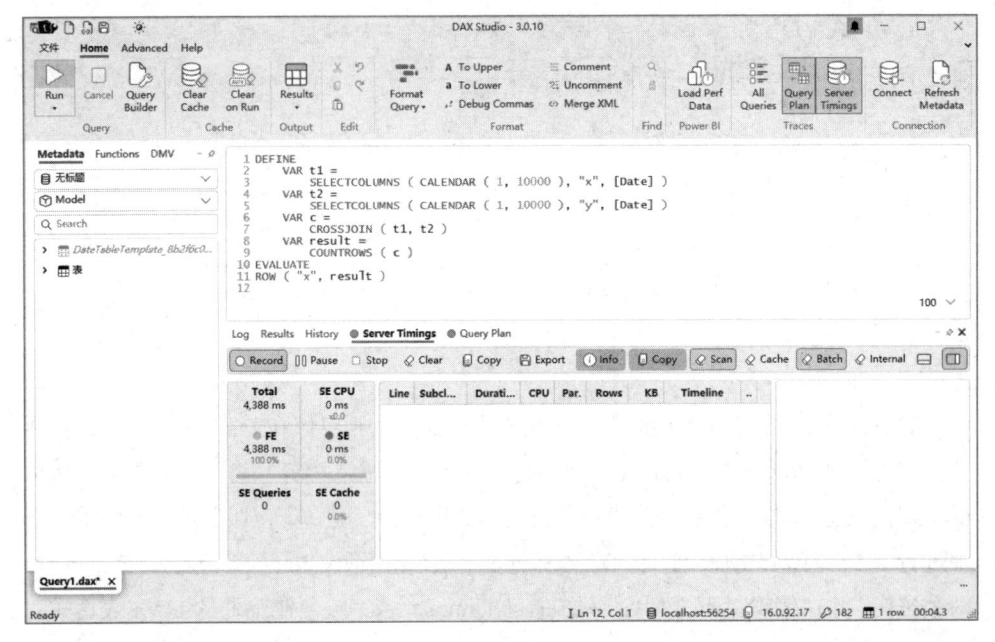

图 9-19

9.4.2 内存

　　内存是 CPU 和硬盘之间沟通的桥梁。对于 DAX 表达式的计算来说，需要着重考虑内存的频率，也就是内存和 CPU 交换信息的速度。因此，在购买内存时，除了看内存大小，还要看内存频率。需要注意的是，我们需要按照先满足大小再满足频率的顺序来选择内存，当内存大小不足时，即便频率再高，也无法很好地提高计算速度。

　　这里推荐至少购买频率为 3200MHz 的内存。在预算充足的情况下，推荐选择 5600MHz 及以上的内存，这个数字越大越好。硬件的更新迭代非常快，也许在不久的将来，这些内存频率就已经有些过时了，而其选取方法依然适用。

　　在内存大小上，如果你需要有比较好的使用体验，则推荐至少 16GB。如果有条件的话，则可以选择 32GB。除非有特殊需求，否则选择更大容量的内存目前意义就很小了。在实际的应用中，Power BI 是非常占内存的，尤其是在数据较多的情况下，如果再同时打开一些其他程序，那么 16GB 内存就会略显紧张。在购买时，建议考虑后续升级问题，比如现在选择的是 16GB 内存，计算机支持升级到 32GB 甚至更高，在必要时增加内存比购买新的设备划算。而内存频率的升级会受限于计算机主板，如果你比较在意未来内存频率的升级，那么在购买前需要考虑到这个问题。

如果你需要查询计算机的内存频率是多少，则可以在"任务栏"上右击，选择"任务管理器"，点击"性能"，然后选择"内存"，在下方的"速度"一栏，可以看到"5600MHz"，这个就是内存频率，如图 9-20 所示。

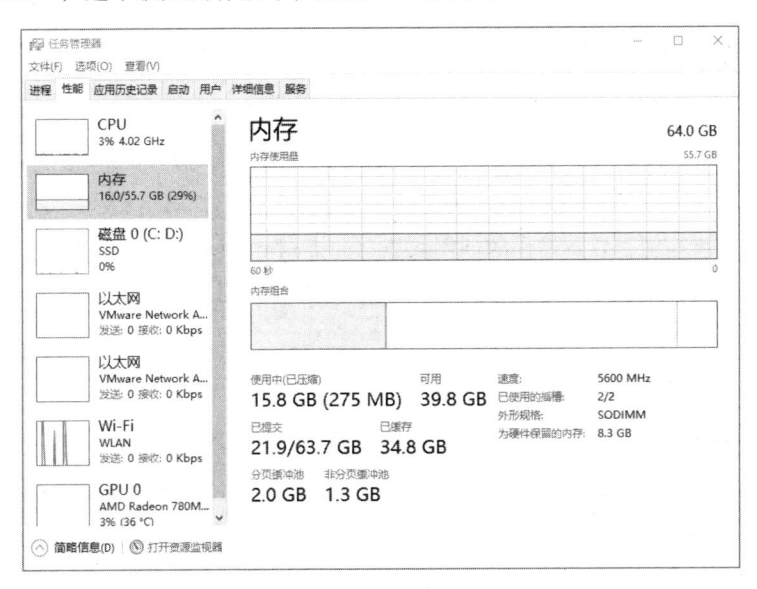

图 9-20

9.4.3 硬盘

硬盘对 DAX 表达式的计算性能并无明显的增幅。更快的硬盘读/写速度体现在 PBIX 文件的打开、保存、数据加载等方面。目前，市面上的笔记本电脑已基本使用固态硬盘。虽然固态硬盘没有提升 DAX 表达式的计算性能，但却提升了办公体验。

9.4.4 显卡

显卡的增幅体现在可视化方面，渲染更快。使用核显 CPU 一样可以满足需要。如果你只是办公使用，则不建议在显卡上增加更多的预算，因为当前主流 CPU 的核显性能已经足够强大，应对日常工作完全绰绰有余。

9.4.5 网卡/带宽

根据实践经验，终端用户使用性能较好的网卡和更大的带宽，可以缩短可视化报告的加载时间，同时也会缩短将报告发布到 Power BI Service 的时间。不过，这些提升是有限的，不必刻意在这方面花费太多。

9.4.6 屏幕

在实际的办公场景中，只使用一块屏幕有时候很难高效地办公。如果需要频繁地切换各种页面，则可以考虑使用一块拓展屏幕来提高工作效率。

由于 Power BI 中的窗格较多，如果同时显示，那么画布的区域就会变小，影响对 Power BI 的操作。此时需要一块"带鱼屏"来拯救你，其拥有更大的屏幕视角。推荐选择 29 英寸直面屏，它有最佳的使用效果。如果超过 34 英寸，则可能导致查看不够方便。结合 Power Toys 软件对屏幕进行分区，使用效率翻倍。

9.4.7 小结

在计算机的选购上，这里只提供相关方法，并不推荐任何机型。实际的计算机性能表现会受限于其做工和品控，同样的配置，不同品牌的计算机可能会有明显的差异。这不在可控范围内，需要自行进行甄选。原则上说，把握住以上选择硬件的方法，可以避免绝大部分的坑点。

基于以上配置，需要多少预算呢？5000 元左右的预算，足够我们买到一台契合 Power BI 的笔记本电脑；如果你选择了台式机，则可以有更高的配置。

9.5 其他优化

除了前面介绍的常用优化技巧，还有一些实用却不常用的优化技巧，了解这些优化技巧，在关键时刻可能会给我们带来意想不到的惊喜。

9.5.1 使用较新版本的 Power BI Desktop

较新版本的 Power BI Desktop 具有更完善的功能，用户的体验也更好。使用较新版本的 Power BI Desktop，对于整个 Power BI 的使用也会有很大的帮助。但需要注意的是，有的新版本会存在比较明显的 Bug，所以可以保持使用较新的版本，而不是最新的版本，选择相对稳定的版本进行更新。在更新版本后，需要检查原来的报告显示是否正常，因为更新后可能存在兼容性问题。比如 2023 年 8 月发布的 Power BI Desktop，就是一个相对稳定的版本，而其后的 9 月、10 月、11 月等发布的版本都有各种小问题，虽然不影响使用，但却给工作带来一些不便。

9.5.2　Power BI Desktop 提示内存不足

当使用 Power BI Desktop 从 SQL Server 本地数据库（Power BI）中获取的数据量较大时，可能会出现内存不足的提示对话框，也可能会造成计算机直接蓝屏。该如何解决这个问题呢？增加内存大小，似乎是一个办法，确实也有人这么做了。然而，这是要花钱的，并且还有上限的限制。

那有没有更简单的办法？当然有。首先需要了解计算机内存主要被哪个程序占用了。在任务管理器中查看，你会发现 95% 的内存都被 SQL Server 占用了。由于 Power BI Desktop 在加载数据时会占用更多的内存，而大量的内存都被 SQL Server 强行挤占了，因此 Power BI Desktop 会提示内存不足，数据刷新无法正常进行。这就是问题的关键所在。

SQL Server 占用了大量的内存，而这与 SQL Server 的内存机制有关。在默认情况下，SQL Server 对内存的使用原则是应占尽占，而且其所占用的内存在计算结束后不会被释放。虽然将数据放入内存中计算速度更快，但这并不等价于必须将全部数据都放入内存中才能计算。因此，我们可以修改 SQL Server 的最大服务器内存，将默认的最大服务器内存改小。那么，应该改多小呢？最大服务器内存的设定值最小支持 128MB，但是并不建议改得这么小，推荐限制到内存的一半或者三分之一大小即可。如果不小心将其改得太小，则可能导致 Microsoft SQL Server Management Studio 无法正常访问数据库，重启计算机即可正常访问。

那么，如何修改 SQL Server 的最大服务器内存呢？这里我们使用 Microsoft SQL Server Management Studio 进行演示，依次点击"localhost"-"属性"-"内存"，显示如图 9-21 所示。

修改"最大服务器内存"的大小，点击"确定"按钮，SQL Server 所占用的内存大小就会被强制限制，这样就可以留出更多的内存空间给 Power BI Desktop 用于刷新数据。Power BI 数据的加载速度并不会因为这个限制而变慢，但是这个限制可能会导致在 SQL Server 数据库中执行 SQL 查询的速度变慢。

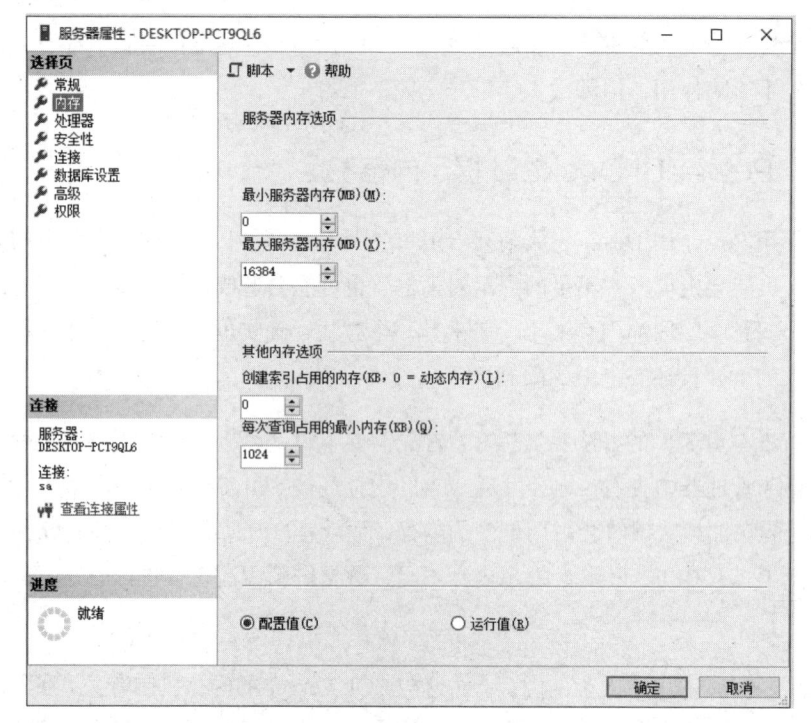

图 9-21

9.5.3 异常排查及排错技巧

1. 分解法

错误排查遵循一个原则：宏观看问题，微观查原因。当你发现存在某个错误时，先从整体着手。比如，按照商品分类或者地区查看差异最大的部分，将异常缩小到一个范围；如果仍然没有找到具体的问题，那么可以复制对应的单据明细，将其粘贴到 Excel 中进行人工校对，将异常缩小到一条或者几条数据上，这时候就容易发现问题了。你也可以选择使用度量值，通过筛选缩小问题的范围，并做进一步检查。

分解法的应用场景非常广泛，除了数据分解，我们遇到的其他问题也可以采用这种方法来解决。

2. 重现法

你反复检查自己编写的公式，没有发现错误，但结果却和预期的不一样。此时最好的办法就是重新写一遍公式，不要参考之前的内容，那么往往可以找到问题所在。

9.5.4 使用性能分析器巧妙排查异常

比如在报告中使用了一些度量值，在计算时发现结果异常，但却找不到问题所在，这时可以使用性能分析器帮助定位问题。在 Power BI Desktop 中依次打开"视图"-"性能分析器"，在"性能分析器"窗格中点击"开始记录"，再点击"刷新视觉对象"，在"名称"列找到待检查的视觉对象，点击前面的加号将其展开，找到"复制查询"并点击它，将复制的 DAX 表达式粘贴到 DAX Studio 中进行检查或调试，如图 9-22 所示。

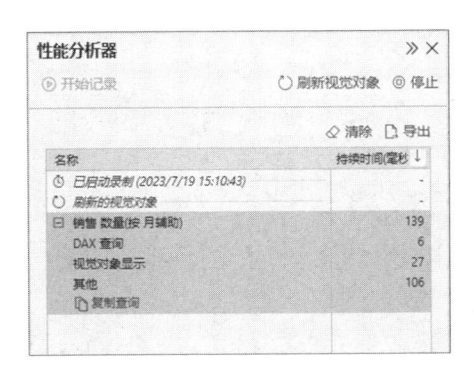

图 9-22

这是一个非常不错的方法，有时候只需要看到生成的 DAX 表达式就能找到问题所在。如果依然找不到问题，则可以分步执行，查看哪个步骤出现了异常，据此分析问题所在。

9.6 总结

优化靠的是思路多变，不拘一格，优化让我们更容易找到 Power BI 的平衡点。优化的目的不是要达到最好的状态，因为没有最好的状态，而是要达到最适合的状态。优化需要因地制宜，适合的才是最好的。

9.7 作业

1. 使用本章中介绍的优化技巧（至少 5 个），优化自己的 Power BI 设计。

2. 使用本章中介绍的优化技巧，帮助两位同事解决他们在工作中遇到的 Power BI 问题。

3. 对自己当前使用的计算机进行性能评估。

第 10 章

在 Excel 中使用 Cube

考虑到 Cube 的使用人群偏少，本章中会对其基础操作部分进行细化，讲解每一个操作步骤及需要注意的事项，以方便没有 Cube 基础的新用户学习。

网上能找到的关于 Cube 的使用方法，基本上都是在原封不动地复制微软官方文档的内容，如果你只是看官方文档的描述，则可能根本看不懂它到底在讲什么。本章将会告诉你什么是 Cube，以及如何在 Excel 中使用 Cube，以帮助你更好地工作。

笔者一直比较推崇数据分析师在个人商业智能分析领域学习和使用 Cube，当笔者第一次使用 Cube 函数从 Cube 中获取数据制作报表时，就爱上了这种用法，因为它给工作带来了很多便利。国内的绝大多数 Excel 用户，由于对 Excel 商业智能模型的了解有限，因此对 Cube 的使用更是少之又少。在本章中，笔者就将 Cube 的用法分享给你。

本章所讲的内容有一个重要前提，就是假设读者已经可以较为熟练地使用 Power Pivot、Power BI，甚至 SSAS 等构建数据模型。如果你不知道它们是什么，则可能并不适合学习该章节的技术部分，但是可以尝试了解其使用场景，用以指导未来的学习方向。

10.1 什么是 Cube

Cube 是指多维数据立方体，主要用于支持联机分析处理（OLAP），为企业决策提供支持。准确地讲，这里提到的立方体是一个超级立方体，该超级立方体中包含了所有的数据、模型和逻辑。很多人也将其比喻为数据魔方，如图 10-1 所示。

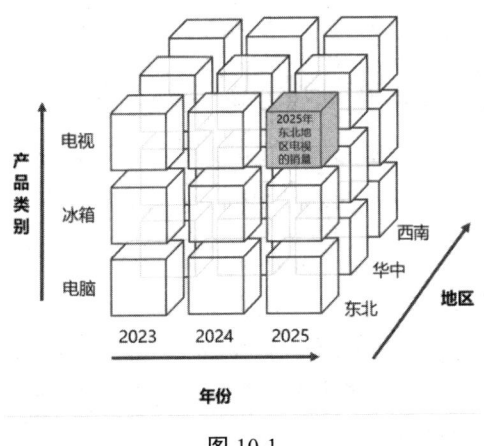

图 10-1

在具体使用 Cube 时，用户需要在 Excel 中连接构建好的 Cube，在 Excel 中以**数据透视表**、**Cube 函数**、**表查询**三种方式进行数据的提取。和传统使用 Excel 的技能象限不同，在 Excel 中连接 Cube 并进行数据的提取依赖提前构建好的 Cube，这也是 Cube 不为大众所知的主要原因，因为 Cube 的构建有一定的门槛。

在使用 Cube 之前，必须先构建一个 Cube。那么，如何构建一个 Cube 呢？我们可以采用如下三种方式。

（1）使用 SSAS（SQL Server Analysis Services）构建 Cube（个人用户在 99.99% 的情况下用不到）。

（2）在 Excel 中使用 Power Pivot 构建一个弱小的 Cube。

（3）使用 Power BI 构建一个强大的 Cube。

第一种方式：由于需要提交数据需求申请，流程较长，类似于传统的数据开发模式，因此一般情况下不太推荐。但是如果 IT 部门能够及时响应数据用户的需求，并对该 Cube 进行持续的完善和调整，那么在 Excel 中连接使用 SSAS 构建的 Cube 仍然是一个有效的选项，可以带来较大的数据使用灵活度。在实际的工作中，我们可以看到使用该方式的情况。使用 SSAS 构建 Cube 不是本章节介绍的重点。

第二种方式：适用于数据不复杂的情况，使用时较为方便。但如果数据复杂，那么性能会变差，这也是说"构建一个弱小的 Cube"的原因，需要根据实际情况来选择。实际上，如果个人用户经常需要在 Excel 中处理数据，那么这种方式是比较推荐的。

第三种方式：相比在 Excel 中构建的 Cube，使用 Power BI 构建的 Cube 更强大，用户可以完全掌控，性能也非常出色。这种方式是非常推荐的。

讲到这里，可能有读者会有疑问：为什么可以使用 Power BI 构建 Cube？

其实这背后的技术问题比较复杂，我们完全不用深究，因为这并不影响我们构建和使用 Cube，也不需要陷入具体的概念当中。

简单来说，使用 SSAS、Power Pivot 和 Power BI 构建的数据模型不是传统意义上的 OLAP Cube，但是具有类似于 Cube 的多维数据分析能力并且更强大。在广义上，可以认为使用 SSAS、Power Pivot 和 Power BI 构建的数据模型等价于 Cube。在下面的内容中，笔者更多的是使用"数据模型"而非"Cube"来做相应的介绍，因为使用"数据模型"进行介绍更容易理解。

第 10 章
在 Excel 中使用 Cube

之所以推荐使用 Power BI 构建 Cube，是因为 Power BI 作为微软公司提供的统一自助商业智能分析平台，已经在与 Excel 的连接方面提供了战略级的原生支持和持续优化，并且其性能更强、体验更好。这里想强调的是，使用 Excel 连接 Power BI 构建 Cube，并不是一种黑科技或技巧，而是微软公司在战略层面的设计，希望用户这么做。

作为超级立方体的 Cube，你可以称其为"数据模型超级立方体"，其中包含了数据、模型和逻辑。

Cube = 数据（Data） + 模型（Model） + 逻辑（Logic）

数据（Data）：数据是对现实世界的客观记录和描述（如订单、商品、客户、供应商等）。数据包含了我们想要分析的内容，并且数据是干净的。

模型（Model）：模型定义了数据结构和关系（实体、属性、关系）。模型包含了我们想要的商业结构化信息，使用关系将代表不同商业逻辑的数据关联到一起，以此形成模型。需要注意的是，**模型不包含数据**。

逻辑（Logic）：逻辑是分析的维度、需要聚合的度量、提取信息的过程。

Cube 的使用路径如图 10-2 所示。

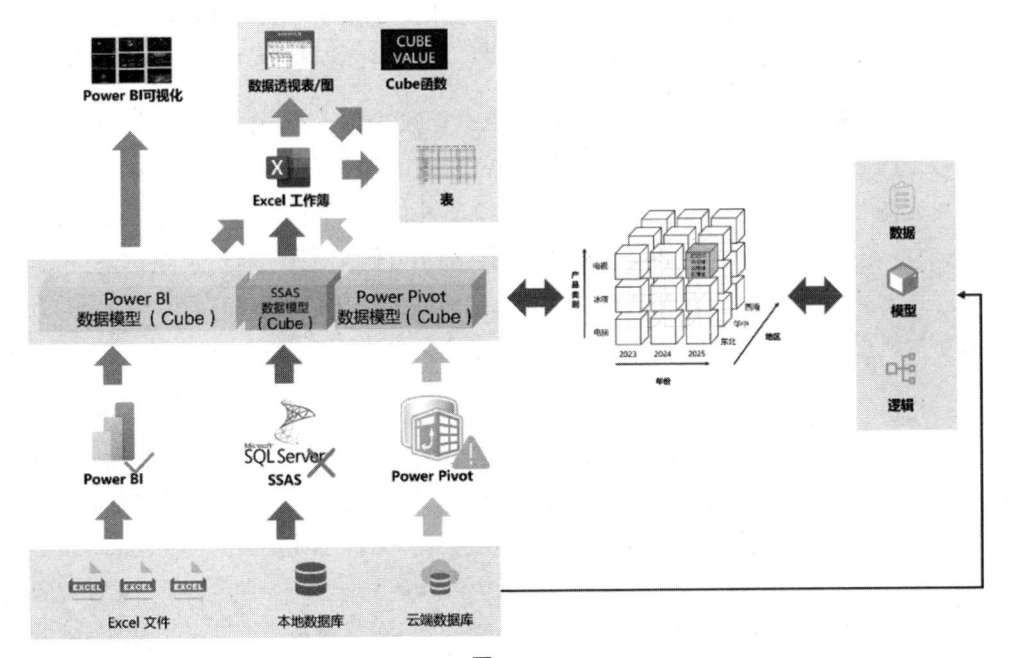

图 10-2

10.2 为什么要使用 Cube

说了那么多 Cube 的强大之处，那为什么要使用 Cube 呢？它与我们日常的工作场景有何关系？为什么不单独在 Excel 或 Power BI 中处理数据，而是使用 Excel 连接构建好的 Cube 来提取数据呢？

前面我们讲过，在 Excel 中连接 Cube 之后有三种提数数据的方式，分别是数据透视表、Cube 函数和表查询。下面我们就从这三个角度来进行数据使用场景的阐述。

1. 自助分析——数据透视表

对于数据用户而言，最好的数据自助分析工具是什么？毫无疑问，是数据透视表，因为它足够灵活，并且使用门槛低，稍加学习就可以快速掌握如何使用它。在 Excel 中使用传统的数据透视表会受到限制，就是只能基于单表进行透视。如果有非常多的表并且有非常多的指标需要计算，那么使用单表可能无法完成这项工作。

当遇到这种情况时，我们通常会在 Excel 中使用 Power Pivot 构建一个数据模型，或者使用 Power BI 构建数据模型之后进行数据透视分析。

由于 Power Pivot 已被集成在 Excel 中，因此使用 Power Pivot 构建数据模型并进行数据透视分析，可以解决复杂的数据分析问题。这也是很多读者喜闻乐见的使用方式。

使用 Power BI 构建的数据模型确实强大，但在 Power BI 中构建数据模型时，使用数据透视表就没那么灵活了。因为在 Excel 中使用数据透视表时，可以快速在旁边的单元格中进行各种数据的猜想和数据的验证，并且可以直接引用数据透视表中的数据，这一点真的很方便。在 Power BI 中使用反而不方便，因为还需要编写更多的度量值，这无疑会打断思路。此时，如果在 Excel 中连接对应的 Power BI 数据模型，并且以数据透视表的形式来完成数据透视分析，是不是很让人激动呢？如图 10-3 所示。

用户的数据需求是灵活多变的，并且不是所有人都适合学习如何使用数据工具，其实可以由数据建模师来完成数据模型的搭建，然后将数据模型交给用户来使用。从用户的角度来说，他们希望有一种方式，让他们不用管数据来源、不用管复杂的数据加工过程、不用管有门槛的分析工具，可以直接在 Excel 中使用数据透视表来分析数据。因为他们真的不擅长处理数据，他们希望可以真正地专注于自己想要分析的业务数据，通过数据洞察背后的业务，并基于此制定公司的发展策略。专业的人做专业的事，这才是最终的诉求。

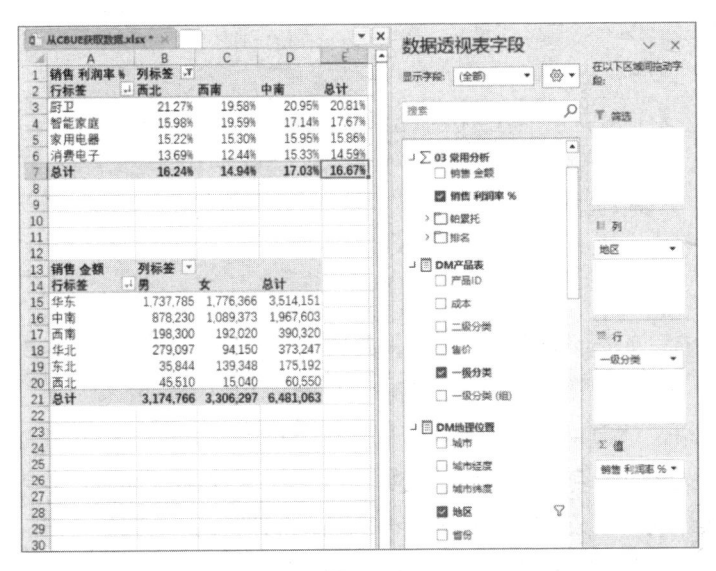

图 10-3

另外，有一个非常重要的点是，使用 Power BI 构建的数据模型并不是一个普通的数据模型，它涵盖了公司的大部分主要业务，其中包含了数据、模型和逻辑，以及各种想要分析的指标。并且，这个数据模型会被持续维护。当用户使用这个数据模型时，通过数据透视表就可以快速转换出自己想要的数据。

把选择权交给用户，并且提前帮助用户规避不必要的数据麻烦。这摒弃了传统的报表方式，摒弃了提需求、做需求的模式，而是改为给用户提供一个强大的工具，并且其使用门槛非常低，用户可自由选择，这才是数据自助分析应该达到的标准。

2. 自助报表——Cube 函数

相较于数据透视表，Cube 函数有了一些使用门槛，但总体来说，Cube 函数仍然是简单的。目前很多公司仍然在大量使用 Excel，在 Excel 中处理和查看数据，甚至在使用 Power BI 之后，仍然习惯于在 Excel 中查看报表，那么使用 Cube 函数在 Excel 中构建中国式复杂报表就非常合适了，因为在 Excel 中 Cube 函数可以基于单元格进行取值。这一过程在 Power BI 中反而是复杂的。

在 Excel 中构建的中国式复杂报表如图 10-4 所示。

图 10-4

如果使用传统的 Excel 处理方式，则需要许多中间数据处理过程，手工计算完成后才能将最后的结果填写到对应报表的单元格中。而使用 Cube 函数，可以直接将数据的获取和整理过程提前定义清楚，也就是在 Power Pivot 或 Power BI 中提前构建好数据模型，通过 Cube 函数直接将数据模型中的值取到对应的单元格中。因为在 Power Pivot 和 Power BI 中，数据的获取和计算都是一次性完成的，之后使用时只需要刷新即可，这就免去了在 Excel 中需要进行的非常多的复杂且重复的数据处理。

在需要每日更新的中国式复杂报表场景中，这种方式应用非常广泛，尤其是在财务领域。由于财务数据的展示逻辑很复杂，因此，如果可以针对每一个单元格进行取值，那么就会非常方便。

在 Excel 中，Cube 函数有一个专用名称叫作"多维数据集"，如图 10-5 所示。

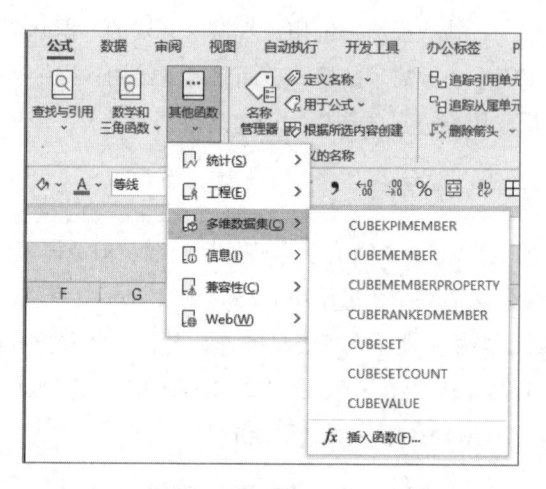

图 10-5

在 Excel 中，依次点击"公式"-"其他函数"-"多维数据集"，可以看到有 7 个函数，这些函数全部以"CUBE"开头，这也从侧面印证了它们就是 Cube 函数。

第 10 章
在 Excel 中使用 Cube

Cube 函数除了用于将数据模型中的值取到 Excel 单元格中，还可用于展示自定义的可视化报告，或者定制某些页面的展示内容，与数据透视图搭配使用就可以很好地完成，如图 10-6 所示。

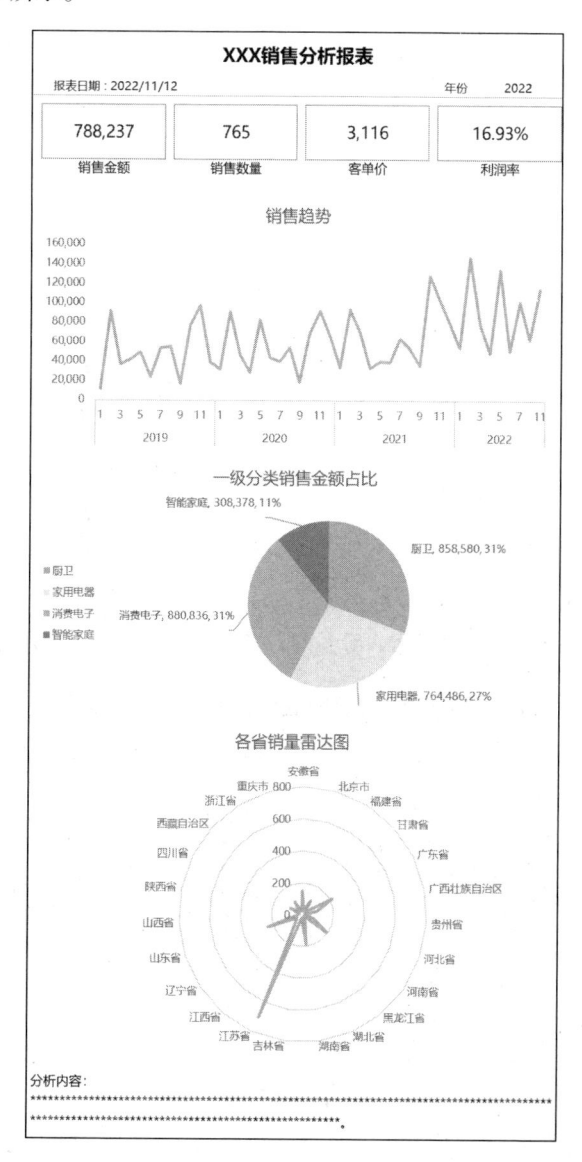

图 10-6

该可视化呈现的思路是将 Excel 的行高和列宽都改为一个比较小的值，比如设置行高为 10 像素（行高：7.50），列宽为 10 像素（列宽：0.77），单元格会变得特别小，之后就可以把这些单元格当作画布来使用了。此时可以设定一个画布的范围，这里假设选择一个宽度为 60 个单元格、高度为 120 个单元格的范围来进行数据的呈现。我们可以通过合并单元格来实现卡片图的效果，并使用 Cube 函数来完成取值，使用数据透视图选择数据模型中对应的字段来实现图表的效果。在实际操作中，还可以考虑搭配切片器一起布局，把可视化呈现做得更加精致。最后，添加各种辅助线，并且隐藏网格线，选择该区域并复制/粘贴到社交软件中，就可以以图片的方式发送给对方了。

以图 10-6 为例，这是一个适合在手机上查看的报告。如果把这个报告发送给你的同事或者老板，相信他们会有比较好的体验，因为不需要滑动屏幕就可以完整地看到整个报告的内容。应用该思路还可以制作 PC 版的可视化大屏，具体的制作方法类似，但需要注意各种细节的搭配，其可玩性非常高，灵活度也足够大，充满了无限想象的空间。

3. 自助查询——表查询

使用表查询将数据模型的数据提取到 Excel 中作为“表”，相较于数据透视表和 Cube 函数，虽然它不是主流的方式，但是也有相当重要的作用。表查询相对会有较高的使用门槛，因为需要使用到 DAX 查询，并且需要对连接的数据模型非常熟悉。

通过表查询，可以将需要分析的明细数据显示在 Excel 中，在查看报表的同时，还可以配合使用切片器，直接对“表”进行自动筛选，如图 10-7 所示。

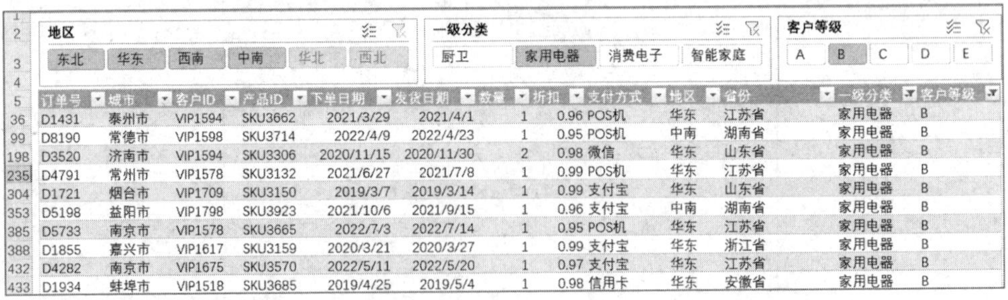

	订单号	城市	客户ID	产品ID	下单日期	发货日期	数量	折扣	支付方式	地区	省份	一级分类	客户等级
36	D1431	泰州市	VIP1594	SKU3662	2021/3/29	2021/4/1	1	0.96	POS机	华东	江苏省	家用电器	B
99	D8190	常德市	VIP1598	SKU3714	2022/4/9	2022/4/23	1	0.95	POS机	中南	湖南省	家用电器	B
198	D3520	济南市	VIP1594	SKU3306	2020/11/15	2020/11/30	2	0.98	微信	华东	山东省	家用电器	B
235	D4791	常州市	VIP1578	SKU3132	2021/6/27	2021/7/8	1	0.99	POS机	华东	江苏省	家用电器	B
304	D1721	烟台市	VIP1709	SKU3150	2019/3/7	2019/3/14	1	0.99	支付宝	华东	山东省	家用电器	B
353	D5198	益阳市	VIP1798	SKU3923	2021/10/6	2021/9/15	1	0.96	支付宝	中南	湖南省	家用电器	B
385	D5733	南京市	VIP1578	SKU3665	2022/7/3	2022/7/14	1	0.95	POS机	华东	江苏省	家用电器	B
388	D1855	嘉兴市	VIP1617	SKU3159	2020/3/21	2020/3/27	1	0.99	支付宝	华东	浙江省	家用电器	B
432	D4282	南京市	VIP1675	SKU3570	2022/5/11	2022/5/20	1	0.97	支付宝	华东	江苏省	家用电器	B
433	D1934	蚌埠市	VIP1518	SKU3685	2019/4/25	2019/5/4	1	0.98	信用卡	华东	安徽省	家用电器	B

图 10-7

通过数据透视表和 Cube 函数所做的报表呈现的往往都是已知的内容，而对于可能存在的潜在数据价值仍然需要在明细中去探索和发现。表查询与使用数据透视表和 Cube 函数所做的报表搭配使用效果更佳。

10.3 如何在 Excel 中连接 Cube

在 Excel 中使用 Cube 之前，通常需要确定从何处连接 Cube。因为 Cube 的来源不同，其连接方式略有差异。如果你还不会使用 Power Pivot 或 Power BI，那么需要先学习它们，因为使用 Cube 的前提是你已经会使用 Power Pivot 或 Power BI 创建数据模型——使用它们创建的数据模型，就是我们要连接的 Cube。

1. 从当前 Excel 工作簿连接

在 Excel 工作簿中，如果已经使用 Power Pivot 创建了数据模型，那么可以在 Excel 中直接创建数据透视表、编写 Cube 函数、返回表查询（链接回表），如图 10-8、图 10-9 和图 10-10 所示。

图 10-8

图 10-9

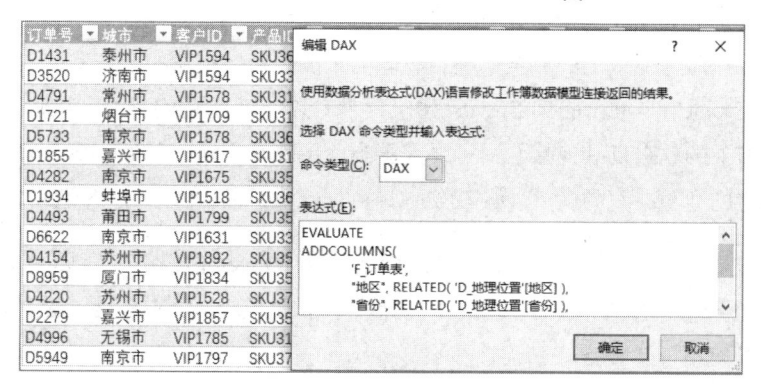

图 10-10

2. 在 Excel 中，从已发布到云端的 Power BI 语义模型（数据集）连接

这种连接方式需要先在 Excel 中登录包含 Power BI Pro 许可证的 Microsoft 365 账

户，然后依次点击"插入"-"数据透视表"-"来自 Power BI"，如图 10-11 所示。使用免费的 Power BI 账户无法进行此操作。

在"Power BI 数据集"窗格中，选择一个想要分析的数据集，这里的"Power BI 数据集"就是目前 Power BI 中更名后的"语义模型"，如图 10-12 所示。

图 10-11

图 10-12

点击"插入数据透视表"，此时会在 Excel 中自动创建一个数据透视表，这就相当于已经连接上 Power BI Service 的语义模型（数据集）。当需要更新数据时，只需要点击"数据"选项卡下的"全部刷新"即可。即便将数据透视表删除，也不会影响连接的状态，因为与 Power BI Service 语义模型（数据集）的连接已经生成。点击"数据"选项卡下的"查询和连接"，可以查看当前工作簿中所有的查询和连接。该连接是一条稳定的通道，只要为 Power BI Pro 许可证正常续费，就可以一直使用。

这种方式适合 Microsoft 365 应用版，而不适合 Office 客户端版本，因为看不到"来自 Power BI"这个选项。然而，这并不意味着 Office 客户端版本不能通过其他方式连接，它可以使用第 3 种方式来连接。

3. 从 Power BI Service 生成的 Excel 文件连接

这种连接方式并不常用，可以将其作为补充手段。登录 Power BI Pro 账户，在云端找到对应的语义模型（数据集），如图 10-13 所示。

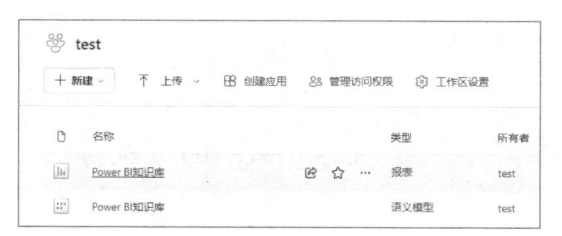

图 10-13

点击"报表"类型的"Power BI 知识库",将其打开后,点击"导出"按钮,选择"在 Excel 中分析",如图 10-14 所示。

如果使用的是 Microsoft 365,则可能会提示在 Excel Web 版中打开;对于其他情况,可能会提示下载一个 Excel 文件。如果没有自动下载 Excel 文件,则可以点击"在 Excel Web 版中打开"按钮,如图 10-15 所示。

图 10-14

图 10-15

此时会出现一个提示对话框,点击"是"按钮,如图 10-16 所示。

我们会看到打开一个在线的 Excel 文件,如图 10-17 所示。在 Web 中操作会影响计算速度,因此建议将此文件下载到本地。

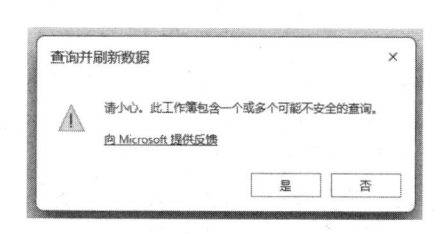

图 10-16

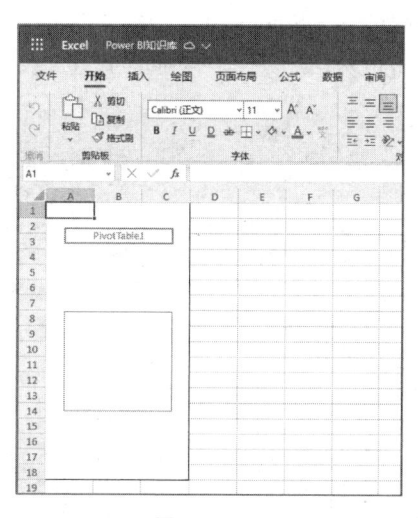

图 10-17

点击"文件"选项卡,选择"另存为",在右侧选择"下载副本",如图 10-18 所示。

下载后的 Excel 文件,可以直接使用。如果有弹窗,则登录 Power BI Pro 账户即可,如图 10-19 所示。登录之后,就会在 Excel 中自动连接语义模型(数据集)。

图 10-18

图 10-19

4. 从本地 PBIX 文件连接

首先使用 Power BI Desktop 打开本地 PBIX 文件,然后使用第三方工具来实现,比如 DAX Studio。打开 DAX Studio 之后,在弹出的"Connect"对话框中选择要连接的本地模型,点击"Connect"按钮,如图 10-20 所示。

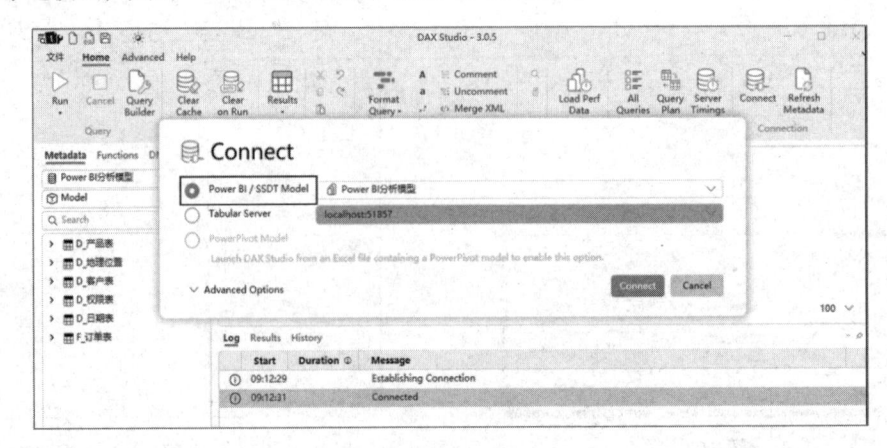

图 10-20

第 10 章
在 Excel 中使用 Cube

选择"Advanced"选项卡,点击工具栏上的"Analyze in Excel",如图 10-21 所示,打开一个新的 Excel 文件,并生成数据透视表。该数据透视表已经连接上本地 PBIX 文件中的数据模型,此时就可以在 Excel 单元格中编写 Cube 函数了。

图 10-21

使用 Power BI Desktop 打开本地 PBIX 文件并通过 DAX Studio 获取连接,并不是一条稳定的通道。PBIX 文件被关闭后,该连接会失效。如果希望该连接一直有效,则可以使用 DAX Studio 生成一个新的 Excel 工作簿并创建连接,然后使用新工作簿的连接字符串替换旧文件的连接字符串。

在创建连接的新工作簿中,依次点击"数据"-"查询和连接",如图 10-22 所示。

在右侧会弹出"查询 & 连接"窗格,在相应的连接上右击,选择"属性",如图 10-23 所示。

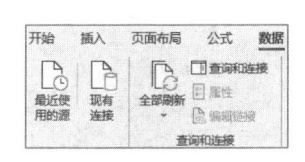

图 10-22 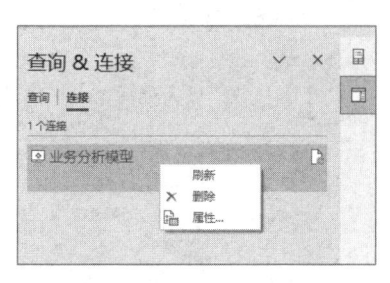   图 10-23

在"连接属性"对话框中,选择"定义"选项卡,找到"连接字符串",复制其文本框中的全部内容,如图 10-24 所示。

图 10-24

将复制的"连接字符串"内容粘贴到旧文件的"连接字符串"中，替换旧的连接字符串，点击"确认"按钮，即可正常连接。需要注意的是，连接的必须是同一个 PBIX 文件，否则可能会报错。

如果认为这样操作比较麻烦，则可以使用"Excel BI Pro"插件。它是一个免费的工具，请自行下载并安装 Excel BI Pro，如图 10-25 所示。

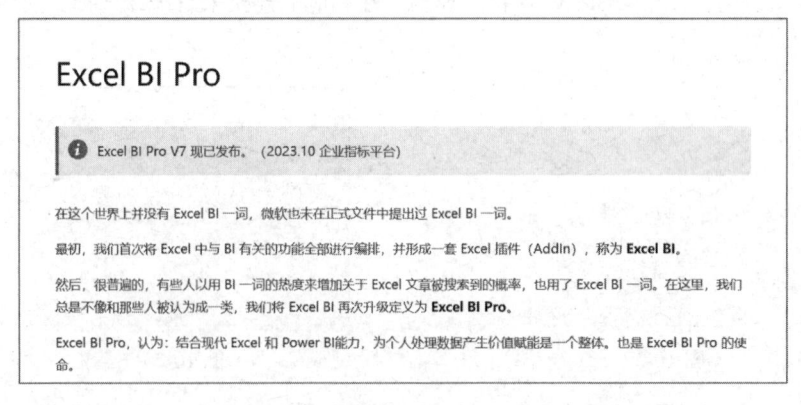

图 10-25

在安装成功后，可以点击"连 PBI 文件"按钮，如图 10-26 所示。

图 10-26

选择需要连接的 PBIX 文件，连接类型可以选择"仅创建连接"或"创建连接和超级透视表"，如图 10-27 所示。通常选择"创建连接和超级透视表"。

当下次重新连接时，只需要点击"连 PBI 文件"按钮重新操作一次即可。此时选项略有变化，在"创建连接方式"下选择"更新现有连接"，连接类型选择"仅创建连接"，如图 10-28 所示。

图 10-27　　　　　　　　　　　图 10-28

Excel BI Pro 还有很多功能有待探索。在个人商业智能领域，Excel BI Pro 是一个强大的助力工具。

10.4　数据透视表

在 Excel 中连接数据模型后，通常会自动生成一个数据透视表。如果在 Excel 中连接的是当前工作簿中使用 Power Pivot 创建的数据模型，则需要单独创建数据透视表。总之，在 Excel 中连接数据模型并创建数据透视表是一件简单的事情，读者可自行探索并学习。

10.5　Cube 函数

在下面的 Cube 函数中，CUBEVALUE 函数和 CUBESET 函数是需要重点学习的，它们几乎覆盖了 95% 的使用场景。在本节中，将基于在 Excel 中使用 Power Pivot 创建的数据模型来讲解相关函数的使用。

10.5.1　CUBEVALUE

CUBEVALUE 是所有 Cube 函数中使用频率最高的函数，其作用是从多维数据集中返回汇总值。

CUBEVALUE 函数的语法规则如下：

```
CUBEVALUE( 连接名称, [表达式1], [表达式2], … )
```

在 Excel 单元格中，输入：

```
=CUBEVALUE("
```

圆括号后面是英文双引号 """，输入双引号后会自动弹出对应的模型名称。Cube 函数有自动语法提示功能，双击提示信息，Cube 的连接名称就可以被填写到公式中，如图 10-29 所示。当然，也可以手动输入完整的连接名称，前提是已经做好了 Cube 连接。

```
=CUBEVALUE("ThisWorkbookDataModel"
```

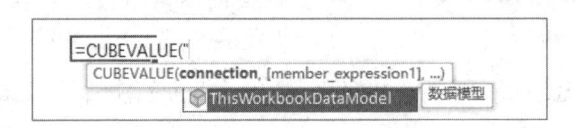

图 10-29

公式中的"ThisWorkbookDataModel"是当前数据模型的连接名称，使用 Power Pivot 创建的数据模型的连接名称，在 Excel 中默认就是这个名称且不可修改。而如果是通过 Power BI 创建的数据模型连接或其他来源的数据模型连接，那么连接名称是可以自定义修改的。

在连接名称之后，紧接着的是英文双引号 """，有且仅有英文双引号可以正常参与计算。此后的每个表达式的开头都需要使用英文双引号，才可以有自动语法提示，在每个表达式的结尾处，也需要有英文双引号。

第 10 章
在 Excel 中使用 Cube

比如要计算销售金额，需要输入一个英文逗号"，"，然后再输入一个英文双引号，会自动弹出数据模型中的表和 Measures，Measures 中存放了该模型中所有的度量值，双击 Measures，如图 10-30 和图 10-31 所示。

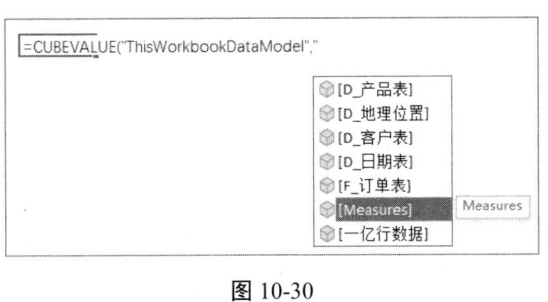

图 10-30

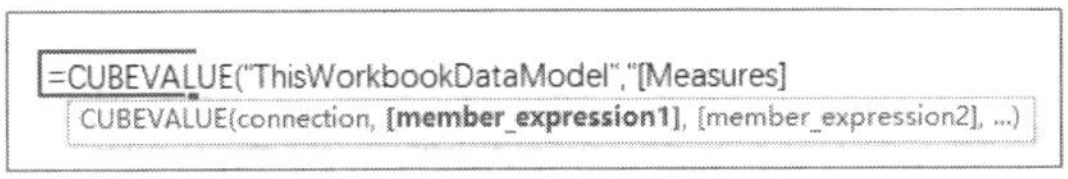

图 10-31

继续输入一个英文句号"."，会自动弹出所有的度量值，此处选择"[销售_金额]"，如图 10-32 所示。

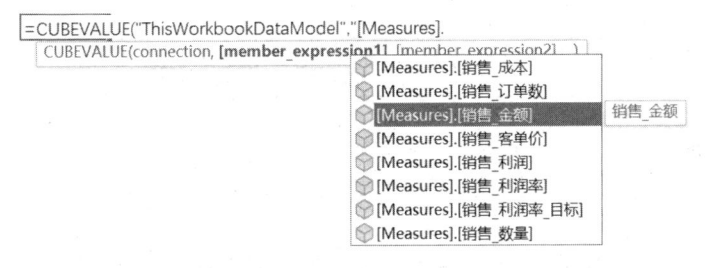

图 10-32

完整的公式内容如下：

=CUBEVALUE("ThisWorkbookDataModel","[Measures].[销售_金额]")

如果有多个筛选条件，则可以在 Measures 之前或者之后添加，它们的顺序对计算结果没有影响。输入英文双引号后，如果没有自动语法提示，则检查此时是否是在两个逗号之间输入的。只有在两个逗号之间输入，才会弹出包含所有数据模型中表的提示信息，如图 10-33 所示。

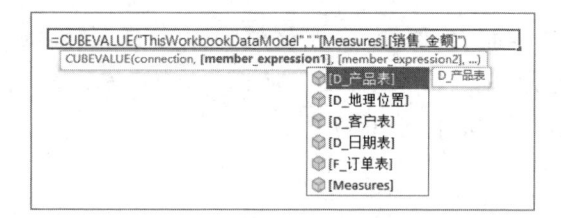

图 10-33

双击表名将其填写到公式中后，继续输入英文句号，会弹出该表中相应的列，双击需要选择的列，如图 10-34 所示。

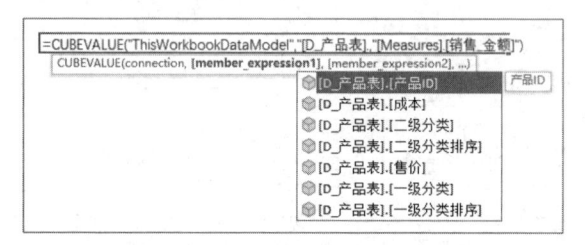

图 10-34

继续输入英文句号，会弹出"[ALL]"，选择它，如图 10-35 所示。

图 10-35

继续输入英文句号，会弹出该列中相应的元素，如图 10-36 所示。

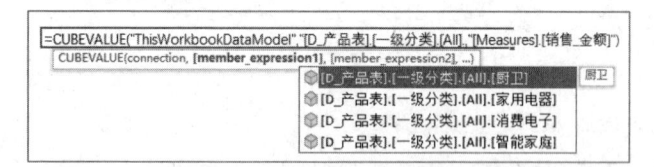

图 10-36

如果有多个筛选条件，则可以如法炮制。

完整的公式内容如下：

```
=CUBEVALUE(
    "ThisWorkbookDataModel",
    "[D_产品表].[一级分类].[All].[厨卫]",
    "[D_地理位置].[地区].[All].[东北]",
```

```
    "[Measures].[销售_金额]"
)
```

对于初学者来说,需要特别注意""[D_产品表].[一级分类].[All].[厨卫]""和""[D_地理位置].[地区].[All].[东北]""的结构——"**[表][列][值]**",在输入时要保持结构的完整。"[ALL]"是一种特定用法,通常不写也不会报错,但是在不熟悉的情况下,还是建议写上。

在 Excel 中编写 Cube 函数,需要时刻注意引号和逗号的位置,如果输入不规范,则可能导致无法返回正确的结果。

如果你觉得 Cube 函数的屏幕提示过于干扰,则可以取消。操作方法是依次点击"文件"-"选项"-"高级"-"显示",取消勾选"显示函数屏幕提示"复选框。

如果要引用 Excel 单元格作为 Cube 函数的参数,则可以这样写:

```
C3 =
CUBEVALUE(
    "ThisWorkbookDataModel",
    "[D_产品表].[一级分类].[All].["&$B3&"]",
    "[D_地理位置].[地区].[All].["&C$1&"]",
    "[Measures].["&C$2&"]"
)
```

请注意,这里使用了"**"&单元格地址&"**"格式,将单元格地址与 Cube 公式连接在一起,如图 10-37 所示。

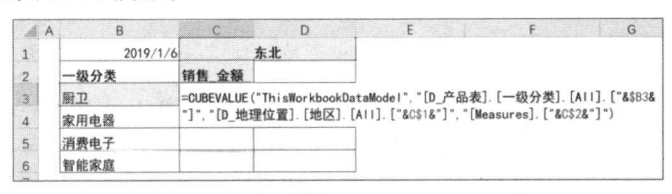

图 10-37

通过 Cube 函数,可以在 Excel 中将单元格的值传递给数据模型并返回正确的结果。数据模型中的度量值也一样,可以被动态返回并参与计算。这就像变魔术一样,从数据模型中取出了一个我们想要的结果。

这里有一个细节需要注意。有时候,在打开 Excel 工作簿后,默认是"手动"重算的,在写完公式后并不会返回正确的结果。你可以检查一下,依次点击"公式"-"计算选项",看其下是"自动"还是"手动"处于勾选状态。如果是"手动",则需要改为"自动",如图 10-38 所示。

图 10-38

同理，如果要引用的是日期，则可以这样写：

```
C4 =
CUBEVALUE(
    "ThisWorkbookDataModel",
    "[D_产品表].[一级分类].[All].["&$B3&"]",
    "[D_地理位置].[地区].[All].["&C$1&"]",
    "[D_日期表].[日期].[All].["&TEXT(B1,"YYYY/M/D")&"]",
    "[Measures].["&C$2&"]"
)
```

结果如图 10-39 所示。

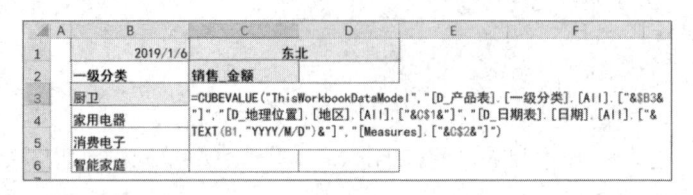

图 10-39

请注意对日期的引用。如果直接引用单元格"B2"，则会报错，因为要求传递的内容必须是文本，需要使用 Excel 中的 TEXT 函数将日期格式转换为文本格式。同时还要注意，TEXT 函数的第二个参数的格式应该与系统默认的日期格式一致，就是计算机屏幕右下角显示的日期格式，如图 10-40 所示。

图 10-40

如果日期是 2022/9/8 格式的，那么公式就是：

```
=TEXT(B1,"YYYY/M/D")
```

如果日期是 2022/09/08 格式的，那么公式就是：

```
=TEXT(B1,"YYYY/MM/DD")
```

如果年、月、日之间的间隔符不是"/",而是"-",那么相应地,需要把 TEXT 函数的第二个参数中的间隔符改成"-"。总之,在引用日期时,一定要注意格式问题。

10.5.2　CUBEMEMBER

CUBEMEMBER 函数的作用是返回多维数据集中的成员或元组,用于验证多维数据集中是否存在成员或元组。

CUBEMEMBER 函数的语法规则如下:

```
CUBEMEMBER (连接名称, [表达式], [别名])
```

例如:

```
=CUBEMEMBER("ThisWorkbookDataModel","[D_产品表].[一级分类].[All].[厨卫]")
```

如图 10-41 所示,返回的结果是"厨卫"。

C
=CUBEMEMBER("ThisWorkbookDataModel","[D_产品表].[一级分类].[All].[厨卫]")
厨卫

图 10-41

CUBEMEMBER 函数一般与其他 Cube 函数搭配使用,在 CUBESET 函数部分将展示它的用法。

10.5.3　CUBESET

CUBESET 函数的作用是定义成员或元组的计算集。方法是向服务器上的多维数据集发送一个集合表达式,此表达式用于创建集合,并将该集合返回到 Excel 中。

CUBESET 函数的语法规则如下:

```
CUBESET (连接名称, [表达式], [别名], [排序类型], [排序依据])
```

举一个例子。假如你希望在使用 CUBEVALUE 函数时,可以对同一个列的不同元素进行选择。这是一件非常困难的事情。如果计算的是值,则可以写多段计算公式,分别选择同一个列的不同元素,然后将值相加。如果计算的是率值,那就更麻烦了,而且公式会非常长，甚至超出 Excel 公式所允许的长度。而现在，使用 CUBESET 函数来实现就变得轻松了。

1. 对单列进行筛选

如果希望计算"一级分类"中"厨卫"和"消费电子"的数据，则可以这样写：

```
    A2 = CUBEMEMBER("ThisWorkbookDataModel","[D_产品表].[一级分类].[All].[厨卫]")
    A3 = CUBEMEMBER("ThisWorkbookDataModel","[D_产品表].[一级分类].[All].[消费电子]")
    A4 = CUBESET("ThisWorkbookDataModel",(A2,A3),"单列选择多个元素")
```

这里用到了前面讲的 CUBEMEMBER 函数，CUBESET 函数中的"单列选择多个元素"是别名，可以修改，它是在公式计算完成后显示在单元格中的名称。注意，如果将 A2 和 A3 单元格的公式嵌入 A4 单元格的公式中，那么这个公式是无效的，如下所示：

```
=CUBESET(
    "ThisWorkbookDataModel",
     (
        CUBEMEMBER("ThisWorkbookDataModel","[D_产品表].[一级分类].[All].[厨卫]"),
        CUBEMEMBER("ThisWorkbookDataModel","[D_产品表].[一级分类].[All].[消费电子]")
     ),
    "单列选择多个元素"
)
```

基于前面选择的"一级分类"中的两个元素（"厨卫"和"消费电子"），如果想看它们的利润率是多少，那么得到的计算结果应该如图 10-42 所示，销售_利润率为 16.97%。该结果是提前通过数据透视表获得的，以验证 Cube 函数所返回的结果是否正确。

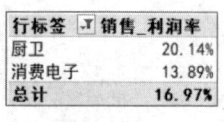

行标签	销售_利润率
厨卫	20.14%
消费电子	13.89%
总计	16.97%

图 10-42

此时，使用 CUBEVALUE 函数和 CUBESET 函数嵌套，就可以计算出"厨卫"和"消费电子"的利润率。公式如下。

写法一：

```
A5 = CUBEVALUE("ThisWorkbookDataModel",A4,"[Measures].[销售_利润率]")
```

可以将 A4 单元格的公式嵌入其中。

写法二：

```
A6 =
CUBEVALUE(
    "ThisWorkbookDataModel",
        CUBESET(
            "ThisWorkbookDataModel",
            (A2,A3),
            "单列选择多个元素"
        ),
    "[Measures].[销售_利润率]"
)
```

这个公式看起来虽然比较简洁，但是仍然需要单独使用两个单元格来确定计算的成员，可以进一步优化。

写法三：

```
A7 =
CUBEVALUE("ThisWorkbookDataModel",
    CUBESET(
        "ThisWorkbookDataModel",
        "{
            [D_产品表].[一级分类].[All].[厨卫],
            [D_产品表].[一级分类].[All].[消费电子]
        }"
    ),
    "[Measures].[销售_利润率]"
)
```

我们可以将多个筛选条件使用花括号括起来，写在 CUBESET 函数的第二个参数中。该函数的第三个参数是"别名"，不写也不会报错。如果在 Excel 中编写公式，那么在提供别名的情况下会返回相应的名称，便于识别。

2. 对多个列中的多个值进行筛选

如果要添加的筛选条件是多个列中的多个值，则可以这样写：

```
A8 =
CUBEVALUE("ThisWorkbookDataModel",
    CUBESET(
        "ThisWorkbookDataModel",
        "
        (
            {
                [D_产品表].[一级分类].[All].[厨卫],
                [D_产品表].[一级分类].[All].[消费电子]
            },
            {
                [D_地理位置].[地区].[All].[东北],
                [D_地理位置].[地区].[All].[中南]
            }
        )
        "
    ),
    "[Measures].[销售_利润率]"
)
```

如果有更多的筛选条件，则可以使用更多的花括号，增加更多的条件分组。

现在，公式变得有点儿复杂了，增加了很多符号用于计算，在实际操作中需要严格注意符号的位置。在 Excel 中，虽然可以将公式写为一行，但是由于符号比较多，因此建议使用"Alt + Enter"快捷键在关键位置进行换行，并且配合使用空格，让 Excel 公式看起来更简洁。

3. 对日期列进行筛选

假如需要筛选 2019/12/2 至 2020/12/23 的"销售_金额"，该如何编写公式呢？这也难不倒我们，可以这样写：

```
A9 =
CUBEVALUE(
    "ThisWorkbookDataModel",
    CUBESET(
        "ThisWorkbookDataModel",
        "[D_日期表].[日期].[All].[2019/12/2]:[D_日期表].[日期].[All].[2020/12/23]",
        "计算日期段"
    ),
    "[Measures].[销售_金额]"
)
```

必须将两个日期都包含在所引用的数据模型的日期表中，否则会报错。如果对数据类型为整数的月份进行筛选，则可以采用类似于下面的编写方式：

```
A10 =
CUBEVALUE(
    "ThisWorkbookDataModel",
    CUBESET(
        "ThisWorkbookDataModel",
        "[D_日期表].[月].[All].[4]:[D_日期表].[月].[All].[10]",
        "计算连续月份"
    ),
    "[Measures].[销售_金额]"
)
```

注意，这种写法只适用于该列数据类型为整数的情况，不支持小数。

4. 对所选列中的值之外的数据进行计算

CUBESET 函数还有其他用法吗？当然有，请看下面的例子：

```
A11 =
CUBESET(
    "ThisWorkbookDataModel",
    "[D_地理位置].[地区].Children",
    "选择列所有成员"
)
```

"Children" 是一种特定用法，这样就选择了整个列的不重复值集合。你将在后面看到它的作用。

在某些情况下，我们希望计算某个所选列中的值之外的数据。例如，计算"东北"地区之外的其他所有地区的"销售_金额"，可以这样写：

```
A12 =
CUBEVALUE(
    "ThisWorkbookDataModel",
    CUBESET(
        "ThisWorkbookDataModel",
        "-{[D_地理位置].[地区].[All].[东北]}",
        "选择列之外的所有成员"
    ),
    "[Measures].[销售_金额]"
)
```

在所选的分类之外，添加一对花括号"{}"，并在花括号之前添加一个减号"-"，这就代表计算所选列中的值之外的数据。

实际上，CUBESET 函数的用法还有很多，但在实际工作中我们可能用不上。而且，在可选的范围内，我们可以选择数据模型中的维度表增加新的列进行分类，或者编写新的度量值来满足要求，这相对而言更为便捷。

10.5.4　CUBESETCOUNT

CUBESETCOUNT 函数的作用是返回集合中的项目数。

CUBESETCOUNT 函数的语法规则如下：

```
CUBESETCOUNT (set)
```

该函数只有一个参数，可以是由 CUBESET 函数定义的集合，也可以是 CUBESET 函数，还可以是对包含 CUBESET 函数的单元格的引用。

基于前面所讲的使用 CUBESET 函数选择整个列的集合的方法，此处可以使用 CUBESETCOUNT 函数对通过 CUBESET 函数所选的集合进行计数，从而计算出该列的不重复值。公式如下：

```
A2 =
CUBESETCOUNT(
    CUBESET(
        "ThisWorkbookDataModel",
        "[D_地理位置].[地区].Children",
        "选择整个字段"
    )
)
```

计算结果为"6"，符合真实的地区分类情况。

10.5.5　CUBERANKEDMEMBER

CUBERANKEDMEMBER 函数的作用是返回集合中的第 n 个或排在一定名次的成员。它可以返回集合中的一个或多个元素，如返回业绩最好的销售人员、返回前 10 名学生等。

CUBERANKEDMEMBER 函数的语法规则如下：

CUBERANKEDMEMBER（连接名称，[表达式]，[排名(数字)]，[别名]）

例如，我们想看"销售_金额"排名第三的地区是哪个，可以这样写：

```
A2 =
CUBERANKEDMEMBER(
    "ThisWorkbookDataModel",
    CUBESET(
        "ThisWorkbookDataModel",
        "[D_地理位置].[地区].Children",
        "选择整个字段",
        2,
        "[Measures].[销售_金额]"
    ),
    3
)
```

结果如图 10-43 所示。

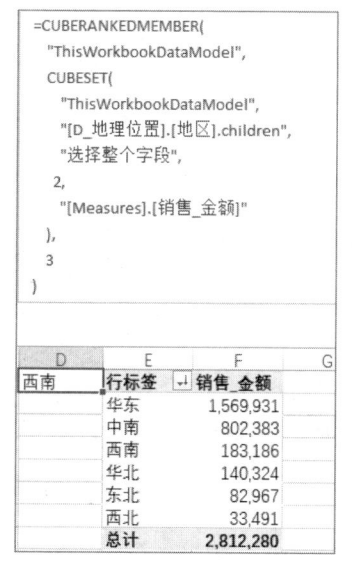

行标签	销售_金额
华东	1,569,931
中南	802,383
西南	183,186
华北	140,324
东北	82,967
西北	33,491
总计	2,812,280

D列显示：西南

图 10-43

可以看到，"销售_金额"排名第三的地区是"西南"，该公式返回的结果也是"西南"。

CUBESET 函数的第四个参数是排序类型，上面公式中给出的参数是"2"，即降序排列，如图 10-44 所示。通常，CUBESET 函数和 CUBEVALUE 函数搭配使用时，该排序类型无实质作用；CUBESET 函数和 CUBERANKEDMEMBER 函数搭配使用时，可以按照升序或降序来获取集合中的元素。

我们为 CUBERANKEDMEMBER 函数的第三个参数传递一个序号，在将公式向下填充时，就会得到"地区"列的所有元素，并且序号对应的地区是按照"销售_金额"从大到小的顺序排列的。如果你希望时刻保持按照指定的度量值大小对分类数据进行排序显示，那么在 Excel 中制作中国式复杂报表时，这种方式将非常有用。你可以对其中的结果进行比较。如图 10-45 所示，序号"7"之所以报错，是因为"地区"列只有 6 个元素。

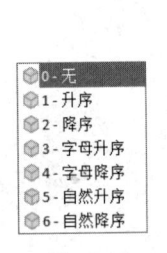

图 10-44

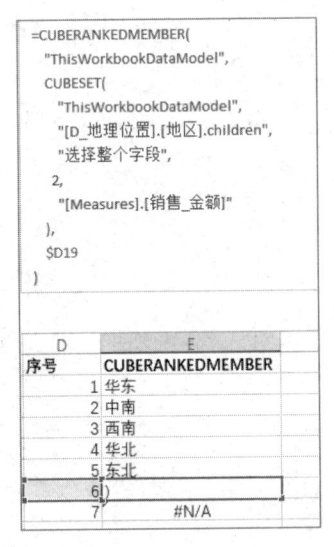

图 10-45

10.5.6 CUBEKPIMEMBER

CUBEKPIMEMBER 函数的作用是返回重要性能指示器（KPI）属性，并在单元格中显示 KPI 名称。KPI 是一种用于监控单位绩效的可计量度量值。

CUBEKPIMEMBER 函数的语法规则如下：

CUBEKPIMEMBER (连接名称，[KPI 名称]，[KPI 属性]，[别名])

该函数需要在 Excel 中创建 KPI 后方可使用，几乎没有学习和使用的必要，笔者不推荐学习该函数，仅做了解即可。操作如图 10-46 和图 10-47 所示。

第 10 章
在 Excel 中使用 Cube

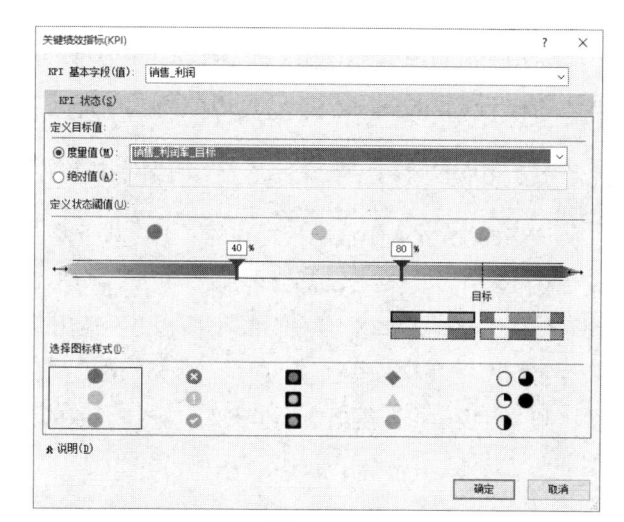

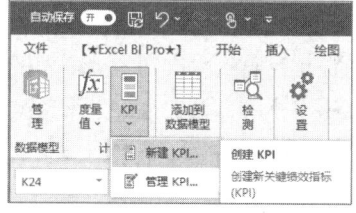

图 10-46

图 10-47

根据上面的设置,你可以写出正确的公式:

```
=CUBEKPIMEMBER("ThisWorkbookDataModel","销售_利润率",1)
```

该函数的第三个参数即 KPI 属性如图 10-48 所示。

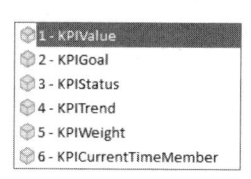

图 10-48

获取该 KPI 的值,公式如下:

```
=CUBEVALUE(
    "ThisWorkbookDataModel",
    CUBEKPIMEMBER(
        "ThisWorkbookDataModel",
        "销售_利润率",
        1
    )
)
```

10.5.7 CUBEMEMBERPROPERTY

CUBEMEMBERPROPERTY 函数的作用是验证多维数据集中是否存在某个成员并返回该成员的指定属性。

CUBEMEMBERPROPERTY 函数的语法规则如下：

```
CUBEMEMBERPROPERTY（连接名称，[表达式]，[属性]）
```

对于绝大多数用户来说，完全不用学习这个函数。

该函数是 Cube 函数中最特殊的一个，基于使用 Power Pivot 创建的数据模型，无论你在 Excel 中怎么尝试都会得到"#N/A"。CUBEMEMBERPROPERTY 函数不适用于使用 Power Pivot 创建的数据模型，也不适用于使用 Power BI 创建的数据模型，因为它们不是"多维模型"，而是"表格模型"（这里要和我们前面讲到的"多表模型"和"维度建模"等概念区分开来）。该函数的真正使用要求是必须依赖"多维模型"。

在安装 SQL Server 时，需要选择安装"多维模型"组件，操作如图 10-49 和图 10-50 所示。只有在创建了"多维模型"后，才能使用 Excel 连接到 SSAS，并且使用 CUBEMEMBERPROPERTY 函数。因为 SSAS 支持创建"表格模型"和"多维模型"两种方式。

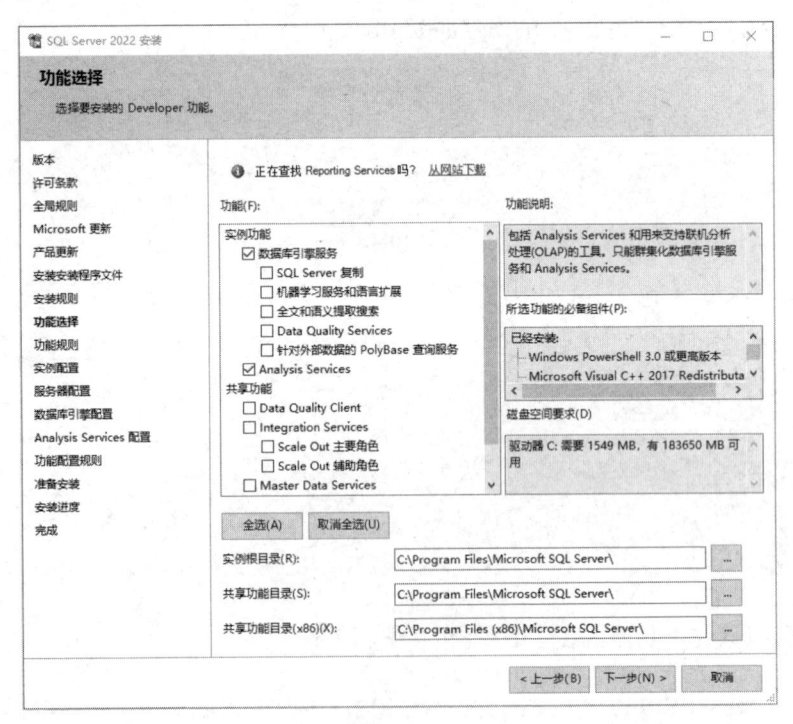

图 10-49

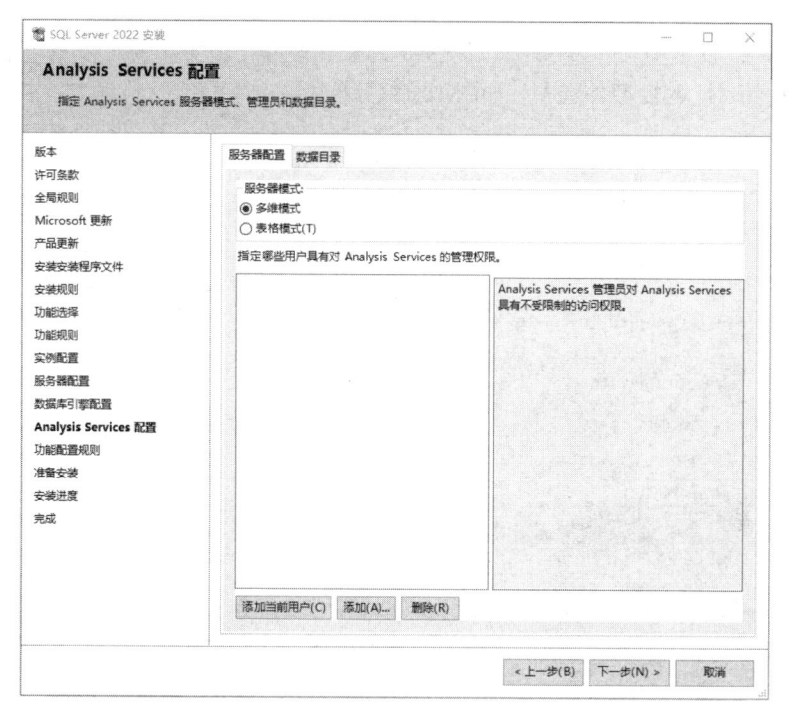

图 10-50

对于日常使用 Power Pivot 和 Power BI 创建数据模型的用户，几乎不会用到该函数，笔者不推荐学习。

10.5.8 Cube 函数与切片器搭配使用

如果是在 Power Pivot 中使用，则依次点击"插入"-"切片器"-"数据模型"，然后选择当前数据模型，如图 10-51 所示。

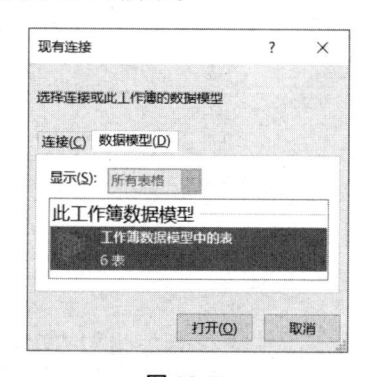

图 10-51

如果是从 Power BI 获取数据，则依次点击"插入"-"切片器"，在"连接"选项卡中找到对应的模型并选中，如图 10-52 所示。

选择需要插入切片器的字段，如图 10-53 所示。

图 10-52 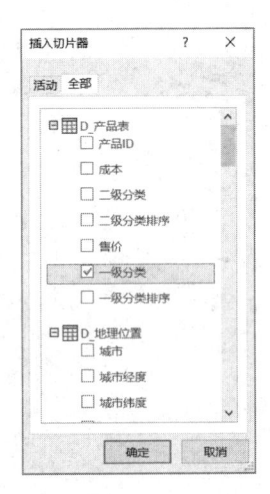　　　　　　　　　　　图 10-53

以 CUBEVALUE 函数为例，可以在函数中添加该切片器，并形成联动，如图 10-54 所示。在公式中输入"切片器_"，将自动弹出对应的切片器，可以进行选择。添加切片器后，Cube 函数可以与切片器所选择的内容进行交互，实现自动筛选并返回新的结果。

图 10-54

完整的公式内容如下：

=CUBEVALUE("ThisWorkbookDataModel","[D_地理位置].[地区].["&$B8&"]","[D_日期表].[年].["&$F$6&"]","[Measures].["&H$7&"]",切片器_一级分类)

10.6 表查询

如果希望从数据模型中获取"表",而不是值,那么应该如何做呢?这里推荐5种方法。其中,前4种方法适合在连接 Power BI 构建的数据模型中使用,第5种方法只适合在基于 Excel 中的 Power Pviot 构建的数据模型中使用。

方法一

在 Excel 中连接 Power BI 数据模型后,将任意度量值拖动到数据透视表中,然后双击数据透视表中的值,此时会自动创建一个新的 Sheet,并在 Sheet 中生成一张空表,如图 10-55 所示。

在该"表"上右击,依次选择"表格"-"编辑查询",会弹出"编辑 OLE DB 查询"对话框,在"命令文本"下输入 DAX 表查询表达式,并且表达式需要以"EVALUATE"开头,如图 10-56 所示。

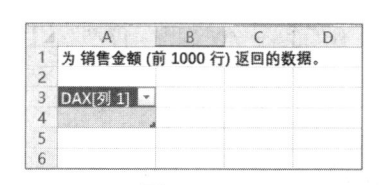

图 10-55

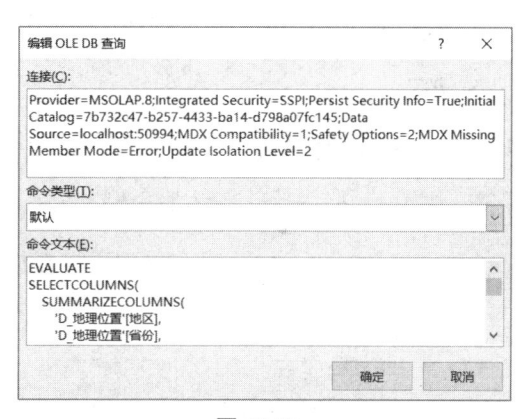

图 10-56

点击"确定"按钮,将返回表查询结果,如图 10-57 所示。

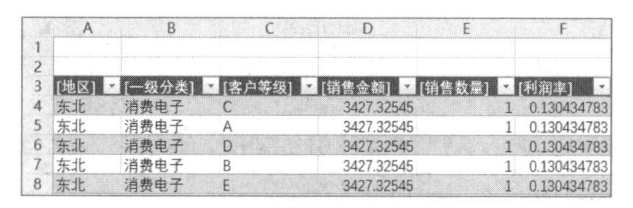

图 10-57

使用该方法有一点需要注意:如果在数据模型中使用空表来存放度量值,那么通常会有一个"列 1"的空列,建议将该空列隐藏起来,如图 10-58 所示。

以表"DAX 存放"为例,如果对"列 1"执行了删除操作,那么在双击数据透视表中的值时,将得到错误提示,如图 10-59 所示。

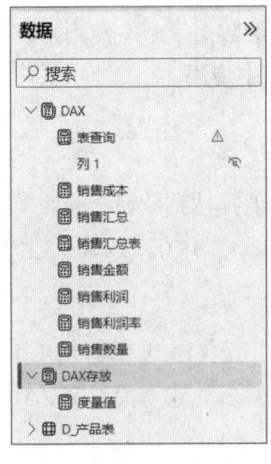

图 10-58

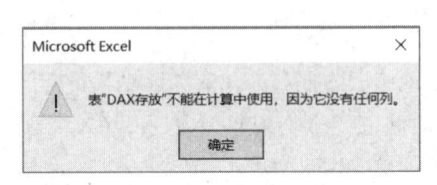

图 10-59

方法二

首先创建如下度量值:

销售汇总表 = "双击查看销售汇总表"

然后打开 Tabular Editor,在左侧找到该度量值,在"Property"的下拉列表中选择"Detail Rows Expression",如图 10-60 所示。

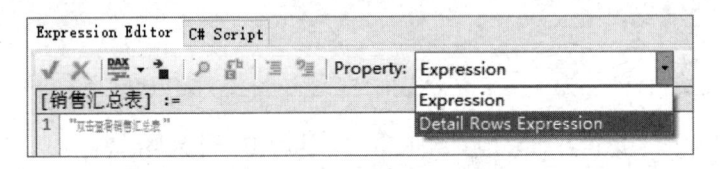

图 10-60

接着填入 DAX 表查询表达式,如图 10-61 所示。

假设在 Excel 中已经创建了与 Power BI 数据模型的连接,那么将度量值"销售汇总表"拖放到数据透视表中,如图 10-62 所示。

第 10 章
在 Excel 中使用 Cube

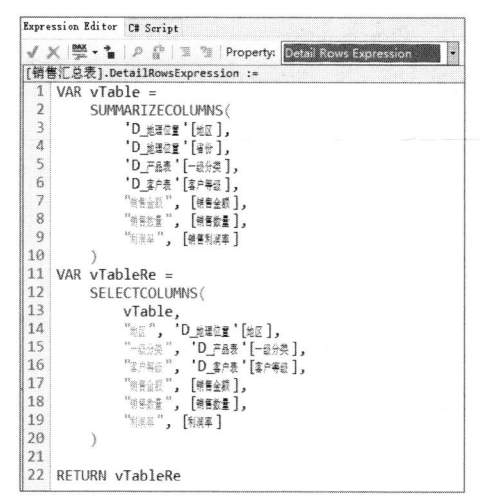

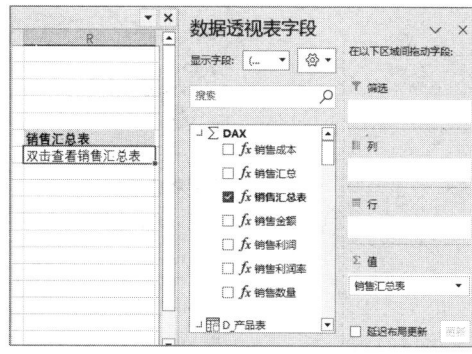

图 10-61

图 10-62

双击数据透视表中的"双击查看销售汇总表",则会自动新建一个工作表,并返回相关"表"数据,如图 10-63 所示。

图 10-63

返回的数据量上限就是工作表中单元格的最大范围,默认返回前 1000 行数据。如果需要修改返回的"表"行数,则可以在"表"上右击,依次选择"表格"-"编辑查询",如图 10-64 所示。

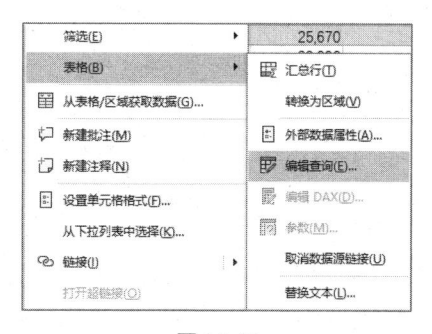

图 10-64

在打开的"编辑 OLE DB 查询"对话框中,修改查询的行数,如图 10-65 所示。在"命令文本"下可以看到有一个数字"1000",你无须看懂这段描述,直接修改这个数字即可,比如修改为"1040000",修改后点击"确定"按钮。

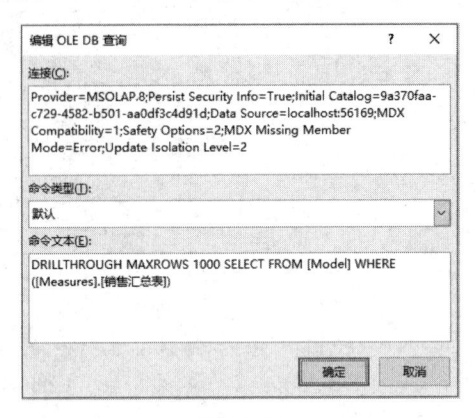

图 10-65

执行完毕后,即便删除已有的数据透视表,也不影响该"表"数据的刷新。

方法三

该方法需要借助 Excel 中 Power Query 的力量,通过 Power Query 连接本地 Power BI Desktop 或者 Power BI Service 数据模型后,将结果返回 Excel。

首先使用 Power BI Desktop 打开.pbix 文件,在 Power BI Desktop 中切换到"模型视图",在右侧"数据"窗格中选择"语义模型",左侧将显示相关属性内容,其中最需要关注的是"服务器"和"Database ID"两个标题下的内容,如图 10-66 所示。

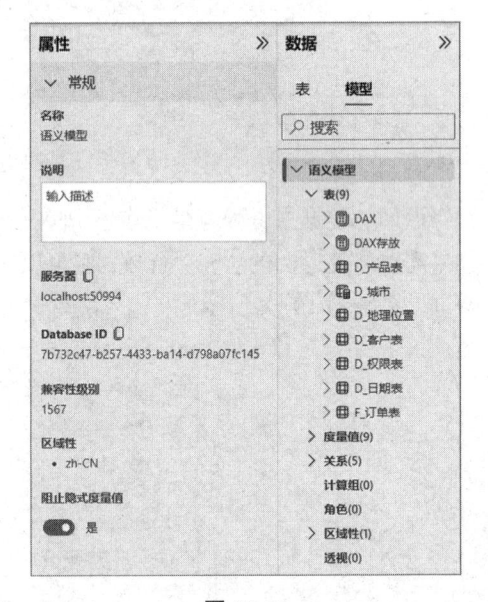

图 10-66

在 Excel 中,依次点击"数据"-"获取数据"-"来自数据库"-"从 SQL Server Analysis Services 数据库(导入)",弹出"SQL Server Analysis Services 数据库"对话框,将在 Power BI Desktop 中看到的

"服务器"和"Database ID"下的内容分别输入"服务器"和"数据库"中，点击"确定"按钮，如图 10-67 所示。

图 10-67

继续点击"连接"按钮，如图 10-68 所示。

图 10-68

在弹出的导航器中，选择数据模型中的一张表或者多张表，点击"转换数据"按钮，如图 10-69 所示。

此时，就会进入 Excel 中的 Power Query 界面，可以对多张表进行重新组合，生成自己想要的表。可以将该表加载到 Excel 工作簿中，也可以将它加载到 Excel 的 Power Pivot 中进行二次建模。

如果你有 Power BI Premium Per User 或 Power BI Premium 许可证，则可以从 Power BI Service 的语义模型（数据集）中获取表查询。该方法需要提前将报告发布到高级工作区，依然是通过"SQL Server Analysis Services 数据库"连接方式进行连接。

图 10-69

- 服务器：API 链接。找到对应的高级工作区，依次点击"工作区设置"-"许可证信息"，找到"连接链接"并复制该链接，如图 10-70 所示。

图 10-70

- 数据库：语义模型（数据集）名称。

- MDX 或 DAX 查询：表查询语句。需要注意的是，查询语句需要以"EVALUATE"开头。

设置完毕后，点击"确定"按钮，如图 10-71 所示。

图 10-71

选择左侧的"Microsoft 账户"选项，在右侧点击"登录"按钮，登录包含相关许可证的账户并点击"连接"按钮，如图 10-72 所示。

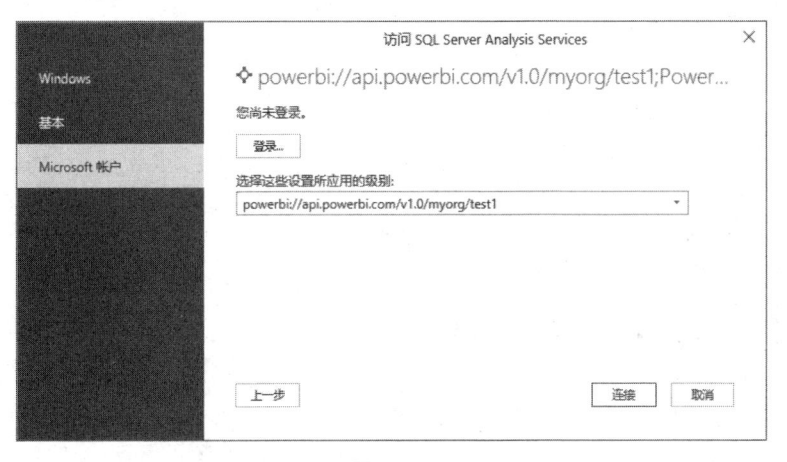

图 10-72

等待连接完成后，即可在 Power Query 中编辑该数据。

方法四

如果你有包含 Power BI Pro 许可证的 Microsoft 365 账户（单独购买的 Power BI Pro 许可证账户无法使用），则可以在 Excel 中登录该账户并连接到 Power BI 的语义模型（数据集）。依次点击"插入"-"数据透视表"-"来自 Power BI"，在右侧弹出的"Power BI 数据集"窗格中，找到需要操作的数据集，点击"Insert Table"，如图 10-73 所示。在弹出的"Create Table"对话框中，选择需要插入的数据模型中已有的"表"，即可将"表"加载到 Excel 中并保持连接。

图 10-73

方法五

该方法只能从使用 Power Pivot 创建的数据模型中将"表"返回到 Excel 工作表中，并且该返回的"表"还可以被再次加载回 Power Pivot 中，这被称为"链接回表"。

依次点击"数据"-"现有连接"，在弹出的对话框中选择"表格"选项卡，然后选择一张较小的表，点击"打开"按钮，将数据返回到 Excel 工作表中，如图 10-74 和图 10-75 所示。

图 10-74

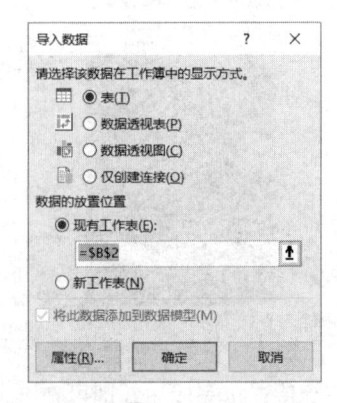

图 10-75

此时，会将选中的"表"返回到 Excel 工作表中，在该表上右击，选择"表格"-"编辑 DAX"，弹出"编辑 DAX"对话框，在"命令类型"中选择"DAX"，然后在"表达式"中填写 DAX 表查询表达式，如图 10-76 所示。

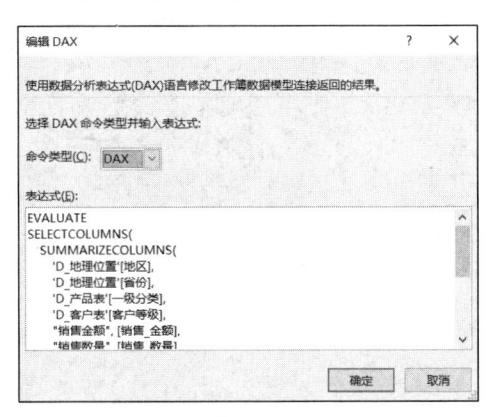

图 10-76

需要注意的是，表达式需要以"EVALUATE"开头，否则无法正常返回结果。更进一步的操作，该表还可以被加载回 Power Pivot 中与现有的数据模型进行二次建模。

使用切片器同样可以对"表"进行筛选。对于使用前面介绍的方法获取的"表"，可以在对应的 Sheet 中选中激活该"表"中的任意一个单元格，然后依次点击"表设计"-"插入切片器"，就可以使用对应的切片器对"表"进行筛选了。

10.7 Cube 函数优化

当 Cube 函数被大范围使用时，会产生性能问题，以及其他可能存在的问题。因此，需要对 Cube 函数进行优化，以获得更好的使用体验。

10.7.1 缩短公式的长度

缩短公式的长度，可以让整个公式看起来更加简洁且易于识别。

1. 修改模型连接名称

在 Excel 中打开"数据"选项卡，点击"查询和连接"，在右侧弹出"查询 & 连接"窗格，如图 10-77 所示。

找到需要改名的连接并右击，选择"属性"，或者双击该连接，打开"连接属性"对话框，如图10-78所示。

图 10-77

图 10-78

在"连接名称"的位置，可以修改名称，比如修改为"_模型"或者其他更短的名称，如图10-79所示。

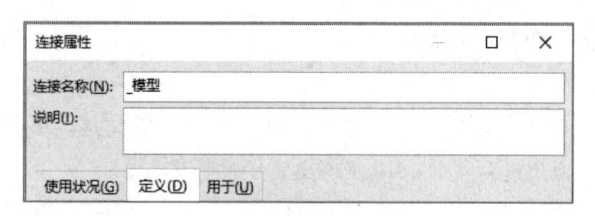

图 10-79

当再次使用CUBEVALUE函数时，就可以这样写：

```
=CUBEVALUE (
    "_模型",
    "[D_产品表].[一级分类].[All].[厨卫]",
    "[Measures].[销售_金额]"
)
```

需要注意的是，这种方法不支持使用 Power Pivot 构建的数据模型。

2. 使用"名称管理器"

我们可以把一些经常被引用的筛选条件，或者出现频率比较高的筛选条件的前半部分创建到"名称管理器"中，需要时可以直接调用。

例如，在报表中，经常需要对地理位置是"东北"的地区进行条件筛选。每次操作时都要输入完整的筛选条件（"[D_地理位置].[地区].[All].[东北]"），比较麻烦，因此可以使用"公式"选项卡中的"名称管理器"进行管理，如图 10-80 所示。

打开"名称管理器"对话框，点击左上角的"新建"按钮，如图 10-81 所示。

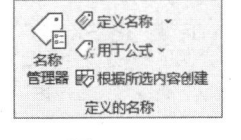

图 10-80 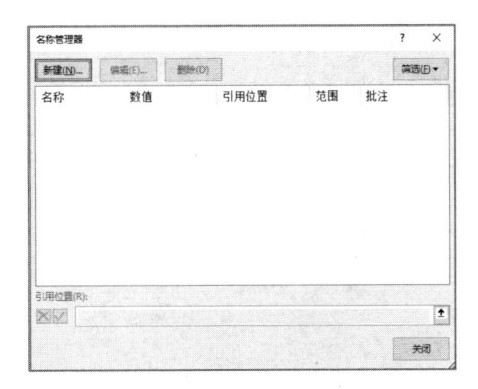　　　　　　　　　图 10-81

打开"编辑名称"对话框，在"引用位置"中输入"**="[D_地理位置].[地区].[All].[东北]"**"，"名称"为"_东北"，这里使用了以下画线"_"开头的名称，是为了和其他的引用区分开，便于识别，如图 10-82 所示。

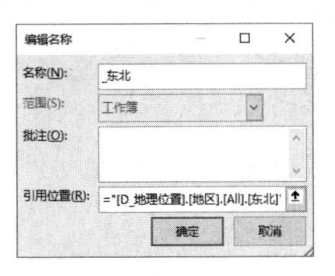

图 10-82

根据上面的设置，下面两种写法是等价的：

```
=CUBEVALUE(
    "ThisWorkbookDataModel",
```

```
    "[D_地理位置].[地区].[All].[东北]",
    "[Measures].[销售_金额]"
)
```

```
=CUBEVALUE(
    "ThisWorkbookDataModel",
    _东北,
    "[Measures].[销售_金额]"
)
```

对于公式中的"_东北",在输入了"_"之后,会自动弹出以"_"开头的所有内容。因为我们在"名称管理器"中设置的"名称"都是以"_"开头的,所以直接选择"_东北"即可,如图 10-83 所示。

当然,也可以引用部分内容,比如在"引用位置"中可以输入"=[D_地理位置].[地区].[All]."如图 10-84 所示。

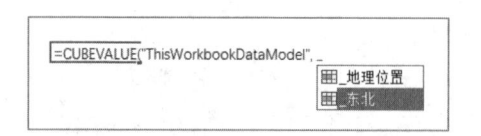

图 10-83

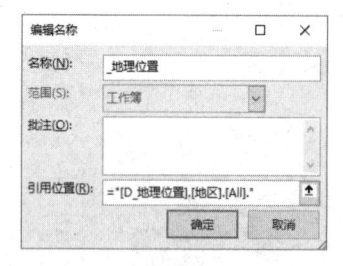

图 10-84

同时,我们需要引用的地区是根据 Excel 单元格中的地区内容变化的,因此可以将公式写为:

```
=CUBEVALUE(
    "ThisWorkbookDataModel",
    _地理位置 & "[" & D2 & "]",
    "[Measures].[销售_金额]"
)
```

请注意英文双引号的位置。Excel 中的计算结果如图 10-85 所示。

图 10-85

10.7.2 提高函数计算效率

通过一些特殊的公式写法，可以让 Cube 函数的计算效率更高。

1. 尽量引用重复值较少的维度作为筛选条件

如果有必要，则可以在数据模型中使用"新建列"功能，创建一个让筛选元素较少的列，基于该列进行新的分类筛选。这可以提高 Cube 函数的计算效率。公式如下：

```
=CUBEVALUE(
    "ThisWorkbookDataModel",
    "[D_地理位置].[地区].[All].[东北]",
    "[Measures].[销售_金额]"
)

=CUBEVALUE(
    "ThisWorkbookDataModel",
    "[D_产品表].[产品 ID].[All].[SKU3000]",
    "[Measures].[销售_金额]"
)
```

在数据量足够大的情况下，你会明显地看到它们的计算效率的差距，其中前者比后者的计算效率高，因为前者中列的元素更少。

然而，在实际的业务场景中，我们无法保证不引用元素较少的列，

此时就要搬出我们的"终极大杀器"。公式如下：

```
=CUBEVALUE(
    "ThisWorkbookDataModel",
    "[D_产品表].[产品 ID].[All].[SKU3000]",
    "[Measures].[销售_金额]"
)
```

等价于

```
=CUBEVALUE(
    "ThisWorkbookDataModel",
    "[D_产品表].[产品 ID].[SKU3000]",
    "[Measures].[销售_金额]"
)
```

看到差别了吗？我们在第二个公式中将"[ALL]"去掉了。这样一个调整，可以提高四五倍的计算效率。

我们在正常编写公式时，都会很自然地写上“[ALL]”，这很容易让人误以为它是必需的。在去掉了“[ALL]”之后，不仅简化了公式，还提高了计算效率。

需要注意的是，并不是在所有的计算场景中都可以去掉“[ALL]”，在有些计算场景中去掉“[ALL]”之后会报错。如果遇到了这样的计算场景，则可以再次添加上“[ALL]”试试。

2. 优化模型度量值

虽然去掉“[ALL]”可以极大地提高计算效率，但是还远远不够。如果你希望 Cube 函数的计算效率更高，则可以优化 Cube 函数引用的度量值，甚至调整数据模型的建模设计。因为如果度量值本身的性能较差，则会极大地影响 Cube 函数的计算效率。

10.7.3 获取所有成员作为维度

当使用 Cube 函数构建 Excel 报表时，在某些情况下，可以使用列的成员作为展示维度。但是，如果列的成员数量根据业务需要发生变化，则可能会导致遗漏某些成员信息。

如图 10-86 所示，“地区”并不是固定的，它可能会根据业务变化而增减。那么，如何让单元格中的“地区”可以动态变化呢？下面介绍两种方法。

	A	B	C	D	E
1					
2		序号	地区	销售_数量	
3		1	东北	78	
4		2	华北	134	
5		3	华东	1,360	
6		4	西北	44	
7		5	西南	145	
8		6	中南	737	
9					
10					

图 10-86

1. 非数组函数法

适用范围：Microsoft Excel 2016 及之前的版本。在操作时可以预留一些行，当列的成员增加时，可以自动显示出来。对于多出来的部分，可以使用条件格式进行隐藏。

```
B2 =CUBESET("ThisWorkbookDataModel","[D_地理位置].[地区].Children",
"序号")
```

```
C3 =CUBERANKEDMEMBER("ThisWorkbookDataModel",$B$2,B3)
D3 =CUBEVALUE("ThisWorkbookDataModel","[D_地理位置].[地区].["&C3&"]",
"[Measures].["&D$2&"]")
```

结果如图 10-87 所示。

	A	B	C	D	E	F	G	H	I
1									
2		序号	地区	销售_数量					
3		1	=CUBERANKEDMEMBER("ThisWorkbookDataModel",$B$2,B3)						
4		2	华北	134					
5		3	华东	1,360					
6		4	西北	44					
7		5	西南	145					
8		6	中南	737					
9		7	#N/A	#N/A					
10		8	#N/A	#N/A					
11		9	#N/A	#N/A					
12									

图 10-87

对于 C 列报错的问题，可以使用 IFERROR 函数进行处理。

```
C3 = IFERROR(CUBERANKEDMEMBER("ThisWorkbookDataModel",$B$2,B3),"")
D3 = IFERROR(CUBEVALUE("ThisWorkbookDataModel","[D_地理位置].[地区].["&C3&"]","[Measures].["&D$2&"]"),"")
```

结果如图 10-88 所示。

	A	B	C	D	E
1					
2		序号	地区	销售_数量	
3		1	东北	78	
4		2	华北	134	
5		3	华东	1,360	
6		4	西北	44	
7		5	西南	145	
8		6	中南	737	
9		7			
10		8			
11		9			
12					

图 10-88

对于 B 列多出来的序号，可以使用条件格式进行隐藏。首先选中“B3:B11”，然后使用条件格式，判断 C 列是否为空，填入公式“= C3 = ""”。如果条件成立，则返回“白色”，如图 10-89 所示。

图 10-89

结果如图 10-90 所示。

图 10-90

使用这种方法，需要定期检查 C 列，查看新增的成员是否超出了预设的单元格范围。

如果需要在最后增加一个"汇总"行，则可以对 C3 单元格的公式继续进行优化：

```
C3=IF(
    COUNTIFS($C$2:C3,"汇总")>=1,
    "",
    IFERROR(CUBERANKEDMEMBER("ThisWorkbookDataModel",$B$2,B4),"汇总")
)
```

最终结果如图 10-91 所示。

序号	地区	销售_数量
1	=IF(	
2	COUNTIFS($C$2:C2,"汇总")>=1,	
3	"",	
4	IFERROR(CUBERANKEDMEMBER("ThisWorkbookDataModel",$B$2,B3),"汇总")	
5	)	
6	中南	737
7	汇总	2,498

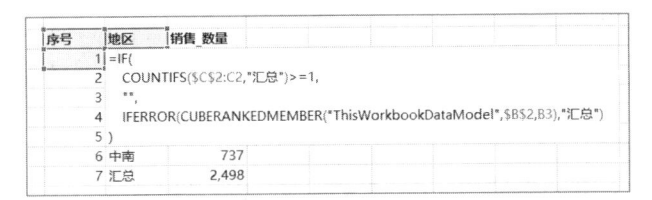

图 10-91

2. 数组函数法

适用范围：Microsoft Excel 2016 及之后的版本。

使用数组函数，根据相应的列的成员数量，可以自动生成与列的成员数量相同的序号数量。

```
B2 = CUBESET("ThisWorkbookDataModel","[D_地理位置].[地区].Children",
"序号")
B3 = ROW(INDIRECT("A1:A"&CUBESETCOUNT(B2)))
```

当使用 Microsoft Excel 2021 及之后的版本时，该公式可以被优化为：

```
B3 = SEQUENCE(CUBESETCOUNT(B2))
```

结果如图 10-92 所示。

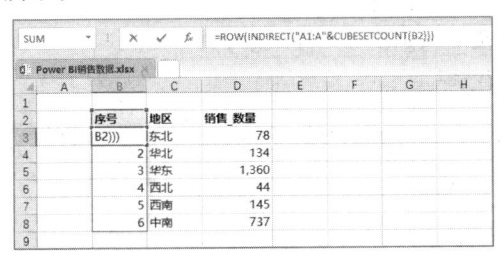

图 10-92

```
C3 = IFERROR(CUBERANKEDMEMBER("ThisWorkbookDataModel",$B$2,B3#),"")
```

结果如图 10-93 所示。

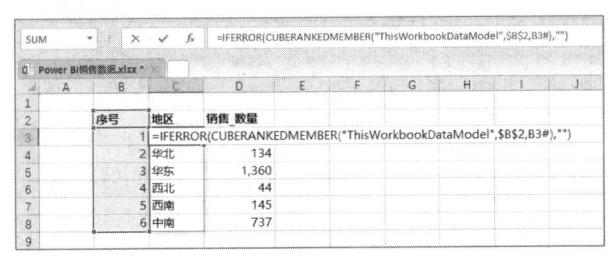

图 10-93

需要注意的是，在输入公式的单元格的下方，应该保持全部为空，否则会提示"溢出"。

如果需要在最后增加一个"汇总"行，则可以对单元格的公式继续进行优化：

```
B3=SEQUENCE(CUBESETCOUNT(B2)+1)
C3=IFERROR(CUBERANKEDMEMBER("ThisWorkbookDataModel",$B$2,B3#),"汇总")
```

如果只需要一个公式来完成，则可以优化为：

```
C3=
IFERROR(
    CUBERANKEDMEMBER(
        "ThisWorkbookDataModel",
        CUBESET(
        "ThisWorkbookDataModel",
        "[D_地理位置].[地区].Children",
        "序号"
        ),
        SEQUENCE(CUBESETCOUNT(B2)+1)),
        "汇总"
)
```

如果需要让分类按照某个指标排序显示，并且希望D列中明细行和汇总行只使用一个公式，则可以优化为：

```
C3=
IFERROR(
    CUBERANKEDMEMBER(
    "ThisWorkbookDataModel",
    CUBESET(
        "ThisWorkbookDataModel",
        "[D_地理位置].[地区].Children",
        "序号",
        2,
        "[Measures].[销售_数量]"
    ),
    SEQUENCE(CUBESETCOUNT(B2)+1)),
    CUBESET(
        "ThisWorkbookDataModel",
        "[D_地理位置].[地区].[All]",
        "汇总"
    )
)
```

结果如图 10-94 所示。

```
IFERROR(
    CUBERANKEDMEMBER(
        "ThisWorkbookDataModel",
        CUBESET(
            "ThisWorkbookDataModel",
            "[D_地理位置].[地区].Children",
            "序号",
            2,
            "[Measures].[销售_数量]"
        ),
        SEQUENCE(CUBESETCOUNT(F2)+1)),
    CUBESET(
        "ThisWorkbookDataModel",
        "[D_地理位置].[地区].[All]",
        "汇总"
    )
)
```

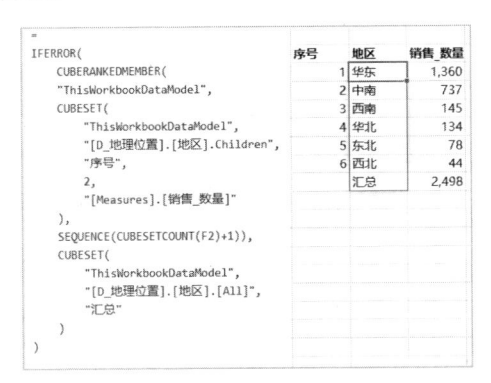

序号	地区	销售_数量
1	华东	1,360
2	中南	737
3	西南	145
4	华北	134
5	东北	78
6	西北	44
	汇总	2,498

图 10-94

10.7.4 实战应用建议

下面给出实战应用建议。

- 如果从本地 .pbix 文件获取数据，那么当在 Excel 中需要写有 10 万个单元格的 Cube 函数时，仍然建议你试试。经过上面的优化操作，如果模型的度量值没有太大性能问题，那么其刷新时间在 2 分钟左右，整体可以控制在 10 分钟以内。这不是一个严谨的数字，因为时间会受到很多因素的影响，可以把它作为一个参考。

- 如果使用的是 Power BI Service 语义模型（数据集），那么速度还要慢很多，笔者无法给出时间的参考建议，因为它会受到模型构建、度量值编写、网络等多种因素的影响。如果对数据刷新的时间不敏感，则依然可以将其作为实战应用的方法。

- 如果希望将制作完成的 Excel 报告分享给同事或者领导，则可以使用 Cube 函数从发布到 Power BI Service 的语义模型（数据集）中获取数据。只要对方有相应的 Power BI Pro 账户和权限，就可以刷新 Excel 中的报告——只需要定期提供 Excel 报告模板，解决了 Excel 文件满天飞的问题。

- 当一个工作簿中有多个数据模型的连接名称时，对于同一个函数而言，如果希望从一个连接切换到另一个连接，则可以直接使用 Excel 中的"替换"功能进行替换——替换 Cube 函数的第一个参数所指定的连接名称，就可以切换到另一个连接。

- 当需要批量修改通过 Cube 函数所编写的公式时，可以使用 Excel 中的"替换"功能。比如要在""[D_产品表].[一级分类].[All].[厨卫] """的后面添加 """[D_产品表].[一级分类].[All].[消费电子] """筛选条件，则可以查找 """[D_产品表].[一级分类].[All].[厨卫] """，并将其替换为 """[D_产品表].[一级分类].[All].[厨卫] ","[D_产品表].[一级分类].[All].[消费电子] """。通过这种方法，我们可以快速完成公式的修改，还可以避免手动修改导致的错误。

- 在计算报表的汇总数据时，使用 Cube 函数，而不是直接使用 Excel 函数汇总。同时，在明细和汇总之间添加一个校验，比如使用条件格式。这样可以很方便地发现数据模型中存在的计算错误问题，以便进行修正。

- 在实际的应用过程中，搭配 VBA 可以有更好的体验。比如使用 VBA 将 Cube 函数的计算结果粘贴为值，防止在将 Excel 文件发送给其他人操作后产生计算错误。

- 每天定期对 Excel 文件进行备份，可以使用在文件名后添加日期的形式，比如"文件名 2024030201.xlsx"。Excel 本身并不稳定，在某些情况下，可能会导致文件打开错误或者直接报错无法使用，这将给我们带来不可估量的损失。原则上说，只要对工作簿进行了修改，就一定要备份。

10.8 个人商业智能

Excel，无疑是当今个人商业智能领域中最强大的分析工具之一。它的强大之处体现在，即便你不完全了解它的工作原理，也依然能够感受到其无与伦比的力量。因此，我们需要兼顾与 Excel 的兼容性，同时充分利用商业智能工具所提供的强大功能。在不脱离 Excel 的基础上，最大限度地发挥个人的分析能力，这正是个人商业智能领域中最值得关注的事情。

你可能认为 Cube 函数已经非常出色了，而实际上，它只是 Excel 众多亮点中的一个。当它与其他功能结合使用时，将会释放出超出你想象的潜力。通过将 Power Query、Power Pivot、Power BI、数据透视表、Cube 函数、VBA 以及 Excel BI Pro 这些工具组合起来，你将拥有个人商业智能领域中最强大的工具箱。这些工具的丰富应用，即使再过十年，也依旧不会过时。

如果你的企业采用了 Microsoft Fabric 技术，那么在 Excel 中处理数十亿级别的数据将变为现实。这不是简单的导入和导出操作，而是让 Excel 成为数据分析的核心平台。正如一句经典的话所言："即使身处果壳之中，我仍然是无限宇宙之王。"掌握并应用这套工具组合，将为你的职业发展带来巨大的收益。

10.9 总结

本章用了不短的篇幅介绍 Cube，就是希望可以拯救还在企业中挣扎的高级数据专员们。在工作中，分析的成分占多少只有自己清楚，唯一逃不掉的就是有大量的重复性报表工作要做。尤其是那些没有技术做不了，IT 部门又不愿意做的工作，很多都由所谓的"分析师"做了。因为这个群体既懂点儿业务，又有点儿技术，虽然可能都是半自动化完成的，但是这一点并不妨碍可以做出来效果，也不妨碍业务的推动。

对于 Cube，还有很多更灵活的玩法儿，结合 Excel 函数还能玩出更多的花样。如果你有兴趣，则可以在这个方向上做进一步的探索。

10.10 作业

1. 使用 Power Pivot 或者 Power BI 构建一个数据模型。
2. 在工作中使用 Cube 函数解决一个需要构建报告的场景问题。
3. 教会两名同事学会使用 Cube 函数并将其应用到工作中。